국가가 공인한 5천년 고고학 자료 해독

중화 5천년 문명사

<일러두기>

· 이 책은 중국의 저명한 고고학자 유경주(劉慶柱) 교수가 집필한 고고학, 역사학 저서인 『不斷裂的文明史』(사천인민출판사, 2020년 1차 인쇄본)를 한국어로 번역한 것이다.

· 중국의 인명, 지명, 고유명사(연대, 능묘 이름 등) 혹은 개념은 한국 한자음으로 표기하고 한자(번체자)를 병기했다. 단 중국 소수민족과 외국인의 인명과 지명은 현지음으로 표기하거나 현지음으로 표기한 후 한자를 병기했다.

· 현대 중국어로 된 인용문과 외국 저서의 중국어 번역문으로 된 인용문 등은 원문을 싣지 않고 역문만 실었다.

· 이 책에서 인용한 고문서 원문은 출처와 함께 모두 번역했고 각주에 넣어 번역문과 대조해 볼 수 있도록 했다.

· 부호는 단행문, 잡지(간행물), 신문은 『 』를 사용하고 논문, 편명은 「 」를 사용했으며 그림, 지도 등은 〈 〉를 사용했다.

· '역자주'의 형식을 통해 명사 및 개념에 대한 설명을 추가했으며 원서에 없는 각주를 추가한 경우에는 '역자주'로 표시하여 원서의 주와 구별했다.

· 각주 인용 고문서 원문에 사용된 문장부호는 중국식 표기 방식을 그대로 따랐다.

· '5천년/5,000년'의 표기: 제목이나 소제목에 쓰인 경우 5천년, 본문 내용일 때는 5,000년으로 표기했다.

국가가 공인한 5천년 고고학 자료 해독

중화 5천년 문명사

유경주 지음 | 우영란·황나영·조영광 옮김

경인문화사

서론

『중화 5천년 문명사: 국가가 공인한 5천년 고고학 자료 해독』의 출간을 앞두고 독자와의 원활한 소통을 위해 우선 이 책을 쓰게 된 동기와 자료 선택, 연구방법 등에 관해 서술하며 이로써 서론을 대신하고자 한다.

중화 5,000년 문명사 연구의 시점을 돌이켜보면, 2003년 초 미국 스탠퍼드대학교에 방문했을 때이다. 당시 어느 학술포럼에서 미국 학자로부터 "1990년대부터 시작된 '하상주단대공정(夏商周斷代工程)'은 중국의 고대 문명을 더 먼 옛날로 끌어올린 것이 아닌가?"라는 질문을 받고, 필자는 1990년대 중반에 진행된 '하상주단대공정'은 역사학 연구의 상식 문제라고 답했다. '연대학(年代學)'은 역사학의 기초이며, 중국 상고사(上古史: 先秦史) 연대학을 더욱 과학적이고 세밀하게 완성하고자 고고학자, 고고학 과학기술 전문가, 역사학자들은 중국 고고학계의 수십 년간의 허다한 발견, 고고학 영역에서의 새로운 과학기술의 광범위한 활용을 기반으로 '하상주(夏商周)' 연대학 관련 연구에 종사했다. 그리고 다학제 및 학제 간 다각도의 연구방법을 활용하여 중국 고대 역사 연구의 과학화를 촉진했는데, 이는 중국의 역사학 연구 발전에서 필연적인 과정이며 절대 일부에서 말하는 것처럼 중국 학자들 스스로 국가의 역사를 더 먼 옛날로 '옮겨 놓은 것'이 아니다.

그들은 또 "무엇 때문에 중국 학자들은 중국은 세계에서 가장 유구한 역사문명을 가지고 있다고 하는가?"라고 질문했고, "필자는 중국 학자들은 당신들이 말하는 것처럼 생각하지 않는다"라고 답했다. 또 어떤 학자는 적지 않은 역사책에서 "서아시아 양강(兩江) 유역, 이집트, 중국과 남아시아 아대륙은 오랜 역사가 있으며 이로 인해 세계 4대 문명 고국으로 불린다"라는 내용을 보았다고 했고, 필자는 이들이 중국의 고대 문명을 논할 때 '4대 문명 고국 중 하나'를 '유일한'이라고 표현한 것은 정확하지 않다고 했다. 비록 중국 고대 문명이 형성된 시기는 서아시아 양강 유역, 북아프리카 고대 이집트문명에 비해 시간상으로 좀 늦기는 하지만 '5,000년간 단절되지 않고' 발전해온 역사를 가지고 있으며 이는 '4대 고대 문명 고국', 나아가 세계 역사에서도 유일무이하다. 이와 반대로 서아시아 양강 유역, 북아프리카 고대 이집트 및 남아시아 아대륙의 고대 문명은 기원후 6세기 전후로 모두 이슬람 문명으로 대체되었다. 그 자리에 있던 외국인 학자 중 이에 대해 이의를 제기한 사람은 단 한 명도 없었으며, 일부 학자들은 분명히 동감을 표시했다.

'하상주단대공정'부터 21세기 초의 '중화문명탐원공정(中華文明探源工程)'에 이르기까지 현재 '단절되지 않은 5천년 문명사'에 대한 연구는 중국 학자들이 역사를 잊지 않고 역사를 존중한 과학적 정신의 결과물이라고 할 수 있다.

본서는 '중화 5천년 문명사'에 대한 연구에서 고고학을 기초로 다학제와 학제 간 연구를 결합하는 방법을 활용했으며, 우선 고고학과 문헌사학을 결합하여 연구를 진행했다. '이십사사(二十四史)'에는 중국의 5,000년 문명사가 기록되어 있으며, 이 중 특히 사마천(司馬遷)의 『사기(史記)』 및 그중 첫 편인 「오제본기(伍帝本紀)」는 5,000년 중화문명의 첫 페이지를 적어놓았다. 19세기 말 20세기 초 근대 고고학이 중국에 전해왔으며, 고고학은 역사과학의 두 부분(고고학과 문헌사학) 중 하나로 인정받았다. 최근 100년간 중국의 고고학, 은허(殷墟) 및 갑골문의 발견과 연구, 정주(鄭州) 상성(商城)·언사(偃師) 상성(商城) 유적·이리두(二里頭) 하(夏) 도읍의 유적·하남(河南) 용산 문화(龍山文化) 왕성강(王城崗: '禹의 도읍 陽城') 성터·신채(新砦) 성터·진남(晉南) 도사 성터('堯의 도읍 平陽')과 정주(鄭州) 및 하남성(河南省) 동북 지역 신석기시대 말기의 성터에 대한 고고학적 발굴과 연구는 『사기』의 「오제본기」, 「하본기(夏本紀)」와 「은본기(殷本紀)」의 관련 문헌 기록이 기본적으로 신빙성이 있다는 것을 증명했다. 이로써 중국의 고대 역사, 특히 '전설시대'의 역사를 최대한 '재편성'했다. 고고학과 역사학 연구는 5,000년간 단절되지 않은 문명사의 '기점'을 찾아냈으며 이는 관련 학술연구를 위해 중요한 과학적 기초를 다져놓았다.

고고학 발견의 대상은 주로 지하의 유물이며 그 가운데서 문명과 관련된 일부 유물은 특히 중요하다. 국가의 물적 유산은 주로 국가를 대표하는 도성(도성 내의 궁성·궁전·종묘·예제 건축(禮制建築)·성문(城門) 등을 포함), '도읍을 상징'하는 능묘, 그리고 국가의 기본요소인 국가의 정체(政體)·국토와 국민의 유물 등이며, 이들은 중화 5,000년 문명을 탐색하기 위한 문화적 유전자를 증명하는 물증이다.

이왕의 '역사' 관련 문장, 서적의 시간 순서는 보통 '먼 옛날에서 지금과 가까운 시대'로 되어 있는데, 통사 및 각종 전문사(專門史), 단대사(斷代史) 등은 기본적으로 이런 서술 방식이다. 이미 출간된 '중국통사'와 '세계역사'도 시대 순서가 모두 원시사회부터 노예사회, 그리고 봉건사회로 되어 있지만, 본서는 이와 다르며 심지어 반대로 되어 있다. 필자는 인류가 객관 세계를 인식하는 과학적 규칙은 이지(已知)부터 미지(未知)로, 가까운 데로부터 먼 옛날로 알아가는 것이며 '역사' 관련 문장, 서적의 저술도 마찬가지로 이 규칙을 적용할 수 있다고 생각했고 기존의 연구 저서들과는 '정반대의 서술 방식'을 취했다. 5,000년간 이어온 국가 문화인 중국 여러 왕조의 궁성·궁전·종묘·예제 건축·성문 등의 형태와 구조에 관해 필자는 기본적으로 완벽하게 보존되어 있고 모두가 볼 수 있고 명확하게 설명할 수 있는 명청(明淸)시대 북경의 자금성을 출발점으로 하였다. 이어 원(元)의 대도(大都), 금(金)의 중도(中都), 송(宋)의 동경성(東京城), 한당(漢唐)의 도읍인 장안(長安)과 낙양(洛陽), 주진(周秦)의 풍호(豊鎬)와 함양(咸陽), 하상(夏商)의 도읍들인 은허(殷墟)·정주 상성(鄭州商城)·언사상성(偃師商城)과 이리두(二里頭), 하(夏) 도읍의 유적·하남(河南) 용산 문화 왕성강 성터·신채 성터·진남도사 성터까지 거슬러 올라가면서 서술하고자 한다. '능묘약도읍(陵墓若都邑: 능묘는 도읍의 상징)'에서 제왕의 능묘 역시 청(淸)의 성경(盛京) 삼릉(三陵)·동릉(東陵)·서릉(西陵)에서 시작하여 명(明)의 제릉(帝陵)과 요(遼)·금(金)·서하(西夏)의 제릉(帝陵)까지 거슬러 올라갔고, 또 그 위로 송(宋)·당(唐)·한(漢)과 진시황릉(秦始皇陵)·주(周)의 왕릉, 그리고 은허(殷墟) 왕릉까지 거슬러 올라갔다.

먼 옛날에서 지금과 가까운 시대에 이르기까지의 이런 변화를 통해 '말기'에 어떻게 '초기'의 역사를 계승 발전시켜 일맥상통한 역사문화를 형성했는지에 대해 고찰했고, 어떻게 '단절 없이' 대대로 발전시켜왔는지를 밝혔다.

세계사를 통틀어 중화민족은 유일하게 '단절 없는 5,000년 문명사'를 가진 민족이다. 다른 시대, 다른 족속(族屬)들이 건립한 여러 왕조는 공통의 '국가 공동체 의식'을 가지고 있다. 고고학 발견에 의한 국가의 도성·제왕 능묘·예기(禮器)·문자 등이 바로 대표성을 띤 물적 표상이며 이들은 중국 역사상 서로 다른 족군(族群)이 지배한 '역조역대(歷朝歷代)'와 단절 없이 이어온 '국가문화'를 구성했고 다민족 통일국가의 역사 발전 여정을 이어왔다.

상술한 내용에서 단절 없는 5,000년 중화문명에 대해 해답했다면 그다음 본서가 해결해야 할 문제는 '단절되지 않은' 역사적 원인은 무엇인지에 대한 해답이라고 생각한다.

필자는 5,000년 중화문명이 '단절되지 않은' 원인을 규명해야만 비로소 중화민족이 우수한 역사문화 전통을 영원히 계승하고 세세대대 '단절 없이' 발전해 나갈 수 있다고 생각하며, 이는 5,000년 중화문명사 연구의 주요 목적이기도 하다. 본서에서 다각적으로 제시한 중화문명 핵심이념의 '중(中)'과 '화(和)' 및 '중화(中和)' 사상, 그리고 이로부터 형성된 국가가 인정하는 '정치문화'는 중화 5,000년 문명의 사상적 기초이며 고금을 막론하고 중국인의 문화유전자이기도 하다. 이러한 문화유전자가 5,000년간 단절 없이 생성, 번성하고 왕성한 생명력을 가질 수 있는 것은 그것이 중국 내 다른 지역과 다른 인군(人群), 그리고 모든 시대, 모든 국민의 마음속 가국정회(家國情懷)에 뿌리박고 있는 것과 밀접한 관련이 있다. '가국정회'와 '가국일체(家國一體)'의 이념은 '단절 없는' 중화민족 국가문화의 사상 및 정신적 기초이다.

본서의 제목『중화 5천년 문명사: 국가가 공인한 5천년 고고학 자료 해독』을 보면 학술성, 이론성이 '매우 강한' 도서여야 하지만 대중이 쉽게 읽을 수 있도록 서술하고자 하며, 따라서 이것은 집필 과정에서 우선 고려한 부분이다. 그리고 심입천출(深入淺出: 심오한 내용을 알기 쉽게 표현)의 언어로 서술하고자 하는데, 이는 본서의 저술 목적이 광범한 대중에게 중화 5,000년 문명사를 알리려는 데 있기 때문이다.

본서의 출간에 즈음하여 필자는 사천인민출판사(四川人民出版社)의 책임자, 그리고 편집팀의 장도(章濤: 기획 편집)와 진흠(陳欣: 책임 편집) 등이 본서의 제목 선정, 입안 및 편집 과정에서 보여준 헌신과 노고에 특히 감사드린다.

유경주(劉慶柱)

2020년 1월

북경(北京) 서패하(西坝河) 중국사회과학원 태양궁(太陽宮) 자택에서

차례

제1장

'단절 없는 중화
5천년 문명'의
해독

1

'문명'의 해독

오늘날 우리가 흔히 말하는 단절 없는 중화 5,000년 '문명'이란 무엇일까?

그것은 바로 우리가 그 어디에서도 접하고 듣고 볼 수 있는 문명 행위·문명 관광·정신문명·물질문명 등에서 말하는 '문명'이다.

'문명'이라는 용어는 일찍이 중국의 고대 문헌에서 나타났는데 선진(先秦)시대의 『역경(易經)』, 『상서(尚書)』가 그 시초이며, 예를 들면 『역경(易經)』「문언(文言)」의 '견룡재전(見龍在田)', '천하문명(天下文明)'과 『상서(尚書)』「순전(舜典)」의 '준철문명(俊哲文明)' 등이다. 그러나 중국의 고대 문헌에 기록된 상술한 '문명'은 단절 없이 이어온 중화 5,000년 '문명'과는 그 의미가 다르다.

학계에서 현재 사용되고 있는 '문명'이라는 용어는 서양에서 도입되었다. 17세기 이래 유럽의 인류학자들은 인류사회의 발전 상황을 탐구하는 연구에서 '문명'이란 용어를 사용했고, 18세기 독일의 인류학자 요한 프리드리히 블루멘바흐는 인류사회를 원시사회, 야만사회와 문명사회의 세 단계로 나누었다. 1877년에 출간된 미국의 인류학자 루이스 헨리 모건의 『고대사회』에서는 인류사회를 몽매시대, 야만시대와 문명시대의 세 발전 단계로 나누었고, 고고학자 고든 차일드는 『신석기혁명과 도시혁명』이라는 책에서 몽매시대를 구석기시대, 야만시대를 신석기시대로 규정하고 문명시대는 인류가 국가시대에 들어섰음을 의미한다고 주장했다.

그렇다면 문명의 본질은 무엇인가? 1884년 엥겔스가 출판한 『가족, 사유제와 국가의 기원』에서는 다음과 같이 논술했다.

> 문명시대는 사회 발전의 한 단계이며 이 단계에서는 분업 및 분공으로 인해 나타난 개인 간의 교환, 그리고 이 두 과정을 합친 상품 생산이 충분히 발전하여 이전의 사회 전체를 완전히 바꾸어 놓았다.

엥겔스는 "국가는 문명사회의 개괄"이라고 명확히 규정했다. 현대 중국의 학자 역건평(易建平)은 "어원적 의미에서 문명은 곧 국가이다. 문명의 기원을 연구하는 것은 곧 국가의 기원을 연구하는 것이며 문명사회는 바로 국가사회이다"라고 했다.[01]

본서에서 말하는 5,000년간 단절되지 않은 중화문명의 '문명'은 '국가'의 동의어로 민족학·인류학 및 고고학의 전문 학술용어이며, 문명시대는 몽매시대 및 야만시대와 구분되는 사회 형태를 말한다. 인류사회의 역사 발전 과정에서 몽매시대와 야만시대는 원시사회에 해당하며 문명시대에는 인류사회가 이미 계급사회로 진입했다. 고고학적으로 몽매시대, 야만시대와 문명시대는 고고학의 구석기, 신석기와 청동기 및 철기시대에 해당하며, 몽매·야만·문명사회는 전혀 다른 사회 형태로 인류사회가 '국가'가 없던 데로부터 국가가 나타나는 과정이다. 문명시대와 야만시대의 근본적인 차이점은 문명시대가 국가의 출현을 상징한다는 점이다. 중국에서 진행하는 '중화문명 탐원공정(探源工程)'은 사실상 중국의 국가 기원에 대해 탐구하는 작업이다.

---

01 易建平, 「文明與國家起原新解 - 與范毓周, 王震中等學者商榷」, 『中國社會科學報』, 2011. 8. 11.

2

'기점(起點)'의 해독

중화민족의 선민(先民)들이 동아시아 대지에서 활동한 역사는 오래되었다. 인류 문명사회의 형성에 관한 학계의 일반적인 기준에 따르면, 인류 최초로 문명시대에 진입한 지역은 서아시아의 티그리스와 유프라테스 양강(兩江) 사이의 메소포타미아 남부 평야이다. 기원전 3500년 수메르인은 이곳에서 인류 최초의 문명사회를 열었는데, 이때 수십 개의 도시국가가 출현했다. 이들은 인류 최초의 도형문자(圖形文字)를 가지고 있었고, 이후 여기에서 다시 6,000여 년 전의 설형문자(楔形文字)로 발전했으며 동(銅)의 야금술도 이미 출현했다. 기원전 3500년부터 3200년까지 북아프리카의 고대 이집트가 전왕조(前王朝)시대에 들어설 무렵, 최초의 이집트 상형문자(象形文字)가 나타났고 이곳 최초의 청동기가 발견되었으며 기원전 3200년 이집트가 제1왕조 시기에 들어섰다.

서아시아 양강 유역과 북아프리카 이집트 고대 문명에 이어 기원전 3000년경, 중국과 인도도 잇따라 문명사회에 진입했다. 중화문명의 역사적 기점에 대해서는 일반적으로 지금으로부터 약 5,000년 떨어져 있다고 하는데, 이는 역사문헌의 기록과 고고학적 발견 및 연구라는 두 가지 측면에서 확인되었다.

1) 역사 문헌 기록

중국 고대 역사문헌에 기록된 자료는 그 과학성과 체계성으로 인해 세계 역사에서도 중요성을 인정받고 있다. 2,000여 년 전부터 중국의 역사학자들은 '국가 역사'를 편찬하기 시작했고 세대를 이어 5,000년의 유구한 역사를 서술한 '이십사사(二十四史)'를 편찬했다. 20세기 초 중국 학계에서는 중국 고대 역사문헌에 대한 '의고(疑古)', '신고(信古)'와 '석고(釋古)'에 관한 열띤 토론이 있었다.

'의고파(疑古派)'의 영수인물인 고힐강(顧頡剛)은 역사는 시대에 따라 "점진적"으로 발전을 이루었다고 주장했다. 따라서 역사, 특히 상고시대 역사의 진실성에 대해 '의고(疑古)'를 제기했다. 사실 이는 중국 고대 역사문헌의 특징일 뿐만 아니라, 세계 각국의 역사에 있어서도 마찬가지이다. 그러나 고힐강은 고고학적 발견을 통해 고대 역사를 진일보 진실한 역사에 가깝게 할 수 있으며, 상고사 연구는 서양으로부터 중국에 막 전래된 고고학의 도움을 받아야 한다고 생각했다. 최근 100년 동안의 중국 고고학의 실천과 역사학 연구를 결합하여 얻은 학술적 성과는 고힐강의 과학적 예견을 충분히 증명했다. 100년 가까운 중국의 고고학적 발견은 중국 고대 역사 문헌이 중국은 물론 세계 역사학의 연구에 귀중한 과학적 자료임을 확인시켜 주었다. 다시 말하면 중국의 일련의 중대한 고고학적 발견은 중국 고대 역사 문헌의 과학성을 방증해준다.

이를 바탕으로 인류 역사에 관한 연구 성과를 '문명'에 관한 과학적 정의와 결합해 보면 우리는 중국 고대의 역사 문헌을 통해 2,000여 년 전 중국의 현철(賢哲)들이 도시(도성)·금속·문자와 국가의 밀접한 관계에 주목했다는 것을 발견할 수 있다. 『사기(史記)』는 서한의 역사학자 사마천(司馬遷)이 저술한 최초의 '중국 통사'로서 인류 역사상 가장 위대한 학술 대저(大著)이다. 그중 제1편인 「오제본기(五帝本紀)」는 현재 학계에서 보편적으로 거론하는 중화문명 형성의 역사이다. 중국 고대의 역사학자 배송지(裵松之)는 "천자(天子)는 본기(本紀), 제후는 세가(世家)라고 한다"라고 했고 '이십사사(二十四史)'는 '본기'는 제왕의 역사를 기록하고 제왕은 국가를 기반으로 존재한다고 본다. 「오제본기」로 시작된 『사기』는 '국가의 역사'임을 보여준다.

『사기』「오제본기」의 '제1제(第1帝)'가 바로 황제(黃帝)인데, 선진(先秦)의 문헌에 따르면 그는 여러 해 동안 각지에 출정하여 여러 부족을 통일하고 최초의 '중국'인 유웅국(有熊國)을 세웠으며 자신의 출생지에 도성을 쌓았다고 한다. 중국인들은 황제를 '인문시조'라고 부르는데 이는 황제가 지연에 바탕을 둔 정치학적 의미에서 중국의 '첫 국부'이고[02] 혈연에 바탕을 둔 정치학적 의미로는 중국인 공통의 조상이며 따라서 『사기』「오제본기」의 '오제시대(五帝時代)'는 하(夏)·상(商)·주(周) 이전의 중국의 첫 국가 정치 실체이고 의심할 바 없이 '중국인'의 역사이기 때문이다.

〈그림 1-1〉 황제상(黃帝像) (淸)·無款

현대의 저명한 역사학자 전백찬(翦伯贊)이 편찬한 『중외역사연표(中外歷史年表) (기원전 4500-서기 1918)』는 중국 역사를 '전설시대'와 '역사시대'로 구분하고 황제 이전의 중국 역사를 '전설시대'로 분류했다. 지금으로부터 4,550여 년 전에 황제가 문명의 시대를 열었고, 중국은 세계 역사 무대에 등장하게 되었다.

문헌에 의하면 황제 시대에 창힐(蒼頡)이 문자를 발명했고 이때 이미 청동기를 주조할 수 있었다고 기록되어 있으며, 『사기』「효무본기(孝武本紀)」에 "황제가 수산(首山)에서 동(銅)을 채취하고 형산(荊山) 아래에서 정(鼎)을 주조했다"[03]라고 기록되어 있는데, 황제가 세운 유웅국의 도성은 지금의 하남성(河南省) 신정(新鄭)이다. 문자 발명, 금속 주조, 도시의 출현 등에 관한 이러한 기록은 세계 학계에서 인류사회의 문명 단계 진입 여부를 가늠하는 '3대 요소(도시, 금속기, 문자)'와 정확히 일치하므로 전 세계 중국인들은 황제를 중국의 인문시조(人文始祖)로 공인하고 황제는 중화문명의 창건자가 되었다. 이로써 중화문명의 시작점은 황제까지 거슬러 올라가며 그 시대는 지금으로부터 약 5,000년 떨어져 있다. 그리고 이것이 흔히 말하는 '중화 5,000년 문명'의 근거일 것으로 보인다.

---

02 劉慶柱, 「國祭也是祭國」, 『光明日報』, 2015. 9. 7.

03 有商一代先公, 先王之名不見於卜辭者殆鮮

2) 고고학적 발견

고고학은 문헌사학에 대응하는 역사학의 또 다른 연구 방법이며 유물과 유적을 통해 인류 역사를 연구한다. 20세기 초 고고학이 중국에 전래한 후, 최근 100년 동안 중국의 고고학적 발견은 세계의 주목을 받았으며, 특히 1950년대 이래 일련의 중대한 고고학적 발견으로 인해 중화 5,000년 문명 역사에 대한 인식이 더욱더 풍부해지게 되었다.

1899년 고문서 학자인 왕의영(王懿榮)이 중약(中藥)의 '용골(龍骨)'에서 갑골문을 발견했고 그 후 유악(劉鶚)·왕양(王襄)·맹정생(孟定生)·나진옥(羅振玉) 등도 적지 않은 갑골문 자료를 수집했으며 이에 근거하여 또 일부 갑골 저록(著錄) 도서를 편집했다. 1917년 왕국유(王國維)는 당시 볼 수 있었던 갑골 관련 자료를 근거로『은복사 중소견선공왕고(殷卜辭中所見先公王考)』및『속고(續考)』를 저술했으며 복사(卜辭) 중의 선공선왕(先公先王)의 이름을 고증하여 "상대(商代)의 선공(先公), 선왕(先王)의 이름이 복사(卜辭)에서 보이지 않는 것은 거의 없다"[04]는 사실을 증명했고 더 나아가 "『세본(世本)』,『사기』는 오늘 실록으로 입증했다"라고 결론을 내렸다.

1930년대 이래 은허(殷墟)의 갑골 출토지에서 발견된 궁묘(宮廟) 건축 유적, 안양 서북쪽 언덕의 상(商)의 왕릉과 여기에서 출토된 청동기, 옥기와 십 수만 점의 갑골은 3,300년 전 고도로 발달된 중화문명을 재현하고 있다. 이런 고고학적 발견과 연구 성과는 사마천의『사기』「은본기(殷本紀)」가 신빙성이 있다는 것을 증명해준다.

20세기 50년대 이후 발견된 정주(鄭州)의 상성(商城) 유적·언사 이리두(偃師二裏頭) 유적, 등봉(登封)의 왕성강(王城崗) 성터·언사(偃師) 상성(商城) 유적·신밀(新密) 신채(新砦)의 성터·안양(安陽)의 원북(洹北) 상성(商城) 유적 등은 고고학 및 역사학계에서 하(夏)와 상(商) 초기와 중기의 도성 유적으로 보고 있다. 이는『사기』「은본기」

---

04 有商一代先公, 先王之名不見於卜辭者殆鮮

보다 일찍 나온 『사기』 「하본기(夏本紀)」의 역사 기록도 기본적으로 신빙성이 있음을 믿게 하는 이유이다. '하상주단대공정(夏商周斷代工程)'은 다학제와 학제 간 공동연구를 통해 등봉의 왕성강 성터·신밀 신채의 성터·언사의 이리두 유적을 각각 하대(夏代)의 초기, 중기와 말기의 도읍 성터로 보았다. 그리고 하(夏) 왕조는 기원전 2070년에 시작되었고 이로써 오제시대(五帝時代)가 끝났음을 의미한다고 했다.

20세기 말 21세기 초에 발견된 4,300~3,900년 전의 산서(山西) 양분도사(襄汾陶寺) 성터는 역사 문헌에 기록된 '요(堯)의 도읍 평양(平陽)'에 해당한다고 알려져 있으며 여기에서 발견된 문자, 청동 치륜기(齒輪器), 동령(銅鈴)과 '관천수시(觀天授時)' 등은 매우 중요한 유적이다. 역사 문헌에는 당요(唐堯) 이후, 하우(夏禹) 이전의 우순(虞舜)도 '평양(平陽)' 혹은 진남(晉南)[05] 지역 및 하남(河南) 복양(濮陽), 그리고 노서남(魯西南)[06] 하택(荷澤) 일대를 도읍으로 정했다고 기록되어 있다. 오제시대의 당요, 우순 이전의 황제(黃帝)·전욱(顓頊)·제곡(帝嚳)을 보면 『중외역사

〈그림 1-2〉 부신광(父辛觥) (商)

〈그림 1-3〉 제사도주우골각사(祭祀塗朱牛骨刻辭) (商)

---

05 진(晉): 중국 서주부터 춘추시대에 걸쳐 존속한 화북(華北)의 제후국이다. 그 중심은 산시성 (山西省) 남서부의 분수(汾水) 유역이었다.

06 노(魯): 중국 서주 시대부터 존재하던 나라로 지금의 산동성(山東省) 지역에 있었으며 도읍 은 곡부(曲阜)였다.

〈그림 1-4〉 신밀(新密) 신채(新砦) 성터 발굴 현장

연표(中外歷史年表)』에 기록된 황제(黃帝) 시대는 이 시기와 시간적으로 근접해 있다.

최근 몇 년간 역사 문헌에 기록된 황제 유웅국(有熊國)의 고지(故地)인 정주(鄭州) 지역에서 상대(商代) 초기의 정주 상성, 하대(夏代) 초기와 중기의 왕성강 유적 외에도 신밀 고성채(古城寨) 성터 등 일부 하남성(河南省) 용산(龍山) 문화유적이 발견되었는데 면적은 17.6만 제곱미터이며 성내에서 대형 판축 기단이 별견되었다. 고성채 성터 주변에는 신채(新砦)·오호묘(五虎廟)·인화채(人和寨)와 금종채(金鐘寨) 등 십여 개의 용산 문화유적이 분포되어 있는데 이 중에서 고성채가 중심 취락으로 보이며 황제 시대와 시기적으로 거의 일치한다.

황제의 유웅국이 있던 중원 지역의 용산 문화유적에서는 정주 우채(牛寨) 유적의 용동로벽(熔銅爐壁) 및 청동궤(青銅塊), 회양(淮陽) 평량대(平糧臺) 성터 회갱(灰坑: 재구덩이)의 청동 찌꺼기, 등봉 왕성강 성터 회갱의 청동기 잔편(殘片), 임여(臨汝) 매산(煤山) 유적의 동감과(銅坩堝), 용동로(熔銅爐: 동을 주조하는 용광로) 잔벽(殘壁), 녹읍(鹿邑) 난대(欒臺) 유적의 청동기 등 청동기 유물과 청동기를 주조했던 흔적들이 발견되었다.

상술한 역사 문헌의 기록과 고고학적 발견은 중화문명이 기본적으로 황하(黃河) 중류 지역(즉, 최초의 중국 출현의 기점)에서 형성되었고 시간적으로는 지금부터 대략 5,000년 떨어져 있다는 것을 증명하고 있다.

3

'단절 없는'의 해독

세계 역사에서 5,000년 문명의 역사가 있는 나라나 지역은 드물지 않고, 서아시아 양강(兩江) 유역, 북아프리카의 고대 이집트, 남아시아의 아대륙(亞大陸) 등 더 오래된 문명도 있다. 그러나 '5,000년 동안 단절 없는 문명'의 국가나 지역은 중국 밖에 없을 것이다. 여기에서 '단절 없는'은 동일 국가에서 국가의 인류 유전자와 국가의 문화 유전자의 두 가지 역사가 단절 없이 계속 이어져 내려오는 것을 말한다.

1) 유전자

최신 중국의 유전학 연구 성과에 따르면, 5,000년 동안(혹은 그 이전의 원고(遠古)시대 이래라고도 할 수 있음) 동아시아 지역의 고대 중국 국민의 유전자는 계속 이어져 왔으며, 현재 중국인 대부분의 유전자는 5,000~6,000년 전의 황하(黃河) 중류 지역 사람들의 유전자와 비슷하다. 이와 관련하여 복단(复旦)대학교 인류학 실험실에서 진행한 연구는 다음과 같은 것을 발견했다.

문화와 언어를 공유하는 한족(漢族)은 인구가 이미 11억 6,000만 명(2000년 인구통계)을 넘어 세계에서 가장 큰 민족이다. 따라서 한(漢)문화의 확산 과정에 각 분야 연구자의 관심이 집중되고 있다. 한족 군체의 Y염색체와 미토콘드리아 DNA의 다형성(polymorphism)에 대한 체계적인 분석을 통해, 한문화가 남쪽으로 확산된 패턴은 인구 확장의 패턴에 맞는 구도이며

그 과정에서 남성이 주도적 지위를 차지했다는 것을 발견했다.[07]

이는 현재 동아시아에 있는 중국의 선민들은 혈연계통으로 볼 때 수만 년 동안 변하지 않았고, 특히 최근 5,000년 동안 이들의 유전자가 황하 중류 지역에 집중되어 있었다는 것을 말해주며 이휘(李輝)와 김력(金力)은 『Y염색체와 동아시아 족군의 진화(Y染色體與東亞族群演化)』에서 "지금으로부터 5,000~6,000년 전, 화하족(華夏族)은 한장어(漢藏語) 계통의 군체(群體)에서 분화해 황하 중상류의 분지에 집거해 있었는데 이들이 바로 한족(漢族)의 전신이다"라고 했다.[08] 현대 중국인, 특히 중국 남방인의 유전자는 상고시대 남성 유전자의 영향을 많이 받았다. 즉, 중화 5,000년 문명의 창조자는 주로 황하 유역의 중류에서 온 옛 사람들이다. 고고학, 유전학과 체질인류학에 따르면 고대 중국 북방과 동북 지역 소수민족 선비인(北魏)·거란인(遼)·몽골인(元)과 여진인(金, 淸)도 황하 유역과 밀접한 관계가 있었다.

2) 중화(中華) 성씨의 발전

성씨학은 성씨에 대한 연구를 통해 혈연관계를 연구하는 학문이다. 성씨학을 이용한 문명과 인군(人群)·족군(族群) 및 국민과의 상호 관계 연구에서 중국은 유리한 조건을 가지고 있다. 원의달(袁義達)과 장성(張誠)은 연구를 통해 중국은 세계 최초로 성을 가진 나라로, 대략 신석기시대 말기에 이미 '성'이 생겨났다고 추정했다. 일본에서는 서기 5세기 말기에 성이 생기기 시작했으나 메이지유신 때인 1875년에 이르러서야 일본 정부가 법령을 공포하여 호적 등기를 실시하게 하고 모든 사람이 성을 가지도록 요구하면서 서둘러 자신의 성을 찾게 되었다. 유럽대륙에서 성이 보편적으로 사용된 역사는 겨우 400년에 불과하며 유라시아 접경지 튀르키예는 비록 오랜 역사가 있지만 1935년에 이르러서야 성을 사용하도록 법적으로 규

---

07 金力, 李輝, 文波 等, 「遺傳學證實漢文化的擴散源于人口擴張」, 『自然』, 제431권, 2004, 302~304쪽.
08 李輝, 金力 編著, 『Y染色體與東亞族群演化』, 上海科學技術出版社, 2015, 120쪽.

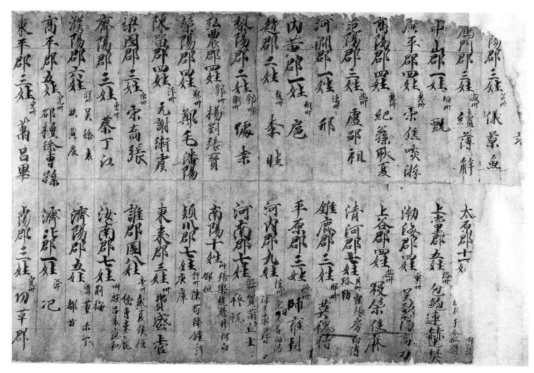

〈그림 1-5〉 돈황사본(敦煌寫本) 『정관성씨록(貞觀姓氏錄)』(局部) (唐)

중국 국가 도서관에 소장되어 있다. 한위육조(漢魏六朝)에서 당(唐)에 이르기까지 명문호족을 우대하고 출신이 비천한 자들을 경시하면서 성호(姓號)를 숭상하게 되었고 다양한 성씨 보록(譜錄)이 유행했는데 지금까지 전해진 것은 6건뿐으로, 위의 그림은 그중 하나이다.

정했다.[09]

　중국인의 성은 역사가 오래되었을 뿐만 아니라, 성씨가 매우 집중되어 있다. 통계에 따르면 "현재 중국에서 유행하고 있는 200개 성씨 중, 염제(炎帝)의 강(姜)씨 계통에서 나온 성씨가 약 10%, 황제의 희(姬)씨 계통에서 나온 성씨가 약 89%"로 이는 현재 중국인의 99%가 염황(炎黃) 자손임을 말해준다.[10] 그리고 상술한 상황은 염황 자손인 중화의 아들딸들이 신석기시대 말기부터 대대로 내려오면서 5,000년 문명의 역사를 창조했음을 충분히 말해준다.

09　袁義達, 張誠, 『中國姓氏: 群體遺傳與人口分布』, 華東師範大學出版社, 2002, 1쪽.

10　劉文學, 「建設華人尋根聖地 傳承華夏歷史文明」, 張新斌, 劉五一 主編, 『黃帝與中華姓氏』, 河南人民出版社, 2013, 230~231쪽.

3) 황제(黃帝)의 제사

중국 역사상 "국가의 대사는 사(祀)와 병장기"[11]였고 여기에서 '사(祀)'는 제사로, 제사는 국가의 대사였음을 알 수 있다. 제사는 예제(禮制) 활동에 속하며 중화문명의 중요한 구성 부분이다. 문헌에 따르면 황제는 유웅국(有熊國)을 세우고 '천자(天子)'가 되었으며, 중국 역사상 제왕들은 스스로 '상제(上帝: 즉 '천제')'의 아들이라 여겨 '천자'라고 자칭했다. 황제는 예제 건축물을 짓고 국가 통치자가 친히 상제의 제사를 지내는 예제 활동을 개시했다. 송(宋)나라 문헌 『노사(路史)』에는 "황제가 유웅(有熊)에서 개국하여 합궁(合宮)을 짓고 란전(鸞殿)을 축조해 상제의 제사를 지내고 만령(万靈)을 맞아들였으며 민언(民言)을 채집했다"[12]라고 기록되어 있다. 황제의 계승자인 전욱(顓頊)·제곡(帝嚳)·당요(唐堯)·우순(虞舜)은 황제의 뒤를 이어 상제의 제사 활동을 계승했으며 이들은 상제뿐만 아니라 황제의 제사도 지냈다. 『죽서기년(竹書紀年)』에는 "황제가 세상을 떠나니 그 신하 좌철(左徹)이 나무를 깎아 황제의 상을 만들고, 제후들을 거느리고 받들었다"[13]라고 기록되어 있다. 이러한 제사의 전통은 오제(五帝) 시대 이후의 하(夏), 상(商)과 주(周)의 3대에 걸쳐 계승되었고, 『국어(國語)』 「노어(魯語)」에서는 황제에게 제사하는 것을 '국지전사(國之典祀)', 즉 국가적 제사행사로 보았다. 그 이후, 각 시대의 다른 왕조들은 모두 각종 제사행사를 통해 황제와 요(堯)·순(舜)·우(禹)를 중국의 인문시조로 인정했다.

5,000년 동안 중국의 인문시조에 대한 제사는 '중국인'들이 중국 및 화하(華夏)에 대해 인정했음을 말해주는데 이들 '중국인'에는 중원 지역의 인군(人群)뿐만 아니라 역사상의 '동이(東夷)·서융(西戎)·남만(南蠻)·북적(北狄)' 등 '사이(四夷)'도 포함되었다.

예를 들면 우선 '동이(東夷)'에 속해 있던 소호족군(少昊族群)은 『세본(世本)』에

---

11 國之大事, 在祀與戎(『좌전(左傳)』성공(成公)13년)
12 黃帝開國于有熊, 作合宮, 建鸞殿, 以祀上帝, 接萬靈, 以采民言.
13 黃帝仙去, 其臣有左徹者, 削木爲黃帝之像, 諸侯奉之.

"소호(少昊)는 황제의 아들"[14]이라고 기록되어 있다.

'서융(西戎)' 지역에서 일떠선 진인(秦人)들은 "임금 전욱(顓頊)의 후예"[15]라고 자칭했다. 서융의 후세인 부홍(符洪: 前秦의 황제)은 자칭 "유호(有扈)의 후예이고, 대대로 서융의 추장(酋長)"[16]이라고 했다.

'남만(南蠻)'의 초인(楚人)은 『사기』「초세가(楚世家)」에 그 조상이 "전욱 고양(顓頊高陽)씨에서 비롯되었다"[17]라고 기록되어 있는데 여기에서 전욱(顓頊)은 바로 황제의 손자이다. '남만' 백월(百越)은 『사기』「월왕구천세가(越王勾踐世家)」에 조상이 "우(禹)의 후예이며 하(夏)나라 후기의 임금 소강(小康)의 서자"[18]라고 기록되어 있는데, 하우가 황제에서 나왔다는 것을 보면 백월(百越)과 황제가 맥을 같이하고 있음을 알 수 있다.

북방의 흉노는 "선조는 하후씨(夏後氏)의 후예로 순유(淳維)라고 한다"[19]고 한다. 『산해경(山海經)』은 "황제의 손자를 시균(始均)이라 하고, 시균은 북적(北狄)에서 낳았다"[20]라고 명시하였으며, 『세본(世本)』에도 적씨(翟氏)가 "황제의 후손이며 대대로 적지(翟地)에서 살았다"[21]('翟'과 '狄'은 通假[22] 임)고 기록되어 있다. 대흥안령(大興安嶺)에서 온 북위(北魏)의 선비인(鮮卑人)은 황제의 후손을 자칭하며 『북사(北史)』「위본기(魏本紀)」에 "위(魏)의 선조는 황제 헌원씨(軒轅氏)에서 비롯되었고 황제의 아들은 창의(昌意)라고 하며, 창의의 소자(少子)가 북국(北國)에 봉해지고 여기에 대선비산(大鮮卑山)이 있어 호(號)로 삼았다"[23]라고 기록되어 있다.

---

14 少昊, 黃帝之子.

15 帝顓頊之苗裔

16 有扈之苗裔, 世爲西戎酋長

17 出自帝顓頊高陽

18 禹之苗裔, 夏後帝小康之庶子也

19 其先祖夏後氏之苗裔也, 曰淳維(『사기』「흉노열전(匈奴列傳)」)

20 黃帝之孫曰始均, 始均生於北狄

21 翟氏黃帝之後, 代居翟地

22 (역자주) 한자에서 발음이 같은 글자는 서로 빌려서 사용하는 현상이다.

23 魏之先出自黃帝軒轅氏, 黃帝之子曰昌意, 昌意之少子受封北國, 有大鮮卑山, 因以爲號.

〈그림 1-6〉 황제릉 공제(公祭) 활동

『사기(史記)』의 기록에 의하면 황제릉의 공제(公祭) 활동은 춘추(春秋)시대로 거슬러 올라가며, 그 이후의 사서(史書)에도 황제릉의 공제에 대한 기록이 그치지 않고 있다. 중국이 1980년에 공제를 복원한 이래, 황제릉의 공제는 하나의 문화축제가 되었다. 위의 사진은 2009년 청명절 황제릉 공제의 상황을 담고 있다.

고개군(高凱軍)의 『중화민족-지역적 특성과 장성(長城)의 흥폐(興廢)로 본 중화민족의 기원, 형성과 발전을 논함』[24]은 요(遼), 원(元) 왕조의 거란, 몽골은 모두 한대(漢代)의 선비(鮮卑)에서 기원했다고 본다. 따라서 한당(漢唐)과 중고시대 이후의 역대 왕조와 지방 정권의 소수민족 통치자는 모두 자신들을 황제의 후예로 인정했는데, 예를 들면 십육국(十六國) 시대의 적지 않은 소수민족 왕조의 정치가들은 스스로 황제에서 비롯되었다고 자인했다.

북위(北魏) 때 신서(神瑞) 2년(415), 명원제(明元帝)가 교산(橋山)에 사신을 보내 "태로(太牢: 소, 양, 돼지)를 모두 갖추어 황제와 당요(唐堯) 묘에 제사 지냈다. …을묘(乙卯)에 광녕(廣寧)의 역산(歷山)에 올라 태로(太牢)를 갖추어 순묘(舜廟)에 제사하고 황제가 친히 예를 갖춘다"[25]라고 했다.(『북사(北史)』 「위본기(魏本紀)」) 그리고 태화(太和) 16년

24 論中華民族-從地域特點和長城的興廢看中華民族的起源, 形成與發展

25 以太牢祠黃帝, 唐堯廟。……乙卯, 登廣寧之歷山, 以太牢祠舜廟, 帝親加禮焉。

(492) 효문제(孝文帝)는 여러 곳에서 요·순·우에게 제사를 지냈다.

원(元)나라의 태정제(泰定帝)는 황제 능묘를 보호하라는 조령(詔令)을 내렸고, 원나라는 매년 시신을 보내 요·순·우에게 제사를 지냈다.

금(金)의 여진 귀족 완안해노(完顔海奴)는 자신이 속한 족속을 '황제지후(黃帝之后)'로 여겼고 『청사고(淸史稿)』 「태조기(太祖紀)」에서는 그 조상을 '금유부(金遺部)'로 기록했는데, 이는 금(金)나라의 '흑수여진(黑水女眞)'이 청(淸)나라의 '만주여진(滿洲女眞)'과 같은 일족(一族), 같은 황제지후에 속한다는 뜻이다.

청대(淸代)에 이르러 황제에 대한 숭사(崇祀)는 계속 늘어났는데, 경성(京城)의 역대 제왕묘의 제사 외에도 황제가 친히 전문 인원을 황제릉에 파견하여 제사를 지냈으며 보통 3년에 한 번이고 임시로 제사를 지내기도 했다. 청대에 황제 능묘에 대한 제사는 의식이 성대하고 규모가 크고 횟수가 많았다. 청세조(淸世祖)는 심양(瀋陽)에서 북경으로 천도한 후에도 순치(順治) 8년(1651)에 특별히 사신을 보내 황제릉에 가서 제사를 지내도록 했다. 그 이후, 강희(康熙)·건륭(乾隆)·가경(嘉慶)·도광(道光) 등 황제는 선후로 30차례 가까이 황제릉에 제사를 지냈으며 통상적인 제사 외에 황제의 즉위, 반란 진압, 수재와 한재, 오곡 풍년 등 중대한 사건이 있을 때마다 황제에게 제사를 지냈다. 특히 강희 황제는 선후하여 16차례에 걸쳐 사신을 보내 '조상'의 능묘인 염제릉과 황제릉에 제사를 지냈다. 명·청 시대에 이르러 도성의 제왕 묘 제사는 제사를 통해 표현된 중화 5,000년 중화문명을 최고점에 끌어올렸다.

4) 사회의 주류 문화와 국가 문화

오제(五帝)시대, 하(夏)·상(商)·주(周)에서 진(秦)·한(漢)·위(魏)·진(晉)·남북조(南北朝), 수(隋)·당(唐)·송(宋)·요(遼)·금(金)·원(元)·명(明)·청(淸)까지 수십 개 정권이 대표하는 왕조 정체(政體)가 있었는데, 그들과 국가 정치와 밀접한 관계를 맺고 있는 문화는 5,000년의 국가 역사 발전 과정에서 계속 단절 없이 이어져 중화문명의 국가 문화 유전자가 되었다. 국가 문화 유전자는 주로 국가 문화 혹은 사회의 주류 문화에 구현되었다.

국가의 '택중건도(擇中建都)', 도성의 '택중건궁(擇中建宮)', 궁성의 '택중건묘(擇中建廟: 宮廟)', 도성과 궁성의 '벽사문(辟四門: 벽 사면의 문)', 도성의 성문과 궁성 정문의 '일문삼도(一門三道: 문 하나에 세 갈래 길)' 등은 물화(物化)된 표상체(表象體)의 표현이다. 상술한 모든 '형이하'의 물화 표상체(表象體)는 중국인의 '형이상'의 '중화(中和)'의 핵심 이념과 '가국일체(家國一體)' 및 '국가지상(國家至上)'의 사상을 표현한다.

5) 문자의 계승

학계에서는 대부분 대략 지금으로부터 5,000년 전에 한자가 이미 출현했고, 실제 중국의 각지에서 발견된 신석기시대 후기와 말기 유적 중 적지 않은 기호가 문자의 특징을 가지고 있다고 보고 있다. 예를 들면 어떤 학자는 산동(山東)에서 발견된 정공도문(丁公陶文) 등을 초기 문자라고 한다. 이보다 조금 나중인 4,300~4,100년 전의 것으로, 산서성(山西省) 양분도사(襄汾陶寺) 성터에서 발견된 도기(陶器)에 쓰여 있는 한자도 오늘날까지 전해지고 있다. 은허(殷墟)의 갑골문은 이미 성숙한 한자라고 할 수 있으며, 이어 발견된 서주(西周) 청동기의 명문(銘文)·동주(東周)의 도문(陶文)과 맹서(盟書)·간독(簡牘)·백서(帛書)에 적힌 문자 등은 상주(商周) 갑골문의 기초 위에서 더욱 발전한 대전(大篆)·소전(小篆) 및 '6국문자(六國文字)'이다.

진시황은 통일된 다민족 중앙집권국가를 세운 후, 문자를 통일하는 국책을 채택하여 국가의 통일을 수호하고 중화민족의 결속력을 증대하는 데 역사에 길이 남을 큰 공헌을 했다. 바로 진시황이 소전(小篆)으로 통일한 문자는 한당(漢唐)시대를 거쳐 소전에서 한예(漢隷)와 해서(楷書)로 이어졌으며, 오늘날까지 5,000년간 단절 없는 중화문명을 대표하게 했다. 중요한 점은, 중화문명의 문자는 5,000년 동안 이어져 현재까지도 국가 문자로 계속 사용되고 있다는 사실인데, 고금의 세계 각지의 다른 나라, 만족의 문자 사용 역사상 유사한 경우는 극히 드물며 심지어는 전후무후하다고 할 수 있다.

중국의 문자로 쓰인 중국 고대 문헌은 세계사에서 자신만의 특색을 가지고 있는데 그중의 '이십사사(二十四史)'는 더욱 독보적이며 전 세계 유일의 5,000년 역사를 가진 국가가 주도하여 편찬한 완전한 역사 문헌이며, 5,000년 중화문명의 과학적 증거이다.

4

'물적 표상'의 해독

중화 문화에 대해 말하자면, 문명사회 형성의 물적 표상은 도시·금속기(金屬器)·문자·예제(禮制)·예기(禮器) 등에 집중적으로 구현되어 있다. 도시(혹은 도성)는 국가 관리 '기구'의 물적 표상이며 금속 도구의 사용은 생산력 발전과 잉여가치, 사유제와 사회 분업으로 인해 산생한 물질적 기초이다. 문자는 복잡한 사회와 국가의 활동에 없어서는 안 될 조건이며 예제와 예기는 국가 및 사회 등급의 표시이고 특히 후자는 중화문명의 역사적 특색이다.

1) 도성(都城)

국가는 문명의 집약적인 구현이고, 도성과 국가는 함께 공존하며, 도성은 국가의 정치 통치·경제 관리·군사 지휘의 중심, 문화 의례 활동의 중심이며 국가의 축소판이기 때문에 문명의 가장 중요한 물적 표상이 되었다. 엥겔스는 『가족, 사유제와 국가의 기원』에서 다음과 같이 지적했다.

신식 방어시설을 갖춘 도시 주변에 높고 험준한 성벽(城壁)을 쌓아 놓은 데는 그 이유가 있다. 그들이 깊이 파 놓은 참호(塹壕)는 씨족제도의 무덤이며 그들의 성루(城樓)는 이미 문명 시대에 우뚝 솟아 있다.

상술한 내용은 도시의 출현은 국가의 출현을 의미하며 원시사회가 '역사박물관'으로 보내졌음을 상징적으로 보여주는 비유이다. 영국의 저명한 고고학자 콜린 렌프류는 그의 대작 『고고학: 이론, 방법과 실천』에서 다음과 같이 더욱 명확하게 제시했다.

> 초기 국가사회는 일반적으로 특유의 도시 취락 형태로 나타나는데, 그중에서 도시가 가장 중요한 부분이었다. 도시는 전형적인 대형 인구 집단 거주 중심지(보통 500명 이상의 인구를 보유함)이며 부수적으로 묘우(廟宇)와 행정 중심지를 포함한 중요한 공공 건축물을 동반한다. 흔히 뚜렷한 취락 등급을 볼 수 있는데, 도성이 주요한 중심지이며, 그 아래에는 도성에 종속되었거나 지역적인 중심지 및 그 지역의 촌락이 있다.

고대 중국 문헌에는 고대의 도성에 관한 기록이 많이 있는데, 『예기(禮記)』 「예운(禮運)」에 의하면 문명 형성이 시작되면서 "대도(大道)가 이미 사라져서 천하를 개인의 집으로 삼고, 각자 자신의 어버이만을 친애하고, 자신의 아들만을 아들로 여기며, 재물과 힘을 자기 것으로 한다. 대인(大人: 신분)이 세습되는 것이 예법이 되었고, 성을 쌓고 구지(溝池)를 파 이것들을 굳게 지키게 되었다"[26]라고 되어 있다. 『한서(漢書)』 「교사지(郊祀志)」에서는 "황제 때는 5성(城) 12루(樓)였다"라고 했다. 『세본(世本)』 장주(張澍)는 『오월춘추(吳越春秋)』를 재인용하여 "곤(鯀)이 성을 쌓아 군(君)을 지키고 곽(郭)을 만들어 백성들을 지켰는데, 이것이 성곽(城郭)의 시초"[27]라고 했다.

그리고 중화 5,000년 '문명'이 형성된 이래, 동일한 문화 특징의 도성(都邑)이 계속 이어져 황제시대의 성터에서 하(夏)·상(商)·주(周)의 도성, 더 나아가 진(秦)·한(漢)·위(魏)·진(晉)·남북조(南北朝) 및 수(隋)·당(唐)·송(宋)·요(遼)·금(金)·원(元)·명(明)·청(淸)의 도성까지 도성의 입지 선정, 배치 구조 등의 기획 이념이 줄곧 맥을 이어 왔으며 국가 통치자의 정치적 합법성의 지시물로 간주되었는데, 이는 세계

---

26 大道旣隱, 天下爲家, 各親其親, 各子其子, 貨力爲己, 大人世及以爲禮, 城郭溝池以爲固
27 鯀築城以衛君, 造郭以守民, 此城郭之時也。

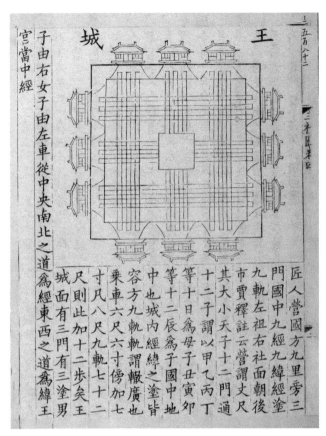

〈그림 1-7〉 〈신정삼례도(新定三禮圖)〉의 왕성도(王城圖), 강희(康熙) 12년 통지(通志) 당간본(堂刊本)

〈신정삼례도(新定三禮圖)〉는 『고공기(考工記)』에서 발췌한 '왕성(王城)'에 관한 문자 기록을 다음과 같이 해석했다. "장인(匠人)이 도성을 영조(營造)할 때, 사방이 9리(里)인 성 안에 3개의 성문을 두었다. 도성 안에는 남북으로 9개의 도로를 두고 동서 방향으로 또 9개의 도로를 두었으니, 즉 9경9위(九經九緯)이며 각각의 성문에는 세 갈래의 평행도로를 내었는데 이것이 경도9궤(經途九軌)이고 좌조우사(左祖右社: 좌측에 종묘를 두고 우측에 사직단을 둔다), 면조후시(面朝後市: 앞에 조정을 두고 뒤에 시장을 둔다)했다."[28] 이 그림은 당(唐)나라 가공언(賈公彦)의 주(注)에 근거하여 다음과 같이 서술했다. "영국(營國: 나라를 營造)할 때 장척(丈尺)을 그 계량단위로 크기를 쟀으며 도읍에는 12개의 성문을 내어 하루 열두 시간 성문을 열지 않을 때가 없었다. 갑을병정(甲乙丙丁) 등 10일을 모(母)라 하고 자축인묘(子丑寅卯) 등 12시진(時辰)을 자(子)라고 했다. 국중(國中)은 바로 지중(地中: 땅의 중심)이다. 성안에는 가로 세로 길을 내어 서로 통했으며 길이 넓어서 우마차 아홉 대가 막힘없이 다녔다. 당시 마차의 폭은 6척(尺) 6촌(寸)으로 7촌(寸)을 더해 여지를 두었다. 도로의 폭을 8척으로 보면 9개 도로는 72척이 되며 여기에 12보(步)를 더했다. 왕성의 세 면에 3개의 문을 냈고 각각의 문에는 세 개의 통로를 만들어 남자가 왼쪽, 여자가 오른쪽, 우마차는 중앙을 경유하게 했다. 남북으로 통하는 도로를 경(經), 동서로 통하는 도로를 위(緯)라고 했고 왕궁(王宮)은 중앙에 지었다."[29]

고대 역사에서 극히 보기 드문 상황으로, 중화 5,000년 문명의 특징을 부각시켰다.

---

28 匠人營國, 方九裡, 旁三門。 國中九經九緯, 經塗九軌, 左祖右社, 面朝後市。

29 營謂丈尺, 其大小, 天子十二門, 通十二子。 謂以甲乙丙丁等十日為母, 子丑寅卯等十二辰為子。

2) 능묘

중국의 고대사회에는 이원적 사회문화가 존재했는데, 이른바 '이원적인 사회문화'란 살아있는 사람의 '양간(陽間: 이승)의 사회문화'와 죽은 사람의 '음간(陰間: 저승)의 사회문화'를 말한다. 여기에서 '음간' 사회문화의 물적 표상은 무덤과 관련 유물이다. 제왕의 무덤을 능묘라고 하는데, 선진(先秦) 시대의 문헌인 『여씨 춘추(呂氏春秋)』에 기록된 '능묘약도읍(陵墓若都邑)'은 도성을 본떠 고대 제왕의 능묘를 축조했음을 말해 주는 것으로, 당시 제왕의 능묘는 도성의 축소판이라고 할 수 있다.

지금까지 발견된 최초의 제왕 능묘는 안양(安陽) 서북쪽 언덕 은허(殷墟)의 상왕릉(商王陵)이며, 그 후의 주(周)·진(秦)·한(漢)·당(唐)·원(元)·명(明)·청(淸) 등 제왕 능묘의 문화적 함의는 대부분 잘 알려져 있다. 비록 이들 제왕 능묘 주인들은 출생지역, 민족이 다르지만 그들은 중화 민족의 서로 다른 왕조의 국가 최고 통치자로서 국가 문화의 성격을 띤 제왕 능묘 문화를 전승했으며, 이러한 제왕 능묘 문화는 5,000년 중화문명의 물적 유산이 되었다.

3) 예제 건축(禮制建築) 및 예기(禮器)

예제 건축과 예기는 중국 역사문화의 특색을 가장 많이 지닌 물적 표상이다. 종묘·사직·명당(明堂)·벽옹(辟雍)·영대(靈臺)·천단(天壇: 圜丘)·지단(地壇) 등 주요 예제 건축은 중화문명의 조상 숭배와 '천지인(天地人)'의 철학관(즉 '인간'의 존재는 '천(天)'과 '지(地)'를 기반으로 한 것)에 바탕을 두고 있다. 예제 활동에 사용된 예기로는 주로 정(鼎)·규(圭)·벽(璧) 등이 있었다.

國中, 地中也。城內經緯之途, 皆容方九軌, 軌謂轍廣也。乘車六尺六寸, 傍加七寸, 凡八尺, 九軌七十二尺, 則此加十二步矣。王城面有三門, 門有三途, 男子由右, 女子由左, 車從中央。南北之道爲經, 東西之道爲緯, 王宮當中經。

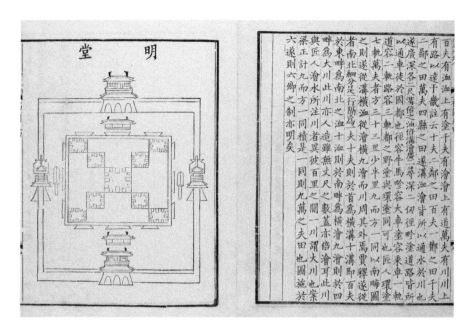

〈그림 1-8〉〈신정삼례도(新定三禮圖)〉의 '명당도(明堂圖)', 강희(康熙) 12년 통지(通志) 당간본(堂刊本)

명당(明堂)의 구조에 대한 기록은 『주례(周禮)』「고공기(考工記)」,『대대예기(大戴禮記)』「명당(明堂)」, 동한(東漢) 채옹(蔡邕)의 『명당월령론(明堂月令論)』에 있다. 〈신정삼례도(新定三禮圖)〉의 명당(明堂)은 『고공기』에서 묘사한 내용을 기준으로 그린 것이다.

〈그림 1-9〉 이방정(邏方鼎) 상(商)

영국 대영박물관에 소장되어 있으며 일명 윤광방정(尹光方鼎)이라고도 한다. 장방체(長方體)이며 가장자리가 좁고 입구가 네모지다. 구연(口沿)에 귀가 대칭으로 붙어 있으며 네 귀퉁이에는 각각 한 줄의 비릉(扉棱)이 있고, 평저(平底)에는 네 개의 기둥과 발이 있다. 네 벽의 윗부분은 운뢰문(云雷紋) 바탕에 머리 하나 몸통이 두 개인 용무늬로 장식되어 있고 용의 몸통의 굴곡에는 원와문(圓渦紋)이 채워져 있으며, 네 벽의 좌우와 하부에 각각 세 줄의 유정문(乳釘紋)이 있고, 발 윗부분에는 수면(獸面)을 부조(浮彫)해 놓았다.

4) 문자 – 한자(漢子)

문자는 형이상(形而上)의 문화로서 다른 정신문화와는 달리 눈에 보이고 만져볼 수 있는 문화이다. 중화문명의 문자는 신석기시대 말기 도기(陶器)에 새겨진 부호로 시작되었으며 그 후 갑골문·대전(大篆)·소전(小篆)·예서(隷書) 등으로 이어졌고 어떤 재료에 새겨지거나 쓰여 있든지를 막론하고 문자의 본체는 5,000년 동안 줄곧 그 맥을 이어왔다. 이에 대해 어떤 학자는 다음과 같이 말한 바 있다.

고대 바빌로니아의 설형(楔形)문자, 고대 이집트의 상형(象形)문자, 고대 인도의 하라파 문자(Harappan script)는 비록 오늘날 박물관과 유적에서 그 잔편을 관람할 수는 있지만, 모두 이미 소실된 문자들이다. 그리고 한자는 인류 4대 문명 중 유일하게 단절되지 않은 문자로 지금도 여전히 사용하고 있다. ……페니키아인들이 발명한 22개의 알파벳은 동로마제국을 거쳐 라틴어로 발전하고, 다시 서로마제국을 거쳐 그리스어로 발전한 후, 기나긴 중세기를 거쳐 르네상스에 이르기까지 유럽 곳곳에서 꽃을 피워 여러 국가의 다양한 언어 문자를 형성했다.[30]

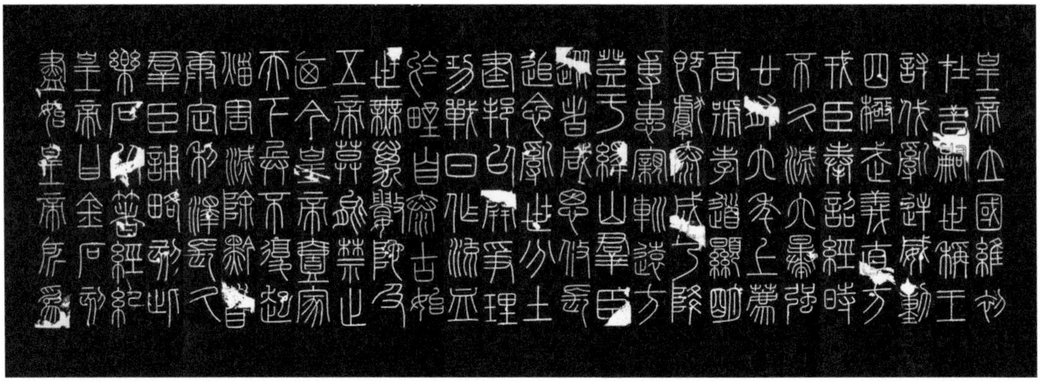

〈그림 1-10〉 진(秦)나라 소전(小篆) 〈역산비(嶧山碑)〉 탁본
〈역산비(嶧山碑)〉는 진시황 28년(기원전 219)에 동쪽으로 순행할 때 새긴 것으로, 진(秦)나라 각석(刻石) 중 최초의 것이며 내용은 진시황이 천하를 통일하고 분봉제(分封制) 폐지하고 군현(郡縣)을 설치한 공적을 칭송한 것으로, 진시황이 6국을 통일한 후 표준 소전(小篆)체로 썼다.

---

30 王能憲, 「漢字與漢字文化圈」, 『光明日報』, 2011. 1. 17.

중국의 고대 문자는 진시황의 통일을 거쳐 중화민족의 대일통(大一統)을 지속시키는 데 중요한 역할을 했다.

5

핵심이념: '중화(中和)' 사상

'중화(中和)'의 사상과 정신은 오랜 역사를 가지고 있으며 5,000년 중화문명과 거의 보조를 맞추었다고 할 수 있다. '중화'는 '중(中)'과 '화(和)'의 두 가지 측면을 포함한다.

중국의 핵심 유전자는 '중(中)'이고 이는 동서남북의 집합이며, 바로 뿌리이다. 중국은 '중(中)'에서 왔기에 나라를 '중(中)'에 세워야 했고 도읍도 '중(中)'에 두어야 했다. 도읍을 중원(中原)에 두면서 최종적으로 국가 역시 '중(中)'이라고 불렀는데, 이때 중국의 국가는 천하를 가리키며 동서남북의 '중(中)'을 의미하였기에 황궁은 도성의 정중앙에 두어야 하고 황궁에서 국가를 상징하는 대조정전(大朝正殿)은 궁중의 정중앙에 세워야 했다.[31]

'중'과 '화'는 변증통일의 관계이다. 문화적으로 보면 '다원일체(多元一體)'의 '일체'는 '중'이고 '다원'은 '화'이며 '일체'가 핵심이다. 정치 문화적인 시각에서 보면 '일체'는 국가와 중화민족 및 중국 역사문화의 정체성이다. 중화의 '중'은 정치적인 대일통(大一統)이고 '화'에 비해 용량이 크며 5,000년의 긴 시간을 거쳐 중화 5,000년 문명의 핵심 문화 유전자가 되었다.

'중화'는 백성들의 '가화만사성(家和萬事成)'에서부터 각 민족 정권의 화친정책, 즉 한고조(漢高祖)·한혜제(漢惠帝)·한문제(漢文帝)·한경제(漢景帝)의 종녀(宗女)와 흉노

31　劉慶柱, 「國祭也是祭國」, 『光明日報』, 2015. 9. 7.

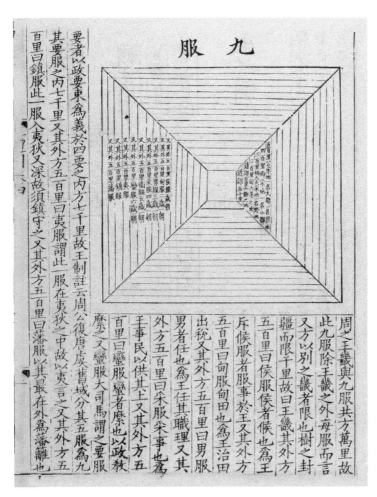

〈그림 1-11〉 〈신정삼례도(新定三禮圖)〉의 '구복도(九服圖)', 강희(康熙) 12년의 통지(通志) 당간본(堂刊本)

(匈奴)의 선우(單于), 한무제(漢武帝)의 종녀(宗女) 세군(細君) 공주와 오손곤막(烏孫昆莫 국왕), 왕소군(王昭君)과 호한야선우(呼韓邪單于), 당태종(唐太宗)의 질녀 홍화(弘化) 공주와 토욕혼(吐谷渾)의 수령, 당태종(唐太宗)의 종녀(宗女) 문성(文成) 공주와 토번(土蕃)의 송첸캄포(松贊幹布), 당덕종(唐德宗)의 딸 함안(鹹安) 공주와 회흘(回紇)의 무의성공가한(武義成功可汗)과의 혼인 등에 이르기까지 중국의 역사문화에 깊은 영향을 미쳤다. 종교 및 사상적으로 '삼교합일(三敎合一)'에 대한 유도(儒道)의 해석도 중화문명의 '화위귀(和爲貴: 조화로움을 귀하게 여김)'를 보여준다.

제2장

도성(都城)
고고학의
발견과 연구

1

⸺◆⸺

개술(槪述)

1) 도성과 문명의 동반

국가는 문명사회의 개괄이다. '문명의 형성'은 '국가 출현'의 동의어로서 본질적으로 일치하며 국가와 도성은 떼려야 뗄 수 없는 관계이다. 도성은 문명 형성의 중요한 상징이자 물적 표상이기 때문에 우리는 도성은 문명과 함께한다고 말한다.

도성은 국가의 '정부 플랫폼'으로서 동서고금을 막론하고 세계의 모든 지역과 문명은 공통성과 특성이 있으며, 도성과 문명이 공존하는 것이 바로 그 공통성이다. 문명의 주요 객체인 도성에 관한 연구를 통해 우리는 각기 다른 문명의 특징을 엿볼 수 있다. 어느 지역이든지 상고 시대 문명사회의 진입 여부에 대해서는 역사학자가 그 도성에 관해 기록을 남겨야 하고 고고학자는 도읍의 성격을 지닌 성터를 찾아야 한다.

세계 각지의 고대 문명은 각각의 발전 역사를 가지고 있으며 모두 인류 역사의 흐름에 영향을 미쳤지만, 이들 문명은 거의 예외 없이 도성 문화를 통해 세상에 모습을 드러냈다. 이로 인해 세계 각국은 비교적 보존이 잘된 고대 도성 유적을 '세계문화유산'으로 신청하고 있는데, 예를 들면 고대 그리스의 아크로폴리스, 고대 로마성, 고대 일본 나라 시대의 헤이조쿄, 헤이안 시대의 옛 교토 유적, 고대 이집트의 테베성 등과 중국 안양(安陽)의 은허(殷墟), 한(漢) 장안성의 미앙궁(未央宮),

북위(北魏) 낙양성의 궁성, 당(唐) 장안성의 대명궁(大明宮), 원(元)의 상도(上都), 북경의 명청(明淸) 궁성(북경 고궁) 등과 중국 고대 역사문화의 특색을 지닌 '능묘약도읍(陵墓若都邑)'의 제왕 능묘 중의 진시황릉, 명청의 제릉(帝陵) 등은 모두 세계문화유산으로 자리 잡았다.

중화 5,000년 문명 중 각 시기 국가의 축소판인 도성은 국가 역사(즉 문명사)의 발전과 더불어 정치·문화·국제교류·과학기술 등 여러 방면에서 크고 작은 변화를 맞이했지만, 이와 동시에 더욱 중요한 불변 혹은 기본적인 불변의 요소가 있었는데 후자가 바로 이른바 '문화 유전자'이며 이는 중화 5,000년 문명이 단절 없이 이어 올 수 있는 중요한 토대를 마련했다.

예를 들면, 중국 고대 도성의 형식과 구조 시기마다 변화가 있었는데, 최초 오제(五帝) 시대의 단성제(單城制)에서 하상주(夏商周) 시대의 도읍과 도성의 쌍성제(雙城制: 궁성과 郭城)로 발전했고 이런 쌍성제의 도성은 위진(魏晉)의 낙양성(洛陽城)에까지 줄곧 이어졌으며 그 후 북위(北魏)의 낙양성은 삼성제(三城制: 궁성, 내성, 곽성)로 이어져 명청의 북경성에 이르게 된 것이다.

하지만 도성의 '택중건도(擇中建都)', '택중건궁(擇中建宮)'의 이념이 점차 부각되면서 '중(中)'의 이념이 점점 극에 달하게 되었고 국가 공간의 '중'을 택하여 도성을 축조했으며 궁성은 도성의 '중'에, 대조정전은 궁성의 '중'에 축조했다. 도성과 궁성의 대표적인 건축물로 꼽히는 도성의 성문과 궁문은 일문삼도(一門三道: 문 하나에 세 갈래 길이 설치됨)의 규제가 형성되었고 도성 내의 도로는 일도삼도(一道三途: 하나의 길이 세 갈래로 갈라짐) 제도를 실행했다. 이러한 것들은 '중'의 이념을 더욱 확대하고 심화시켜 '중'으로 하여금 중화문명 중 생명력이 가장 강한 문화유전자가 되게 했다.

비록 공간 과학적 견지에서 본다면 도성 입지의 '택중(擇中)'은 그다지 '과학'적이지는 않지만 이념으로 확고히 지켜져 왔다. 따라서 800년의 역사를 가진 고도인 북경성은 최초로 해릉왕(海陵王)이 연경(燕京)을 도읍으로 정하면서부터 '연경이 바로 천하의 중심'이라는 의미를 부여받았고 금(金)나라는 중화 문화의 유전자를 계승할 수 있는 합법적인 지위를 확립했다.

고고학적 발견을 살펴보면 '택중건도'와 도성의 '구중(求中)' 이념은 중화 5,000년 문명이 형성되기 전에 이미 태동된 것으로, 청화간(淸華簡)의 『보훈편(保訓篇)』에 기록된 오제시대 우순(虞舜)의 구중을 제외하고도 1987년 하남성(河南省) 복양(濮陽)에서 발견된 서수파(西水坡) 제45호 무덤에서 무덤 주인의 좌우 양쪽에 조개껍데기를 쌓아 청룡과 백호를 만들어 놓았고, 발 아래에는 북두(北斗)를 배치해 6,400년 전 중화 선민들의 구중의 생동한 장면을 재현했으며 이 문화 전통은 시종일관 중국 고대 역사문화와 이어져왔다.

〈그림 2-1〉 양궤(揚簋) (서주)

고궁박물원에 소장되어 있다. 구연부(口緣部)가 작고 기복(器腹)은 둥글며 권족(圈足) 아래에 세 번 굴절된 단족(短足)이 있으며 두 개의 귀에는 원형의 고리가 있고 그릇 뚜껑은 분실되었다. 기복(器腹) 부분은 와릉문(瓦棱紋)으로 장식했고 목과 권족(圈足)에 각각 한 줄의 절곡문(竊曲紋)이 있으며 권족(圈足) 위 단족(短足) 대응점에 각각 동물의 머리를 부조(浮彫)해 놓았다. 그릇 안에 10행 107자의 명문(銘文)을 새겨 놓았는데 명문에 '사공(司工)'이라는 관직의 직책이 구체적으로 기술되어 있다. '사공(司工)'과 '사공(司空)'은 같은 개념이며 사공(司工)이 재판 소송을 주관할 수 있는 권한을 갖고 있다고 기록되어 있는데, 이는 서주의 관제(官制) 및 사법제도 연구를 위한 중요한 자료이다.

국가적으로 도성의 중요성은 도성 입지 선정, 도성의 건설 등을 '국가 대사'로 삼고 국가 통치자가 직접 책임지며, 국가의 주요 통치자(예를 들면 승상 등)가 직접 총괄하고 중앙정부에 전문 관서와 관원을 두어 도성(그리고 '능묘약도읍(陵墓若都邑)'의 제왕 능묘)의 건설을 구체적으로 담당한 것에서 알 수 있다. 예를 들면 서주(西周)가 상(商)을 멸망시킨 후 왕이 직접 낙양에 도읍을 정했는데, 이것이 바로 1963년 섬서성(陝西省) 보계(寶鷄)에서 출토된 3,000년 전 서주(西周) 청동기 '하준(何尊)'의 명문(銘文)에 기록된 '택자중국(宅玆中國)'이다.

도성을 건설한 후 중앙정부에 대사공(大司空)을 두어 그 직책을 전담하게 했는데 상주(商周) 시기에 이미 대사공이 있었고 『면치(免觶)』·『양궤(揚簋)』·『산반(散盤)』·『사공궤(司空簋)』·『숙산부보(叔山父簠)』 등 청동기 명문에도 '사공(司空)'이라는 관직명이 있으며 『주례(周禮)』에도 '사공'이라는 기록이 있다. 또한 고대 중앙정부에는 '삼공(三公)', '삼사(三司)'라는 관직이 있었고 『한서(漢書)』 「백관공경표상(百官公卿表上)」에도 "사마주천(司馬主天)·사도주인(司徒主人)·사공주토(司空主土)가 삼공(三公)

〈그림 2-2〉 이방궁도권(阿房宮圖卷)의 일부 (清, 無款)

현재 미국 프리어 미술관에 소장되어 있다. 이 그림은 당나라 두목(杜牧)의 『아방궁부(阿房宮賦)』에 묘사되어 있는 내용을 바탕으로 그린 것으로, 청산녹수와 계화(界畵: 중국 회화의 기법)를 결합시키는 방식으로 "사방 삼백 리의 땅에 자리를 잡고, 드리워진 지붕은 하늘과 해를 가렸다. 여산(驪山)이 북쪽으로 얽히다 서쪽으로 꺾여 바로 함양(咸陽)으로 간다. 두 줄기의 강물은 유유히 흘러 궁궐 담장으로 들어간다. 다섯 걸음마다 누대가 하나요, 열 걸음마다 누각이 하나에, 행랑의 허리는 무늬 없는 비단이 둘러 있는 것 같고, 처마 끝은 새가 높은 곳을 쫓는 모양이며, 건물은 각기 지세에 따라 배치되었으며 용마루는 갈고리처럼 휘어지고 처마는 뿔이 서로 다투듯 이어졌다. 건물들이 구불구불하고 이리저리 둘러져 있어서 벌집과 같고 소용돌이와도 같으며 우뚝 솟은 추녀에서 떨어지는 물줄기는 몇 천만 가닥인지 모르겠네! 긴 다리가 물결 위에 놓여 있으니 구름도 없는데 웬 용이냐? 이층 복도가 허공을 가로지르니 날씨가 개지도 않았는데 웬 무지개인가? 높고 낮음이 아득하고 희미하여 동쪽과 서쪽도 알 수 없는"[33] 장관이 펼쳐진 모습을 재현했다.

이다"[32]라는 기록이 있는데 사마(司馬), 사도(司徒), 사공(司空)이 바로 삼사이다. 그 이후, 진(秦)나라는 소부(少府)를 두어 도성의 궁실 건설을 주관했고 서한(西漢) 시기에는 '장작대장(將作大匠)'으로 이름을 바꾸었으며 "종묘·노침(路寢)·궁실(宮室)·능원목토지공(陵園木土之功)을 관장하게 했다". 그 이후 한성제(漢成帝)는 어사대부(御史大夫)를 대사공(大司空)으로 이름을 바꾸었다.

진(秦) 아방궁의 축조는 진시황이 말년에 친히 결정한 것으로, 『사기』「진시황본기(秦始皇本紀)」에 따르면 함양성(咸陽城)의 궁궐 규모가 작아 국가적인 행사의 수요를 만족시키기 못한다고 판단한 진시황이 풍경이 좋은 위하(渭河) 남쪽의 상림원(上林苑)에 새로 도성을 축조하기로 결정하고 가장 먼저 착공한 것이 바로 전전아방(前殿阿房)이다.

그 이후, 한고조(漢高祖) 유방(劉邦)이 진나라를 뒤엎고 한(漢) 왕조를 건국하면서부터 낙양(洛陽)을 도읍으로 삼았다. 이후 도성의 입지 선정을 놓고 조정 내에서 치열한 논쟁이 오가다가 결국 한고조가 "장막 안에서 계략을 짜서, 천리 밖에서 승리를 거두자"라는 장량(張良)의 의견을 수렴하여 도읍을 장안에 옮기며 동의자(動議者: 제안을 한)인 수졸(戍卒) 누경(婁敬)을 봉춘군(奉春君)으로 등용하고 유씨(劉氏) 성을 하사했다.

북위(北魏) 효문제(孝文帝)는 도읍을 낙양에 옮기고 사공(司空) 목량(穆亮)에게 명하여 궁실을 축조하게 했다.

수양제(隋煬帝)는 동도(東都) 낙양성을 건설하기로 하고, 상서령(尚書令) 양소(楊素)와 장작대장(將作大匠) 우문개(宇文愷)를 파견하여 건설공사를 구체적으로 책임지게 했다.

도성의 구체적인 주요 건설 항목까지도 중요한 관리들을 파견했는데, 예를 들면 정관 20년(646) 당나라 장안성의 '북궐(北闕: 북궁문)'을 축조할 때 황제가 사공

---

32 司馬主天, 司徒主人, 司空主土, 是爲三公。

33 覆壓三百餘裡, 隔離天日。驪山北構而西折, 直走咸陽, 二川溶溶, 流入宮牆, 五步一樓, 十步一閣; 廊腰縵回, 簷牙高啄; 各抱地勢, 鉤心鬪角。盤盤焉, 囷囷焉, 蜂房水渦, 矗不知其幾千萬落! 長橋臥波, 未雲何龍? 複道行空, 不霽何虹? 高低冥迷, 不知西東

방현령(房玄齡)과 장작대장 염립덕(閻立德)을 파견하여 공사를 책임지도록 한 것이다.

『대금국지(大金國志)』의 기록에 따르면, 금(金)의 중도(中都)를 건설할 때 해릉양왕(海陵煬王)이 "좌우상(左右相)인 장호(張浩)와 장통고(張通古), 좌승(左丞) 채송년(蔡松年)을 파견하고 제로부장(諸路夫匠: 각지의 역부와 장인)들을 보내 연경의 궁실(宮室)을 축조하게 했다"라고 한다.

원(元)나라에서 대도(大都)를 건설할 때에는 황제가 유병충(劉秉忠)을 상신(相臣)으로 파견하여 책임지도록 했다. 유병충은 원나라 초기의 정치가이자 쿠빌라이의 중요한 책사일 뿐만 아니라 태보(太保)로서 중서성(中書省)의 정무에 참여하기도 했다.

2) 도성의 구성 요소

도성(都城)의 '도(都)'는 곧 나라의 도읍을 뜻하고 '성(城)'은 도시를 의미한다. 중국 역사에서 '성'은 정치적 필요에 의해 생겨났으며 중국 고대 최초의 성은 광대한 취락(혹은 마을이라 칭함)에 비해 발달되었다. 옛 사람들이 말하는 '성의위군(城以衛君: 도성을 구축하여 군주를 지킴)'에서 성은 성벽을 구축하여 성 밖과 갈라놓는다는 뜻이고 '위군(衛君)'은 바로 군주(즉 국가 통치자)의 안전을 지킨다는 뜻이다. 또한 안전 보호를 강화하려고 성 부근에 흙을 퍼 올려 성벽을 쌓을 때 성벽 바깥쪽 흙이 파인 곳을 참호로 만듦으로써 성벽에 이어 두 번째 안전 장벽을 만든 것이 바로 '성호(城壕)'이다.

도성은 국가를 통치하고 관리하는 공간으로서 도성과 외계의 연계를 유지하기 위해 도성의 해당 규제에 따라 성문을 축조하고 성문과 마주하는 성 밖 참호 위에 다리를 만들어 놓았으며, 성안으로 이어지는 도로를 만들어 도성 성문과 내부를 연결하는 교통망을 구성했다.

도성 내의 이런 교통망은 도성의 기능이 어떻게 구분되었는지에 대한 이해에서 매우 중요한 부분이다. 도성은 그 기능에 따라 통치자가 정치 활동을 진행하는 장소인 궁전 구역, 국가 행정 관리를 위해 마련된 장소인 관서 건축물 구역, 사회적 이념의 유지를 위한 예제 건축물 구역, 도성의 안전을 위한 무기고와 관련 군사시설 구역, 도성의 기초생활 보장에 필요한 창저(倉儲) 구역, 도성의 기능을 담당하는 시민 거주 구역, 시장 및 수공업 공방 구역 등으로 구성되었다. 그리고 위에서 서술한 성벽·참호·성문·도로·궁전·관서·예제 건축·무기고·귀족 및 서민의 거주 구역·시장·수공업 공방 구역 등이 도성의 구성 요소가 되었다.

성벽과 성호(城壕)

도성의 성벽은 방어시설이자 국가 정치의 공간 및 다른 구역과의 경계 표시이기도 하다. 엥겔스는 일찍이 "일단 마을이 도시로 변한다면, 다시 말하면 참호

〈그림 2-3〉 서안시(西安市) 성벽의 동북각(東北角)과 호성하(護城河)
서안의 성벽은 서안 명성장(明城墻)이라고도 불리며 중국에서 현존하는 가장 규모가 크고 보존이 잘 된 고대 성벽이다. 서안 성벽은 명태조(明太祖) 홍무(洪武) 3년(1370)에 시작하여 홍무 11년(1378)에 준공되었다. 완벽하게 '방어' 전략체계에 맞추어 축조된 이 성벽은 두께의 수치가 높이에 비해 커서 마치 산처럼 견고하기에 성벽 위에서 마차가 달릴 수 있고 사병들의 조련(操練)까지 가능하다. 성벽의 높이 12미터, 꼭대기부분의 폭 12~14미터, 바닥면의 폭 15~18미터, 둘레 13.74킬로미터이며 성문의 동서남북에 각각 장악문(長樂門)·안정문(安定門)·영녕문(永寧門)·안원문(安遠門)이 설치되어 있다.

〈그림 2-4〉 **남경(南京) 중화문(中華門) 옹성(瓮城) 부감도(전경)**

남경의 중화문(中華門) 성문은 세 개의 옹성(瓮城)과 네 개의 권문(券門)이 설치된 '목(目)'자형 구조이며 옹성(瓮城)마다 일문(一門: 문 1개) 일갑(一
閘: 수문 1개)이 있다. 주요 건축물인 옹성은 중화문 주요 건물의 성문과 2~4개의 보조 성문으로 구성되어 있는데, 각 성문에는 원래 쌍선포철문
(雙扇包鐵門)과 상하로 작동할 수 있는 천근(千斤) 갑문이 있었고, 그 안에 전조(栓槽: 木栓을 조이는 시설)가 설치되어 있어 목전(木栓)으로 대문을
굳게 닫을 수 있도록 했으며 성 전체에 총 27개의 장병동(藏兵洞)이 있어 3,000여 명의 병사를 수용할 수 있다.

와 성벽으로 방어하기만 하면 마을 제도는 도시 제도로 바뀌게 된다"라고 했다.

성(城)은 문명시대의 상징으로서 등급이 나뉘는데, 왕국 시대의 왕성(王城)과 분봉을 받은 제후 왕들의 성(城)이 있고 제국 시대에 진입한 후의 도성은 보통 그 아래에 '부(府)·주(州)·군(郡)·현(縣)'의 성(城)이 있었으며 이들 성의 성벽과 성호를 살펴보면 규모가 달랐는데, 그 원인은 등급에 따라 축조했기 때문이다.

인류 역사의 발전은 도성제도에도 변화를 가져왔으며 성벽은 도성의 필수 구성 요소로서 시대의 변화에 따라 일부 부대시설을 증축했다. 예를 들면 방위력을 강화하기 위해 성벽 바깥 면에 성벽을 밖으로 돌출한 마면(馬面)을 증축하여 방위 시역(視域)을 넓히고, 또 성문 밖에 추가로 옹성을 축조한 것 등이다. 절대다수의 중국 고대 도성은 성벽을 갖추어야 했는데 고고학, 역사학, 건축학 등 전공 지식으로 살펴보면 중국 고대 도성의 성벽(흙을 건축 재료로 하여 축조한 명나라 이전의 성벽을 가리킴)은 흙을 틀에 넣고 다져서 만든 것이 맞지만 일부 학자들은 그냥 쌓아 올린 것이라고 주장하는데, 이는 관련 실험을 통해 증명해야 할 부분이다.

성문(城門)

성문은 성과 도성에 있어서 매우 중요한 상징적인 의미를 가진 건축물이다. 중국의 백성들은 주택 건축이 가정의 경제 상황, 가족의 사회적 지위를 가장 직관적으로 보여준다고 여겼고 중국의 주택 건축에서 문루(門樓)가 가장 특징적이다. 그리고 백성들이 말하는 '문면(門面)'은 문이 중국인의 마음속에서 차지하는 위상을 보여주며 건축물의 문은 마치 사람의 얼굴과 같다는 의미이다.

도성의 대표적인 건축물은 바로 성문과 궁문이며 특히 도성과 궁성의 정문은 국가의 상징이자 중화문명의 역사적 전통이라는 사실은 고대나 현대나 여전하다. 중국에서 누구나 부를 줄 아는 노래 '나는 북경의 천안문을 사랑한다'에서 천안문은 중국을 상징한다.

이를 감안하면 도성의 성문, 궁성 궁문의 방위 배치, 문도(門道)의 다소와 도성 및 궁성 주요 건축물과의 공간관계는 국가의 핵심 가치관을 전달하는 물적 표상

〈그림 2-5〉 웅장한 천안문(天安門) 성루(城樓)

이 된다. 그리고 이런 역사는 약 4,000년 전의 왕국 시대 초기로 거슬러 올라갈 수 있으며 그 이후에도 이어져왔다.

도로와 분구(分区)

도로는 일상생활에서 흔히 볼 수 있는 것으로 도시와 농촌 곳곳에 뻗어 있다. 도로는 교통의 원활한 흐름을 위한 조건이고 도시의 골격이라고도 불린다. 그러나 중국 고대 도성의 도로는 일반 도시와는 달리 도성의 특정 공간 형태에 의해 결정된다. 도성의 도로는 교통의 매개체이기는 하지만 여기에 엄격한 사회적 위계질서가 내포되어 있다. 따라서 중국 고대 도성의 도로는 특정한 정치적 특성이 있다.

도성 도로의 위계 관념은 '태생적'인 것이 아니라 사회가 발전하고 국정(國政)이 강화되면서 생겨난 것이다. 예를 들면, 한(漢)나라 장안성 내부와 성문을 연결하는 도로 '일도삼도(一道三途)', 즉 하나의 길이 세 갈래로 나뉘는 도로 중, 가운데 도로가 나라를 대표하는 황제 전용의 치도(馳道: 어도라고도 함)이고 그 양쪽은 관리(官吏) 혹은 일반 백성들이 다니는 도로였는데, 이런 도로 배치는 중(中)의 이념을 두드러지게 했고 국가 지상(國家至上)의 사상을 구현했다.

도성의 주요 간선도로는 도성의 기능에 따라 분구(分區)의 경계선으로 되었기 때문에 중국 고대 도성 내부의 도로는 『주례(周禮)』 「고공기(考工記)」에서 서술한 바와 같이 구경구위(九經九緯)를 이루었다. 이는 중국의 고대 도성이 도성의 도로 시스템과 도성의 기능에 따른 분구라는 복잡한 과정과 함께 발전했음을 보여준다.

도성의 도로 형태로 표현된 도성의 '중축선(中軸線)'은 중국 고대 도성의 정수이고 4,000년에 가까운 역사를 가지고 있으며, 초기 왕국 시대 도성의 '쌍축선(雙軸線)'에서 제국 시대의 '단축선(單軸線: 즉 중축선)'으로 발전했다. 그리고 도성의 중축선은 국가의 '중화' 이념을 집대성했다.

궁전

궁전은 도성의 국가 정치 활동의 가장 중요한 공간으로, 지연 정치의 집중적인 구현이다. 이에 저명한 건축고고학자 양홍훈(楊鴻勛)은 다음과 같은 견해를 제시했다.

궁전 건축은 왕(황)권의 상징이며 그 어느 나라를 막론하고 특수한 건축물이다. 궁전은 민간 건축의 경험을 집대성했으며 동시에 궁정화(宮廷化)를 위한 엄격한 규율도 부여해 놓았다. 중국에서 궁전은 고대의 종법 관념, 예제 질서, 문화 전통의 대성(大成)을 집중적으로 구현했고 그 어떤 건축물도 당시 사회의 주도적 사상, 역사 및 전통을 궁전보다 더 잘 설명해줄 수는 없다. 외국에는 "건축물은 돌로 만든 책"이라는 명언이 있을 정도로 건축물이 생겨난 사회가 과거가 되고 홀로 남겨져 역사로 되기 때문에 궁전은 당시 사회의 본질을 가장 잘 보여주는 건축물이다. 따라서 궁전 건축의 역사에 대한 이해를 통해 고대 사회의 주도적 사상의식과 그 형태의 발전을 생동감 있게 이해할 수 있다.[34]

왕국 시대에 궁전은 종묘와 함께 국가를 구성하는 이원적 정치가 되고 제국 시대에는 국가정치의 주요 물적 표상이 되었다. 궁전이 지닌 정치문화가 종묘에 비해 더욱 중요시된 것은 제국 시대에 이르러 지연 정치가 혈연 정치에 비해 더 중요해졌기 때문이다.

제국 시대에 도성의 궁성은 '자궁(紫宮)', '자미궁(紫微宮)'이라고도 불렸다. 중국 고대의 천문학자들은 천체(天體)의 항성(恒性)을 삼원(三垣)으로 나누었고 중원(中垣)의 자미십오성(紫微十五星)을 자궁(紫宮)이라고도 불렸으며 자궁(紫宮)은 천제(天帝)의 주거 공간이다. 서한 시기 도성의 황궁인 미앙궁(未央宮)은 자궁(紫宮)으로도 불렸고 황궁의 주요 건축물은 대조정전(大朝正殿)이었다.

---

34 楊鴻勛, 『宮殿考古通論』, 紫金城出版社, 2001년, 3쪽.

〈그림 2-6〉〈경사생춘시의도(京師生春詩意圖)〉(淸·徐揚)

〈경사생춘시의도(京師生春詩意圖)〉는 청나라의 궁정화가 서양(徐揚)이 건륭 32년(1767)에 건륭황제가 지은 『생춘시(生春詩)』 20수의 내용을 바탕으로 그린 것이다. 화폭에는 20수 시의 전문이 기록되어 있고 화폭 오른쪽 하단에 이 작품을 그리게 된 연고가 적혀 있다. 이 그림은 조감도식 구도로 중국 전통의 산점투시화법(散點透視畵法)과 유럽의 초점투시화법(焦點透視畵法)을 결합하여 경사(京師)의 전모를 그렸다. 화가는 정양문(正陽門) 대가(大街)부터 자금성(紫金城)·경산(景山)·서원(西苑)·경도(瓊島), 그리고 천단기년전(天壇祈年殿)에 이르기까지 일일이 화폭에 담았으며 수백 년 전의 북경성을 눈앞에 펼쳐놓아 후세에 귀중한 이미지 자료를 남겨 놓았다. 이 작품은 청나라의 북경성을 연구하는 중요한 자료이다.

관서(官署)

도성의 중앙 관서는 국가의 정치 지배, 군사 지휘, 경제 관리, 문화의례 행사를 구체적으로 실시하는 정치의 장이다. 국가가 왕국시대에서 제국시대로 변화하고 발전함에 따라 관서의 정치적 기능이 날로 두드러지고 그 역할이 중요해지며 분공도 세분화되었다. 북위(北魏)의 낙양성을 시작으로 궁성 밖에 '내성(內城)', 즉 그 이후의 도성 가운데의 '황성(皇城)'을 설치했다. 도성의 발전은 도성의 궁성과 곽성(郭城)의 쌍성제(雙城制)에서 궁성, 황성(내성)과 곽성의 삼성제(三城制)로 이어졌으며 이는 역사의 발전을 반영한다. 삼성제의 출현은 관서의 활동이 강화되었음을 보여주며 지연 정치가 강화되고 국가 정치가 진일보 성숙했음을 말해준다.

예제 건축(禮制建築)

고대 지배계급은 자신의 통치를 유지하기 위해 도성 부근에 대량의 예제건축물을 축조했다. 이런 건축물들은 직접적으로 통치자가 정권을 공고히 하고 국가의 위계적 사회구조를 유지하며 천지(天地) 일체, 가국(家國) 일체의 '중화' 이념의 전달을 위해 사용되었기 때문에 역대 모든 통치자에게 중시되었고 따라서 예제건축의 내용도 날로 다양해졌다.

중국 고대 도성의 예제건축물에는 주로 종묘·사직·명당·벽옹(辟雍)·영대(靈臺)·천단(天壇: 圜丘)·지단(地壇: 方丘)등이 포함된다. 여기에는 종교 건축물이 포함되지 않았는데 이는 서양의 고대 도성 문화와는 현격히 다르다. 서양의 고대 도성에는 신묘(神廟: 혹은 敎堂)가 궁전과 나란히 있었는데, 어떤 의미에서는 도성에서 신묘(神廟) 혹은 교당(敎堂)의 지위가 국가 정치의 장인 궁전에 비해 더 높았음을 알 수 있다. 5,000년간 단절 없이 발전해온 중화문명의 역사는 국가의 이념이 점점 더 부각되고 강화되고 있었음을 보여주며 그중에서도 예제건축의 발전에서 충분히 구현되었다.

〈그림 2-7〉 북경 중산(中山)공원의 사직단(社稷壇)

북경에는 구단팔묘(九壇八廟)라는 설이 있는데, 여기에서 구단(九壇)은 천단(天壇)·지단(地壇)·기곡단(祈谷壇)·조일단(朝日壇)·석월단(夕月壇)·태세단(太歲壇)·선농단(先農壇)·선잠단(先蠶壇)·사직단(社稷壇)으로, 명청(明淸) 시기의 황제 및 황후들이 각종 제사 행사를 진행하던 곳이며, 팔묘(八廟)는 태묘(太廟)·봉선전(奉先殿)·전심전(傳心殿)·수황전(壽皇殿)·옹화궁(雍和宮)·당자(堂子)·문묘(文廟)와 역대 제왕묘(帝王廟)를 가리킨다. 사직단은 현재의 중산공원(中山公園)에 위치해 있고, 사진은 바로 오색토(五色土)의 사직단과 중산당(中山堂: 즉 사직단의 배전(拜殿)이다. 1925년 손중산 선생이 타계한 후 잠시 영구를 이곳에 둔 적이 있으며 1928년에 중산당으로 이름을 바꾸었다)이다.

귀족과 시민 거주 구역

고대에도 주민들의 경제 여건과 정치적 지위가 달랐기 때문에 민가의 규모 및 분포지역 또한 달랐다. 정치적 지위가 높고 경제 여건이 좋은 도성 시민들은 궁성과 황성 부근에 거주한 반면, 정치적 지위가 낮고 경제 여건이 열악한 시민은 궁성과 황성에서 멀리 떨어져 살았다. 예를 들면 한(漢) 장안성의 귀족 저택들은 대부분 황궁인 미앙궁(未央宮)의 동쪽과 북궁문 부근에 분포되어 있으며, 도성의 '북궐갑제(北闕甲第)'와 '동제(東第)'로 불렸다. 당 장안성 달관현귀(達官顯貴)들의 저택 역시 대부분 궁성과 황성의 동서 양쪽에 분포되어 있고 일반 주민들은 황성에서 멀리 떨어진 곳에 거주했다.

비록 도성의 민가는 가족의 정치적 지위, 경제 상황에 따라 공간 분포 위치가 달랐지만 건축물 배치에서 중화의 이념은 거의 일치한다. 예를 들면 민가의 중축선,

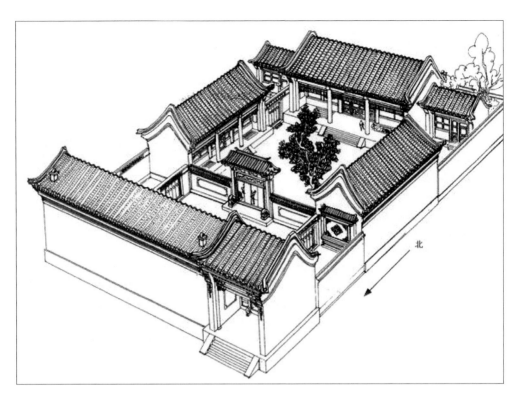

〈그림 2-8〉 민가의 '중화' 이념을 지킨 사합원(四合院)

즉 본채(正房, 즉 안채)는 민가 마당의 북쪽 가운데에 위치하여 정문과 마주보고 있으며, 이로써 중축선을 형성했고 가장(또는 어른)의 중심적 지위를 부각시켰다. 마당 동서 양쪽의 사랑채(廂房)는 본채와 마당 정문의 남북 축선(軸線)의 동서 양쪽에 대칭으로 배치되었는데 이는 '화(和)'의 사상을 반영한다. 이로써 민가의 '중(中)'과 '화'가 유기적인 전체가 되었고 이는 도성의 중화 이념이 민가에까지 반영되었음을 보여준다.

도성의 축선(軸線)

축선은 중국 고대 도성의 문화유전자로서 '중(中)'의 이념, 즉 국가 중심의 사상, 국가지상(國家至上)의 원칙을 보여준다. 이런 중의 이념은 5,000년 동안 단절 없이 이어온 중화사상 및 정신의 강력한 보장이 되었다.

중국 고대 도성의 축선은 시대의 변화에 맞추어 발전했는데, 왕국 시대의 '쌍축선(雙軸線)'에서 제국 시대의 '중축선'에 이르기까지 각 시기 도성의 축선을 통해 '중'의 이념이 집중적으로 반영되었다. 왕국 시대에는 국가 정치가 주로 혈연 정치와 지연 정치가 결합되어 이루어졌기에 도성의 축선 역시 '이원 정치(二元政治)' 하의 '쌍축선'이었다. 제국 시대에 들어서면서 지연 정치를 위주로 하고 혈연 정치는 보조적인 역할을 하는 시기에 들어섰으며 북위(北魏)의 낙양성(洛陽城)을 시작으로 도성의 중축선이 기본적으로 형성되었고 '국가' 의식이 한층 더 구현되었다.

〈그림 2-9〉 북경의 중축선 앙산(仰山) 좌표점

중화의 5,000년 문명사는 국가 응집력이 강해질수록 동질감도 더 깊어졌음을 증명하는데, 도성의 축선이 '이원(二元)'에서 '일원(一元)'에 이른 역사가 바로 '가국 동리(家國同理)'에 바탕을 둔 문화유전자이다. 대량의 고고학적 발견은 수천 년 동안의 사회 발전과 더불어 나타난 중국인 가옥 정원구도의 변화로부터 정원의 건물군 중에서 가장이 정원의 중앙에 위치한 주요 건축물인 본채에 거주하고 있었다는 것을 증명했고 이는 도성 궁성의 대조정전이 '거중(居中)'의 위치에 있었던 것과 일맥상통한다. 중국 고대 도성의 축선이 사람들의 마음속에 깊이 자리 잡을 수 있었던 원인은 그것이 뿌리 내린 토양, 즉 고대 국민의 국가 정체성과 일치하기 때문이다.

〈그림 2-10〉 북경성의 중축선(中軸線) 안내도

명청(明清) 시기 북경성의 중축선은 대조정전(大朝正殿)을 기점으로 남쪽으로 궁성(宮城), 황성(皇城)과 곽성(郭城)의 정문[午門·天安門·正陽門·永定門]을 경유하고 북쪽으로 궁성(宮城) 북문의 경산(景山)과 종고루(鐘鼓樓)를 마주하며 직선거리가 약 7.8킬로미터이다.

3) 고대 도성 발전의 기본 맥락

중국 고대 도성의 발전 맥락과 중화 5,000년 문명은 기본적으로 같은 속도를 유지했고 도성은 간단하던 것이 날로 복잡해지게 되었다. 국가의 축소판인 도성은 국가의 발전 변화와 밀접한 관계가 있으며 국가 역사의 발전 변화는 국가 행정관리기구의 변화에서 집중적으로 나타난다. 고대 도성 구조의 중요한 변화는 이와 맞물려 있는데 여기에서 말하는 도성의 구조는 도성의 단성제(單城制), 쌍성제(雙城制), 삼성제(三城制)를 가리킨다. 오제(五帝) 시대의 방국(邦國)부터 하상주(夏商周)의 왕국에 이르기까지 국가의 공간이 확대되고 국가 기구가 늘어나면서 국가 관리의 장(場)인 도성은 필연적으로 국가의 발전에 적응하여 단성제에서 쌍성제로 발전했다. 그리고 하상주(夏商周)의 왕국 시대에서 진한(秦漢) 및 그 이후의 명청에 이르기까지 도성은 쌍성제에서 삼성제로의 발전을 이룩했다.

국가 통치 집단의 구성은 최초의 방국(邦國), 왕국 시대의 혈연 정치와 지연 정치의 결합에서 제국 시대에는 지연 정치 위주, 혈연 정치의 보조적 역할로 바뀌었다. 그뿐만 아니라 도성의 궁전과 종묘의 공간 방위에도 중요한 변화가 나타났는데, 왕국 시대의 궁전과 종묘는 궁성에 나란히 배치되어 있었지만 제국 시대에는 종묘가 궁성에서 이출(移出)되었다. 따라서 궁전이 궁성의 주요 건축물이 되었고, 도성과 궁성은 대조정전을 중심으로 국가 동서남북 중의 '중(中)'을 부각시켰다. '중'을 핵심으로 하는 국가 대일통의 이념은 도성의 배치 구조에 의해 고착 및 전승되었는데 이것이 바로 중화 5,000년 문명의 핵심인 문화유전자의 물화(物化)된 표상체이다.

2

북경의 고궁(故宮)에서 거슬러 올라가 본
오제(五帝)의 도읍

중국의 고대 도성은 단절 없이 이어온 중화 5,000년 문명을 연구, 해석하는 중요한 물적 표상으로, 고대 도성의 발전사에 대한 이해와 인식은 매우 중요하다. 중화문명은 역사가 유구하며 오래된 역사일수록 우리의 기억에서 희미해지고 인식 또한 모호해진다. 과학적 인식론은 이미 알려진 것부터 시작하여 미지의 세계를 탐색하는 과정이며 역사과학은 더욱더 그러하다. 본서는 가까운 데로부터 먼 옛날로, 이미 알려진 것부터 시작하여 미지의 역사를 탐색하는 방법으로 중국 고대 도성의 발전 역사에 대해 탐구하고자 한다.

1) 명청(明淸)의 북경성

명의 북경성은 영락(永樂) 15년(1417)에 원(元) 대도(大都)의 기초 위에 건설되었고, 청은 명의 북경성을 그대로 사용하면서 부분적으로 개조했다.

고궁(故宮)

고궁(故宮: 자금성)은 명의 영락(永樂) 18년(1420)에 세워진 명청 시기 북경성의 궁성으로, 남향으로 자리 잡고 있다. 궁성은 고대 도성의 정치적 중추, 즉 국가의 상징이며 이것이 바로 21세기 현재까지도 수많은 인파가 몰리면서 관람객 수로는

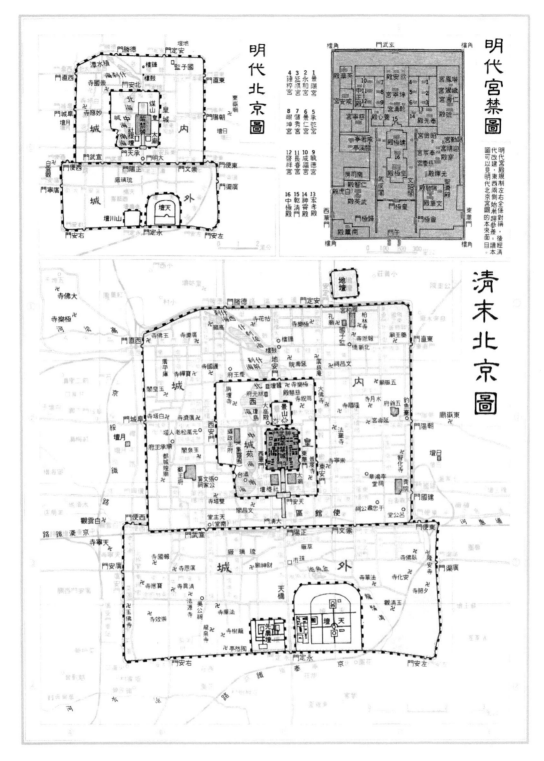

〈그림 2-11〉 명청(明淸) 시기 북경성 평면도

청(淸)에 이르러 북경성은 정양문(正陽門) 앞의 동서향 대가(大街)를 경계로 남부는 외성(外城), 북부는 내성(內城)으로 나뉘었다. 외성의 남쪽 성벽에는 동서로 3개의 성문이 배치되어 있고 그 가운데가 영정문(永定門)이며 영정문은 외성의 정문이자 북경성의 정문으로 내성의 남쪽 성문인 정양문과 남북으로 마주하고 있다. 정양문과 영정문의 남북향 대가 동쪽에 천단(天壇)이 있고, 서쪽에는 선농단(先農壇)이 있다.

〈그림 2-12〉 **오문(午門)의 정면**

오문은 명(明) 영락(永樂) 18년에 축조된 후, 청(淸) 순치(順治) 4년(1647)에 중수(重修)했고 가경(嘉慶) 6년(1801)에 다시 보수 공사를 진행했다. 오문은 상하 두 부분으로 나뉘는데, 아래가 12미터 높이의 돈대(墩台)로 정중앙에는 문 세 개를 설치했고 양측에는 각각 액문(掖門) 하나씩 두어 속칭 '명삼암오(明三暗五)'라 불린다. 다섯 개의 문동(門洞)은 각각의 용도가 있었으며 그중 중문(中門)이 황제 전용이지만 예외도 있었는데, 황제의 대혼(大婚) 시 황후가 탄 가마가 여기를 거쳐 궁에 들어갈 수 있었고 전시(殿試)를 통해 선발된 장원(壯元), 방안(榜眼), 탐화(探花) 역시 시험 결과가 발표된 후 여기로 출궁했다. 동쪽 문은 문무관이 드나들었고 서쪽 문은 종실(宗室)인 왕공(王公)이 출입할 수 있도록 되어 있었다. 그리고 양쪽 액문(掖門)은 대형 행사가 있을 때만 열도록 했다.

중국의 각종 박물관 중 1위를 차지하는 이유이다. 그리고 이런 현상의 본질은 바로 국가 역사문화에 대한 국민의 공감과 경모의 마음이다.

널리 알려진 북경의 고궁은 중화인민공화국 국무원이 발표한 첫 번째 '전국중점문물보호단위(全國重點文物保護單位)'이자 1987년 유네스코가 발표한 중국 최초 '세계문화유산'으로 유명하다. 이처럼 높은 명성을 누리는 원인은 고궁이 중국 역사문화의 집대성이라는 데 있다.

북경성 내성(內城)의 중부는 황성이고 황성의 정문인 천안문은 명의 영락(永樂) 15년에 축조되기 시작했고 승천문(承天門)이라고 불렸는데 이는 유명한 당나라 장안성 궁성의 '승천문(承天門)'에서 유래된 것이다. 그 이후 청 순치(順治) 8년에 '천안문'으로 이름을 바꾸었다. 천안문은 현재 중국의 상징성 건축물이며 그 앞의 동서향 장안가(長安街)는 '중국의 제1가(第1街)'이다.

　　고궁(故宮)은 동서남북 네 면에 각각 동화문(東華門), 서화문(西華門), 오문(吾門),
신무문(神武門) 등 궁문을 설치했다. 그중에서 오문이 정문으로, 고궁에 들어가는
첫 번째 문이며 오문과 천안문 사이에 단문(端門)이 있다. 천안문과 고궁의 남문인
오문의 남북향 도로 사이에는 동쪽에 태묘(太廟), 서쪽에 사직(社稷)이 있는데 이것
이 바로 『주례(周禮)』에서 말한 '좌조우사(左祖右社)'이다.

　　오문의 '일문삼도'에는 쌍궐(雙闕)이 병치(併置)되어 있는데, 사실 이는 '명삼암
오(明三暗五)'이다. '일문삼도'는 예로부터 중국 고대 도성의 성문과 궁성 궁문(특히
궁성 정문)의 규제였지만 당나라 장안성 곽성의 정문인 명덕문(明德門)과 대명궁(大明
宮) 궁성의 정문인 단봉문(丹鳳門)은 '일문오도(一門五道)'이며, 그 이후 왕조의 도성
궁문은 대부분 일문오도였다. 명청 시기 북경성 궁성의 오문 바깥쪽은 일문삼도
였지만 오문(吾門) 좌우의 두 개 문도(門道)의 바깥쪽에 또 각각 액문(掖門)을 설치했
기에 실제로는 일문오도가 되었다.

　　고궁은 예전에 자금성(紫禁城)이라고 불렸으며 중국 고대 도성의 궁성 혹은 백
성들이 말하는 황궁이다.

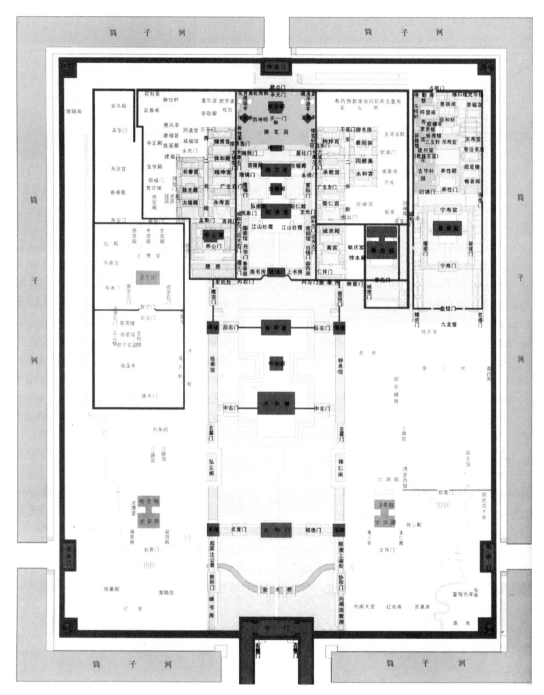

〈그림 2-13〉 고궁(故宮) 평면도

고궁은 동서의 폭 753미터, 남북의 길이 961미터이며 둘레에 10미터 높이의 성벽이 둘러싸고 있다.

〈그림 2-14〉 태화전(太和殿)

태화전(太和殿)은 금란전(金鑾殿)이라고도 불렸는데 자금성의 3대 전(殿) 중 하나이다. 명 영락(永樂) 18년에 착공했으며 완공된 후 여러 차례 화재를 당해 훼손되었고, 현재의 태화전(太和殿)은 청(淸) 강희(康熙) 34년(1695)에 다시 중건된 것이다. 지붕은 중첨무전정(重簷廡殿頂) 구조이고 계단은 세 층의 한백옥(漢白玉)으로 되어 있는데 모두 금룡(金龍)과 새채화(璽彩畫)로 장식되어 있다. 평면은 폭이 11칸이고 깊이는 5칸이며 길이 64미터에 폭 37미터, 건축면적은 2,377제곱미터로 자금성에서 규모가 가장 큰 최고급 건축물이다.

궁성의 남부는 태화전(太和殿)·중화전(中和殿)·보화전(保和殿) 등 3대 전(殿)을 중심으로 하며 모두 궁성의 외조(外朝: 궁궐에서 조정의 관료들이 집무하는 관청이 배치된 구역)에 속한다. 궁성 북부는 내정(內廷)으로 황실의 침궁(寢宮) 및 활동 장소이며, 소위 말하는 '전조후침(前朝後寢)'이다. 자금성의 동부는 '외동로(外東路)', 서부는 '외서로(外西路)'로 불리며 주요 건축물로는 영수궁(寧壽宮)과 자녕궁(慈寧宮)이 있는데 위진(魏晉) 및 북위의 낙양성과 수당(隋唐)의 양경(兩京)에서 그 원형을 찾아볼 수 있다.

자금성에서 가장 중요한 건물이 바로 태화전(太和殿)인데 고궁 3대 전(殿)의 정전, 즉 백성들이 말하는 금란전(金鑾殿)이다. 태화전은 명나라 때부터 봉천전(奉天殿), 황극전(皇極殿)이라 불렸고 청 순치(順治) 2년(1645)에 태화전으로 개칭했다. 태화전이라는 이름은 『주역(周易)』 「건괘(乾卦)·단전(彖傳)」의 아래 내용에서 유래했다

하늘의 도가 변화하여 각각 물건의 타고난 생명을 바로잡으니, 큰 화기를 보존하고 합치어

〈그림 2-15〉 중화전(中和殿)

중화전(中和殿)은 태화전(太和殿)과 보화전(保和殿) 사이에 위치해 있는데 황제가 태화전(太和殿)에 가서 대전(大典) 행사에 참가하기 전에 휴식을 취하고 집사관(執事官)들의 조례를 받던 곳이기도 하다. 중화전은 높이가 19미터이고 평면이 정사각형이며 홑처마의 사각은 찬첨(攢尖)으로 되어 있고 지붕에는 황색 유리와(琉璃瓦: 유약을 발라서 구운 기와)를 얹었고 중앙 부분은 동태(銅胎) 유금(鎏金: 고대 중국 도금의 기법) 보정(寶頂)이다. 궁전의 사면에는 모두 문이 있으며 정면에 삼교육완(三交六椀: 궁전 문의 장식 기법)의 격선문(槅扇門: 중국 건축에서 격자를 응용한 선(扇)을 장치한 출입구로, 송나라에서는 격자문이라 했음) 12개가 있고 동·서·북 삼면에는 격선문이 각각 4개씩 있으며 성문 앞의 돌계단은 동서 양쪽에 각각 하나, 남북에 각각 3개씩 있다. 가운데는 운룡문(雲龍紋)이 부조(浮彫)되어 있는 어로(御路: 황제가 다니는 길), 답도(踏道: 궁궐에서 임금이 가마를 타고 지나가는 계단)와 권초문(卷草紋: 蔓草紋이라고도 함. 원초적인 아름다움을 갖춘 문양)이 천각(淺刻: 부조의 양감이 얇게 조각되어 있는 것)되어 있는 수대(垂帶: 踏道 양쪽에 놓여 있는 줄무늬 석판)이다.

〈그림 2-16〉 보화전(保和殿)

보화전(保和殿)은 원래 근신전(謹身殿)이라고 했고 명(明) 가정(嘉靖) 41년(1562)에 건극전(建極殿)으로 개칭했으며, 청 순치(順治) 2년에 지금의 보화전으로 이름을 바꾸었다. 보화전의 보화(保和)는 『주역(周易)』에서 유래한 말로 "뜻을 널리 알리지 말며 마음을 편안하게 지켜라"라는 뜻인데, 다시 말하면 하나의 뜻을 지켜 우주와 만물의 조화로움을 유지하라는 의미이다. 보화전은 9칸 폭에, 깊이 5칸(전랑(前廊) 1칸을 포함)으로 건축면적이 1,240제곱미터, 높이 29.5미터이다. 지붕은 중첨헐산정(重檐歇山頂: 겹처마 지붕, 하나의 정척(正脊), 네 개의 수척(垂脊), 네 개의 창척(戗脊)으로 구성되어 있는 구조)으로 황색 유리와를 얹었고 위와 아래 처마 끝은 9개의 작은 동물 모양 조각물로 장식했다. 위 처마는 한쪽 끝이 위로 쳐들린 단시중앙오채(單翅重昻七踩) 두공(斗栱: 큰 규모의 목조 건물에서, 기둥 위에 지붕을 받치며 차례로 짜 올린 구조)이고 아래 처마는 중앙오채(重昻五踩) 두공(斗栱)으로 되어 있다.

바로 이롭고 곧아진다.[35]

고대에는 '大'와 '太'를 통용했으며 따라서 '대화(大和)'가 바로 '태화(太和)'이다.

태화전(太和殿)은 대조정전으로, 거중(居中), 거고(居高) 및 거전(居前)의 특징을 나타낸다. '거중(居中)'이란 바로 자금성의 중심이라는 뜻이고 '거고(居高)'는 자금성과 북경성의 각종 궁실 건축물 중 가장 높다는 뜻이며 '거전(居前)'은 태화전 앞에 성문만 있고 다른 건축물이 없다는 뜻이다(태화전 앞에서 남쪽으로 태화문(太和門)·오문(午門)·단문(端門)·천안문(天安門)·정양문(正陽門)과 북경성 남대문의 영정문(永定門) 순으로 배열되어 있음). 대조정전의 거전은 진한(秦漢) 시기의 대조정전이라는 이름에서 이미 일목요연하게 보여주었는데, 진시황이 아방궁을 지은 후 정전을 '전전(前殿)'이라 했고 한고조(漢高祖)도 도읍을 장안으로 옮긴 후, 장안성의 미앙궁(未央宮)에 지은 대조정전을 '전전'이라고 불렀다.

태화전과 그 북쪽에 있는 중화전(中和殿), 보화전(保和殿)이 궁성의 '삼대전(三大殿)'을 구성했는데 이는 중국 고대 도성 문화의 중요한 역사 전통이다. 여기에서 중화전의 '중(中)'은 『중용(中庸)』의 내용에서 유래했다.

중(中)은 천하의 대본(大本)이며 화(和)는 천하의 달도(達道)이다.[36]

'삼대전(三大殿)'은 중국 전통문화의 핵심인 '중화'의 이념을 집중적으로 보여주었는데 보화전의 보화(保和)와 태화전의 태화(太和)는 모두 상술한 『주역(周易)』「건괘(乾卦)·단전(彖傳)」의 보합대화(保合大和)에서 유래했다.

자금성의 북쪽은 경산(景山)이고 서쪽은 북해(北海), 중해(中海)와 남해(南海)로 구성된 지원구(池苑區)이다. 여기에서 북해와 중해는 사실 원(元)나라 대도(大都)의 태액지(太液池)였지만 이 역시 원의 대도가 개창한 것이 아니며 훨씬 오랜 역사를

---

35 乾道變化, 各正性命, 保合大和, 乃利貞。
36 中也者, 天下之大本也; 和也者, 天下之達道也。

가지고 있다. 이런 '해(海)'에는 또 영주(瀛洲)·봉래(蓬萊)·방장(方丈) 등 '신산(神山)'이 있는 섬들도 만들어 놓아 당나라 장안성 북부의 '사해지(四海池)'를 연상시킨다.

원명원(圓明園)

북경성 서북부는 황가의 '삼산오원(三山五園)'의 궁원(宮苑) 구역으로, '삼산오원(三山五園)'이란 바로 창춘원(暢春園)·원명원(圓明園)·만수산청의원(萬壽山淸漪園)·옥천산정명원(玉泉山靜明園)과 향산정의원(香山靜宜園)이다. 이들 '오원(五園)' 중 원명원을 제외한 나머지 창춘원·청의원·정명원·정의원은 이궁(離宮: 임금이 국도(國都)의 왕궁 밖에서 머물던 별궁) 별관의 성격을 띤 건축물로 보인다. 원명원은 사실상 황실의 하궁(夏宮)으로 원명원의 '사십경(四十景)' 중 정대광명(正大光明)·근정친현(勤政親

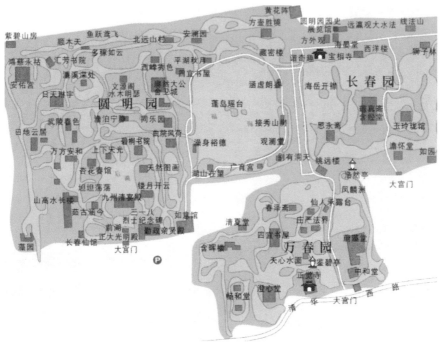

〈그림 2-17〉 원명원(圓明園) 평면도

원명원은 또 원명삼원(圓明三園)이라고도 하는데 원명원(圓明園)·장춘원(長春園)·만춘원(萬春園)으로 구성되었다. 원명원의 부지면적은 3.5제곱킬로미터이며 150여 개의 경물(景物)이 있어 '만원지원(萬園之園)'이라고도 불린다. 매년 한여름이 되면 청(淸)나라 황제가 이곳을 찾아 피서, 청정(聽政)을 하고 군정(軍政) 사무를 처리했기에 '하궁(夏宮)'이라고도 불렀다. 청나라 건륭(乾隆) 시기에 궁정 화가 심원(沈源) 등이 제작한 『원명원사십경도책(圓明園四十景圖册)』은 후세에 원명원의 아름다운 경치를 감상할 수 있는 소중한 그림을 남겼는데 오른쪽 페이지의 두 작품이 바로 정대광명(正大光明)과 근정친현(勤政親賢)이다.

〈그림 2-18〉『원명원사십경도책(圓明園四十景圖册)』의 '정대광명(正大光明)' (淸, 沈源 등)

〈그림 2-19〉『원명원사십경도책』의 '근정친현(勤政親賢)' (淸, 沈源 등)

賢)·구주청안(九州淸晏)·봉도요대(蓬島瑤台)·대홍문(大紅門)과 보화태화(保和太和)·승로대(承露台) 등 건축물은 다수가 궁성을 모방하여 축조한 것이다.

원명원의 궁정 구역은 남에서 북으로 대조벽(大照壁)·대궁문(大宮門)·출입현량문(出入賢良門)·정대광명전(正大光明殿)·구주청안전(九州淸晏殿)이 한 갈래의 남북 중축선을 이루고 궁정 구역 이북은 구주(九州) 풍경구로 구도(九島)를 설치하여 "일통구주(一統九州), 천하승평(天下升平)"의 뜻을 나타냈다. 청나라 황제들은 여기에서 140여 년간 정무를 보았다. 청의 원명원은 당나라의 유명한 시인 백거이(白居易)의 『장한가(長恨歌)』에 나오는 당(唐)의 장안성(長安城) 동쪽 여산(驪山) 아래 화청궁(華淸宮)과 화청지(華淸池)를 연상시키는데 이곳은 사실 청나라 북경성의 '제2고궁'이었다.

승덕피서산장(承德避暑山莊)

청의 또 하나의 하궁은 승덕피서산장(承德避暑山莊)으로 지금의 하북성(河北省) 승덕시(承德市) 무열하(武烈河) 서쪽에 위치하며, 560헥타르의 면적을 차지하고 있다. 피서산장은 청의 강희, 건륭 시기에 축조되었다. 승덕피서산장이 하궁으로 불리는 이유는 자금성의 전조후침(前朝後寢)의 규정에 따라 오문과 정궁문(正宮門) 및 대조정전과 유사한 담박경선전(澹泊敬誠殿)과 관련이 있을 뿐만 아니라 궁궐에서 정전까지 중축선을 형성하여 하궁의 전조(前朝)로 불렸고 연파치상전(煙波致爽殿)을 주전(主殿)의 후침(後寢)으로 삼았기 때문이다. 또한 피서산장의 기타 시설도 대부분 궁원(宮苑)의 성격을 띠는데, 이는 수당(隋唐) 도성 부근의 인수궁(仁壽宮)과 구성궁(九成宮)과 비슷하며, 다르다면 청나라의 황제가 산장을 궁성이라고 불렀다는 것이다. 그리고 그 연원은 서한(西漢) 시대의 도성인 장안의 4대 궁성(미앙궁·장악궁·건장궁·감천궁) 중 하나인 감천궁(甘泉宮)에까지 거슬러 올라가 찾아볼 수 있다.

특히 명청 시기 북경성의 예제 건축인 태묘(太廟)·사직(社稷)·천단(天壇)·지단(地壇) 등은 중국 고대 예제 건축의 집대성이다.

청나라 통치 집단의 핵심은 동북 지역의 여진인이며, 누르하치가 후금(後金)을

〈그림 2-20〉〈피서산장도(避暑山莊圖)〉(淸, 冷枚)

현재 고궁박물관에 소장되어 있으며, 경물(景物)의 오른쪽은 무열하(武烈河) 및 동부 산간지대까지이고 서쪽은 서령(西嶺) 산간지대까지이다. 산장
동쪽 애전(崖殿)의 '만학송풍(萬壑松風)'은 전좌(殿座)에서 북쪽으로 겹겹이 펼쳐져 있어 사면의 수령(秀嶺)·십리 호박(湖泊)의 전체 호수구역·평원
구역의 주요 건축물과 자연풍경을 망라했으며 냉매(冷枚)의 뛰어난 개괄 능력과 예술적 기교를 보여주었고 역사 및 예술적 가치가 매우 높다. 그림
에서는 푸른 청산이 사면을 에워싸고 녹음이 우거져 있을 뿐만 아니라 뒷산의 한 갈래 맑은 샘물이 산장으로 흘러 들어간다. 만개한 연꽃이 빛나는
호수 위에서 넘실대고 호숫가에는 버드나무가 드리워 있으며 누각과 물가에 지은 정자(亭子)·궁실(宮室)·고루(高樓) 등이 들쑥날쑥 각각의 자리에
모이고 흩어져 있다.

세웠다. 후금은 송요금원(宋遼金元) 시기의 '대금(大金)'에서 비롯되었는데, '대금'에 비해 시기적으로 늦었기 때문에 '후금'이라고 불렸다. 그 이후 누르하치의 아들인 황태극(皇太極)이 즉위한 후, 후금이라는 국호를 '청(清)'으로 바꾸었다. 1644년 청 세조(清世祖) 복림(福臨)이 즉위한 후 연호를 '순치(順治)'로 바꾸었으며 도읍을 북경에 정했다. 비록 청나라 통치계급은 중국 북방의 소수민족이지만 국가문화의 상징인 도성의 건설에서 명나라의 제도를 완벽하게 계승했기에 명청 두 왕조의 도성이 일맥상통하다는 것을 분명히 볼 수 있다.

2) 원(元)의 도성

원(元)의 대도(大都)

칭기즈칸 10년(金貞祐 3년, 1215)에 몽골군은 금(金)의 중도(中都)를 공략하고 연경 (燕京)으로 개명했으며 연경로(燕京路) 총관(總管) 대흥부(大興府)를 설치했다 지원(至元) 원년(1264)에 이르러 연경을 도읍으로 정하기로 했고 여전히 중도라고 불렀다. 그러나 지원 4년(1267)에는 중도(中都: 즉 금의 중도)의 옛 성을 버리고 그 동북쪽 교외에 새로 입지를 선정했으며 대도성(大都城)을 건설했다. 지원 8년(1271)년 원나라가 세워지고 지원 9년(1272)에 중도를 대도(大都)로 이름을 바꾸었다. 대도의 건설은 기획부터 시작하여 유병충(劉秉忠)이 총괄하고 야흑질아(也黑迭兒)가 궁전 건설을 책임졌으며, 조병온(趙秉溫)·장유(張柔)·장홍략(張弘略)·단천우(段天祐)·야속불화(野速不花: 몽골인)·고암(高嶔: 여진족)·양경(楊瓊) 등이 구체적 지휘 및 감독에 참여했다.

원(元)의 대도는 곽성·황성·궁성으로 이루어졌고 황성의 서쪽은 태액지(太液池)와 궁원(宮苑)이다.

대도의 성 내부는 남북향 축선을 경계(고루(鼓樓)이북은 동서의 중간 분계선, 즉 도시 전체의 중축선을 경계로 했고 남쪽은 궁성 중축선 및 남북 연장선을 경계로 했음)로 동쪽은 대흥현(大興縣), 서쪽은 완평현(宛平縣)에 속해 있다. 이와 같이 남북향 중축선을 경계로 도시를

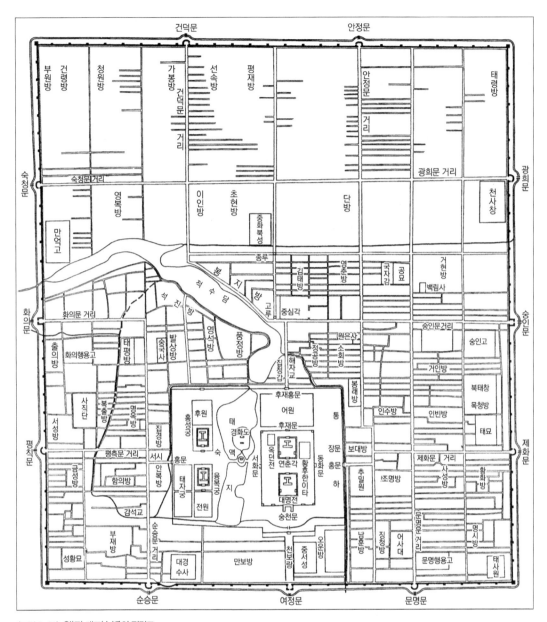

<그림 2-21> 원(元) 대도(大都)의 평면도

원의 대도 곽성(郭城)의 평면은 정사각형에 가까워 동·서·남·북 성벽의 길이가 각각 7,590/7,600/6,680/6,730미터이다. 성문은 11개로 동·서·남 쪽에 각각 3개씩 있고 북쪽은 성문이 2개이다. 황성(皇城) 내부의 동쪽은 궁성으로, '내황성(內皇城)' 또는 '동내(東內)', '대내(大內)'라고 불린다. 궁 성의 서쪽에는 태액지(太液池)가 있고 또 그 서쪽에는 '흥성(興聖)'과 '융복(隆福)'이라는 궁전이 있는데 이 두 궁전을 '서내(西內)'라고도 한다. 그리 고 궁성 이북은 어원(禦苑)이다.

궁성의 동서 폭은 약 740미터이고 남북의 길이는 약 947미터로 그 규모가 명청(明淸) 시기 북경성의 고궁과 비슷하다. 문은 6개인데 궁성 남문의 정문인 숭천문(崇天門)은 '일문오도(一門五道)'이고 성문 밖에 쌍궐(雙闕)을 설치했으며 평면은 '凹'자형 '삼출궐(三出闕: 중국 고대 최고의 예제 도 성문. 세 겹의 자모궐(子母闕)이며 『철경록(輟耕錄)』에서는 '삼타루(三朶樓)'라고도 불렀음) 궐문(『철경록』에서 '양관(兩觀)'이라 했고 『고궁유록(故宮 遺錄)』에서는 '각루(角樓)'라고 했다)'이다. 궁성의 동서 궁문은 각각 '동화문(東華門)'과 '서화문(西華門)'으로, 모두 '일문삼도(一門三道)'였고 북쪽의 궁문은 '후재문(厚載門)'이며 이 궁문에는 문도(門道)가 하나뿐이다.

〈그림 2-22〉 원(元) 대도(大都)의 성벽 유적

동서 두 부분으로 나누어 행정 관리를 하는 방식은 일찍 수당시대에 실행되었을 것으로 보이는데, 당의 장안성이 바로 주작대로(朱雀大路) 남북향 중축선을 경계로 '만년(萬年)'과 '장안(長安)' 동서 두 부분으로 나뉘어 있었다.

원나라의 대도 도성의 축선은 남북향이며 남에서 북으로 곽성의 정문인 여정문(麗正門)·황성의 정문인 영성문(靈星門)·궁성의 정문인 숭천문(崇天門)·대명문(大明門)·대명전(大明殿)·연춘문(延春門)·연춘각(延春閣)·옥덕전(玉德殿)·신경전(宸慶殿)·후재문(厚載門)·후재홍문(厚載紅門) 순으로 되어 있고 중심대(中心臺)까지 이어진다.

원나라는 중국 북방의 소수민족인 몽골족이 세운 국가 정권으로, 당시 몽골족은 비록 유목민족이었지만 중화민족의 일원으로 국가 최고의 정치무대(도성)에 오른 후, 전대 왕조의 도성 건설 이념을 그대로 계승했는데, 이는 원의 도읍인 대도의 곳곳에 그대로 투영되었다.

대도의 성문 명칭의 내력을 살펴보면 원의 지배자들이 중국의 전통 역사 문화에 대해 동질감을 느꼈다는 것을 알 수 있으며, 대도 11개 성문의 이름에 중화 문명의 유구한 역사문화가 담겨 있다. 어떤 학자는 이들 명칭이 모두 '군경지수(群經之首: 경전의 으뜸)'라고 불리는 『주역(周易)』 64괘(卦)의 '효전(爻辭)' 혹은 '단전(彖傳)'과 '상전(象傳)'에서 유래했음을 고증했으며, 구체적으로 다음과 같다.

남원(南垣)

정중앙: 여정문(麗正門), 『주역(周易)』 「이괘(離卦)·단전(彖傳)」의 "거듭된 밝음으로써 바른 데 걸려서 천하를 변화시키고 이루느니라"[37]라는 뜻이다.

동　쪽: 문명문(文明門), 『주역(周易)』 「대유괘(大有卦)·단전(彖傳)」의 "그 덕이 강건하고 문명하다"[38]라는 뜻이다.

서　쪽: 순승문(順承門), 『주역(周易)』 「곤괘(坤卦)·단전(彖傳)」의 "대지의 그 끝 없음을 말해보자. 만물이 그로 말미암아 생겨나고 거기서 비로소 하늘이 열리게 된다"[39]라는 뜻이다('후천팔괘(後天八卦)'에 따르면 곤(坤)은 서남방위에 있다).

동원(東垣)

정중앙: 숭인문(崇仁門), 『주역(周易)』 「문언전(文言傳)」의 "군자가 어질고 착한 일을 실천에 옮기면 이로써 사람의 어른이 된다"[40]라는 뜻이다.

남　쪽: 제화문(齊化門), 『주역』 「설괘전(說卦傳)」의 "손(巽)에 깨끗하다는 것은 손(巽)은 동남(東南)이니, 제(齊)는 만물(萬物)이 깨끗함을 말한 것이다"[41]라는 뜻이다.

북　쪽: 광희문(光熙門), 『주역』 「간괘(艮卦)·단전(彖傳)」의 "간(艮), 멈춤이다. ……멈추어야 그 도가 환이 빛난다"[42]라는 뜻이다.('후천팔괘(後天八卦)'에 따르면 간(艮)은 동북방위에 있다)

서원(西垣)

정중앙: 화의문(和義門), 『주역』 「문언전」의 "만물을 이롭게 하는 것이 족히 이로써 조화를

37　重明以麗乎正, 乃化成天下
38　其德剛健而文明
39　至哉坤元, 萬物滋生, 乃順承天
40　君子體仁足以長人
41　齊乎巽, 巽東南也
42　艮, 止也……其道光明

이룬다"[43]라는 뜻이다.

남　쪽: 평칙문(平則門), 『주역』「겸괘(謙卦)·상전(象傳)」의 "불리하지 않도록 겸손을 드러

　　나게 실천하는 것은 이치에 위배되지 않는다"[44]라는 뜻이다.

북　쪽: 숙청문(肅淸門), 숙살(肅殺: 쌀쌀한 가을 기운이 풀이나 나무를 말리어 죽임)의 뜻

　　이다.

북원(北垣)

동　쪽: 안정문(安貞門), 『주역』「송괘(訟卦)」의 "송사에 이기지 못하니 돌아와 명을 다시

　　받고 태도를 바꿔 편안한 마음으로 바르게 하면 길하다"[45]라는 뜻이다.

서　쪽: 건덕문(健德門), 『주역』「건괘(乾卦)·상전(象傳)」의 "하늘의 운행이 굳건하니, 군

　　자는 스스로 힘쓸 뿐 쉬지 아니한다"는 뜻이다.[46]('후천팔괘'에 따르면 건(乾)은 서

　　북방위에 있다)[47]

　　궁성의 정문인 숭천문(崇天門)의 '일문오도'와 쌍궐(雙闕)은 분명히 금(金)의 중
도(中都) 궁성의 응천문(應天門), 송(宋) 동경성(東京城) 궁성의 정문인 선덕문(宣德門)과
당(唐) 장안성 대명궁(大明宮)의 정문인 단봉문(丹鳳門)의 영향을 받았다. 그리고 고
궁 오문(吳門)의 구조 배치는 숭천문까지 거슬러 올라가 봐야 하며 이들은 일맥상
통한다.

　　대명전(大明殿)의 건축군은 행랑을 둘러싸고 이루어진 직사각형 원락(院落)으로
네 귀퉁이에 각루(角樓)를 지었고 남쪽 정중앙에는 대명문(大明門)이 있다. '대명전'
은 등극(登極)·정단(正旦)·수절(壽節)·조회를 위한 정아(正衙: 궁전)이다.(『철경록(輟耕錄)』)

　　어원(御苑)은 궁성 북쪽에 있으며 그 남쪽에 후재문(後載門), 북쪽에 후재홍문(後

43　利物足以和義

44　無不利, 撝謙, 不違則也

45　不克訟, 複即命; 渝, 安貞吉

46　天行健, 君子以自强不息

47　夏楓荻, 「元大都城門命名與『周易』」, 『光明日報』 2015. 6. 5.

載紅門)이 있고 서쪽은 태액지(太液池)에 임해 있으며 주위에 담을 둘러쌓았다.

태액지는 궁성의 서쪽, 즉 지금의 북해와 중해이며 면적은 약 80헥타르이다. 금(金)은 이곳에 대녕궁(大寧宮)을 지었고 원(元)에 이르러 태액지의 경화도(瓊華島)를 '만세산(萬歲山)'으로 이름을 바꾸었으며 '만수산(萬壽山)'이라고도 불렀다. 원지(圓坻)는 또 영주(瀛州)라고도 하고 지금은 '단성(團城)'이라고 부르는데 주요한 건축물은 만세산(萬歲山)에 집중되어 있고 그 다음으로 원지에 분포되어 있다.

원의 통치자들은 대도의 예제 건축을 매우 중시하여 중통(中統) 4년(1263) 초, 연경(燕京)의 옛 성에 태묘(太廟)를 세우고 그 이후 제화문(齊化門) 안에 태묘, 평칙문(平則門) 안에 사직단(社稷壇)을 축조해 놓았다.

지원(至元) 25년(1275), 쿠빌라이는 여정문(麗正門) 밖에서 동남쪽으로 7리(里) 되는 곳에 제단을 세워 하늘과 땅의 신에게 제를 올렸고 성종(成宗) 대덕(大德) 9년(1305)에는 대도의 남쪽 교외, 즉 지금의 영정문(永定門) 밖에 정식으로 천단(天壇)을 축조해 놓았다. 대도 도성에서 천단의 위치는 당(唐)의 장안성까지 거슬러 올라가 볼 수 있다.

대도의 관학(官學)에는 국자학이 있는데 여기에는 '몽골 국자학'과 '회회 국자학'이 포함된다. 원의 국자학은 문묘(묘학(廟學)과 학궁(學宮)으로도 불림)와 결합하여 '좌묘우학(左廟右學: 즉 공묘(孔廟)가 국자학의 동쪽에 있음)'의 제도를 형성했다. 대덕 10년(1306)에는 대도에 공묘를 세우고 공자의 소상(塑像)을 공봉했으며 공자를 '대성지성문선왕(大成至聖文宣王)'이라고 존칭했는데, 이는 국가 사전(祀典)의 내용 중 하나가 되었다. 지대(至大) 원년(1308)에는 국자학을 세웠는데 이것이 바로 명청의 국자감, 공묘이다.

원(元)의 상도(上都)

쿠빌라이는 대도를 건설하기 전에 유병충(劉秉忠) 등에게 명하여 현재의 내몽골 석림곽륵맹(錫林郭勒盟) 정람기돈달호특진(正藍旗敦達浩特鎭) 동쪽 섬전하(閃電河) 북

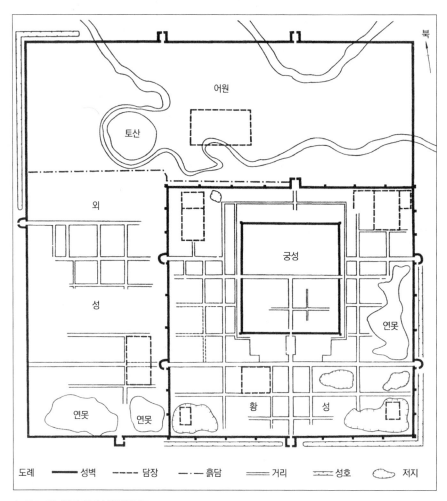

북

어원

토산

외

궁성

성

연못

황 성

연못

연못

연못

| 도례 | ——— 성벽 | ---- 담장 | —·—· 흙담 | ═══ 거리 | ⊏⊐ 성호 | ⌒ 저지 |

〈그림 2-23〉 원(元) 상도(上都)의 평면도

원의 상도는 외성, 황성과 궁성으로 구성되었는데, 황성은 외성의 동남쪽에 있고 궁성은 황성의 중부에서 북쪽으로 치우쳐 있으며 외성의 평면은 정사각형으로 변의 길이가 약 2,220미터이다.

황성의 평면 역시 정사각형으로 변의 길이가 약 1,400미터에 달한다. 사면에 문을 냈는데 남면(南面)의 명덕문(明德門)에서 북쪽을 향하는 어가(御街)의 폭은 약 25미터이며 궁성으로 직통함으로써 황성과 궁성의 중축선이 되었다.

궁성의 평면은 정사각형에 가까우며 궁장(宮墻)은 남북의 길이 602미터, 동서의 폭 542미터이다. 궁성은 동·서·남 삼면의 중앙에 각각 문을 냈는데 남면의 궁문인 어천문(御天門)이 정문이고 동, 서 양측의 문은 각각 동화문(東華門)과 서화문(西華門)이다. 어천문(御天門) 내부의 종가(縱街: 세로로 가는 길)는 궁성의 중축선이다. 궁성 내부 중축선의 대조정전(大朝正殿)인 대안각(大安閣)의 평면은 정사각형에 가까워 동서의 폭 33미터, 남북의 길이 34미터이다.

안에 성을 쌓게 했고 '개평(開平)'이라 명명했다. 그 후 중통(中統) 원년(1260), 쿠빌라이는 개평부(開平府)에서 대칸위(즉 원세조)의 자리에 올랐고 건원(建元)하여 중통(中統)이라 했다. 중통(中統) 4년에는 개평을 상도(上都: "上京", "灤京"이라고도 함)로 승격시켰고 지원(至元) 11년(1274)에는 도읍을 대도로 옮겼다. 그 후, 원의 통치자들은 매년 4월에서 8월까지 상도에서 '시순(時巡: 천자가 때에 따라 민정을 시찰함)' 피서하면서 정무를 처리했으며, 정령(政令)을 반포하고 제왕조회(諸王朝會)·수렵·제사 혹은 새로운 제왕의 즉위 등 행사를 거행하여 상도는 사실상 원의 '하도(夏都)'가 되었다.

상도 도성의 규칙과 제도는 여러 중요한 부분에서 중국 고대 도성의 '이방위귀(以方爲貴)'의 전통을 계승하여 외성, 황성 및 궁성의 평면은 모두 정사각형 혹은 정사각형에 가까우며, 황성은 사면, 궁성은 남·서·동 삼면에 성문이 하나씩 있는데 모두 남문을 정문으로 삼았다. 그리고 상도의 중축선은 돌출되어 있다. 대도의 규칙과 제도에는 중국고대 도성의 허다한 전통문화 요소가 내포되어 있으며 상도가 건설되는 시점에 이미 실행되었다.

원(元)의 중도(中都)

원나라 궁중 암투의 산물인 중도는 대도의 규칙과 제도를 참조했으며 성터 역시 외성, 황성과 궁성 등 세 개의 성으로 이루어져 있다. 중도 궁성의 평면도 기

〈그림 2-24〉 원(元) 중도(中都) 궁전의 모형

원(元) 중도(中都)의 궁성은 대체로 외성(外城)의 중부에 위치해 있고 평면은 정사각형에 가까우며 변의 길이가 약 600미터이다. 궁성의 사면에 모두 문이 있으며 남쪽 궁문은 쌍궐(雙闕) 삼문도(三門道)이다. 황성은 남북의 길이 약 928미터, 동서의 폭 779미터이며 둘레가 약 3,414미터이다. 황성의 남쪽 성문 역시 일문삼도(一門三道)이다. 외성(外城)은 황성을 둘러싸고 있으며 남북의 길이가 3,088미터, 동서의 폭이 2,994미터이고 둘레가 약 1만 2,164미터이다.

본적으로 상도와 대도의 궁성과 같으며 궁성 사면의 한가운데에 문을 낸 것은 대도와 같지만 상도와는 다르다(상도는 궁성의 북쪽 벽에 문이 없음). 또한 중도 궁성은 주요 건축물이 중축선 위에 있어 전체적인 건축구도에서 상도의 궁성과 다르며 대도의 궁성과는 비슷한 모습을 보이고 있다.

중도와 대도, 상도의 배치 구조에 대한 상술한 비교를 살펴보면 정치적인 요소로 나타난 중도는 도성문화의 전승을 추구했으며 정치 투쟁의 중요한 자본이 되었다.

3) 요(遼), 금(金)의 도성

요(遼)의 상경(上京)

요(遼)나라는 거란인이 세웠고 거란은 선비(鮮卑) 우문부(宇文部)의 한 갈래이다. 신책(神冊) 원년(916)에 아보기(요태조)가 왕위에 올랐고 보대(保大) 5년(金天會 3년, 1125)에 금나라에 의해 멸망되었다. 요는 선후로 '오경(상경·동경·중경·남경과 서경)'을 건설했는데 그중에서 상경이 도읍이고 나머지는 모두 배도(陪都)였으며 사실 각 지역의 정치 중심이었다. 『요사(遼史)』「지리지(地理志)」는 이에 대해 다음과 같이 기록했다.

태종(太宗)은 황도(皇都)를 상경으로 하고 유주(幽州)를 남경(南京)으로 승격시켰으며 남경을 동경(東京)으로 바꾸었다. 성종(聖宗) 시기에 중경(中京)을 건설했으며 흥종(興宗)은 운주(云州)를 서경(西京)으로 승격시킴으로써 오경(五京)이 완성되었다.

상경의 유적지는 지금의 내몽골자치구[內蒙古自治區] 파림좌기(巴林左旗) 임동진(林東鎮) 남쪽에 위치해 있으며 남과 북, 두 성으로 이루어져 있고 두 성은 성벽을 한 겹 사이 두고 인접해 있다. 북성(北城)은 '황성'이라고 불리며 궁전, 관서 등으로

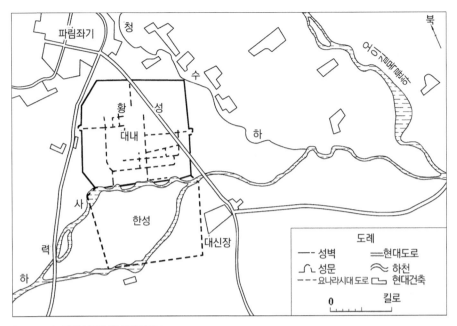

〈그림 2-25〉 요(遼) 상경(上京) 유적 평면도

요(遼) 상경(上京)의 북성(北城)과 남성(南城)에는 7개의 성문이 있는데 동서에 각각 2개, 남북에 각각 1개씩 있으며 성벽을 사이에 두고 두 성(城)이 성문 하나를 공유했다. 상경의 성문 배치는 군국(郡國) 혹은 주부(州府)의 유형에 속하는 것으로 보인다.

〈그림 2-26〉 요(遼) 상경(上京)의 남탑(南塔) 부감도

상경(上京)의 남탑(南塔)은 상경 유적지 남쪽 약 2.5킬로미터 되는 용두산(龍頭山) 북쪽에 위치해 있다. 인근에서 출토된 건통(乾統) 2년(1102)의 『동두공봉관왕사방 묘지명(東頭供奉官王士方墓志銘)』과 천경(天慶) 원년(1111)의 묵서명(墨書銘) 골회함에 따르면 용두산은 요나라 때 석분산(石盆山)으로 불렸고 남탑 주변은 개오사(開悟寺) 유적지이며 남탑의 높이는 25.5미터이다. 수미좌탑(須彌座塔)은 저변(底邊)의 길이가 3.8미터이고 8각(角) 7층 밀첨식(密檐式) 전탑(磚塔: 지붕을 겹겹이 쌓아올린 벽돌 탑)으로 전형적인 요나라 불탑의 양식을 보여준다. 현재 수미좌탑의 1층 탑신(塔身)에 남아 있는 것은 팔대영탑(八大靈塔)을 포함한 일부 부조(浮雕)뿐이다. 원래 탑신의 8면에 여러 종류의 부조상(浮彫像)이 상감(鑲嵌)되어 있었지만 오랜 세월이 흐르면서 대부분이 유실되어 현재 남아 있는 것은 21개뿐이며 모두 상경박물관에 소장되어 있다.

이루어짐으로써 정치적 중심지였고 남성(南城)은 거주민 대부분이 한인(漢人)이었기에 '한성(漢城)'이라고 불렸으며 주로 주민 거주 및 상업구역이었다. 이에 대한 『요사(遼史)』 「지리지(地理志)」의 기록은 다음과 같다.

천현(天顯) 원년 발해(渤海)를 평정하고 돌아온 후 바로 부곽(郭郭: 궁성 외연에 수축한 외성 방어공사의 일종)을 건설하고 궁실을 지었으며 천찬(天贊)이라 명명했다. 그리고 대전(大殿) 세 곳을 축조하고 개황(開皇)·안덕(安德)·오란(五鸞)이라 했다. ……태종(太宗)은 번부(蕃部)에 조서를 보내 한인(漢人)의 제도를 따르도록 했으며 황궁에는 황제가 나라의 정사를 볼 수 있도록 황전(皇殿)을 세우고 승천문(承天門)을 열어 신하들의 예(禮)를 받았으며 황도(皇都)를 상경(上京)으로 바꾸었다. ……그리고 그 북쪽을 황성(皇城)이라 불렀다. ……황성 내부에는 대내(大內: 임금을 비롯하여 왕비, 왕대비들이 거처하는 곳을 두루 이르는 말)가 있었다. 남문은 승천(承天)이라 불렸고 그 안에는 누각(樓閣)이 있으며 동문은 동화(東華), 서문은 서화(西華)라고 불렀다.[48]

상경의 건설은 '의한제(依漢制: 漢人의 제도를 따름)'로 황성은 사실상 내성과 외성이 겹쳐진 성이다. 황성의 중부에는 궁성(宮城: '大內')이 편북 위치에 있다. 지세가 비교적 높기에 '삼대전(三大殿)' 등 중요한 궁전 건축이 분포되어 있고, 그중 대조정전이 바로 개황전(開皇殿)이다. 궁성의 동, 서와 남쪽에는 각각 성문이 하나씩 있는데 승천문(承天門: 남문)이 정문이며 그 위에 문루(門樓: 문 위에 세운 높은 집)가 있고 문마다 문도(門道) 한 갈래씩 있다. 상술한 도성의 규칙과 제도는 요 왕조가 상경을 건설할 때 중국 고대 도성의 전통문화를 계승했음을 보여준다.

상경은 남북이 인접해 있는 '이성제(二城制)' 도성으로 건국 초기 국가 관리를 위한 거란 통치자들의 특수한 수요를 만족시키는 데 그 목적이 있었으며 사실 전

---

48 天顯元年, 平渤海歸, 乃展郭郭, 建宮室, 名以天贊。起三大殿: 曰開皇、安德、五鸞。……太宗詔蕃部並依漢制, 禦開皇殿, 辟承天門受禮, 因改皇都爲上京。……其北謂之皇城。……中有大內。內南門曰承天, 有樓閣; 東門曰東華, 西曰西華。

국(戰國), 진한(秦漢) 시대에 이미 있던 성터를 계승 및 발전시킨 것이다. 이미 발굴된 일부 한(漢)의 성터에 이런 구성이 있었는데, 그 시기의 성곽은 남북의 두 개 성이 아닌 두 부분으로 나뉘었으며 간도(幹道)로 분리되어 있었다. 예를 들면 서한 초 장안성의 경우, 패성문(霸城門)과 직성문(直城門)을 동서를 관통한 동서향 대로를 경계로 장안성이 남북으로 나뉘었는데 남쪽에 종묘·관서 구역·황궁(미앙궁)·무기고·고조묘(高祖廟)·혜제묘(惠帝廟)와 장락궁(長樂宮: 서한 초기의 장락궁 북계(北界)는 이 대로의 남쪽이었을 것으로 추정됨) 등이 있고 북쪽에는 주로 시가(市街)가 있었을 것으로 보인다. 유사한 상황은 한(漢)의 군국(郡國) 성터에서도 발견되었는데, 산동성(山東省) 고밀시(高密市)의 성음성(城陰城) 유적지의 성터도 남북으로 나뉘어 있고 남부는 관서 구역, 북부는 주로 주거 및 상공업 구역이었으며 남과 북은 간도(幹道)에 의해 분리되었다.

금(金)의 상경(上京)

금(金)은 여진인(女眞人)이 세운 왕조이다. 여진은 수당 시기의 말갈(靺鞨)에서 유래했고 더 위로는 남북조(南北朝)의 물길(勿吉), 한진(漢晉)의 읍(挹婁) 및 선진(先秦)의 숙신(肅愼)까지 거슬러 올라갈 수 있으며 여진의 주원(主源)은 말갈족의 흑수말갈(黑水靺鞨)이다. 그리고 말갈은 일찍이 당나라 때 발해국의 도성 상경 용천부(上京龍泉府)를 건설했다.

수국(收國) 원년(1115) 완안아골타(完顔阿骨打)는 금나라를 세우고 국호를 대금(大金)으로 정했다. 그 후 제2대 황제 금태종(金太宗) 완안성(完顔晟)이 요나라를 멸망시키고 송(宋)을 공격했다. 그리고 제3대 황제 금희종(金熙宗)은 도성을 '회령부 상경(會寧府上京)'으로 개칭했다.[49] '금상경(金上京)'이라는 명칭을 보면 그들의 선조가 당

---

49 회부 상경(會寧府上京)의 건도(建都) 시간에 대해서는 두 가지 설이 있는데 그 하나는 금희종(金熙宗) 재위시기(徐夢莘, 『三朝北盟會編』, 卷3 『政宣上帙三』, 上海古籍出版社, 2008년 참조)이고 다른 하나는 천보(天輔) 6년(1122)이다.(宇文懋昭撰, 崔文印校證 『大金國志校證』 卷2, 北京:中華書局, 1986년 참조)

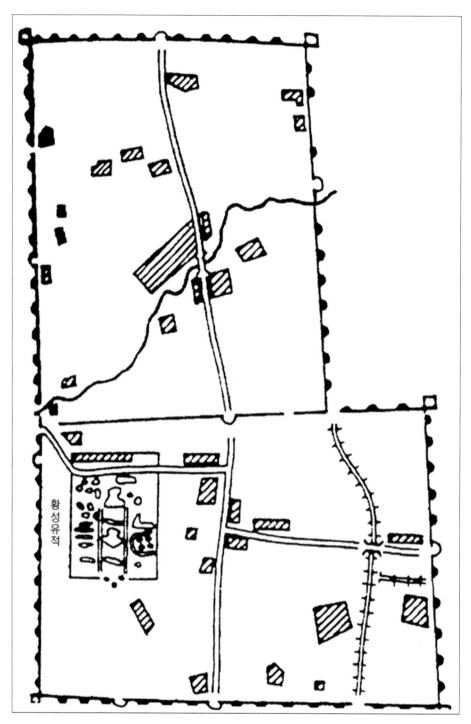

〈그림 2-27〉 금(金) 상경(上京)의 평면도

상경성(上京城)은 남과 북 두 성으로 이루어져 있으며 평면은 곡척형(曲尺形)이다. 북성(北城)은 남북의 길이 1,828미터, 동서의 폭 1,553미터이며 남성(南城)은 동서의 길이 2,148미터, 남북의 폭 1,523미터이다. 성 전체에서 발견된 성문 유적은 8곳이다. 남성(南城) 안의 서북쪽에는 황성(皇城: 당시 '궁성', '대내(大內)' 등으로도 불렸으며 사실 궁성임)이 있는데 남북의 길이 645미터, 동서의 폭 500미터이다.

나라 때 세운 상경 용천부(上京龍泉府)와 관련이 있을 것
으로 보이며 선비인의 요나라 상경의 영향을 받았을
것이다. 금나라의 상경은 지금의 흑룡강성(黑龍江省) 하
얼빈시[哈爾濱市] 아성구(阿城區) 백성자(白城子)에 위치해
있었다.

상경 궁성 내부의 중축선에는 5개의 궁전 유적이
있는데 그중 앞의 네 중전(重殿)에 좌우랑(左右廊) 기단
이 있다. 상경은 금나라의 첫 도성으로『대금국지(大
金國志)』에 "제도가 극히 초창(草創)하고" "규모는 비록
변경(汴京)을 모방했지만 실제 변경(汴京)의 십분의 이
혹은 삼 정도일 뿐이다"라고 기록되어 있다. 금나라

〈그림 2-28〉 금(金) 상경(上京)의 유적지에서 출토된 동좌룡
(銅坐龍)

상경의 남북 두 성을 살펴보면 요나라 상경의 건설 방
식을 모방했을 것으로 보이며 당나라와 송나라의 도성과는 구조가 다르다. 금나
라 상경의 남북 두 성은 각자의 기능에 따라 건설되었는데, 남성은 정치 중심이고
북성은 주거 지역과 도시 경제활동 지역이었다. 비록 요나라 상경과 금나라 상경
의 남북 두 성의 기능은 정반대로 되어 있지만 배치 구조는 실질적으로 동일하다.

금(金)의 중도(中都)

정원(貞元) 원년(1153) 해릉왕(海陵王) 완안량(完顏亮)은 조서를 내려 연경(燕京)으
로 천도하도록 했는데 연경의 연(燕)은 열국(列國)의 명칭이기에 도읍의 명칭으로
는 적당하지 않다고 인정하고 중도로 이름을 바꾸었다. 해릉왕은 연경이 바로 국
가의 중심이라고 보았고 "연경이 바로 천지지중(天地之中: 하늘과 땅의 중심)"이라고 했
다.(『대금국지』) 여기에서 중도, 즉 도성은 국가의 중심이다.

한당(漢唐) 이후 경제의 중심이 중원(中原)으로부터 점차 중국의 동남 지역으
로 옮겨갔고 국가 중심의 상징인 도읍도 서쪽에서 동쪽으로 옮겨졌다. 북송(北宋)

이 개봉(開封), 즉 동경성(東京城)을 도읍으로 정하면서 중고시대 이후의 새로운 단계를 열었고, 이는 주로 중화민족의 중요한 구성 부분인 중국 북방의 민족이 국가 정치에 전면 개입하는 것으로 표현되었다. 이로 인해 기나긴 세월 동안 정치, 군사적으로 가난과 쇠약의 길을 걷고 있던 북송(北宋)이 금(金)에 의해 대체되는 국면을 맞이하게 했다. 반면에 여진족 통치 집단인 금 왕조는 비록 '백산흑수(白山黑水)'에서 흥기되기 시작했지만 이들의 눈부신 성과는 대흥안령(大興安嶺)과 몽골고원으로부터 남하하면서 발전해온 것이다. 만약 해릉왕이 몽골고원을 금(金)의 발상지로 삼아 몽골에서 연경으로, 또 연경에서 남해(南海: 진한(秦漢)시대에 중국은 남해와 중남반도 북부 지역을 포함한 남해 9군(郡)을 설립했음)로 갔다면 중국의 남북선에서 연경이 중심에 있다는 말도 일리가 있다. 또한 이것이 바로 중고시대부터 고대사회의 말기까지 금의 중도에서 원의 대도 및 명청의 북경에 이르기까지 국가의 도성이 줄곧 북경에 있었던 역사적 원인이었을 것이다.

금나라 중도의 건설과 관련하여 『대금국지(大金國志)』에는 다음과 같이 기록되어 있다.

> (해릉왕) 크게 기뻐하라. 좌우승상 장호(張浩)와 장통고(張通古), 좌승상 채송년(蔡松年)을 파견하고 전국의 부장(夫匠: 역부와 장인)들을 보내어 연경(燕京)의 궁실(宮室)을 축조하도록 했노라.

해릉왕이 연경에 도읍을 옮기고 '중도'라고 이름을 바꾼 것은 금의 도성이 '중국(中國)' 도성으로서의 합법성을 취득했음을 의미하며 이는 '택중건도(擇中建都)'가 중국 역대 왕조의 금과옥조였기 때문이다.

금의 중도는 곽성, 황성과 궁성으로 이루어졌으며 황성은 곽성의 중부에서 서쪽으로 치우치고 궁성은 황성의 중부에 위치하고 있어 '삼중성(三重城)'의 구도를 이루었다.

중고시대 통일 왕조의 도성은 '삼중성'이며 도성 전체에 12개의 성문을 설치

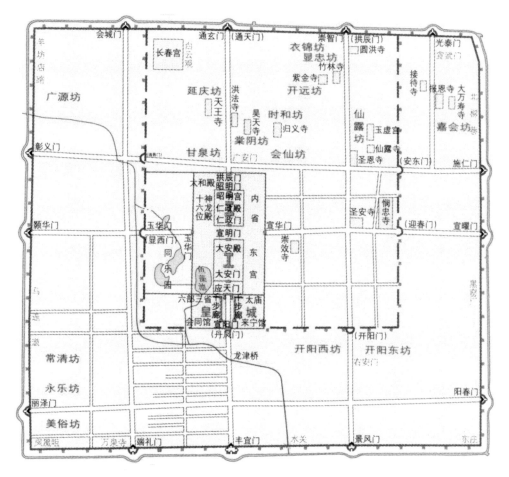

〈그림 2-29〉 금(金) 중도(中都)의 평면도

금(金)의 중도(中都) 곽성(郭城)의 평면은 정사각형에 가까워 동서의 폭이 4,750~4,900미터, 남북 길이가 약 4,510미터이다. 곽성에는 원래 사면에 모두 성문 3개씩 두어 12개의 성문이 있었으며, 후에 북쪽 면에 문 하나를 더 내어 북문은 4개로 되었다. 황성과 궁성의 사면에는 각각 성문이 하나씩 있다.

중도(中都)에는 엄격한 중축선(中軸線) 한 갈래가 있는데, 대조정전(大朝正殿)인 대안전(大安殿)을 기점으로 남에서 북으로 풍의문(豐宜門)·선양문(宣陽門: 丹鳳門)·응천문(應天門)」·대안문(大安門)·대안전(大安殿) 순으로 되어 있고 대안전에서 다시 북쪽으로 선명문(宣明門)·인정문(仁政門)·인정전(仁政殿)·소명문(昭明門)·공진문(拱辰門)·통현문(通玄門)을 지나간다. 이 중축선은 남북으로 성 전체를 관통했고 기본적으로 도성의 동서 중간 위치(약간 서쪽으로 치우침)에 있으며 곽성, 황성과 궁성의 정문 및 대조정전(大朝正殿)은 모두 이 중축선 위에 있다.

했고 도성의 중축선은 남북향이며 곽성, 황성과 궁성의 정문 및 대조정전은 모두 중축선 위에 있었다. 금 중도의 도성 구조를 금의 상경과 비교해 보면 상경은 통일 왕조 도성의 기본적인 요소를 갖추지 못했고 중도는 이를 갖추었다는 점을 발견할 수 있다. 도성은 국가 정치의 축소판으로 금의 최고 통치자는 중도의 건설을 국가의 대사로 간주했다. 상대적으로 낙후된 지역에서 온 금의 통치자가 상대

〈그림 2-30〉 금(金) 중도(中都)의 태액지(太液池) 유적 -연화지(蓮花池) 공원

적으로 발달한 '내지(內地)'를 통일하려면 보다 선진화된 내지의 정치, 문화를 이용해야 했고 이로 인해 중도의 '중화민족화(中華民族化)'는 더욱 두드러지게 되었다. 송(宋)의 범성대(范成大)가 이에 대해 제시한 "국가의 제도는 중화의 풍격을 강하게 따르는데 힘을 다했다"[50] (『남비록(攬轡錄)』)라는 내용은 금의 중도 유적 발굴에서 충분히 증명되었다.

원나라의 대도, 명청의 북경성 도성의 규칙과 제도를 살펴보면 금의 중도가 다방면에 걸쳐 영향을 미쳤다는 것을 알 수 있다.

첫째, 『철경록(輟耕錄)』에 원의 대도는 "궁성주회구리(宮城周回九裏) 30보"라고 기록되어 있고, 『금도경(金圖經)』에는 금 중도의 궁성은 "사주구리(四周九裏) 30보"

---

50 國之制度, 强慕華風, 往往不遺餘力

라고 기록되어 있다. 이로부터 보면 원의 대도와 금의 중도 궁성의 규모는 대체로 비슷하다. 그리고 금의 중도와 원 대도의 곽성은 모두 정사각형에 가까우며 다만 전자의 곽성이 후자에 비해 좀 작을 뿐이다.

둘째, 금의 중도에는 12개의 성문이 있고 원의 대도에는 11개의 성문이 있어 후자는 전자에 비해 북문이 1개 적고 동과 서, 남쪽에 각각 성문 3개씩 있다.

셋째, 원의 대도는 "삼중성"이고 황성, 궁성은 기본적으로 도성의 동서 중심 위치에 있으며 도성의 북쪽에 위치하지 않았다는 점에서 금의 중도와 일치한다.

넷째, 원의 대도와 금 중도의 중축선은 모두 남북향이며 황성, 궁성의 정문과 대조정전 등을 차례로 지나간다.

다섯째, 중도는 도성의 지원(池苑: 못과 동산)을 '태액지(太液池)'라고 명명했고 궁성 서쪽의 황성 안에 위치해 있었다. 원 대도의 태액지도 궁성의 서쪽에 있으며 여기에 경화도(瓊華島), 원지(圓坻) 및 서산대(犀山臺) 등을 축조했는데 이는 고대 도성의 태액지가 신산(神山)을 상징하는 전통이 있어서였다. 명청 시기의 북경성은 이 규칙과 제도를 그대로 이어받았고 태액지의 명칭만 북해(北海), 중해(中海)와 남해(南海)로 바꾸었다.

상술한 내용을 살펴보면 금나라의 중도가 북경 도성의 발전사상 매우 중요한 역할을 했다는 것을 알 수 있다. 중도는 북경에서 최초로 건설된 '국가급' 도성일 뿐만 아니라 원의 대도, 명청 시기의 북경성에도 심원한 영향을 미쳤기에 명청의 북경성이 중국 고대의 도성 문화를 집대성할 수 있었다. 도성은 중화민족 역사문화의 핵심으로 여진인이 세운 금나라와 그 뒤를 이은 만주 여진이 세운 청나라는 집대성된 중국 고대의 도성 문화를 발전시키는 데 역사적으로 기여했다.

4) 송(宋)의 동경성(東京城)

개봉(開封)의 건도(建都)는 기원전 743~기원전 701년 정장공(鄭莊公)이 축성을 시작한 후 전국(戰國) 시기의 위(魏)나라, 오대(五代)의 후량(後梁)·후진(後晉)·후한(後

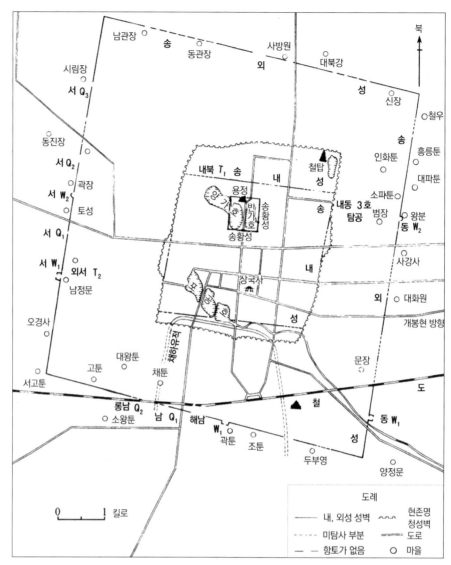

〈그림 2-31〉 **송(宋) 동경성(東京城)의 평면도**
외성(外城)의 평면은 동서의 거리가 좀 짧고 남북이 좀 긴 직사각형으로 둘레는 2만 9,120미터이다. 내성(內城)의 평면은 대체로 정사각형이고 둘레가 1만 1,550미터이며, 황성(皇城)은 동서 성벽의 길이가 각각 690미터, 남북 성벽의 길이가 각각 570미터이고 둘레가 2,520미터이다.

漢)·후주(後周)를 거쳐 북송(北宋)과 금(金)에 이르기까지 모두 이곳을 도읍으로 정하면서 완성되어 '칠조도회(七朝都會)'라는 별칭이 있다. 960~1126년 북송은 개봉(開封: 지금의 河南省 開封市)을 도읍으로 정하고 '동경(東京)'이라고 했다. 동경성(東京城)은 후주 개봉성(開封城)의 외성, 내성과 황성(즉 궁성)의 세 성이 겹쳐서 이루어진

〈그림 2-32〉〈서학도(瑞鶴圖)〉의 일부 (北宋, 趙佶)

현재 요녕성(遼寧省) 박물관에 소장되어 있다. 송휘종(宋徽宗)과 조길(趙佶)이 쓴 그림 좌측의 발문(跋文)을 보면 이 작품은 정화(政和) 2년(1112) 정월 16일 군학(群鶴)이 단문(端門) 위로 날아와 모여 있고 그중 두 마리가 치문(鴟吻) 위에 서 있는 상서로운 광경을 그린 것임을 알 수 있다. 그림에서는 단문의 옥척(屋脊) 부분 및 양측 쌍궐(雙闕)의 지붕만 보일 뿐 주로 군학이 모여 있는 모습을 돌출시켜 장엄하고 경건한 가운데 신비로운 길상의 분위기를 그려냈다. 단문은 동경(東京) 황성(皇城)의 선덕문(宣德門)으로, 이 그림은 노부종(鹵簿鍾)의 도안과 인증이 필요하다.

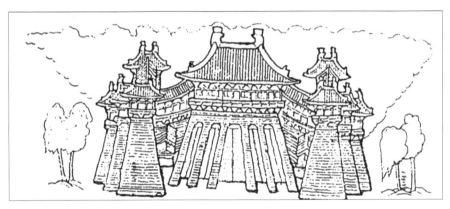

〈그림 2-33〉 노부종(鹵簿鍾)의 선덕문(宣德門) 도상(圖像)

문의 북쪽은 바로 대조정전인 대경전(大慶殿)이다.

송(宋)의 동경성(東京城)은 중국 고대 도성의 발전사에서 중요한 위치를 차지하는데 이는 동경성이 여러 면에서 그 이후의 역대 도성에 다음과 같은 중요한 영

〈그림 2-34〉 〈청명상하도(淸明上河圖)〉의 일부 (北宋, 張擇端)

현재 고궁박물원에 소장되어 있다. 〈청명상하도(淸明上河圖)〉는 폭 24.8센티미터, 길이 528.7센티미터이며 견본설색(絹本設色: 비단에 그린 채색 그림)이다. 장권(長卷)으로 산점투시(散点透視) 화법을 적용하여 중국 12세기 북송(北宋)의 도성 동경(東京)의 도시 모습과 당시 사회 각계각층 사람들의 생활상을 생생하게 기록한 작품으로 북송 시대 도시의 번영을 증명했고, 도시경제 상황의 진실한 모습을 보여주었다.

향을 미쳤기 때문이다.

첫째, 송의 동경성은 한위(漢魏) 낙양성 이래의 도성(都城)이 내성(즉 황성)과 궁성을 도성의 북쪽에 배치했던 전통에서 벗어나 궁성을 도성의 중앙에 배치함으로써 궁성으로 하여금 진정으로 공간적 의미에서 중앙에 위치하게 했으며, 이는 '중(中)'의 이념을 더욱 정확하고 확실하게 해줌으로써 그 이후의 역대 도성에 심원한 영향을 미쳤다.

둘째, 내성과 궁성이 도성의 중심에 있는 동경성의 '쌍중심(雙中心)' 공간 형성

은 도성에서 궁성의 중심적인 지위를 돌출시켰고, '중'의 이념이 국가의 정치생활
에서 더욱 강화되고 심화되었음을 반영하며 황실과 국가 정부의 중요성을 뚜렷
하게 부각시켰다.

셋째, 동경성의 외성과 내성 및 궁성의 사면에 모두 성문을 설치함으로써 도
성문화 중의 '화(和)'의 이념이 극치에 이르게 했다.

넷째, 금원명청(金元明淸) 왕조는 도성의 규칙과 제도 및 설계 등 방면의 많은
부분에서 송의 동경성을 모본(模本)으로 삼았다.

5) 수당(隋唐)의 낙양성(洛陽城)

대업(大業) 원년(605) 수양제(隋煬帝)는 동경(東京), 즉 낙양성을 건설하기로 결정하고 상서령(尙書令) 양소(楊素), 납언(納言) 양달(楊達)과 장작대장(將作大匠) 우문개(宇文愷)에게 영을 내려 이 국가적 사업을 책임지도록 했다.

당은 계속하여 낙양을 동도(東都)로 하고 일부 주요 건축물에 대해서만 개명 및 중수를 했는데 요직에 있는 관원들을 파견하여 해당 사항을 책임지도록 했다. 예를 들면 정관(貞觀) 20년 황제가 사공(司空) 방현령(房玄齡)과 장작대장(將作大匠) 염입덕(閻立德)을 파견하여 장안성에 북궐(北闕: 북궁문)을 축조하는 공사를 주관하게 했고 궁성의 정문인 응천문(應天門) 및 수나라 건양전(乾陽殿)의 옛 터에 궁의 정전인 건원전(乾元殿)을 축조하는 공사 역시 마찬가지였다.

사성(嗣聖) 원년(684) 무측천은 이현(李顯)을 폐하고 이단(李旦: 睿宗)을 황제의 자리에 올려놓았으며 동도(東都)를 '신도(神都)'로 개명했다. 천수(天授) 원년(690) 무측천은 주(周)로 당을 대체했고 낙양은 대주(大周)의 도성이 되었으며 이때가 낙양의 역사에서 가장 휘황찬란한 시기였다.

수당의 낙양성 유적은 지금의 낙양시(洛陽市) 도시 지역에 위치해 있다. 수당 시기 낙양성 곽성의 평면은 정사각형에 가까우며 동성문(東城門)과 남성문(南城門)이 각각 3개이고 북성문(北城門)은 2개이며, 서쪽 면에는 성문을 설치하지 않았다. 곽성의 성문은 모두 '일문삼도'이고 정정문(定鼎門)이 정문이다. 황성과 궁성은 곽성의 서북부에 있으며 이방구(里坊區)는 곽성의 동부와 남부에 있다. 동서향 낙하(洛河)는 낙양을 남북 두 부분으로 나누어 놓았고 낙하(洛河) 이남은 모두 이방(里坊)과 시장이다. 그리고 낙하 이북은 궁성(宮城)·황성(皇城)·함가창성(含嘉倉城)·동성(東城) 및 이방구(里坊區) 순으로 서에서 동으로 배치되어 있다.

황성(일명 太微城이라고 함)은 곽성의 서북쪽에 있으며 평면은 동서향 직사각형이다. 황성의 남성문(南城門)은 3개이고 정문은 단문(端門)이며 정문의 동서 양측에는 각각 좌액문(左掖門)과 우액문(右掖門)이 있다. 황성 안에는 조당(朝堂)·문하성(門下

〈그림 2-35〉 수당(隋唐)의 낙양성(洛陽城) 평면도

수당(隋唐)의 낙양성(洛陽城) 동·서·남·북 성벽의 길이는 각각 7,312미터, 6,776미터, 7,290미터, 6,138미터이다.

〈그림 2-36〉 수당(隋唐) 낙양성(洛陽城)의 궁성(宮城), 황성(皇城) 평면도

황성(皇城)은 동서의 길이 2,100미터, 남북의 폭 725미터이고 궁성(宮城)은 동서의 길이 2,100미터, 남북의 폭 1,840~2,160미터이다.

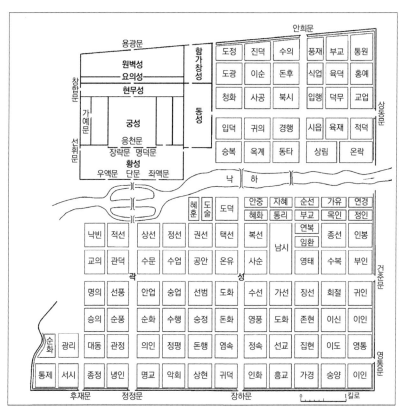

〈그림 2-37〉 수당(隋唐) 낙양성(洛陽城)의 이방(裏坊) 복원도

省)·광록시(光祿寺)·어사대(御史臺) 등 중앙 아서(衙署: 한나라는 '官寺'라 했고 당 이후에는 '衙署·公署·衙門'이라고 했음)가 있다. 후세에 낙하(洛河)가 북쪽으로 이동하면서 황성의 동남부는 강물에 휩쓸려 파괴되었다.

궁성(일명 '자미성(紫微城)'이라고도 함)은 황성의 북부, 곽성의 서북쪽 귀퉁이에 있다. 궁성의 평면은 정사각형에 가깝고 남면에 3개의 성문이 있는데 남문의 중문(中門)이 정문으로 응천문(應天門: 則天門)이라 불렸고 동서 양측의 성문은 명덕문(明德門), 장락문(長樂門)이라고 불렸다.

궁성의 대조정전은 선후로 건양전(乾陽殿: 수)·건원전(乾元殿: 당고종 시기)·명당(明堂: 무측천 시기)·함원전(含元殿: 당현종 시기) 등으로 불렸다.

궁성의 중축선을 따라 남에서 북으로 응천문(應天門)·건원문(乾元門)·명당(明堂)·정관전(貞觀殿)·휘유전(徽猷殿)·도광원(陶光園) 및 현무문(玄武門) 순으로 되어 있다. 무측천은 명당의 북영(北營)에 '천당'을 만들어 놓았다.

궁성 동쪽에는 동성(東城)이 있으며 평면이 남북향 직사각형으로, 동서의 폭 620미터, 남북의 길이 1,450미터이다. 동성의 중앙 아서(衙署)에는 태상사(太常寺)·광록사(光祿寺)·태복사(太仆寺)·종정사(宗正寺)·위위사(衛尉寺)·홍려사(鴻臚寺)·대리사(大理寺)·상서성(尚書省)·도수감(都水監)·장작감(將作監) 등이 있다.

동성의 북쪽은 국가의 곡창인 함가(含嘉) 창성(倉城)이다. 창성에는 4개의 문이 있으며 지금까지 창성 유적에서 발견된 곡창은 287개로, 약 400개의 곡창이 있었던 것으로 추정된다.

중국 고대의 사회생활에서 곡창의 경제적 지위는 매우 중요한데 이 또한 도성의 특성에서 특히 두드러지게 나타난다. 현재의 고고학 자료들을 보면 적어도 4,000여 년 전의 도사(陶寺) 성터에서 궁전구역 부근에 일정한 규모의 대형 곡창 유적지가 있었다는 사실이 이미 발견되었고, 이런 곡창들은 당시 도성의 국가 곡창이었을 것으로 보인다. 한고조(漢高祖) 유방(劉邦)은 도성인 장안성을 건설하면서 국가의 곡창인 태창(太倉)을 궁성의 미앙궁 및 대조정전인 전전(前殿)·동궐(東闕)·북궐(北闕)·무기고와 동일한 시기에 건설한 첫 중점 건설 항목으로 지정했다. 동

〈그림 2-38〉 복원 후의 낙양(洛陽) 정정문(定鼎門)

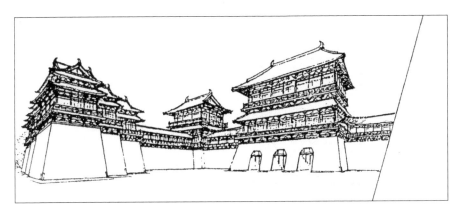

〈그림 2-39〉 낙양성(洛陽城) 응천문(應天門) 유적 복원도

응천문(應天門) 유적지 돈대(墩臺) 기단의 동서 길이는 55미터, 남북의 폭은 25미터이고 가운데에 3갈래의 문도(門道)가 있는데 폭은 각각 5미터이다. 돈대의 동서 양쪽에는 각각 타루(垜樓: 돌출되어 있는 누각)가 있는데 타루의 기지 평면은 정사각형으로 변의 길이가 18미터이다. 타루의 남쪽에는 비랑(飛廊)이 있고 그 남단에 궐(闕)이 축조되어 있다.

〈그림 2-40〉 구주지(九洲池) 유적 공원

구주지(九洲池) 유적은 궁성 서북부에 위치해 있으며 동서의 길이 205미터, 남북의 폭 130미터이고 못 가운데에 5개의 도서(島嶼) 유적이 있다.

한 낙양성의 태창(太倉), 무기고는 모두 도성의 동북쪽에 있으며 서쪽으로 북궁과 인접해 있다. 동한 중기 이후에는 북궁이 가장 중요한 궁성이 되었다. 한(漢) 장안성의 무기고는 동쪽으로 미앙궁과 인접하며 동한 낙양성의 무기고와 태창(太倉)의 위치로 추정해 보면 한나라 장안성의 태창은 무기고와 마찬가지로 미앙궁 부근에 있었을 것으로 보인다. 북위 낙양성의 국가 곡창은 궁성(宮城)의 동쪽에 있고 당나라 장안성의 태창은 궁성의 액정궁(掖庭宮) 북쪽에 있었다. 중고시대 이후 각 왕조는 모두 국가의 곡창을 매우 중요시했는데, 예를 들면 원나라 대도의 북태창(北太倉) 등이다. 이 밖에도 도성 내에 곡창을 건설하고 곡창의 식량 비축량을 확보하기 위해 경사(京師: 나라의 도읍)의 국가 곡창에 이르는 대운하를 건설했다. 명청 시기의 곡창은 남신창(南新倉)으로, 이는 원나라 대도 북태창(北太倉)을 기반으로 건설한 것이다.

수당 시기의 낙양성은 유주성(幽州城)·운주성(云州城)·익주성(益州城)·발해성(渤海城)·쇄엽성(碎葉城) 및 일본의 후지와라쿄·나니와쿄·헤이조쿄·나가오카쿄·헤이안쿄 등에 모두 큰 영향을 미쳤다.

낙양은 중국 고대 도성의 전승과 발전에 있어서 다음과 같은 특수한 중요성을 가지고 있다.

첫째, 고대 도성의 궁성 정문은 보통 국가에서 중요한 의식과 행사를 거행하는 곳으로 국가의 상징이었다. 이로 인해 궁성의 정문과 관련된 규칙과 제도의 계승은 왕왕 고대 왕조의 합법성을 보여주는 지표가 되었다. 응천문(應天門)에 대한 고고학적 발견에 의하면, 응천문은 위로 조위(曹魏) 시기의 낙양성 및 북위 낙양성의 궁성 정문인 창합문(閶闔門)과 공간적 위치 및 궁문의 모양과 일맥상통하며 아래로 송나라 동경성(東京城)의 선덕문(宣德門)에 의해 계승되었고, 그 이후 금의 중도·원의 대도·명청 북경성의 궁성 정문도 이를 계승했다.

둘째, 수당 낙양성의 중축선이 보여준 것은 중국 고대 도성 중축선의 기점이 대조정전을 중심으로 했고 궁성, 황성과 곽성의 정문을 관통했다는 사실이다. 그리고 곽성의 정문은 대조정전과 궁성의 정문에 의해 결정되었다.

셋째, 함가창(含嘉倉) 유적에 대한 고고학적 발견은 도성에서 국가 곡창의 중요한 위치 및 5,000년 중화문명에서의 곡창의 특색을 보여준다. 지금까지 고대 도성 내에서 대규모로 발굴이 진행된 국가 곡창은 함가창 유적뿐이며 이는 중화문명으로서의 '국가곡창'의 매우 중요한 물증이다.

6) 수(隋)의 대흥성(大興城)

개황(開皇) 2년(582) 수문제(隋文帝)는 한(漢)의 옛 성인 장안 동남부에 위치한 새 도성으로 도읍을 옮겼으며 양견(楊堅)이 북주(北周)의 명제(明帝)에 의해 '대흥군공(大興郡公)'으로 봉해진 연고로 '대흥성(大興城)'이라고 명명했다. 좌복야(左僕射) 고경(高熲)이 '대감(大監)'을 맡아 대흥성의 건설을 총괄했고 태자좌서자(太子左庶子) 우문개(宇文愷)가 '부감(副監)'을 맡았으며 장작대장(將作大匠) 유룡(劉龍)과 공부상서(工部尚書) 하루자간(賀婁子幹), 태부소경(太府少卿) 상룡의(尚龍義)와 고룡차(高龍叉) 등도 도성의 건설에 참여했다. 이들은 도성의 전반적인 기획 및 설계, 그리고 공사 시공을 관리했을 뿐만 아니라 심지어 허다한 구체적인 항목의 설계도까지 직접 작성했다. 대흥성을 건설할 때, 주로 북위의 낙양성과 동위(東魏), 북제(北齊)의 업남성(鄴南城)의 특성을 받아들였고 여러 면에서 새로운 발전을 이루었다.

대흥성은 궁성, 황성과 곽성으로 구성되었고 먼저 궁성, 그 다음 황성, 곽성 순서로 축조되었다.

궁성은 도성 북부의 중앙에 있었고 '대흥궁성(大興宮城)'이라 불렸으며 대흥전(大興殿)이 대조정전이다. 황성은 북쪽으로 궁성과 인접해 있으며 당시의 통치자들이 도성 내에 황성을 축조한 후, 황성 내에 중앙관서 건물을 통일적으로 배치했기에 정부기관의 안전을 보장했을 뿐만 아니라 효율까지 높이는 효과를 보았으며 궁성에 있는 황제가 중앙관서를 통제 및 지휘하는 데 편리를 도모해주었다. 궁성과 거주민의 이방(里坊) 사이에 설치된 황성은 궁성의 안전을 확보하는 데 있어서 매우 중요한 의미가 있었다.

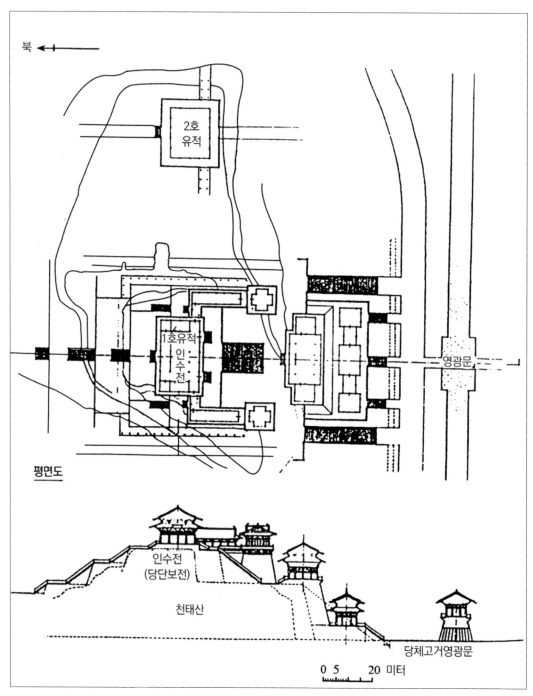

북 ←

2호
유적

1호유적
인
수
전

영광문

평면도

인수전
(당단보전)

천태산

당체고거영광문

0 5   20 미터

〈그림 2-41〉 수(隋)나라 인수궁(仁壽宮) 인수전(仁壽殿) 복원 평면도

곽성 내부는 여러 갈래의 동서 및 남북 방향의 대로에 의해 여러 개의 사각형으로 나뉘어졌고 이들은 '방(坊)' 혹은 '이(裏)'라고 불렸다. 황성의 동남쪽과 서남쪽에서 각각 두 개의 '방'을 선택하여 시장을 건설했는데, 전자를 '도회시(都會市)', 후자를 '이인시(利人市)'라고 불렀다. 황성과 곽성의 정남문(正南門)인 주작문(朱雀門)과 명덕문(明德門) 사이의 남북 대로를 경계로 동쪽은 대흥현(大興縣)에서 관할했고 서쪽은 장안현(長安縣)에 소속되었다.

황실의 원유(苑囿)로는 대흥성 북쪽의 대흥원(大興苑)과 동남쪽 곡강(曲江) 일대의 부용원(芙蓉園)이 있으며, 이 외에도 도성 서북쪽의 원교(遠郊)인 인유현(麟遊縣)에 하궁(夏宮)의 성격을 띤 이궁(離宮)인 인수궁(仁壽宮)을 건설했는데 이 이름은 고대 문헌 중의 '인자수(仁者壽)'에서 따온 것이다. 개황(開皇) 13년(593), 수문제(隋文帝)는 우복야(右僕射) 양소(楊素)에게 인수궁 건설 공사를 맡겼고 장작대장(將作大匠) 우문개(宇文愷)가 설계 및 시공에 대한 감독을 책임지도록 했다. 인수궁이 완공된 후 수문제는 매년 봄 여기에 내려와 겨울까지 지내다가 도읍으로 돌아갔으며 심지어 1년 반 동안 이곳에서 지낸 적도 있다. 따라서 수문제의 연호 인수(仁壽)도 인수궁과 일정한 관련이 있는 것으로 보인다.

7) 당(唐)의 장안성(長安城)

당나라가 건국된 후, 여전히 수의 대흥성(大興城)을 도읍으로 삼았고 '장안성'이라고 이름을 바꾸었으며 궁성인 대흥궁(大興宮)을 '태극궁(太極宮)'으로, 대조정전을 '태극전(太極殿)'으로 개명했다.

그리고 당나라 초에 장안성에 대한 대규모의 건설을 진행했다. 수나라의 대흥성을 계속하여 사용한 당나라의 장안성은 규모가 크고 배치가 정연했으며 도시 전체 부지면적이 84제곱킬로미터에 달했다.

장안성은 도로가 넓고 곧게 뻗어 있으며 정연하게 정리되어 있었다. 종횡으로 교차되어 있는 25갈래 대로는 마치 바둑판 위의 격자무늬를 연상시키며 매 방

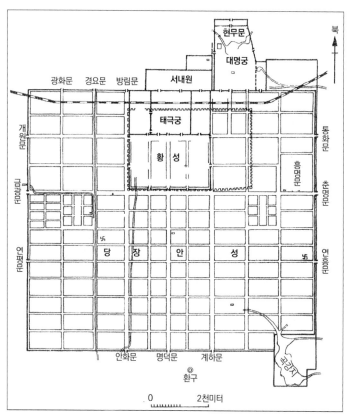

<그림 2-42> 당(唐)나라 장안성(長安城) 유적지 평면도

수당(隋唐) 시기 장안성(長安城) 곽성의 평면은 정사각형에 가까워 동서의 길이 9,721미터, 남북의 폭 8,651미터이다. 황성은 곽성의 중부에서 북쪽으로 치우쳐 있으며 동서의 길이 2,820미터, 남북의 폭 1,843미터이다. 궁성은 도성의 북쪽에 자리 잡고 있으며 남쪽으로 황성과 인접하고 동서의 길이 2,820미터, 남북의 폭 1,492미터이다.

<그림 2-43> 명덕문(明德門) 복원도

명덕문(明德門)의 성문은 가로 55.5미터, 깊이 18.5미터이며 5개의 문도(門道)가 있는데 모두 폭 5미터, 깊이 18.5미터이고 문도 사이의 벽 두께는 2.9미터이다.

(坊), 시(市) 당 한 칸씩 차지했다. 도시 전체가 109개 방과 2개의 시로 나뉘어져 있었는데, 당나라 시인인 백거이에 의해 "백천(百千) 가구가 마치 바둑판 같고, 12개 대로는 줄을 맞추어 심어 놓은 채소밭을 연상시킨다"라고 묘사되기도 했다.

장안성은 곽성·황성·궁성·대명궁(大明宮)·흥경궁(興慶宮)으로 구성되었고 성의 북쪽과 동남쪽은 각각 서내원(西內苑)과 곡강지(曲江池)이다. 곽성 내부는 주작대가(朱雀大街)를 중심으로 동쪽은 만년현(萬年縣), 서쪽은 장안현(長安縣)이며 두 현(縣)에 각각 시장이 하나씩 있었는데 동시(東市), 서시(西市)로 불렸다.

당나라 장안성의 동서남북 네 면에는 각각 성문이 세 개씩 있다. 명덕문(明德門)은 곽성의 정문으로 5개의 문도(門道)가 있는데, 이 중 동서 양측 두 문도에만 바퀴 흔적이 있고 다른 문도에서는 보이지 않는데, 이는 차량이 이 두 문도로만 통행했음을 말해준다. 바퀴 흔적을 살펴보면 문도마다 마차 두 대가 병행 가능하다. 중간 문도 양측의 두 문도는 행인들의 보행을 위한 통로였을 것으로 보이며 중간은 황제 전용 통로로 사용되었다. 명덕문은 지금까지 발견된 중국 고대 도성 중 유일한 '일문오도(一門五道)' 성문으로, 이와 어울리는 성문으로는 대명궁(大明宮)의 정문인 단봉문(丹鳳門)이며 역시 일문오도이다.

성 내의 남북향 및 동서향 대로는 각각 11갈래와 14갈래이다. 이 중에서 남면의 성문 3개와 동서 두 면의 6개 성문을 관통하는 6갈래 대로가 주요 도로이며 '육가(六街)'라고 불린다. 육가 중에서 남부의 연평문(延平門)과 연흥문(延興門) 사이의 동서 대로의 폭이 55미터이고 이 외의 5개 대로는 모두 폭이 100미터 이상인데, 특히 황성(皇城)의 주작문(朱雀門)에서 곽성의 명덕문까지 이르는 대로는 폭이 155미터에 달한다. 이 중의 주작대가(朱雀大街)는 그 명칭이 주작문에서 유래된 것이다. 주작문이 북으로 궁성의 정문인 승천문(承天門)을 마주하고 있기에 이 두 문 사이의 대로를 승천문대가(承天門大街: 혹은 天街라고도 함)라고 부른다. 천가(天街)와 주작대가는 경성(京城)의 남북을 관통하는 중축 대로이며 당나라 사람들은 주작대가의 동서 양쪽을 '좌가(左街)'와 '우가(右街)', 또는 '양가(兩街)'라고 불렀다. 주작대가의 중요성으로 인해 당나라 정부는 전문 관리직인 '좌우가사(左右街使)'까지 두었다.

황성은 현재의 서안성(西安城) 내에 있으며 평면은 직사각형이고 동·서·남 삼면에 성벽이 있으며 북면과 궁성이 횡가(橫街)를 사이에 두고 있다.

황성은 남면에 3개의 성문이 있고 동서 두 면에는 각각 2개의 성문이 있다. 성 내에는 동서향 대로 5개, 남북향 도로 7개가 있다. 이런 도로들은 황성 내부를 여러 구역으로 나누었고 각 구역 내에 각각 여러 부서의 관서 혹은 기타 건축물들이 배치되어 있었다. 황성을 가로지르는 천가는 황성의 중축선이며, 황성 남문의 동서 두 개 성문을 남북으로 관통한 두 갈래 도로는 황성을 동과 중, 서의 세 개 구역으로 나누었다. 황성의 중구(中區)에는 중앙 관서, 동구(東區)에는 동궁(東宮)의 관서 및 일부 황실 기관, 서구(西區)에는 황실 기관이 배치되어 있다. 동구와 서구의 남쪽에는 각각 황실의 예제 건축인 태묘(太廟)와 대사(大社)가 있다.

태극궁(太極宮), 동궁(東宮), 액정궁(掖庭宮)

궁성은 황성의 북쪽에 위치해 있으며 여기에는 태극궁, 동궁과 액정궁이 포함되어 있다. 태극궁(太極宮)은 궁성의 동과 서의 가운데 위치에 있으며 궁성(宮城)의 주요 궁전 건축군은 태극궁에 있다. 그리고 동궁과 액정궁은 태극궁의 동서 양쪽에 대칭으로 배치되어 있다.

궁성의 북궁문은 3개로, 서쪽에서 동쪽으로 현무문(玄武門), 안례문(安禮門)과 지덕문(至德門) 순으로 되어 있다. 현무문은 매우 중요한 곳이었기에 황제의 금위군(禁衛軍)이 이곳에 주둔하여 지키고 있었다. 당나라 때 현무문은 허다한 궁중 중대 정치사건과 관련이 있었는데, 예를 들면 역사적으로 유명한 '현무문지변(玄武門之變)'과 이융기(李隆基)가 위후(韋后)를 몰아낸 궁중 정변 모두 이곳에서 발생했다. 따라서 이곳은 장안성 황가(皇家)의 금군중지(禁軍重地)가 되었다.

궁성의 남면에는 5개의 궁문이 있는데, 남궁문의 가운데 위치에 있는 승천문(承天門)이 궁성의 정문이며 북으로 태극전(太極殿), 남으로 주작문(朱雀門)과 마주하고 있고 남향으로 명덕문(明德門)과도 마주하고 있다. 국가의 중대한 축제 혹은 행사가 이곳에서 거행되곤 했으며 이때면 황제가 친히 승천문 문루에 올랐다. 이것이 바로 문헌에 기록되어 있는 '외조(外朝)' 혹은 '대조(大朝)'가 진행된 곳이며 여기에서 외조는 의례적인 행사, 즉 황제의 계위(繼位)·개원(改元: 연호를 고침)·태자 책봉·국가적인 대사(大赦)·설날과 동지 등 중요한 명절 경축·조공 접수·외국 사신 접견·황실의 대형 연회 등을 말한다. 승천문 남쪽에 가로로 놓인 길은 바로 위의 행사들이 진행된 광장이다. 승천문 밖에는 조당(朝堂) 및 폐석(肺石), 등문고(登聞鼓)가 동서로 나뉘어 배열되어 있다. 승천문 유적은 지금의 서안시(西安市) 연호(蓮湖)공원 남쪽에 위치해 있다.

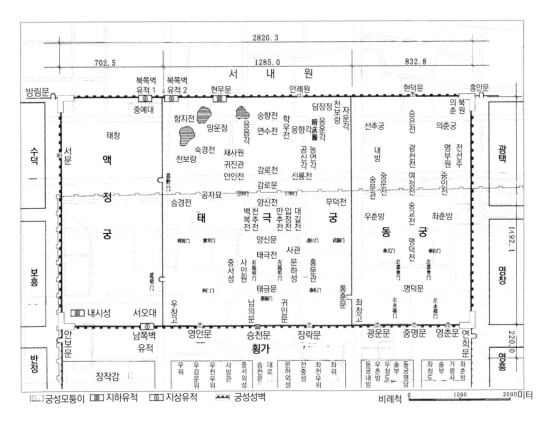

〈그림 2-44〉 당(唐)나라 장안성(長安城)의 평면도
궁성(宮城)의 평면은 직사각형이며 동서의 길이 2,820.3미터, 남북의 폭 1,492.1미터, 둘레가 약 8,600미터이며 면적은 약 4.2제곱킬로미터이다.
태극궁(太極宮)은 동서의 폭 1,287미터, 남북의 길이 1,492미터이고 궁성(宮城)의 중부에 위치해 있으며 남쪽 벽에 동서로 영안문(永安門)·승천문(承天門)·장락문(長樂門) 순으로 3개의 성문이 병렬되어 있다. 승천문은 태극궁의 정문이며 그 북쪽은 가덕문(嘉德門)이고 더 북쪽으로 나아가면 태극문(太極門)이 있으며 태극문 안에는 태극전(太極殿)이 있다.
동궁(東宮)은 동서의 폭 830미터, 남북의 길이 1,492미터이다. 궁내는 동서로 '삼로(三路)'가 나뉘어져 있는데 중로(中路)의 건물을 중축(中軸)으로 동로(東路)와 서로(西路)가 좌우 대칭으로 분포되어 있다.
액정궁(掖庭宮)은 동서의 폭 702미터, 남북의 길이 1,492미터이다.

태극궁(太極宮)은 수나라의 대흥궁(大興宮)이며 최초의 명칭은 '대내(大內)'였고 당중종(唐中宗) 신룡(神龍) 원년(705)에 태극궁으로 이름을 바꾸었다. 당나라 때에는 태극궁, 대명궁(大明宮)과 흥경궁(興慶宮) 등 3개의 황궁이 있었는데 '삼대내(三大內)'로 총칭했다. 태극궁은 대명궁과 흥경궁의 서쪽에 위치해 있기에 '서내(西內)'로도 불린다. 태극궁의 동쪽과 서쪽에는 성벽을 쌓아 동궁과 액정궁을 분리해 놓았다. 태극궁은 궁중의 주요 건축물인 태극전(太極殿)으로 인해 유명해졌다.

태극궁은 당나라 초기의 정치 중심이며 당고조(唐高祖) 이연(李淵)과 당태종 이세민이 바로 이곳에서 집권했다. 고종(高宗) 때부터 황제들이 비록 대명궁과 흥경궁으로 옮겨가기는 했지만 천자의 즉위, 황후 및 태자 책봉 등 조정의 중대한 의례 행사는 여전히 태극궁에서 진행되었다. 심지어 고종(高宗)과 현종(玄宗)은 5일에 한 번씩 태극궁에 행차했고 이는 태극궁이 줄곧 중요한 정치적 지위에 있었음을 말해준다. 태극전은 황궁의 정전(正殿)으로 황제가 매달 초하루와 보름날 여기에서 조의(朝儀)를 거행하고 정무를 처리했기에 '중조(中朝)' 혹은 '일조(日朝)'라고도 불렀다. 태극전에는 동서 행랑 외에 문하성(門下省)·사인원(舍人院)·홍문관(弘文館)·사관(史館)·중서성(中書省) 등 기구들이 설치되어 있어 황제의 고문 역할을 했다. 이들 기구에서는 조서, 문서를 작성하고 황제를 협조하여 정무를 처리했다.

〈그림 2-45〉 태극궁(太極宮) 현무문(玄武門) 유적의 판축 기단

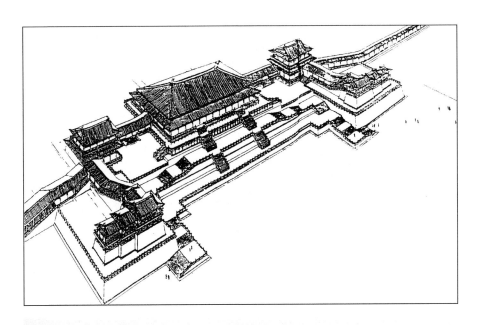

〈그림 2-48〉 함원전(含元殿) 유적 복원도

전당(殿堂) 기단의 평면은 직사각형으로 동서의 길이 55미터, 남북의 폭 20미터이며 동서면이 11칸 폭, 남북이 4칸 깊이이며 매 칸의 폭은 5미터이다. 기단 주위에는 돌난간이 있고 그 상부에는 이수(螭首: 용의 형체를 새겨 장식한 비석의 머릿돌)가 장식되어 있으며 전당(殿堂)의 동, 서와 북 세 면에 답도(踏道: 궁궐에서 임금이 가마를 타고 지나가는 계단)를 설치했다. 전당의 동남부와 서남부에는 상란각(翔鸞閣)과 서봉각(栖鳳閣)이 대칭으로 분포되어 있고 북쪽으로 함원전(含元殿)과 30미터 떨어져 있다. 상란각(翔鸞閣)과 서봉각(栖鳳閣)은 구조가 비슷하며 모두 함원전 앞의 좌우궐(左右闕)일 것으로 보이며 현재 남아 있는 것은 모궐(母闕)과 자궐(子闕)뿐이다. 상란각(翔鸞閣), 서봉각(栖鳳閣)과 함원전(含元殿)은 비랑(飛廊)으로 연결되어 있다.

북쪽에 위치해 있으며 주요 건축물은 선정전(宣政殿)이다. 뒷부분은 '내조(內朝)'로 조정구(朝政區)의 북쪽에 위치하고 있으며 주요 건축물은 자신전(紫宸殿)이다.

선정전은 함원전에서 북쪽으로 300미터 떨어진 곳에 위치하고 '정아전(正衙殿)'이라고도 불리는데 '중조'에 속해 있다. 선정전 북쪽 35미터 되는 곳에 자신문(紫宸門)이 있고 또 그 북쪽으로 60미터 떨어진 곳에 자신전(紫宸殿)이 있다. 자신전에서 남북으로 50미터 깊이에 내려가면 '내조(內朝)'의 정전이다.

함원전은 대명궁의 대조정전으로 '함굉광대(含宏光大: 웅대한 뜻을 품음), 원형리정(元亨利貞)'[53]의 뜻에서 유래했고 이로 인해 '대명전(大明殿)'이라고도 불린다.

함원전 유적은 현재의 서안시(西安市) 신성구(新城區) 함원전촌(含元殿村)에서 남쪽으로 약 300미터 떨어진 용수원(龍首原) 남쪽에 위치해 있으며 주변보다 지면이 10여 미터 높은 곳에 있기에 『장안지(長安志)』에 다음과 같이 기록되어 있다.

북으로 고원을 등지고 남쪽은 지세가 높고 트였으며 종남(終南)을 손바닥 보듯 하고 경방시(京坊市)에서 전체를 내려다 볼 수 있다.[54]

함원전은 단봉문(丹鳳門)의 정북(正北) 610미터 되는 곳에 위치하며 역사 문헌에 기록되어 있는 '함원전정(含元殿庭)'이 바로 함원전 앞 광장인데 함원전에서 남쪽으로 단봉문까지는 넓고 평탄하다.

함원전의 주요 건축물로는 기·전당(殿堂)·동서 이각(二閣)·용미도(龍尾道)·함원전 앞 광장 등이다. 함원전의 기단 용수원(龍首原)에 축조되어 있는데 하·중·상 3층이고 하층과 중층은 모두 용수원(龍首原)의 생토대(生土臺)를 이용했고, 상층의 기단 즉 전당 기단은 판 공법에 의해 축조되었다.

함원전으로 올라가는 길에 관해서는 여러 가지 설이 있었는데 최근 고고학

---

53 (역자주) 원형리정(元亨利貞)은 천지의 본성이다. 생성하고, 자라나게 하고, 거두어들이고, 갈무리하는 것은 천지의 감정이다.

54 北據高原, 南望爽塏, 視終南如指掌, 在京坊市, 可俯而窺也。

〈그림 2-49〉 대명궁(大明宮) 태액지(太液池)의 현재 모습

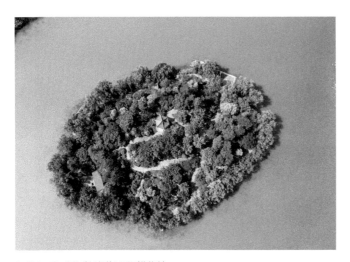

〈그림 2-50〉 태액지(太液池) 봉래도(蓬萊島)

발굴을 통해 정확한 답을 얻게 되었다. 즉, 발굴을 통해 함원전의 용미도(龍尾道)
는 전당 바로 맞은편 남쪽에 있는 것이 아니라 함원전 앞 광장의 평지에서 동서
두 각(閣) 내측의 비탈길을 따라 하·중·상 세 개 층을 경유하여 전당 위로 통했음
을 밝혔다. 함원전 양측의 용미도는 사실 두 갈래의 남북향 동서 평행 계단길이며
길이가 각각 70여 미터이고 모양이 장룡(長龍)과 같다하여 '용미도(龍尾道)'라는 이
름을 얻게 되었으며 문무백관이 조정으로 올라가는 계단이다. 용미도를 경유하

여 함원전에 올라가면 또 상·중·하 세 개의 기단이 있는데 이 중에서 하대^(下臺)와 중대^(中臺)는 높이가 각각 5장^(丈)이고 상대^(上臺)의 높이는 2장^(丈)이다. 대와 대 사이에는 한백옥^(漢白玉)을 깔아 답보^(踏步)를 만들었으며 각 기단의 사면에는 옥석 난간을 둘렀다. 함원전 용미도의 건축 구는 발해 상경^(上京)의 용천부^(龍泉府)에 직접적인 영향을 주었고 일본 헤이조쿄의 대극전^(大極殿)에도 영향을 미쳤다.

함원전은 그 북쪽의 선정전^(宣政殿), 자신전^(紫宸殿)과 함께 대명궁의 '삼대전^(三大殿)'을 이루었다.

대명궁 북쪽은 궁원구^(宮苑區)이며 태액지^(太液池)를 중심으로 한다. 태액지는 일명 봉래지^(蓬萊池)라고도 하며 당나라 초부터 건설이 시작되었다.

태액지의 기슭에는 돌을 쌓아 견고하게 했다. 문헌에는 태액지에 3개의 섬이 있다고 기록되어 있는데 그중에서 봉래도^(蓬萊島)의 기단은 지금까지도 태액지 중부에 우뚝 솟아 있으며 기단의 높이는 7.8미터이고 그 남쪽에서 그 시기의 가산^(假山)과 정사^(亭榭) 및 도로 유적이 발굴되었다. 봉래도에서 서쪽으로 약 100미터 떨어진 지점에서 '삼도^(三島)' 중 또 다른 섬이 발견되었는데 그 평면의 남북의 길이는 70미터이고 동서의 폭이 50미터이다. 그리고 진시황이 산동^(山東) 봉래의 동 해안에서 불로장생의 약을 구했다고 전해져 봉래지^(蓬萊池)라는 이름이 세상에 알려지게 되었다. 또한 바다 가운데에는 봉래산^(蓬萊山)이라고 불리는 신산^(神山)이 있다. 태액지의 주위에는 회랑^(回廊)이 축조되어 있으며 당헌종^(唐憲宗) 때 못 주변에 400여 칸의 낭방^(廊房)을 지었다.

구성궁(九成宮)

구성궁^(九成宮)은 원래 수나라의 인수궁^(仁壽宮)으로 인유현^(麟遊縣) 현성 서쪽의 천태산^(天台山) 위에 위치해 있다. 당^(唐) 정관^(貞觀) 5년⁽⁶³¹⁾에 군신^(群臣)들이 무더위를 피하기 위한 이궁^(離宮)을 축조할 것을 건의했는데 당시 당나라는 내전이 끝난 지 얼마 지나지 않았고 변방에서는 여전히 전쟁이 끊이지 않아 인력과 재력이 모

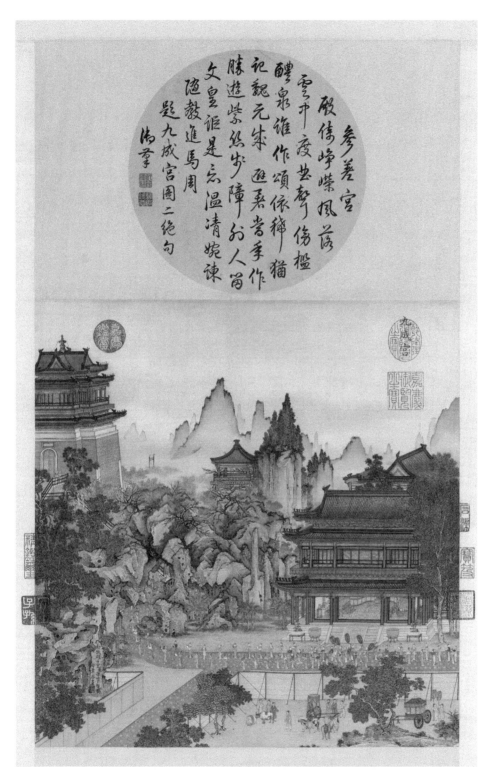

〈그림 2-51〉 〈방조천리구성궁도(仿趙千里九成宮圖)〉 (淸, 孫祜·丁觀鵬)

두 부족한 상황이었다. 이 모순을 해결하기 위해 당태종은 인수궁을 수선 및 중축했고 '구성궁'으로 이름을 바꾸었다. 영휘(永徽) 2년(651), 고종은 구성궁을 '만년궁(萬年宮)'으로 이름을 바꾸었고 건봉(乾封) 2년(667)에 이르러서야 구성궁이라는 이름을 복원했다.

구성궁은 천태산(天台山)을 중심으로, 경사(京師)의 궁성제도를 모방하여 축조했고 심지어 일부 건축물의 명칭마저도 같았는데, 예를 들면 구성궁의 북궁문(北宮門)은 장안 궁성의 북문과 마찬가지로 '현무문(玄武門)'이라고도 불렸다. 구성궁 정문인 영광문(永光門) 앞에는 고종 이치(李治)가 영휘 5년(654)에 친히 작성하여 쓴 〈만년궁명병서(萬年宮銘並序)〉 석비가 우뚝 서 있다. 구성궁에는 대조정전 및 황실의 침전, 그리고 태자를 위해 축조한 동궁 등이 있다.

구성궁 안에는 〈구성궁 예천명(九成宮醴泉銘)〉이라는 유명한 비석이 있는데 위징(魏徵)이 비문을 작성하고 유명한 서예가 구양순(歐陽詢)이 비문 전자(篆字)를 친히 썼다.

구성궁과 금원(禁苑) 주위에는 각각 담장이 둘러 있으며 당나라 초기의 황제들, 특히 당태종과 당고종은 해마다 거의 절반을 구성궁에서 지냈다. 염경유금(炎景流金: 무더운 여름)의 계절마다 "우울한 기운이 없고 미풍이 서서히 불어 청량한 기운이 돌았고" 따라서 '안체(安體)의 가소(佳所)', '양신(養神)의 승지(勝地)'로 꼽혔다. 황제가 경성에서 구성궁으로 갈 때면 황후와 비빈들이 황제를 수행했으며 구성궁 남쪽의 옥녀담(玉女潭)은 무측천이 당고종과 함께 구성궁에 가서 피서할 때 목욕하던 곳으로 전해지고 있다. 황제가 구성궁에서 정무를 처리해야 했기에 황태자와 조정의 주요 문무백관들도 함께 이곳으로 가야 했다.

구성궁 밖을 둘러싼 담장은 산세에 따라 축조되었고 곽성과 비슷하다. 담장과 궁성 사이에는 금원을 설치했고 그 사이에 또 일부 중요한 궁실 건축물 유적도 있다.

화청궁(華清宮)

화청궁(華清宮)은 현재의 서안시(西安)에서 동쪽으로 25킬로미터 떨어진 여산(驪山) 아래에 위치해 있다. 그리고 여산이라는 이름은 여융(驪戎)이 살던 곳에서 유래했다고 한다. 또 다른 설에 의하면 임동현(臨潼縣) 현성 이남의 여산은 그 모양이 말과 같고 색갈이 '여(驪: 청회색)'와 비슷하다 하여 '여산'이라 불렸다고 한다. 여산은 뭇 봉우리들이 모여 있는 준령으로 구름과 노을이 겹겹이 수놓아져 있는 듯하여 '수령(綉嶺)'이라는 아명(雅名)도 얻게 되었다. 이곳은 주(周)의 여융읍(驪戎邑)이었는데 기원전 231년 위(魏)나라의 장군이 진(秦)에 바쳤고 진은 여기에 여읍(麗邑)을 설치했다. "진시황이 즉위 초 여산에 묘혈을 뚫고 황릉을 건설하기 시작했고" '여(麗)'에 읍(邑)을 설치했기에 '驪山'이 '酈山'으로도 불렸다.

당나라 초, 고조와 태종은 자주 여산의 온탕에 가서 목욕을 했다. 정관(貞觀) 18년(644)에 이르러서는 당태종이 좌둔위대장군(左屯衛大將軍) 강행본(姜行本), 장작소장(將作少匠) 염립덕(閻立德)에게 여산의 건설공사를 맡겨 대량의 궁전을 축조함으로써 행궁(行宮)의 규모를 갖추게 되었으며 황제가 직접 '온탕궁(溫湯宮)'이라는 이름

〈그림 2-52〉 현재의 화청궁(華清宮)

<그림 2-53> 화청궁(華淸宮) 유적에서 출토된 삼채(三彩) 치문(鴟吻)[55]

을 지어 주었다. 함형(咸亨) 2년(671)에 당고종(唐高宗)이 '온천궁(溫泉宮)'으로, 천보(天寶) 6년(747)에는 현종(玄宗)이 '화청궁(華淸宮)'으로 이름을 바꾸었다. 이와 동시에 현종은 또 화청궁에 대한 대규모의 중축공사를 진행했고 더 많은 온천을 개발하여 사치하고 호화로운 욕조들을 만들어 놓았으며, 여산 부근에 궁실(宮室), 관아(官衙)와 왕가(王家)를 지었고 화청궁 주변에 성벽을 쌓았다. 화청궁과 장안성 사이는 '이층으로 된 구름다리'로 이어졌으며 성당(盛唐) 시기에 이르러 화청궁은 경기(京畿) 이궁 중의 으뜸이 되었다.

최근 고고학자들이 화청궁 유적지에 대해 대면적의 발굴을 진행했으며 현재 이미 화청궁과 관련된 담장, 성벽 및 소응현(昭應縣) 현성과 화청궁 내부의 일부 건축물 유적들에 대한 확인 작업을 마쳤다.

화청궁은 궁성, 여산(驪山)의 금원과 소응현성(昭應縣城)으로 이루어져 있다. 소응현성은 황제를 수행하여 화청궁으로 간 백관들이 머무는 관저가 있던 곳이다.

화청궁은 동구, 중구와 서구 세 구역으로 나뉘는데 동구는 황제와 후비들이 노닐고 목욕하고 연회를 하고 유흥을 즐기던 곳이다. 중구에는 궁성의 주요 건물인 전전(前殿)과 후전(後殿)이 있는데 이곳은 황제가 정무를 보고 국사 활동을 하던 곳이다. 서구에는 과로약당(果老藥堂), 십성전(十聖殿) 및 16개의 장탕(長湯) 등이 있다. 궁성 동쪽에 유원지가 있고 서쪽에는 진금이수(珍禽異獸: 진귀한 조류와 기이한 짐승)원과 화원이 있다. 화청궁에서는 9개의 온천 유적지와 전지(殿址), 급수와 배수시설 유적지가 발굴되어 대량의 유물이 출토되었고 이 외에도 어서정(御書亭), 이원

---

55 (역자주) 사찰이나 궁궐 건물의 용마루 양쪽 끝을 장식하는 특수기와이다.

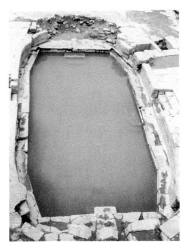

〈그림 2-54〉 연화탕(蓮花湯) 유적 　　〈그림 2-55〉 어탕(御湯) 유적

(梨園) 및 소탕(小湯) 등 유적이 발굴되었다.

　화청궁은 남향으로 자리 잡고 있으며 산세에 따라 축조했다. 궁성의 사면에는 각각 성문을 하나씩 설치했는데 북문은 진양문(津陽門)으로 화청궁의 정문이며 문 밖에는 참호가 있고 망선교(望仙橋)라는 다리가 있으며 다리 앞 좌우에는 강무전(講武殿)이 있는데 실제로는 화청궁 수비병사의 주둔지였다. 다리 뒤는 좌우조당(左右朝堂)이고 그 뒤에는 굉문관(宏文館)이 있다. 남문은 소양문(昭陽門)이며 남문부터 산 위까지 통하는 도로가 있었는데 '산문(山門)'이라고도 불렸고 이 길은 산위의 조원각(朝元閣)으로 이어지며 황제의 마차가 통행하는 전용도로이다. 동문은 개양문(開陽門)이고 서문은 망경문(望京門)이며 문밖 남쪽에 산봉우리로 올라가는 망경루(望京樓)가 있는데, 망경문(望京門)의 이름은 이와 관련이 있는 것으로 보인다.

　화청궁의 주요 건물은 진양문(津陽門) 안 동쪽에 있다. 비상전(飛霜殿)은 황제의 침전이고 그 뒤에는 황제와 황후가 목욕할 수 있는 연화탕(蓮花湯), 어탕(御湯)과 부용탕(芙蓉湯)이 있다. 비상전(飛霜殿) 서쪽에는 칠성전(七聖殿)과 이원(梨園)이 있고 비상전(飛霜殿)의 북쪽은 요광루(瑤光樓)이다.

　화청궁의 온천 욕지는 매우 호화롭다. 당현종의 연화탕은 둘레가 수장(數丈)에 달하며 여기에 사용된 석재는 모두 안록산(安祿山)이 범양(范陽)에서 선별하여 가져

온 것이다. 연못 안에는 백석을 깔았는데 석질(石質)이 정교하고 섬세하며 옥처럼 빛나고 투명하다. 그리고 돌의 표면에는 어룡(魚龍)과 부안(鳧鴈: 들오리와 기러기), 그리고 정갈하고 단아한 연꽃 도안이 생생하게 살아있는 듯 조각되어 있다. 못의 네 면에는 석좌(石座: 주춧돌)를 몇 층 겹쳐 쌓았다. 연못 중앙에는 두 개의 백석 항아리가 있는데 가운데 부분은 연결되어 있고 입구는 나뉘어져 있으며 항아리 입구에 백석으로 조각된 두 개의 연꽃 머리가 돌출되어 있고 연꽃에서 샘물이 분출되어 연못에 흘러들어가게 되어 있다. 그리고 못 안에 6개의 '十'자형 목제 분수구가 설치되어 있으며 못 옆에는 두 개의 배수구가 있다.

부용탕은 일명 '양비사욕탕'으로 불리며 욕지에 깔아 놓은 돌에 해당화 무늬가 조각되어 있어서 '해당지(海棠池)'라고도 불린다. 부용탕은 연화탕의 서남쪽에 위치해 있으며 연화탕에 비해 규모가 좀 작다. 부용탕 욕지의 평면은 해당화 모양으로 되어 있고 못 안쪽에는 두 층의 대좌(臺座)가 있으며 바닥에는 청석판을 깔았고 못 안에 깔아놓은 돌 위에는 선조(線彫: 가는 선으로 쌓아 올리거나 선을 파 들어가는 조각법) 꽃무늬가 새겨져 있다. 부용탕 온천의 수원은 정북(正北) 방향으로 70미터 떨어진 곳에 있으며 수로를 통해 연결되어 있다.

태자와 황궁 비빈들이 목욕하는 곳은 비상전(飛霜殿)의 서쪽에 집중되어 있어 별도로 원(院)이 조성되었는데, '장탕십육소(長湯十六所)'가 여기에 있다. 십육소(十六所)에는 태자탕(太子湯)·소양탕(少陽湯)·상식탕(尙食湯)·의춘탕(宜春湯) 등이 포함되며 그 남쪽에는 순전(笋殿)이 있다.

화청궁 안의 황가 욕실을 제외하고도 일부 권문귀족들이 화청궁 부근에 적지 않은 욕실과 전각을 지었는데, 양귀비가 현종의 총애를 받자 양씨 일가가 화청궁 동쪽에 규모가 크고 화려한 궁관(宮館)과 수많은 호화로운 욕지를 만든 것이 바로 그중 한 예이다.

궁성의 남쪽, 북산의 정상에 '강성각(降聖閣)'이라고도 불리는 조원각(朝元閣)이 있는데 화청궁 여산의 건물군 중에서 '가장 험준'하며 도관(道觀: 도교사원) 건축물에 속한다. 조원각 남쪽에는 청량한 단하천(丹夏泉)과 진귀한 연목(連木)이 있고 그 부근에는 노군전(老君殿)이 있는데 그 안에 노자(老子) 이담(李聃)의 옥석 조각상이 모셔져 있다. 조원각 동쪽에는 종루(鐘樓)·갈고루(羯鼓樓)·장생전(長生殿)과 명주전(明珠殿)이 있다. 조원각과 장생전은 이 건물군의 주요 건물로, 황제는 조원각에서 정무를 보고 장생전에서 휴식을 취했다.

당현종은 도교와 불교 세력의 균형을 맞추기 위해 개원(開元) 연간(713~741) 여산(驪山)의 동수령(東繡嶺) 산허리에 석옹사(石甕寺)를 지었다. 서쪽에는 폭포가 있고 오랜 세월이 흐르면서 산석(山石)이 폭포수에 절구통처럼 움푹하게 파여 모양이 옹(甕: 항아리)처럼 되었다고 하여 지명을 '석옹곡(石甕穀)'이라 했다. 그리고 이곳에 고찰(古刹)을 짓고 '석옹사(石甕寺)'라고 했다. 사원 안에는 유주(幽州)의 범양(範陽)에서 진상한 백옥석(白玉石) 불상이 있는데 '소성(塑聖)' 양혜지(楊惠之)와 조각가 원가아(元伽兒)가 조각한 것이다. 그리고 유명한 화가 왕유(王維)는 석옹사에 산수 벽화를 그려놓았다.

화청궁 동북쪽 귀퉁이 바깥쪽에 관풍루(觀風樓)와 중명각(重明閣)이 있고 관풍루(觀風樓) 부근에는 무마대(舞馬台), 투계전(鬪雞殿)과 의춘정(宜春亭) 등이 있다. 현종은 양귀비를 데리고 높이 솟아 있는 누각에 올라 사방을 둘러보곤 했는데 여기에서는 산수와 궁실, 여산의 뛰어난 경치를 한눈에 볼 수 있다. 이외에도 전대(殿臺) 및 누각 남쪽, 개양문(開陽門)의 동북쪽에 운동을 할 수 있는 '구장(球場)'이 마련되어 있다.

당나라에서 여산에 다녀간 횟수가 가장 많고 가장 오래 머물렀던 황제는 현종이다. 그는 매년 10월 화청궁에 갔다가 이듬해 봄이 되어야 장안에 돌아가곤 했는데, 시인 백거이의 『장한가(長恨歌)』에는 다음과 같이 기록되어 있다.

봄 추위에 화청지 목욕함을 허락하니, 온천물 부드럽게 매끄러운 몸을 씻네.

시녀들 부축에도 연약하기만 한 교태, 그때부터 황제 사랑 받기 시작했네.

둥근 귀밑머리 꽃 같은 얼굴 금 머리장식, 연꽃 장막이 따뜻하니 봄밤의 일이 헤아려지네.

봄밤은 너무 짧아 해가 이미 높이 솟으니, 황제는 이때부터 조회를 하지 않았네[56]

이것이 바로 현종과 양귀비가 화청궁에서 음탕한 생활을 한 진실한 기록이다. 유명한 시인 두보는 천보(天寶) 14년(755) 여산 화청궁을 지나갈 때 주색에 빠진 통치계급의 방탕한 생활과 빈곤에 허덕이는 백성들의 비참한 삶을 목격하고 "붉은 대문 집에서는 술과 고기 냄새 풍기는데 길에는 얼어 죽은 시신들이 뒹구네"[57]라는 유명한 글을 만고에 남겼다. 당현종 말기에 조정이 몰락하여 마침내 백거이가 말한 것처럼 "어양 땅(당나라를 뒤흔든 절도사 안록산의 근거지)에서 전쟁의 북소리가 땅을 울리니, '예상우의곡(霓裳羽衣曲)'이 놀라 멎었네. 구중궁궐에 연기와 먼지 솟아오르고, 천 대 수레와 만 명 기병이 서남으로 떠났네"[58]와 같은 상황이 되었다. 안사지란(安史之亂)으로 인해 성당(盛唐)의 역사는 종말을 고했고 당현종과 양귀비는 "난전(暖殿)의 물이 수십 칸을 흐르고 옥거향(玉渠香: 옥처럼 맑은 냇물의 향) 잔물결이 소용돌이친다"[59]는 화청궁으로부터 역사의 수렁에 빠져들었다.

당(唐) 장안성(長安城)의 예제 건축(禮制建築)

장안성의 환구(圜丘: 天壇)는 개황(開皇) 10년(590)에 착공했고 당나라에서 계속해 사용했다. 환구 유적은 서안(西安) 남쪽 교외 섬서(陝西) 사범대학교 캠퍼스 안에 있으며 서쪽으로 명덕문(明德門) 유적과 950미터 떨어져 있다. 환구는 소토(素土)를 다져 만든 고대(高臺)이며 환구 유적은 4층 원단(圓壇)으로 층마다 그 주위에 12폐(陛: 12갈래 계단 길)를 만들어 놓았다. 환구 정남(正南)의 계단길이 가장 넓은데 그 원인은 황제가 하늘에 제사를 지낼 때 사용했던 계단이었기 때문이며 12폐(陛)는 십이시진(十二時辰)의 위치에 따라 분포되어 있다. 환구대(圜丘臺)는 벽과 대(臺)의 표면

---

56 春寒賜浴華淸池, 溫泉水滑洗凝脂。侍兒扶起嬌無力, 始是新承恩澤時。雲鬢花顔金步搖, 芙蓉帳暖度春宵。春宵苦短日高起, 從此君王不早朝。

57 朱門酒肉臭, 路有凍死骨

58 漁陽鼙鼓動地來, 驚破《霓裳羽衣曲》。九重城闕煙尖生, 千乘萬騎西南行

59 暖殿流湯數十間, 玉渠香細浪回環

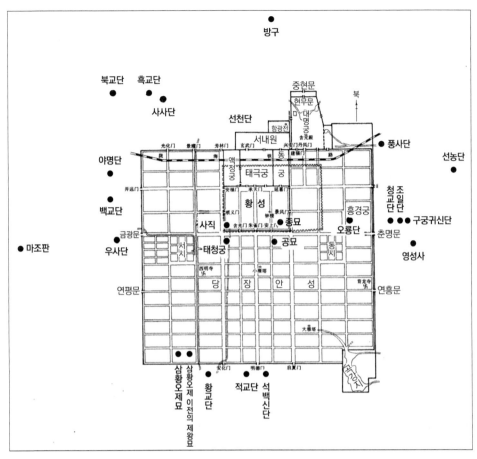

〈그림 2-56〉 당(唐) 장안성(長安城)의 예제(禮制) 건축 분포도

에 백회를 칠했기에 외관이 전체적으로 흰색으로 보인다. 그리고 환구 유적 주변에서 '내유(內壝: 안쪽에 쌓은 담)' 유적도 발견되었다.

　당나라의 제도에 따르면, 해마다 동지 날이면 "환구에서 호천상제(昊天上帝)에게 제사를 지내야 했으며" 실제 당의 17명 황제가 환구에서 제천 행사를 열었다. 비록 제천의 역사는 오래되었고 문헌에 기록된 각 시기 제천을 목적으로 한 건축물은 다르지만 체계적인 고고학 발굴을 통해 발견된 고대 제천 건축 유적 가운데서도 당나라 장안성의 환구 유적이 시기적으로 가장 이르고 가장 완벽하게 보존되어 있는데, 이는 지금까지 중국에서 전면적으로 발굴한 유일한 고대 환구 유적

〈그림 2-57〉 당(唐) 장안성(長安城)의 환구(圜丘) 유적

환구(圜丘)의 전체 높이는 8.12미터이고 밑 부분의 직경은 약 53미터이다. 4층 원단(圓壇)은 아래에서 위로 각 층의 직경이 각각 54미터, 40미터, 29미터, 20미터이다. 각 층 원단(圓壇)의 높이는 1.5~2.3미터이며 계단 길은 보통 폭이 2~2.4미터이다. 정남(正南) 방향의 계단 길이는 3.1~3.45미터로 가장 넓으며 내유(內壝)의 평면은 원형으로 직경이 73~80미터이다.

이다. 현재 북경의 관광명소로 자리 잡은 천단(天壇)이 바로 당나라 장안성의 환구에서 발전해온 것이다.

당나라의 국자감은 한대(漢代)의 태학에 해당된다. 진무제(晉武帝) 함녕(咸寧) 2년(276)에 '국자학(國子學)'이라는 이름이 나타났는데 이는 '국자(國子)'라는 명학(名學)의 시초이다. 정관(貞觀) 5년에 당태종은 처음으로 장안에 국자감을 설치했는데 위치는 장안성 내의 무본방(務本坊)이었고 황성의 동남쪽에 인접해 있었다. 국자감은 당나라의 최고 학부로 조정의 중시를 받았으며 당태종은 자주 국자감에 가서 시찰했다.

국자감 건물은 규모가 아주 컸는데, 당태종 때 한번 증축한 교사(校舍)만 해도 1,200칸에 달했다. 국자감에는 국자학·태학·사문학(四門學)·율학(律學)·서학(書學)과 산학(算學) 등 6개 학과가 개설되어 있었고 각 학과별 특징에 따라 다양한 내용의 교과과정을 개설했다. 국자감의 교사는 박사(博士)·조교(助敎)·장교(掌敎)로 구성되었다.

국자감에서는 주로 유교 경전을 교재로 사용했다. 중국과 외국에 널리 알려

〈그림 2-58〉 서안(西安) 비림(碑林)의 『개성석경(開成石經)』

진 '석대효경(石台孝經)'과 '개성석경(開成石經)'이 바로 국자감에서 석질(石質)로 된 교과서로 제작한 것이며 모두 무본방(務本坊)의 국자감에 진열되어 있었다. 현재 이 석질 교과서는 서안의 비림(碑林)에 보존되어 있다.

당나라는 중국 역사상 최고의 전성기였다. 당나라 역사의 축소판인 장안성은 단절 없는 중화 5,000년 문명의 전승과 발전을 증명해줄 실질적인 증거이다.

첫째, 장안성의 배치는 중화문명의 '중화(中和)' 정신을 새로운 높이와 단계로 끌어올렸고 '중(中)'은 도성 중축선의 설정에서 구현되었는데, 서쪽에 치우쳐 있던 북위 낙양성의 남북 중축선이 당의 장안성에서는 동서 거중(居中)의 중축선으로 발전했다. 장안성의 중축선은 당 장안성의 명덕문(明德門)에서 북으로 주작문(朱雀門)을 마주했고 또 다시 북으로 승천문(承天門), 태극문(太極門) 및 태극전(太極殿)을 마주하여 대조정전인 태극전을 기점으로 남북향 중축선을 형성했다. 그리고 이 중축선은 도성 중축선 기점인 태극전의 특징을 부각시켰다.

둘째, 명덕문(明德門)과 단봉문(丹鳳門)은 모두 '일문오도'이며 기타 성문과 궁문은 모두 일문오도가 아니라는 점에서 정문과 기타 성문 및 궁문의 차이를 드러냄으로써 '국가'의 지고무상함을 부각시켰다.

셋째, 수(隋)의 대흥성(大興城), 즉 당(唐) 장안성의 궁성제도에 의하면 궁성은 동서로 세 부분으로 나뉘었고 중부는 대조정전인 태극전(太極殿: 大興殿)이 있는 태극궁(太極宮: 大興宮)이며 동부는 동궁이고 서부는 액정궁이다. 궁성의 이런 배치는 이후의 중국 고대 도성에 심원한 영향을 미쳤다.

넷째, 수(隋)의 대흥성(大興城), 즉 당(唐) 장안성의 궁성 안 북쪽 지원(池苑)에 설치된 '동해·서해·남해·북해' 등 '사해지(四海池)'는 한무제의 건장궁(建章宮)에 건설되어 있는 궁성 태액지를 '동서남북'으로 나누어 만든 것인데, 이런 변화는 중국 고대 도성 지원(池苑)의 건설 상황과 일치하며 궁성으로 하여금 중국 고인(古人)들의 국가의 '해양'이라는 공간적 관념을 더욱 잘 구현할 수 있게 했다.

다섯째, 근대적 의미에서의 '하궁(夏宮)'은 비교적 늦게 나타났는데, 차르 표트르 1세의 페테르고프궁(여름 궁전)은 1704년에 축조되었고 이는 지금까지 알려진 비교적 이른 시기의 궁전이다. 1860년 이전, 서양에서는 중국 북경의 원명원(圓明園)을 '서머 팰리스(Summer Palace, 여름 궁전)'라고 불렀으며 영국과 프랑스 연합군이 원명원을 불태워 버린 후에는 '노하궁(老夏宮)'이라고 불렀다. 고대 중국에서 도성 부근에 이궁(離宮) 혹은 행궁(行宮)을 지은 것은 오래전의 일이었고 진나라의 함양성 서북쪽의 양산궁(梁山宮), 한(漢) 장안성 동북쪽의 감천궁(甘泉宮) 등과 같은 일부 이궁 혹은 행궁은 피서지 역할을 했다. 하궁의 범주에는 두 가지가 포함되는데, 그 하나는 하궁은 반드시 기본적으로 궁성으로서의 조건을 갖추어야 한다는 것이다. 즉 하궁에 궁성의 주요 궁전 건축이 있어야 하며 궁성의 분포 특징을 가져야 한다. 둘째, 하궁은 피서 전용 궁성이다. 고대 도성 부근의 이궁, 행궁 등과 대조해 보면 이 의미에 가장 접근된 하궁으로는 수(隋)나라의 인수궁(仁壽宮), 당나라의 구성궁과 화청궁이 아닐까 싶다. 당나라 장안성의 구성궁과 화청궁은 당나라 도성의 하궁으로 후세에 큰 영향을 미쳤다. 중국 고대 도성의 하궁을 집대성한 승덕피서산장(承德避暑山莊)과 원명원(圓明園)은 가장 대표적인 하궁이다.

8) 업성(鄴城), 건강성(建康城)

업성(鄴城) 유적은 지금의 하북성(河北省) 임장현(臨漳縣)에서 서남쪽으로 17.5킬로미터 떨어진 삼대촌(三臺村)에 위치해 있으며 업북성(鄴北城)과 업남성(鄴南城)으로 이루어져 있었다. 업북성(鄴北城)은 조위(曹魏)의 다섯 개 도성 중 하나로, 그 이후 후조(后趙), 염위(冉魏), 전연(前燕)의 도성이 되었다. 업남성(鄴南城)은 동위(東魏), 북제(北齊)의 도성이다. 육조(六朝)의 건강성(建康城)은 동오(東吳), 동진(東晉)과 송(宋)·제(齊)·양(梁)·진(陳)의 도성이었다.

업북성(鄴北城), 업남성(鄴南城)

업북성(鄴北城)의 평면은 기본적으로 가로로 직사각형을 이루었고 주변에 담장을 쌓았다. 중양문(中陽門) 대로는 성내에서 가장 넓은 도로로, 북쪽으로 궁궐을 마주하고 있고 남쪽으로는 중양문과 통하는 성 전체의 중축선이다. 궁전 구역은 성터의 북쪽 한가운데에 위치하며 업북성의 서북쪽에는 동작원(銅爵園)이 있고 그 동쪽은 문창전(文昌殿), 서쪽은 삼대(三臺: 冰井臺·銅雀台·金虎台)에 인접해 있다. 업북성 밖에는 또 현무원(玄武苑), 영지원(靈芝園) 등 대형 원원(園苑)들이 조성되어 있다. 업북성 내에는 광활한 이방구(裏坊區)가 있으며 인군(人群), 직업, 지위에 따라 거주지가 구분되어 있었다.

양(梁)나라 중대통(中大通) 6년(534), 고환(高歡)은 고륭지(高隆之)에게 명하여 업남성(鄴南城)을 세우도록 했는데 북으로 업북성의 남쪽 담장과 접해 있었다. 현재 발굴된 업남성 유적은 사실 그 내성(內城)이며 남북향 주명문(朱明門) 대로는 업남성의 중축 도로이다. 성내 중부의 북쪽에는 궁성 유적이 있고 궁성 안의 궁궐지역은 대형 건물 기단이 모두 중축선 위에 분포되어 있으며 궁성의 북쪽에 후원(後園)이 있다.

업남성의 궁성 유적 남쪽에서는 규모가 큰 판축 기단이 탐측 및 발견되었으며 업남성에 관한 『업중기(鄴中記)』의 기록은 다음과 같다.

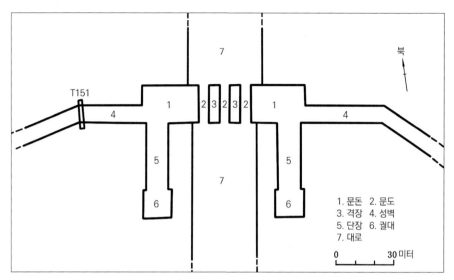

〈그림 2-59〉 주명문(朱明門) 유적

주명문(朱明門)의 문지(門址)는 문돈(門墩), 문도(門道)와 남쪽으로 뻗은 단장(短墻: 낮은 담) 및 문궐(門闕)로 구성되어 있는데 단장은 남북의 길이 약 80미터, 동서의 폭이 약 20미터이며, 단장의 단부(端部) 문궐의 기초는 변의 길이가 약 15미터 되는 정사각형이다. 문도는 세 갈래이며 중문도(中門道)의 폭이 5.4미터, 양쪽 문도의 폭은 각각 4.8미터이다.

상서성(尚書省)과 경사(卿寺)의 백사(百司)는 노복(奴僕)을 내려 보내 28조(曹)에 이르렀고 모두 궁궐의 남쪽에 있었다.[60]

주명문에는 쌍궐(雙闕)을 두었고 업남성의 문궐과 한나라 장안성 동성문(東城門)의 문궐 및 동주(東周)의 노(魯)나라 고성 남쪽 면 동쪽 성문의 바깥쪽 문궐은 모두 구조가 비슷하다.

업남성 외에도 최근 비교적 큰 규모의 중요한 불교 사원 유적이 발굴되었는데 『역대택경기(歷代宅京記)』에 다음과 같이 기록되어 있다.

남성(南城)이 흥(興)하고 천도한 후, 사방의 백성이 폭주(輻輳)하여 이려(里閭)가 시끌벅적하고 400여 방(坊)을 지었으나 그 이름은 보이지 않고 어디에 분포되었는지도 알 수 없다. 눈에

---

60 尚書省及卿寺百司, 自令僕而下, 至二十八曹, 並在宮闕之南。

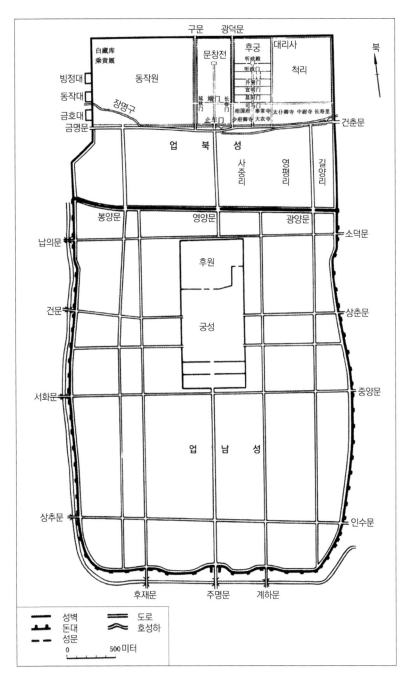

구문　광덕문

白藏庫
乘黃廐

빙정대　동작원

동작대

금호대

금명문

장명구

문창전

후궁
聽政殿
聽政門
개현문
宣明門
延秋門　長壽門
止车门

대리사
척리

司马府　事常寺　太仆寺　中尉寺　长寿里
少府御史　大衣寺

북

건춘문

업　북　성

사중리　영평리　길양리

봉양문　영양문　광양문

소덕문

납의문

후원

궁성

건문

상춘문

서화문

중앙문

업　남　성

상추문

인수문

후재문　주명문　계하문

성벽
돈대
성문

도로
호성하

0　　500미터

〈그림 2-60〉 업성(鄴城) 유적 평면도

업북성(鄴北城)은 동서의 길이 2,400~2,620미터, 남북의 폭 1,700미터이다. 업북성에는 총 7개의 성문이 있는데 남쪽에 3개가 있으며 그중 가운데가 중양문(中陽門, 일명 '永陽門')이고 동쪽이 광양문(廣陽門)이며 서쪽이 봉양문(鳳陽門)이다. 동쪽 담장의 정중앙에는 건춘문(建春門)이 있고 북쪽 담장 중앙 궁성(宮城)의 양쪽에 2개의 성문이 있는데 동쪽이 광덕문(廣德門), 서쪽이 구문(廐門)이며 서쪽 담장의 중앙부에 금명문(金明門)이 있다. 탐사 결과 6갈래의 도로가 발견되었는데 동서대로(東西大路) 1갈래, 그 남쪽의 남북대로(南北大路) 3갈래, 동서대로(東西大路) 북쪽의 남북대로 2갈래이다. 중양문(中陽門) 대로의 동서 길이는 730미터이고 남북의 폭은 17미터이다.

업남성(鄴南城) 성터의 동서 폭은 2,800미터, 남북 길이는 3,460미터이며 성 밖은 폭 20미터, 깊이 1.8미터의 성호(城壕)에 둘러싸여 있다. 주명문(朱明門) 대로의 폭은 38.5미터이며 궁성 유적은 동서의 폭 620미터, 남북의 길이 970미터이다.

〈그림 2-61〉 '대조만세(大趙萬歲)' 와당(瓦當) (16국 시기)

보이는 것은 동시(東市)가 동곽(東郭)에 있고, 서시(西市)는 서곽(西郭)에 있다는 것이다.[61]

업남성의 북쪽에는 궁성이 있고, 궁성의 남쪽에는 중앙관서, 사직, 종묘 등 예제 건축과 기타 관서들이 있다. 상술한 문헌에는 업남성의 동시(東市)와 서시(西市)가 각각 '동곽(東郭)'과 '서곽(西郭)'에 위치해 있다고 명확히 기록되어 있는데, 이는 업남성 곽성의 동곽과 서곽으로 추정된다.

업성(鄴城)은 중화 5,000년 문명의 전승에서 중요한 역할을 했는데 주로 다음의 몇 개 부분에 반영되었다.

첫째, 업북성은 조조(曹操)가 건안(建安) 9년(204)에 건설했으며 조조는 중국 역사상 유명한 정치가, 군사가, 문학가이다. 위대한 정치가였던 그는 평생 국가의 통일을 추구했고 '대일통' 사상을 강화했으며 수리공사인 '백구(白溝)'의 건설, '장성지대(長城地帶)'의 북방 경영 등은 모두 국가 통일의 이념을 강화하기 위해서였다. 조조가 주관하여 건설한 왕도(王都)는 공간 분포에 있어서 국가정권의 근간인 궁전구역은 관서구역으로, 달관현귀의 거주구역은 왕성 내의 기타 주민 거주구역과 시장 등 시설과 엄격히 구분시켜 정치 중심지인 왕도(王都)의 역할을 두드러지게 부각했다. 업북성 왕도의 중축선은 국가지상의 이념을 더욱 구상화(具象化)했으며 북위 낙양성의 중축선에도 영향을 미친 것으로 보인다. 업북성(鄴北城)은 도성의 국가 정치 기능을 강화하고 중(中)의 이념을 부각시켰다.

둘째, 업북성은 위(魏)나라에 이어, 그 이후 16국 시기의 후조(后趙), 염위(冉魏), 전연(前燕)의 도성이기도 했다. 이 중 염위(冉魏) 정권이 한인(漢人)인 염민(冉閔)에 의해 세워진 것을 제외하면 기타 두 국가는 각각 흉노 별부(別部)의 석륵(石勒), 선비

---

61 南城自興和遷都之後, 四民輻湊, 里閭闐溢, 盖有四百餘坊, 然皆莫見其名, 不獲其分布所在。其有可見者, 有東市, 在東郭; 西市, 在西郭。

족의 모용황^(慕容皝)에 의해 세워졌다. 업북성은 중화민족의 여러 민족 정권의 정치적 축소판이며 공통의 도성 규제를 따랐고 이는 중화민족의 여러 민족 공통의 국가 정체성을 충분히 반영한다.

셋째, 동위^(東魏)와 북제^(北齊)가 업북성의 남쪽에 새로 업남성을 건설했고, 북위의 낙양성은 '중^(中)'의 이념을 돋보이게 했던 도성의 규제를 계승 및 발전시켰으며 중^(中)의 이념을 한층 더 부각시켜 수의 대흥성과 당의 장안성이 중화^(中和)의 이념을 새로운 높이로 끌어올릴 수 있도록 기반을 다져 놓았다.

건강성(建康城)

정통이라고 자처하던 동진^(東晉)은 송^(宋) · 제^(齊) · 양^(梁) · 진^(陳)과 함께 국가의 대분열기에 정권의 합법성을 얻기 위해 중화 전통문화의 계승자를 자처했다. 북조^(北朝)의 정치가들도 동진, 남조^(南朝)가 '정통' 중화문화를 보존하고 있다고 여겼다. 따라서 중화의 '국가문화'인 도성의 규제는 그 시대 남방과 북방 왕조의 각별한 관심을 불러일으켰다.

동진, 남조의 도성인 건강성은 곽성, 도성, 궁성^(臺城)으로 구성되었다. 곽성은 죽목^(竹木)으로 성벽을 쌓았기에 '번리^(藩籬: 울타리)'라고도 불렸고 성문은 '리문^(籬門)'이라고 불렀다. 남리문^(南籬門)은 곽성의 정문이고 그 옆이 바로 '국문^(國門)'이다. 도성은 곽성의 중북부에 자리 잡았고 역시 대나무로 성벽을 만들었다가 제^(齊)의 건원^(建元) 2년⁽⁴⁸⁰⁾에 이르러서야 판축 성벽으로 바꾸었다.

도성의 정문은 남성문, 즉 선양문^(宣陽門)이다. 곽성과 도성 남문 사이의 남북 어로^(御路) 동서 양측에는 종묘와 사직이 분포되어 있다. 궁성의 내부는 남북으로 나뉘어져 있는데 남부는 태극전을 중심으로 한 행정구역이고 북쪽에는 후궁이 있다. 남궁문은 궁성의 정문인 대사마문^(大司馬門)이다.

역사문헌에 따르면 손권^(孫權)은 국가문화인 '도성문화'를 계승하고자 업북성의 '삼대^(三臺)'를 본받아 건업성^{(建業城: 동진(東晉)부터 '건강성'으로 개칭)} 서쪽에 석두성

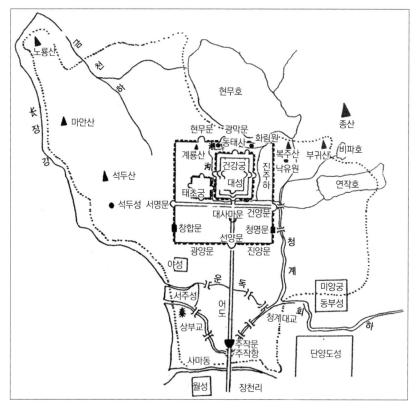

〈그림 2-62〉 건강성(建康城) 평면도

〈그림 2-63〉 남경(南京)의 석두성(石頭城) 유적

석두성(石頭城)은 길이가 약 3,000미터이며 초위왕(楚威王) 7년(기원전 333)에 축조되었다. 동한 건안(建安) 16년(211)에 오(吳)나라의 손권(孫權)이 말릉(秣陵: 현재의 남경)에 옮겨갔고 그 다음해에 석두산(石頭山)의 금릉읍(金陵邑) 원지(原址)에 성을 쌓고 '석두(石頭)'라고 했다. 석두성(石頭城)은 장강(長江)의 험준한 요충지를 지키고 있어 병가(兵家)들의 쟁탈지였고 '석성호거(石城虎踞)'라고 불렸다.

(石頭城)을 건설했다고 한다. 동진 건강성의 황가(皇家) 원림의 건설도 위진(魏晋) 시기 낙양성 북부 원림의 영향을 받았다. 도성 성문의 이름을 보면 알 수 있듯이 동진 건강성의 선양(宣陽)·개양(開陽)·청명(淸明: 낙양이 '靑明'임)·건춘(建春)·서명(西明) 등 성문 이름은 낙양성의 성문 이름을 그대로 사용했음을 것을 알 수 있다. 또한 육조(六朝)의 건강성도 북조 중원 지역의 도성에 일정한 영향을 미쳤는데, 예를 들면 북위 낙양성 도성 중축선의 형성 및 그 양측에 대칭으로 분포된 중요한 중앙관서가 바로 그 증거이다.

남조 도성 곽성의 성벽은 대나무 울타리로 단순화할 수 있었으나, 삼성제(三城制)·중축선·좌조우사(左祖右社)·궁성거중(宮城居中)·대조정전(大朝正殿)의 '거중(居中)'과 '거전(居前)'의 규제는 변하지 않았다. 국가의 분열 시기에도 중국의 여러 지역, 다양한 인군(人群)이 통치하던 도성의 규제 이념은 일치했다.

9) 한위(漢魏)의 낙양성(洛陽城)

동한(東漢)의 낙양성(雒陽城)

동한(東漢) 낙양성('雒陽城'의 '雒'은 동한에서만 사용되었고 서한과 위는 '洛陽城'이라고 했음)은 현재의 낙양시 동쪽 15킬로미터 되는 곳에 있다. 서기 25년, 광무제(光武帝)가 낙양에 도읍을 정했고 그 이후 한헌제(漢獻帝)에 이르기까지 196년간 12명의 황제가 줄곧 이곳을 도읍으로 삼았다.

문헌에는 낙양성에 12개의 성문이 있었다고 기록되어 있으며 고고학 발견에 따르면 도성의 성문은 '일문삼도'이다. 그리고 『태평어람(太平御覽)』에서 인용한 『낙양기(洛陽記)』에는 다음과 같이 기록되어 있다.

궁문 및 성내의 대로(大路)는 모두 세 갈래로 나누었다. 중앙이 어도(御道)이고 양쪽에 높

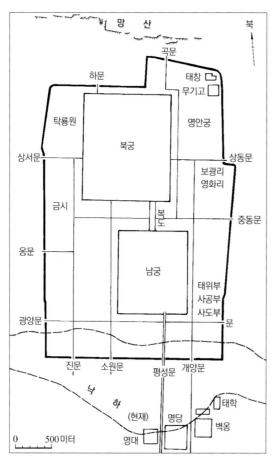

북 망 산

북

곡문

하문

태창
무기고

탁룡원

영안궁

북궁

상서문

상동문

보광리
영화리

금시

복로

중동문

옹문

남궁

광양문

태위부
사공부
사도부

문

진문   소원문   평성문   개양문

낙 하

(현재)   명당

태학

벽옹

영대

0   500미터

〈그림 2-64〉 동한 낙양성(雒阳城) 유적 평면도

도성의 평면은 직사각형으로, 동·서·남·북 성벽의 길이는 각각 4,200미터, 3,700미터, 2,460미터, 2,700미터이다. 남궁은 남북의 길이 1,300미터, 동서의 폭 1,000미터이고 북궁은 동서 폭 1,200미터, 남북의 길이 1,500미터이다.

무기고의 평면은 정사각형에 가까워 남북의 길이 199미터, 동서의 폭 142~186미터이다. 주위에는 담장을 둘러쌓아 원락(院落)을 조성했고 그 안에 여러 곳의 건물 유적이 있다.

태창(太倉)은 동서로 병렬된 두 개의 원락(院落)으로 구성되었으며 서원(西院)의 평면은 직사각형으로 동서 폭 70미터, 남북 길이 100미터이고 동원(東院)의 평면은 정사각형으로 변의 길이가 50미터이다.

이 4척(尺)이 되는 토담을 쌓아 양쪽 인행도로와 분리해 놓았다.[62]

성내에는 남궁, 북궁과 영안궁(永安宮)이 있다. 광무제(光武帝) 때부터 낙양에 도읍을 정했으며 남궁은 도성의 주요한 궁성이었고 남궁 동남쪽에 중앙의 주요 관서가 있었다. 한명제(漢明帝)는 대규모로 북궁을 축조하고 또 북궁의 정문인 주작

---

62 宮門及城中大道皆分作三。中央御道, 兩邊築土牆, 高四尺, 外分之。

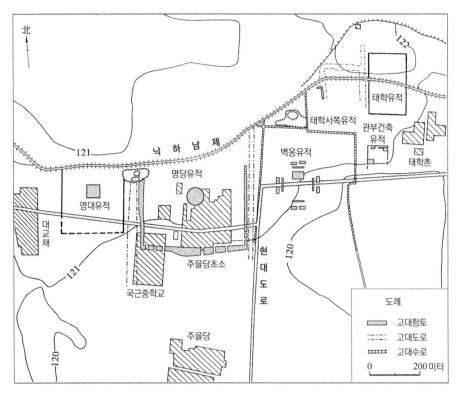

北

낙 하 남 제

태학유적

태학서쪽유적

관부건축
유적

태학촌

벽옹유적

명당유적

영대유적

대교채

현대도로

주을당초소

국근중학교

주을당

도례

고대항토

고대도로

고대수로

0   200 미터

〈그림 2-65〉 한위(漢魏) 낙양성(洛陽城)의 예제 건축 분포도

문(朱雀門), 정전인 덕양전(德陽殿) 등을 건설했으며 그 이후부터 북궁을 궁성으로 사용한 것으로 보인다. 북궁 서북쪽에는 황가 궁원인 탁룡원(濯龍園)이 있고 궁성 밖, 도성 동북쪽에는 무기고와 태창이 남북으로 분포되어 있다.

『후한서(後漢書)』「광무제기(光武帝紀)」에는 건무(建武) 2년(26), 광무제(光武帝)가 고묘(高廟)를 짓고 낙양에 사직을 건설했다고 기록되어 있어, 동한 초기 낙양에 '좌조우사(左祖右社)'의 종묘와 사직이 있었다는 것을 알 수 있지만 현재까지 정확한 위치는 알려지지 않고 있다.

동한 낙양성(洛陽城)의 영대(靈臺), 명당(明堂), 벽옹(辟雍)은 '삼옹(三雍)'이라 불리며 국가의 가장 중요한 예제 건축이다.

영대는 천상(天象)을 관측하는 장소지만 중국 고대 역사에서 천문학은 단순한 자연과학이 아니었다. '이십사사(二十四史)' 중의 『천관서(天官書)』「천문지(天文志)」에

서술된 내용은 사실 천인(天人)관계이며 천문의 이치를 빌려 국가 정치를 말한 것이다. 따라서 천자는 가끔 영대에 올라 천상(天象)을 보고, '천인지계(天人之際: 천인감응), 음양지회(陰陽之會)'를 관찰했다.

영대는 동한 광무(光武) 시기에 축조되었으며, 조위(曹魏)와 서진(西晉) 때에는 그대로 사용되었고 서진 말년에 훼손되었다. 영대 유적은 현재의 언사시(偃師市) 전장전(佃庄鎮) 주을당(朱乙墻) 강상촌(崗上村)과 대교채(大郊寨) 일대에 있고 동한 낙양성 평성문(平城門) 밖 대로의 서쪽에 위치하며 동쪽으로 명당과 80미터 떨어져 있다. 유적의 중심은 정사각형의 고대(高臺)이며 기단은 판축으로 만들어졌고 평면은 정사각형으로 변의 길이가 50미터이다. 기단의 둘레에는 상하 2단의 평대(平臺)가 있고 그 아래층은 회랑(回廊)이며 바깥쪽에 조약돌을 펴놓음으로써 물이 스며들게 했다. 위층에는 면마다 방 5개씩 나란히 있으며 바닥에는 벽돌을 깔고 동서남북 4면의 벽면은 청·백·주(朱)·흑색으로 칠해 '오방(五方)'과 '오색(五色)'의 대응관계를 보여주었다. 이렇게 배치한 원인은 한(漢)의 통치자들이 '사방(四方)'은 '사신(四神)'의 관리를 받으며 이에 상응한 네 가지 색이 이에 대응한다고 생각했기 때문이다. 영대 꼭대기 부분은 '상평무옥(上平無屋: 위가 평평하고 방이 없음)'으로 천상(天象)을 관측하는 장소이고 영대 주변의 건물은 천문을 관장하는 아서(衙署)였다. 영대 2층 대(臺)의 서쪽 면에서 발견된 영대 내벽에서 2미터 오목하게 들어간 건물이 바로 역사 문헌에 기록된 '밀실'일 것으로 보인다. 중국 역사상 유명한 천문학자 장형(張衡)이 바로 영대의 밀실에서 천문기기인 혼천의(渾天儀)를 발명, 제작했고 그가 직접 설계 제작한 혼천의와 후풍지동의(候風地動儀)가 이곳에 놓여 있었을 것으로 보이며 이는 장형이 '태사령(太史令)'에 임명되어 영대의 관측을 주관한 것과 관련이 있는 것으로 보인다.

명당(明堂)과 벽옹(辟雍)은 개양문(開陽門) 밖 대로의 양쪽에 있고 명당은 서쪽, 벽옹은 동쪽에 위치해 있다. 명당은 서쪽으로 평성문(平城門)과 약 1,000미터 떨어져 있고 동쪽으로는 벽옹과 약 150미터 떨어져 있다.

명당은 고대에 천자가 하늘에 제사하고 조상을 모시는 예제 건축으로 황제는

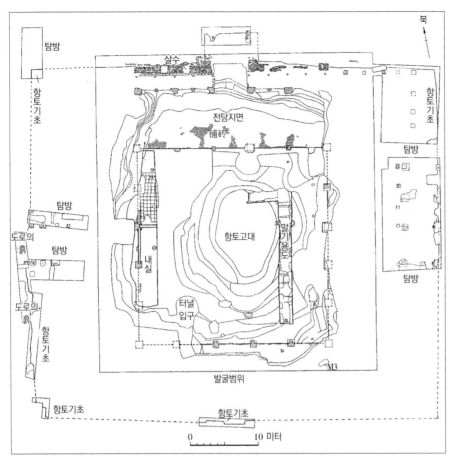

〈그림 2-66〉 동한 낙양성(雒阳城)의 영대(靈臺) 유적 복원도

영대(靈臺) 유적은 담장에 둘러싸여 원락(院落)이 조성되었으며 평면은 정사각형에 가까워 동서의 길이 220미터, 남북의 폭 200미터이다.

이곳에서 '오제(五帝)'에게 제사를 지냈다. 동한 낙양성의 명당은 광무(光武) 건무중원(建武中元) 원년(56)에 세워져 북위 때까지 사용되었다. 명당 유적은 현재의 언사시(偃師市) 전장전(佃庄鎭) 주을당(朱圪壋) 강상촌(崗上村)에 위치해 있다. 『수경주(水經注)·곡수(谷水)』의 기록에 따르면 명당의 기본 구조는 '상원하방(上圓下方)'이다.

벽옹 유적은 지금의 언사시(偃師市) 전장전(佃庄鎭) 주을당(朱圪壋) 강상촌(崗上村) 동쪽에 위치하고 있다. 1931년 이곳에서 서기 278년의 '대진룡흥 황제삼림벽옹 황태자우재리지 성덕륭희지송(大晉龍興 皇帝三臨辟雍 皇太子又再莅之 盛德隆熙之頌)'(서진(西晉)의 벽옹비)가 발견되었고 기단 남쪽은 당시 서진의 벽옹비가 출토된 곳이다. 기지

〈그림 2-67〉 종묘 건축 유적에서 출토된 '사신(四神)' 와당(瓦当)

사면의 중부에는 각각 쌍궐과 문으로 이루어진 건물이 한 조씩 있는데 네 면 문 궐의 구조는 거의 같다.

동한의 태학(太學)은 광무제(光武帝) 건무(建武) 5년(29)에 건립되었고 당시 "대장 군이 육백석(六百石)에 내려가 아들을 보내 취학하고, 해마다 향사월(鄕射月)에 향회 (饗會)하는 것이 상례였다."[63] 태학의 학생들은 다수가 벼슬아치들의 자제이고 따라서 사회적으로 중시를 받았으며 학생 수가 급증하여 3만여 명에 달했음을 알 수 있다. 희평(熹平) 4년(175)에 유명한 학자 채옹(蔡邕)이 태학의 건전한 발전을 위해 '육경(六經)'을 비롯한 유교의 경전을 직접 심사한 후, 돌 위에 새겨 태학문 밖에 세웠으며 이것이 바로 유명한 '희평석경(熹平石經)'이다. 석경(石經)이 세워진 후, "유학의 후배들, 관시(觀視) 및 모사자(摹寫者)들이 매일 일천여 대의 수레를 타고 길거리를 메웠다"[64] 라고 한다. 그 이후, 동한 말기에 동탁(董卓)의 난으로 태학이 훼손되었다. 위문제(魏文帝) 황초(黃初) 5년(224)에 이르러 동한의 옛 터에 다시 태학을 중수하고 정시(正始) 연간(240~249)에 다시 석경을 세우며 '정시석경(正時石經)'이라 불렀다. 그리고 석경이 옛 글자, 전자(篆字)와 예서(隸書)로 새겨져 있었기에 '삼체석경(三體石經)' 또는 '삼자석경(三字石經)'이라고도 했다. 동한(東漢)과 조위(曹魏)의 태학 및 앞에서 서술한 당나라 장안성의 국자학에 세운 석경은 중화의 역사문화

---

63 大將軍下至六百石, 悉遣子就學, 每歲輒於鄕射月一饗會之, 以此爲常(『후한서』 「유림열전(儒林列傳)」)

64 後儒晚學、觀視及摹寫者, 車乘日千餘輛, 填塞街陌

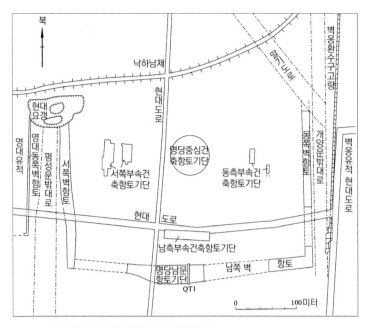

〈그림 2-68〉 동한 낙양성(雒阳城)의 명당(明堂) 유적 평면도

명당(明堂) 유적의 평면은 정사각형에 가깝고 주위에 담장이 둘러 있으며 남북의 길이 약 400미터, 동서의 폭 415미터이며 면적은 약 16만 제곱미터이다. 명당(明堂)의 주요 건축 기단은 원락(院落)의 중앙에 위치해 있으며 평면은 원형에 가깝다.

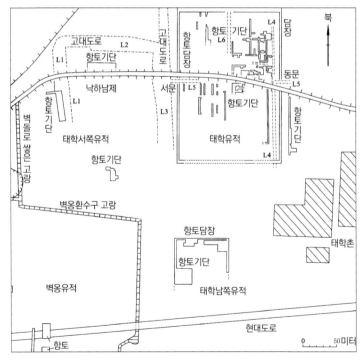

〈그림 2-69〉 동한 낙양의 태학 및 주변 유적 탐사 평면도

〈그림 2-70〉 동한 낙양의 태학 유적지에서 출토된
'희평석경(熹平石經)'의 잔석(殘石)

를 널리 알리고 보존하는 데 중요한 역할을 했다

동한, 위진(魏晉) 시기 태학의 유적은 두 부분으로 나뉘는데, 그중 일부는 벽옹 유적의 북쪽에 있고 범위는 동서의 길이 200미터, 남북의 폭 100미터로 이곳은 주로 동한의 태학 유적지이다. 다른 일부는 그 동북쪽 100미터 지점에 있는데 동서의 폭 150미터, 남북의 길이 200미터이고 주위에 담장을 둘렀으며 내부에는 수십 미터 길이의 가옥들이 줄지어 배치되어 있다. 그리고 이곳에서 태학의 교재인 석경(石經)이 많이 출토되었다.

동한 낙양성 유적 중 영대·명당·벽옹·태학 등 남교(南郊)의 예제 건축이 가장 중요한 부분이며 다음과 같은 몇 가지 의미를 가지고 있다.

첫째, 동한의 낙양성은 도성 조향(朝向)의 변화를 보여준다. 동한의 낙양성과 서한의 낙양성을 비교해 보면 가장 큰 특징이 바로 조향의 변화이다. 서한 말기 이전에 한의 장안성은 서쪽에서 동쪽을 향했고 궁성(미앙궁)의 정문은 모두 동성문과 동궁문이던 것과는 반대로 동한의 낙양성은 북쪽에서 남쪽을 향했고 도성의 정문은 남성문(즉 평성문)이고 궁성의 정문은 남궁문이었다.

둘째, 동한 낙양의 영대·명당·벽옹·태학 등 예제 건축에 대한 고고학적 발견의 '공백'을 메웠다. 중국 고대 도성의 예제 건축은 5,000년 동안 단절되지 않은 중화문명의 중요한 물적 실체이며 동한 낙양의 영대·명당·벽옹·태학 유적에 대한 고고학적 발견과 역사문헌의 상호 증명이 가능하게 되었는데, 이로 인해 학술연구에서 중요한 문제들을 해결했으며 일부 문화 유전자 문제의 '공백'을 메우고 일부 '단절된 문명'이 회복될 수 있게 했다.

위진(魏晋)의 낙양성(洛陽城)

조위(曹魏)는 도읍을 낙양에 정했는데 지금의 낙양성에서 동쪽으로 15킬로미터 되는 지점에 위치하고 있다. 도성의 규모는 기본적으로 동한의 낙양성과 같았지만 도성 내의 배치는 많이 다르다. 조위 초기, 동한 낙양성의 북궁 고지(故地)에 궁실을 지었고 '낙양궁(洛陽宮)'이라고 불렀다. 위(魏)의 명제(明帝) 때, 동한 낙양성 북궁의 덕양전(德陽殿), 주작문(朱雀門)을 기초로 태극전(太極殿)과 창합문(閶闔門)을 축조했는데 태극전이 바로 대조정전이고 창합문은 낙양궁 궁성의 정문이며 북쪽으로 태극전, 남쪽으로는 도성의 선양문(宣陽門)을 마주했다. 명제(明帝)가 창합문 밖의 남북향 대로에 동타(銅駝)를 배치해 놓았기에 이 거리는 '동타가(銅駝街)'로도 불렸으며 도성의 중축선 대로가 되었다. 그 이후, 서진(西晉)은 여전히 낙양에 도읍을 두었고 도성의 제도도 예전의 것을 유지했다. 도성의 종묘, 사직은 도성 내의 선양문 대로 동서 양측에 두었다.

위진(魏晋)의 낙양성은 동한 낙양성의 벽옹·태학·명당·영대 등 대형 예제 건축을 그대로 사용했다.

역사 문헌에는 위나라 명제(明帝)가 낙양성 이남의 위속산(委粟山)에 환구(圜丘)를 세웠다고 기록되어 있다. 고고학적 발견에 따르면 환구는 낙양 평성문(平城門)에서 대곡관(大谷關)에 이르는 남북 축선의 서쪽에 있으며, 북으로는 낙양성과 25킬로미터 떨어진 지금의 언사시(偃師市) 이촌향(李村鄉) 남송구(南宋溝) 마을 부근의 '우숙곡퇴(禹宿谷堆)'에 위치하고 있다. 고대(高臺)는 원추형으로 저부의 직경이 약 500미터, 높이 50미터이며 원래 그 위에 우왕묘(禹王廟)가 있었기에 '우숙곡퇴'라고 불렸으나 사실은 조위(曹魏) 낙양성의 환구 유적이다. 이는 고고학적으로 확인된 당나라 장안성의 환구 유적보다 앞선 시대의 제천 환구 유적이다.

위진 낙양성의 유적은 다음과 같은 중요한 의미를 가진다. 우선 중국 고대 궁성이 '다궁성(多宮城)'에서 '단궁성(單宮城)'으로 바뀌고 다음으로는 중국 고대 도성의 축선이 형성되면서 '중(中)'의 이념이 한층 강화되었다. 그리고 중국 고대 도성의 대조정전은 주(周)의 '노침(路寢)'과 진(秦)의 '전전(前殿)'에서 조위의 '태극(太極)'으로 발전했으며 조위의 태극전은 중국 고대의 도성에 심원한 영향을 미쳤을 뿐만 아니라 일본에까지 영향을 미쳐 일본 고대 도성의 대조정전도 중국 태극전의 이름을 모방하여 대극전(大极殿)이라고 불렀다.

북위(北魏)의 낙양성(洛陽城)

북위(北魏) 태화(太和) 17년(493), 효문제(孝文帝)는 평성(平城: 지금의 大同市)에서 낙양으로 천도했고 위진(魏晉) 낙양성의 기초 위에 다시 재건했다. 북위 낙양성의 유적은 지금의 낙양시에서 동쪽으로 15킬로미터 되는 곳에 있으며 궁성, 내성과 곽성으로 이루어졌다.

북위의 낙양성은 '동서 20리, 남북 15리'로 규모가 큰 도시이다. 곽성 내부는 3갈래 동서향 간선도로가 낙양성 전체를 가로지르며 각각 내성의 동쪽과 서쪽 성벽의 성문까지 연결되어 있다. 곽성의 북쪽 성벽에서는 아직 성문 유적이 발견되지 않았다. 역사 문헌에 따르면 곽성에는 320개(혹은 323개)의 이방(里坊)이 건설되어 있었고 평면은 정사각형이었다고 한다. 이방의 주위에는 담을 쌓았고 사면에 문을 설치했으며 이방 내부에는 사거리가 있다. 거주 지역은 신분에 따라 명확히 구분되었는데 곽성의 서부는 선비족 황실 귀족, 동부는 한인(漢人) 관료와 일반 사서(士庶: 사대부와 서인), 남부는 주변 소수민족과 외국인이 거주하는 구역이었다. 곽성의 서부에는 '대시(大市)', 동부에는 '소시(小市)', 남부에는 '사통시(四通市)'가 있었고, 말 그대로 대시는 규모가 크고 소시는 규모가 상대적으로 작으며 사통시(四通市: 사통 발달의 교통이라는 뜻에서 유래)는 국제무역시장이었다. 시장 규모나 상품의 품목은 시장 부근의 다양한 주민의 영향을 받아 이들의 필요에 의해 결정되었다.

최근 북위 낙양성 궁성의 정문인 창합문과 대조정전인 태극전의 발견은 매우 중요한 의미를 가진다. 관련 유적을 살펴보면 창합문은 대체로 조위(曹魏) 시대의 것을 그대로 사용했다. 창합문과 태극전은 북위 낙양성 중축선의 기점이고 창합

1. 태극전(太極殿) 2. 창합문(閶闔門) 3. 영녕사(永寧寺) 4. 영대(靈臺) 5. 명당(明堂) 6. 벽옹(辟雍) 7. 태학(太學) 8. 김용성(金墉城) 9. 환구(圓丘)

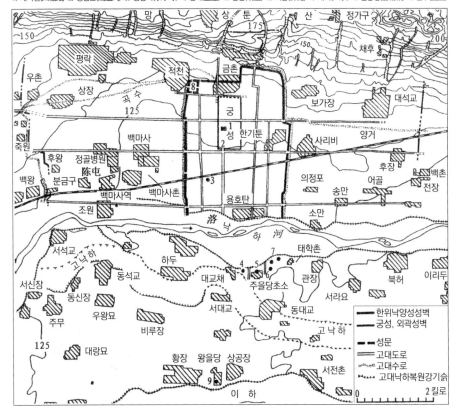

〈그림 2-71〉 북위(北魏) 낙양성 유적 평면도

궁성은 동서의 폭 660미터, 남북의 길이 1,398미터이며, 내성은 동서의 폭이 2,460~2,820미터이고 남북의 길이가 3,510~3,895미터이다. 곽성의 북쪽 성벽은 내성에서 북쪽으로 850미터 되는 곳에 있으며 동쪽 성벽은 내성에서 동쪽으로 3,500미터 떨어져 있고 서쪽 성벽은 내성에서 서쪽으로 3,500~4,250미터 떨어진 곳에 있으며 남쪽 성벽은 고대의 낙하(洛河) 북안에 있는데 고대 낙하는 현재의 낙하 남쪽 1,000~1,500미터 되는 곳에 있었다. 궁성의 정문은 여전히 창합문(閶闔門)이고 태극전(太極殿)은 여전히 대조정전(大朝正殿)이다. 태극전의 기단은 동서 100미터, 남북 60미터이다. 창합문과 선양문(宣陽門) 사이의 동타(東馳) 대로의 동서 양쪽에는 중앙관서·사찰·귀족 저택·종묘·사직 등이 분포되어 있다.

문의 기단은 최초로 발굴된 궁성 정문 문궐 유적이다.

북위(北魏) 낙양성의 태극전 유적은 중국에서 전면 발굴한 가장 이른 시기의 도성 대조정전이다.

북위 낙양성 유적에 대한 고고학적 발견과 연구가 우리에게 시사하는 바는 다음의 몇 가지이다.

첫째, 중국 고대 도성의 '중(中)'의 정치 이념이 북위 낙양성에서 새로운 단계에 진입했다는 점이다. 중국의 고대 도성은 과거의 궁성과 곽성의 '쌍성제(双城制)'

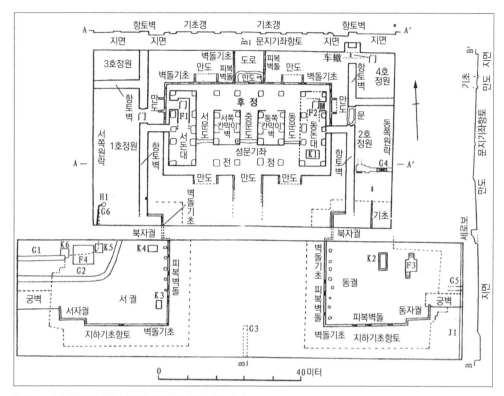

〈그림 2-72〉 북위(北魏) 낙양성의 궁성 정문 창합문(閶闔門) 유적 평면도

창합문(閶闔門)의 기단은 동서 40미터, 남북 24미터이고 궁문은 '일문삼도(一門三道)'이며 각 문도(門道)는 폭 4.8미터, 깊이 8.6~8.8미터이다. 문도 앞 동서 양측에는 '삼출궐(三出闕: 중국 고대 최고 예제(禮制)의 도성문)'의 동궐과 서궐을 대칭으로 만들어 놓았는데, 두 궐대(闕臺) 사이의 거리는 40여 미터이며 각각 길이 19미터, 폭 6미터이다.

〈그림 2-73〉 낙양(洛陽) 영녕사(永寧寺) 탑기(塔基) 유적

에서 궁성, 내성, 곽성의 '삼성제(三城制)'로 발전함으로써 도성에서 궁성의 정치적 위상이 더욱 두드러지게 되었고 이와 더불어 진정한 의미에서의 고고학적 발견의 기본적인 방증인 중국 고대 도성 중축선의 형성은 '중'의 정치이념을 더욱 돋보이게 했다. 북위 낙양성이 개척한 이 규제는 그 이후 중국 고대 도성의 발전에 심원한 영향을 미쳤다. 북위 낙양성은 동한, 위진(魏晉) 낙양성에 기반을 둔 삼성제 도성의 새로운 시대를 개창했고, 도성의 남북향 중축선을 확립하고 대조정전 및 궁성 정문의 형태를 정해놓은 것은 이후 명청 북경성에까지 이르는 삼성제, 중축선, 대조정전과 궁성 정문에 대한 규제를 마련해 놓았다.

둘째, 중화 5,000년 문명에서 북위 낙양성의 중요성은 중국의 여러 민족이 중화 문화 및 '중국'의 정치문화에 대해 인정한 데서 표현된다. 북위는 선비족이 세운 왕조이고 선비인들은 전통적인 중화의 역사 문화와 국가 문화를 인정했으며, 이는 도성의 건설에서 두드러지게 나타났다. 북위 낙양성의 궁성과 내성은 모두 위진 낙양성의 궁성과 곽성을 거의 그대로 사용했고 대조정전은 여전히 태극전이었으며 궁성의 정문도 여전히 창합문이었다.

북위 낙양성의 규제 이념은 효문제(孝文帝)가 낙양에 온 후 구상한 것이 아니라 효문제와 그 선조들이 낙양에 천도하기 전부터 이미 시행하기 시작한 것이다. 북위는 천흥(天興) 원년(398)에 평성(平城)으로 도읍을 옮기면서 "궁실을 짓고 종묘를 건설하고 사직을 세웠으며" 정사각형 평면의 도성을 건설했고 "외성을 세웠는데 사방이 20리였다".(『위서(魏書)』「태조기(太祖紀)」) 효문제가 친정(親政)한 후 업성(鄴城), 낙양과 장안 도성의 모식(模式)을 참조하고 근거로 삼아 평성을 개조하고 명당을 축조했으며 태묘(太廟)를 개축했다. 그 이후 또 "태극전의 동서당(東西堂)과 조당(朝堂)을 축조하고 협건상(夾建象), 위건원중(魏乾元中), 양단문(陽端門)의 동서 액문(掖門), 운룡(雲龍)·신호(神虎)·중화(中華) 등 문은 모두 관각(觀閣)으로 장식했다."[65] 북위의 평성과 낙양성을 통해 중국 역사상 중화민족은 비록 민족이 다르고 왕조가 달랐지

---

65 造太極殿東西堂及朝堂, 夾建象。魏乾元中, 陽端門東西兩掖門, 雲龍, 神虎, 中華諸門, 皆飾以
觀閣(『역대 택경기(歷代宅京記)』)

만 국가의 문화적 정체성은 일치성이 있었다는 것을 알 수 있다.

10) 한(漢)의 장안성(長安城)

진나라의 함양성이 왕국 시대의 마지막 도성(진시황이 진을 세운 후에도 사용했던 도성)이었다면, 한(漢)의 장안성은 제국 시대에 들어선 한에 의해 건설된 첫 도성이다.

한대(漢代)는 중국 역사에서 매우 중요한 위치를 차지하는데 그 이유는 이 시기가 한인(漢人)이 주체가 되어 통일된 다민족 중앙집권 국가를 형성한 시대이고 기본적으로 '중국(中國)'이 형성된 시대라는 데 있다. 오늘날 우리가 말하는 '한문화(漢文化)·한인(漢人)·한족(漢族)·한자(漢字)' 등은 모두 한(漢)나라와 밀접한 관련이 있다. 한조(漢朝)는 유방이 '한왕(漢王)'에 봉해졌다 하여 붙여진 이름이며 『사기(史記)』「고조본기(高祖本紀)」에 다음과 같이 기록되어 있다.

항우가 스스로 서초패왕(西楚覇王)으로 즉위하여 양(梁)과 초(楚)의 땅 아홉 개 군을 통치하며 팽성(彭城)을 도읍으로 삼았다. 약속을 어기고 패공(沛公)을 한왕(漢王)으로 세워 파(巴)·촉(蜀)·한중(漢中)을 다스리게 했고 남정(南鄭)에 도읍을 정했다.[66]

『사기』「고조본기」의 『정의(正義)』에는 "한중군(漢中郡)은, 한수(漢水)로 이름난 군이다"라고 기록되어 있다. 한왕(漢王)의 '한(漢)'은 한중(漢中)으로 인해 붙여졌으며 한중은 한수에서 유래했음을 알 수 있다.

한의 장안성은 서한 왕조의 축소판으로 장안성에 대해 고찰하고 인식하는 것은 중화 5,000년 문명의 물적 유산에 대한 탐구에 있어서 지극히 중요하다.

한고조(漢高祖) 유방(劉邦)은 한을 건국하면서 낙양을 도읍으로 삼았다. 그 이후 도성의 입지 선정 문제를 놓고 조정에서 치열하게 논의했고 한고조는 장량(張良)

---

66 項羽自立為西楚覇王, 王梁、楚地九郡, 都彭城。負約, 更立沛公為漢王, 王巴、蜀、漢中、都南鄭。

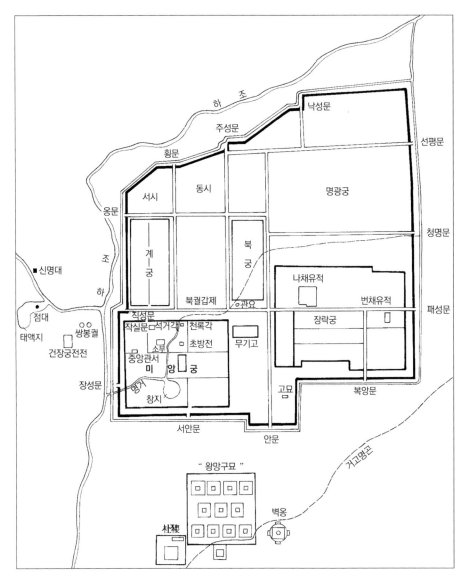

<그림 2-74> 한(漢) 장안성 유적 평면도

한(漢) 장안성의 평면은 정사각형에 가까우며 동·서·남·북 성벽의 길이는 각각 6,000미터, 7,600미터, 4,900미터, 7,200미터이다. 성벽의 둘레 2만 5,700미터이고 성터의 전체 면적은 36제곱킬로미터이다.

미앙궁(未央宮)의 평면은 정사각형에 가까워 동서 성벽의 길이 각각 2,150미터, 남북 성벽의 길이 각각 2,250미터이며 둘레는 8,800미터, 면적은 약 5제곱킬로미터로 장안성 전체 면적의 약 7분의 1을 차지한다. 미앙궁은 중국 고대 도성 중 규모가 가장 큰 궁성이다.

장락궁(長樂宮)은 동·서·남·북 네 벽의 길이가 각각 2,280미터, 3,280미터, 2,150미터, 3,050미터이며 궁성의 둘레는 1만 760미터이고 면적은 약 6제곱킬로미터로 장안성 전체 면적의 약 6분의 1을 차지한다.

번채(樊寨) 유적의 판축 기단은 동서의 폭 116미터, 남북의 길이 197미터이며 기지 남쪽에 동서로 '세 개의 계단'이 나란히 있고 기지 위에 3조의 궁전 유적이 남북으로 배열되어 있다. 남쪽 전지(殿址)는 동서 길이 100미터, 남북의 폭 56미터이며 가운데 전지는 동서 길이 43미터, 남북의 폭 35미터이고 북쪽 전지는 동서 길이 97미터, 남북의 폭 58미터이다. 번채 유적의 원락(院落)은 동서의 폭 420미터, 남북의 길이 550미터이고 궁전 기지의 동서 길이는 76.2미터, 남북의 폭은 29.5미터이다.

북궁성(北宮城) 유적의 평면은 반듯한 직사각형으로 남북의 길이가 1,710미터, 동서의 폭이 620미터이다.

성 밖의 서쪽은 건장궁(建章宮)에 인접해 있다. 건장궁 유적 궁성의 평면은 동서가 넓고 남북이 좁은 직사각형으로 동서의 길이가 2,130미터, 남북의 폭이 1,240미터이다. 건장궁 전전의 기지는 동서의 폭 200미터, 남북의 길이 320미터이다. 기지의 지형은 현재 여전히 남저북고(南低北高)이며 북부가 현재의 지면보다 10여 미터 더 높다.

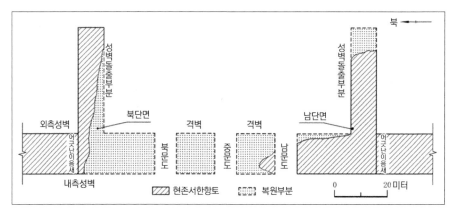

북

성벽돌출부분

외측성벽   북단면   격벽   격벽   남단면

북리방니   중리방니   남리방니

어긋나이음새   어긋나이음새

내측성벽

▨ 현존서한항토   ▧ 복원부분

0   20 미터

〈그림 2-75〉 패성문(覇城門) 평면도

〈그림 2-76〉 한(漢) 장안성의 패성문(覇城門) 유적

의 의견을 수렴하여 장안에 도읍을 정하고 제안자인 수졸(戍卒) 누경(婁敬)에게 봉춘군(奉春君)이라는 봉호(封號)를 내리고 유씨(劉氏) 성을 하사했다.

한나라 장안성 건설의 지도 사상은 승상 소하(蕭何)가 말한 '장려함이 중위(重嚴)함을 잃지 말라!'이다. 다시 말하면 도성인 장안성의 건설을 통해 국가의 지고무상의 권위를 국민에게 알린다는 뜻으로 이는 중화문명의 유구한 역사 문화 전통이 되었다.

장안성 유적은 섬서성(陝西省) 서안시(西安市) 미앙구(未央區) 한성가도(漢城街道), 육촌보가도(六村堡街道)와 삼교진가도(三橋鎭街道)에 위치하고 있다.

장안성의 사면에는 면마다 3개씩 총 12개의 성문이 있으며 성문마다 모두 '일문삼도'이다. 성문은 격벽의 폭이 달랐기에 규모도 달랐는데 넓은 것이 14미터, 좁은 것은 4미터이다. 현재 발굴된 서안문(西安門)과 패성문(覇城門) 문도(門道)의 격벽은 폭이 각각 14미터이고 선평문(宣平門)·직성문(直城門)·횡문(橫門) 문도의 격벽은 폭이 각각 4미터이다. 서안문과 패성문은 각각 미앙궁(未央宮)의 남쪽 궁문, 장락궁(長樂宮)의 동쪽 궁문과 마주하고 있으며 궁성의 궁문과 마주하는 성문 사이의 거리는 52미터이다. 장안성은 성문의 규모뿐만 아니라 구조도 달라 동쪽 면의 성문 밖 양쪽에 궐이 설치되어 있고 남·북·서 삼면의 성문 밖에는 궐이 설치되지 않았다. 이미 발굴된 선평문, 패성문의 문궐 유적은 장안성의 성문 제도를 이해하는 데 있어서 매우 중요한 부분이다. 선평문 유적의 문궐은 각각 성문 양쪽에 배치되어 있고 남문궐과 북문궐은 각각 남쪽과 북쪽 문도 밖 17미터 떨어진 지점에 있다. 문궐은 동서의 폭 25미터, 남북의 길이 35미터로 모두 서쪽 끝이 동쪽 성벽과 연결되어 있다. 패성문 유적의 문궐은 성문 양쪽에 배치되어 있고 남문궐과 북문궐은 각각 남문도(南門道)와 북문도(北門道)에서 20미터 떨어져 있다. 문궐은 동서의 폭 10미터, 남북의 길이 35미터이며 모두 서쪽 끝이 동쪽 성벽과 연결되어 있다.

서한시대에는 미앙궁(未央宮)·장락궁(長樂宮)·건장궁(建章宮)과 감천궁(甘泉宮)이 장안의 4대 궁성으로 꼽혔고, 그 밖에도 장안성 안에 또 북궁(北宮)·계궁(桂宮)·명광궁(明光宮)이 있었다.

미앙궁(未央宮)

미앙궁(未央宮)은 『사기(史記)』「고조본기(高祖本紀)」에 다음과 같이 기록되어 있다.

소하(蕭何) 승상이 미앙궁을 건설하고 동궐(東闕)·북궐(北闕)·전전(前殿)·무기고(武器庫)·태창(太倉)을 축조했다.[67]

---

67 蕭丞相營作未央宮, 立東闕、北闕、前殿、武庫、太倉。

『한서（漢書）』「오행지（五行志）」에는 서한（西漢） 시기 미앙궁의 동궐（東闕）에 수차례 화재가 있었다고 기록되어 있는데, 예를 들면 "문제（文帝） 7년 6월 계유（癸酉）, 미앙궁 동궐 그물형 건축물 화재", "경제（景帝） 5년 8월 기유（己酉）, 미앙궁 동궐 화재" 등이다. 미앙궁 동궐 유적은 미앙궁 유적 동쪽 벽 옆에 위치해 있다.

미앙궁 둘레에는 담장을 쌓아 궁성을 이루었고 궁전은 궁성의 주요 건축물로, 사용 기능에 따라 여러 가지 유형으로 나뉘어져 있었다. 문헌에 따르면 전전（前殿）은 대조정전이었고 후비의 궁전 건물군에는 초방전（椒房殿）을 비롯하여 후궁의 액정（掖庭） 궁전 등도 있었다. 전전은 미앙궁 중앙에 가까운 위치에 있었으며 후비의 궁전은 주로 전전 북쪽에 있었다.

전전은 궁성의 대조정전으로, 여러 전（殿）의 앞에 위치해 있으며 이는 '전전' 이라는 이름의 유래로 추정된다. 서한 시대에는 황제의 즉위, 조서 발표, 천자의 결혼, 황제의 알현, 황제의 생일 축하, 황제의 발인 등 중대한 행사들이 모두 미앙궁의 전전에서 치러졌다. 특히 전전은 황제가 일상적인 국가 사무를 처리하던 곳이기도 하다.

전전은 용수산（龍首山） 구릉의 고대（高臺）를 전지（殿址）로 활용했다. 승상 소하（蕭何）가 용수산 구릉을 전전의 기단으로 선택한 이유는 첫째, 전전의 건물이 높고 웅장하며 장관을 이루도록 하여 황제의 '위엄'을 구현할 수 있기 때문이다. 둘째, 전전의 축조에 필요한 막대한 재력과 인력을 절감할 수 있었기에 다년간의 전쟁을 금방 끝낸 서한 초년에는 최선의 선택이었기 때문이다.

전전（前殿）은 미앙궁의 주요 핵심 건물로, 동·서·남·북 궁벽과의 거리가 각각 990미터, 1,060미터, 860미터, 890미터이며 이런 설계는 고대 천자의 택중（擇中）의 관념과 관련이 있는 것으로 보인다.

미앙궁의 전전 유적은 현재 중국에서 가장 보존이 잘 되어 있고, 가장 규모가 크며 가장 대표적이고 비교적 이른 시기의 고대 궁전 건축 유적이다. 전전은 북쪽에서 남쪽을 향해 있고 정문은 남문（南門）이며 전전 기단 남쪽의 동서 가운데 위치에 있고 동서의 폭이 46미터이며, 현재 남북으로 남아 있는 유적이 26미터 깊이

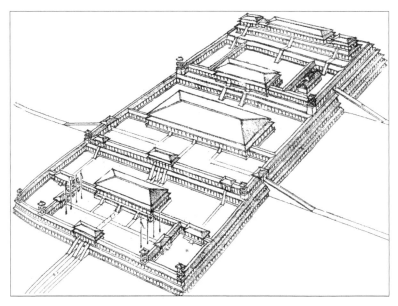

〈그림 2-78〉 미앙궁(未央宮) 전전(前殿) 복원도

전전(前殿) 유적의 거대한 기단은 지금도 장안성의 고지(故址)에 높이 솟아 있는데 남북의 길이 400미터, 동서의 폭 200미터, 높이 15미터이며 남에서 북으로 점차 높아지는 지세이다. 기단 남쪽에서 북쪽으로 저·중·고 3층의 대면(臺面)으로 나뉘며 중간 대면의 주요 건물이 전전의 중심 건축물이다.

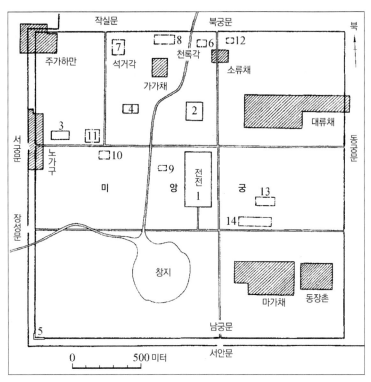

〈그림 2-77〉 미앙궁(未央宮) 유적 평면도

〈그림 2-79〉 미앙궁(未央宮)의 전전(前殿) 유적

〈그림 2-80〉 미앙궁(未央宮) 초방전(椒房殿) 유적

초방전(椒房殿)은 미앙궁(未央宮)의 전전(前殿)에서 북쪽으로 360미터 떨어진 곳에 있는 '후궁(後宮)'이다. 초방전의 남쪽은 정전(正殿)이며 판축 기단의 평면은 직사각형이고 동서 길이 50여 미터, 남북의 폭 30여 미터이며 면적은 약 1,500제곱미터이다. 기단의 주위에는 회랑(回廊)이 있고 낭도(廊道) 바닥에는 벽돌을 깔았으며 낭도 밖에는 산수(散水: 빗물에 의한 지반(地盤)의 파괴를 막으려고 건축물 주위에 벽돌 등으로 만들어 둔 보호층)가 설치되어 있었다. 정전은 북쪽에서 남쪽을 향하고 있으며 전지(殿址) 남쪽에는 등전(登殿)을 위한 답도(踏道)가 동서로 병렬되어 있는데 두 갈래 답도는 동서로 23.5미터 떨어져 있어 이 궁전 건축물의 격이 얼마나 높은지를 보여준다.

인데 이 문이 바로 문헌에 기록되어 있는 '왕로주조문(王路朱鳥門)'일 것으로 추정된다. 전전의 동서 양측과 북면에는 모두 상전(上殿)의 비탈길이 있으며 전전의 남문 양쪽에는 남벽(南壁)이 축조되어 있다. 중부와 북부의 동서 양쪽에는 각각 봉폐식 낭도(廊道)가 있으며 남문과 궁전 사이에는 동서의 길이 약 150미터, 남북의 폭이 약 50미터 되는 광장이 있다. 전전은 남·중·북 3개 궁전을 포함하고 있는 대형 궁전 건축군이며 그 사이에 거대한 정원이 조성되어 있다.

제왕의 후비 궁을 '후궁(後宮)'이라고 하는데, 선진(先秦)시대 후궁은 궁의 상대적인 방위에 따라 명칭을 정했고 그 대조물은 노침(路寢: 천자의 정전)인데, 제왕 후비의 궁이 제왕 노침의 북쪽에 있었기에 '북궁'이라는 이름이 붙여졌다. 노침과 북궁이 모두 북쪽에서 남쪽을 향하고 있었기에 남쪽이 전(前), 북쪽이 후(後)가 되었고 따라서 진(秦)은 노침을 전전(前殿)이라고도 불렀는데 이는 후궁을 상대로 붙인 이름이다. 황후의 궁전인 초방전(椒房殿) 유적은 미앙궁 북쪽에 위치해 있으며 따라서 같은 후비의 주거 공간인 액정(掖庭), 초방(椒房) 등은 전전 북쪽에 있어야 한다. 초방전은 후궁의 수전(首殿)이기에 당연히 기타 비빈의 궁실에 비해 전전과 훨씬 더 가깝고 규모도 더 컸다. 기본적으로 확인된 초방전 옛터의 위치와 문헌 기록을 결합해 살펴보면 액정의 대략적인 위치를 추정할 수 있다. 초방전은 후궁의 가장 남쪽, 액정은 초방전의 북쪽에 있었을 것으로 보이며 주로 석거각(石渠閣), 승명려(承明廬) 유적의 동남쪽, 천록각(天祿閣) 유적의 남쪽, 소부(少府) 또는 그 소속 관서 유적의 동쪽에 분포되었을 것으로 보인다.

장락궁(長樂宮)

장안성에서 장락궁(長樂宮)은 미앙궁 다음으로 중요한 궁성이다. 장락궁은 진(秦)나라의 흥락궁(興樂宮)을 기초로 개축했기에 『역대택경기(歷代宅京記)』에는 "장락궁은 원래 진(秦)의 흥락궁이었다"라고 기록되어 있다.

흥락궁은 진소왕(秦昭王) 때 이미 있었는데, 그때 함양궁(咸陽宮)과 흥락궁을 왕래할 수 있도록 위교(渭橋)를 건설했다. 문헌에 따르면, 진시황은 대하전(大夏殿)과 흥락궁으로 이전하기 전에 동인(銅人) 12좌(座), 그리고 홍대(鴻臺), 어지(魚池), 주지(酒池) 등을 포함하여 흥락궁에 적지 않은 건축물을 세웠다. 문헌에 주지에는 '육적수(肉炙樹)'가 있다고 기록되어 있는데, 이는 상(商)의 주왕(紂王)이 '술로 못을 이루고 조(糟: 술지게미)가 산처럼 쌓이게 하고 포육(脯肉)으로 숲을 이루게 한 것'과 비슷하다.

한무제도 주왕의 뒤를 따라 주지에 배를 띄웠으며 그 북쪽에 대사(臺榭)를 축조하고 큰 쇠잔을 만들어 외빈을 '초대'하면서 사자(使者)들을 놀렸다. 즉, 천자가 그들에게 술을 부어 주었더니 쇠잔이 크고 무거워 들 수 없어서 쇠잔에 머리를 들이밀고 술을 마시는 모습이 소가 물을 들이키는 모습과 흡사하다 하여 '상관우음(上觀牛飮)'이란 우스갯소리가 나왔다고 한다. 당시 구경꾼이 3,000명에 달했던 점을 감안하면 주지 대사가 상당한 규모였음을 알 수 있다.

서한 초년에 고조(高祖)는 관중(關中)에 도읍을 두기로 결정했다. 기원전 202년 유방(劉邦)이 흥락궁을 기반으로 장락궁 개축을 시작한 지 1년여 만에 장락궁이 완공되었고 "승상이 장안에 내려가서 다스리라"(『사기』「고조본기」)라고 명했으며 장락궁은 한고조가 정사를 펼치는 궁전이 되었다. 장락궁 전전에서 즉위식을 거행한 유방은 조의(朝儀: 조정의 의식) 과정에서 황제의 고귀함과 위엄을 느껴볼 수 있었다.

한고조 말년에 황궁인 미앙궁 공사가 완성되었고 유방이 죽자 그 아들 한혜제(漢惠帝) 유영(劉盈)은 미앙궁으로 옮겨갔다. 서한이 멸망할 때까지 미앙궁은 황궁이었으며 장락궁은 태후가 거처하는 궁성으로 바뀌면서 '인주(人主: 황제)는 미앙에 거주하고, 장락궁에서 모후(母後: 태후)를 받드는' 구도가 형성되었다.

그럼에도 불구하고 장락궁은 서한의 정치 활동에서 여전히 중요한 역할을 했으며 특히 외척이 권력을 잡았을 때는 시국을 좌우하는 정치의 중심지가 되기도 했다. 혜제(惠帝)는 미앙궁에 있으면서 자주 장락궁에 들러 여후(呂后)에게 '업무보고'를 했다. 그는 빈번하게 장락궁에 드나들었으며 모든 중대한 사항은 태후가 결정했다. 경제(景帝) 때 '오초 칠국의 난(吳楚七國之亂)'이 일어나 정국이 위태로워지자 뛰어난 재능과 원대한 지략을 갖춘 한무제는 전분(田蚡: 한나라 초기 황실의 외척)이 관부(灌夫: 한나라 장군)를 구금한 일 때문에 동조(東朝: 대왕대비)와 변론을 해야만 했다.

서한 말기에 정치적 동란이 심해지고 궁궐 싸움이 치열해 심지어 국가 정권의 상징인 국새마저 장락궁 태후의 거처에 숨겨져 있었다. 왕망(王莽)은 스스로 황제가 되고 장락궁에서 효원(孝元)황후를 협박하여 국새를 넘기라고 했는데 효원황후는 이를 거절했으며 결국 의분을 참지 못하고 국새를 땅에 던져 한쪽 귀퉁이를 망가뜨렸다. 이런 상황들은 모두 장락궁이 장안성의 정치 무대에서 중요한 위치를 차지하고 있었다는 증거이다.

장락궁은 장안성 동남쪽에 위치하고 있으며 그 동쪽과 남쪽은 장안성 동쪽 성벽, 남쪽 성벽과 인접하고 있었고 서쪽과 북쪽은 각각 안문대가(安門大街)와 청명문대가(淸明門大街)이다. 지금 남아 있는 궁성 유적의 범위에는 지금의 서안시(西安市) 미앙구(未央區) 미앙궁가도(未央宮街道)와 한성가도(漢城街道)의 각로문(閣老門)·당채(唐寨)·장자항(張家巷)·나채(羅寨)·강무전(講武殿)·차채(査寨)·번채(樊寨)와 뇌채(雷寨) 등 마을이 포함된다. 문헌에는 장락궁도 미앙궁과 마찬가지로 사면에 각각 궁문 1개씩 설치했다고 기록되어 있지만 현재 동·서·남 3면의 궁문이 발견되고 북쪽 면의 궁문은 앞으로의 과제로 남아 있다.

장안성의 지세는 전체적으로 남쪽이 높고 북쪽이 낮으며 장락궁의 지세도 전반적으로 이와 같은 상황이다. 궁전 건축물의 입지는 보통 성내, 궁내에서 지세가 높은 곳을 선정하는 것이 법칙이어서 장락궁의 주요 궁전은 장락궁의 남부에 분포되는 것이 마땅하다. 그러나 장락궁 남부의 궁전 건축은 한(漢)나라 초기, 장안성의 '동향(東向)'의 방위가 결정되어 있었기에 궁성 안에서는 동쪽이 앞, 서쪽이 뒤였으며 따라서 궁전 건물군은 북부보다 남부, 서남부보다 동남부가 더 중요했다.

장락궁 유적에 대한 고고학 자료에 따르면 궁내의 남북 방향 주요 도로가 궁성의 동서 방향 도로 남쪽에 분포되어 있었다. 궁전 구역 건축군은 동남조(東南組), 서남조(西南組), 서북조(西北組) 등 세 개 조로 나뉘었는데 이 중에서 서북조가 장락궁 내 동서향 간선도로 북쪽에 있고 그 남쪽에 동남조와 서남조가 있었다. 동남조 건축군 유적은 번채촌(樊寨村) 동남쪽에 위치해 있고 규모가 가장 크다. 이 대형 궁전 건축군은 서쪽으로 장락궁의 남궁문(南宮門)에서 궁성의 동서 간선도로의 남북로 동쪽에까지 인접해 있다. 『수경주(水經注)』「위수(渭水)」에는 명거(明渠)가 동쪽으로 장락궁을 경유했다고 했으며 또 다음과 같이 기록되어 있다.

전(殿) 앞에 동인(銅人)이 배열되어 있고 전 서쪽에는 장신(長信)·장추(長秋)·영수(永壽)·영창(永昌) 등 제전(諸殿)이 있으며 전의 동북쪽에는 못이 있다.

번채촌에서 발견된 장락궁 대형 건물군의 위치는 장락궁의 동부에서 남쪽으로 치우쳐 있고 명거(明渠)는 그 북쪽에 있었으며 이 건축군의 서쪽에서 또 여러 곳의 대형 건축군 유적이 발견되었는데 그 규모, 구조를 살펴보면 장락궁의 전전 유적으로 추정된다.

1970년대 말 장락궁의 서쪽, 지금의 한성가도(漢城街道) 나채촌(羅寨村) 북쪽에서 궁전 유적(장락궁 1호 궁전 건축 유적) 한 곳이 발굴되었다. 궁전 건축은 원락(院落) 내에 축조되어 있었으며 원락의 남쪽 성벽의 동서 방향 가운데에 돌출된 부분이 남문 유적으로 추정된다. 궁전의 둘레에는 회랑(回廊)이 있고 낭도(廊道)에는 네모 벽돌을 깔았으며 바깥쪽에는 조약돌로 산수(散水)를 설치해 놓았는데 이곳을 태후의 궁전인 장신궁(長信宮)으로 보는 학자도 있다. 하북성(河北省) 만성(灣城)의 한묘(漢墓)에서 출토된 장신궁(長信宮)의 등(燈)은 장신궁에 살던 효문두(孝文竇) 황후(당시 이미 태후였음)가 친족인 중산(中山) 왕후비 두관(竇綰)에게 선물한 것으로 보인다.

혜제(惠帝)가 미앙궁에 거처한 이후부터 장락궁은 이미 태후의 궁궐이었다. 장락궁 중의 장신궁은 태후의 주요 궁전이었고 '장신(長信)'은 태후의 대명사가 되었다. 한성제(漢成帝) 때 조비연(趙飛燕)이 질투하자 반첩여(班婕妤)는 그녀의 박해를 피해 장락궁에 가서 태후를 섬기며 살려 달라고 부탁해 목숨을 부지했고 "동궁의 황태후 곁에서 날마다 시봉하기를 원하고, 장신궁 궁녀의 말단이 되기를 부탁합니다. 궁녀와 함께 날마다 태후의 침실을 쓸고 닦을 것인데, 영원히 죽는 그날을 기한으로 할 것입니다"[68]라고 했다.

장추전(長秋殿), 영수전(永壽殿)과 영창전(永昌殿) 역시 태후의 궁전이고 초방전(椒房殿)은 고조가 장락궁)을 황궁으로 삼았을 때의 황후 궁전이다.

---

68 奉共養於東宮兮, 托長信之末流。共灑掃於帷幄兮, 永終死以為期

최근 발굴된 2호, 4호, 5호, 6호 등 장락궁 궁전 건축 유적은 장락궁의 서북쪽에 집중적으로 분포되어 있다.

장락궁 5호 유적은 능실(凌室) 건축 유적으로, 지금의 서안시(西安市) 미앙구(未央區) 한성가도 나채촌 동북쪽에 위치해 있다. 능실(凌室)은 얼음을 저장하는 곳으로 방열을 필요로 하는데 남쪽 벽이 열을 가장 많이 받고 북쪽 벽은 열을 가장 적게 받으며, 여름철에는 또 서쪽 벽이 동쪽보다 열을 더 많이 받기에 능실 사면 벽의 두께가 일정하지 않다. 즉, 남쪽 벽이 가장 두껍고 서쪽 벽은 그 다음으로 두꺼우며 북쪽 벽이 가장 얇다. 실내 중앙에는 배수구가 설치되어 있는데 동서의 길이 25미터, 남북의 폭 0.19미터이며 동서향 배수구가 실외의 지하 배수관과 연결되어 있다.

능실은 음식을 공급하는 기능도 있었다. 주(周)나라 때 능음(陵陰: 능실)을 관리하는 사람을 '능인(凌人)'이라 했으며 능인은 능실의 얼음 저장, 얼음의 사용 등 관리를 담당했다. 매년 하력(夏曆) 12월이면 못에 가서 얼음을 채취해 운반했는데 궁중용 얼음의 3배에 달하는 얼음을 능실에 저장해 놓았다. 여름철을 앞두고 얼음을 담는 용기인 감(監)을 점검하고 평소에는 황실이나 왕실의 향연, 제사 등을 위

〈그림 2-81〉 장락궁(長樂宮) 능실(凌室) 유적
능실 주요 건물의 평면은 직사각형으로 실내 동서의
길이 27미터, 남북 폭 6.7미터이다.

〈그림 2-82〉 장락궁(長樂宮) 유적의 지하 배수관

〈그림 2-83〉 비홍연년(飛鴻延年) 와당(瓦當)

해 얼음 및 얼음을 담는 용기를 제공하여 더위로 음식이 상하지 않도록 함으로써 식재료의 안전성을 확보해야 했다. 능실에서는 또 황제의 상을 당했을 때 시신을 보존할 수 있는 얼음을 충분히 제공해야 했고 무더위에 대비해 황제가 관리들에게 하사할 얼음도 준비해야 했다.

대하전(大廈殿)은 장락궁의 중요한 궁전 중 하나로, 장락궁에서 주요한 정치행사를 진행하던 장소 중 하나로 추정된다. 진(秦)이 멸망한 후, 한(漢) 초에 진의 황궁이었던 함양궁 앞 12개의 동인(銅人)이 전부 대하전 앞으로 옮겨졌다.

종실(鐘室)은 '장락궁의 종을 걸어 놓는 곳'이며 서한의 개국 원훈(元勳)인 회음후(淮陰侯) 한신(韓信)이 이곳에서 여후(呂后)에게 참살당했다.

장락궁에는 수많은 궁실뿐만 아니라 경치가 수려한 지원(池苑), 한적한 정자, 장관을 이루는 대각(臺閣)들도 있다. 진시황 27년(기원전 220) 흥락궁(興樂宮)에 40장(丈) 높이의 홍대(鴻臺)를 짓고 그 위에 관우(觀宇)를 세웠으며 진시황이 자주 여기에 올라 하늘을 나는 기러기를 쏘았다 하여 홍대라는 이름이 붙여졌다고 한다. 서한 초 흥락궁을 기반으로 장락궁이 축조된 후, 홍대는 또 장락궁에 우뚝 솟아 있게 되었다. 그 후 혜제(惠帝) 4년(기원전 191)에 홍대가 화재로 인해 훼손되었다. 장안성에서 출토된 '비홍연년(飛鴻延年)'의 그림과 글자가 결합되어 있는 와당(瓦當)은 홍대의 건축 유물로 추정된다.

서한 말기에 미앙궁은 전쟁으로 인해 큰 피해를 입었으나 장락궁은 다행히 화를 면하고 잘 보존되어 있다. 따라서 경시제(更始帝)는 낙양에서 장안으로 옮긴 후, 장락궁을 황궁으로 삼았다. 그 이후 적미군(赤眉軍)이 장안성에 쳐들어오자 경시제는 장안 동북쪽의 고릉현(高陵縣)으로 도망쳤고 유분자(劉盆子)가 황제의 자리를 이어받았으며 여전히 장락궁을 황궁으로 삼았다. 동한 시기에도 장락궁은 여전히 잘 보존되어 있었으며 장락궁이 파괴되고 폐기된 것은 동한 이후이다.

건장궁(建章宮)

　서한 중기는 한대(漢代)의 전성기였으며 당시 장안성은 이미 대형 궁전 건축물로 꽉 차서 더 이상 발전의 여지가 없었다. 태초(太初) 원년(기원전 104) 미앙궁(未央宮) 북궐 부근의 백량대(柏梁臺)가 화재로 불타버렸다. 용(勇)이라는 광동(廣東) 무당이 한무제(漢武帝)에게 광동의 풍습에 따르면 화재가 발생하여 건물이 훼손되는 경우에는 그보다 더 큰 건물을 지어 화마(火魔)를 제압해야 한다고 제안했다. 한무제는 이를 이유로 장안성 밖에 '도비미앙(度比未央)'이라는 거대한 규모의 건장궁(建章宮)을 축조했다.

　건장궁 유적은 장안성 서쪽에 있으며 그 범위에는 지금의 서안시(西安市) 미앙구(未央區) 삼교대가(三橋街道) 고보자(高堡子)·저보자(低堡子)·쌍봉촌(雙鳳村)·태액지묘포(太液池苗圃)·백량촌(柏梁村)과 맹촌(孟村)이 포함된다. 건장궁의 주요 건물은 전전으로, 건장궁의 중부에서 서쪽으로 치우친 지금의 고보자와 저보자 두 마을에 위치해 있었다.

　건장궁은 사면에 궁문이 각각 1개씩 설치되어 있다. 남궁문은 궁성의 정문으

〈그림 2-84〉 건장궁(建章宮) 쌍봉궐(雙鳳闕) 유적
쌍봉궐(雙鳳闕)은 동서로 53미터의 간격을 두고 있다. 서궐의 기단은 보존이 잘 되어 있고 현재 높이 11미터, 밑부분 직경이 17미터이며 동궐 기지는 보존 상태가 좋지 않아 현재 남아 있는 부분의 높이가 6미터, 밑부분 직경이 5미터에 불과하다.

〈그림 2-85〉 건장궁(建章宮) 태액지(太液池) 유적에서 출토된 돌고래

〈그림 2-86〉 태액지(太液池) 점대(漸臺) 기단
현재 남아 있는 태액지 점대(漸臺) 기단은 동서 길이 60미터, 남북 폭 40미터, 높이 8미터이다.

로 창합문(閶闔門)이라고 하며 일명 천문(天門)이라고도 불리는데, 즉 천상의 자미궁(紫微宮) 궁문이라는 뜻이다. 동궁문과 북궁문 밖에는 각각 25장(丈) 높이의 궐루(闕樓)가 한 쌍씩 있고 그 위에는 금동(金銅)으로 봉조(鳳鳥)가 장식되어 있어 '봉궐(鳳闕)'이라고도 불린다. 이 중에서 동궁문 밖의 쌍봉궐(雙鳳闕)이 가장 유명한데, 그 기단이 지금의 쌍봉촌(雙鳳村) 동쪽에 위치해 있으며 이 마을의 이름은 쌍봉궐에서 유래되었다.

쌍봉궐이란 사실 동서로 나란히 서 있는 궐대(闕臺) 기단으로, "장안성 서쪽에 쌍궐(雙闕)이 있고 그 위에 쌍동작(雙銅雀)이 있다"라는 고대 민요 중의 쌍궐, 즉 쌍봉궐이다. 쌍봉궐은 건장궁의 전전에서 동쪽으로 700미터 떨어진 곳에 위치해 있으며 두 궐 사이에는 남북대로가 있는데 이 길은 쌍궐에서 남쪽으로 꺾여 건장궁의 전전까지 이어진다. 관례에 따르면 궐내에 들어서면 바로 문이라는 것은, 동서로 나란히 있는 건장궁의 쌍봉궐 남쪽에 문이 있어야 한다는 뜻이며 이 문은 남쪽에서 북쪽을 향한 북향으로 되어 있어야 한다. 쌍봉궐이 건장궁의 동쪽에 있기에 건장궁의 동문이었을 것이며 동문이 북향으로 되어 있는 경우는 드물다.

태액지(太液池)는 건장궁의 전전에서 서쪽으로 450미터 떨어진 곳에 있고 면적은 15.16만 제곱미터이다. 한무제는 신에게 빌기 위해 태액지에 점대(漸臺)를 만들고 3개의 가산(假山)을 쌓아 동해의 영주(瀛州), 봉래(蓬萊)와 방장(方丈) 등 3개의 신산(神山)을 상징했다. 그리고 "태액자(太液者)는 그 윤택한 곳이 넓다고 할 수 있다".(『삼보황도(三輔黃圖)』) 고고학적 발견에 따르면 서한 때부터 궁성 내에 못을 만들기 시작했고 그 명칭 역시 후대에서 그대로 사용했다.

태액지는 바다를 상징한다. 태액지 동쪽에서 길이 4.9미터, 지름 1미터 되는 서한 시대의 거대한 석조(石彫)인 석어(石魚)가 고고학자들에 의해 발견되었는데 이는 문헌에 기록된 태액지 연안의 길이 3장(丈), 높이 5척의 돌고래로 추정된다.

태액지는 바다의 상징으로, 황제가 황궁에 배치해 놓음으로써 궁성이 바로 국가의 축소판임을 보여준다. 궁성은 동서남북 사면에 문을 만들어 천하 사방의 국토가 모두 궁중에 있음을 상징하고 또 태액지로 해양 및 하천을 상징함으로써 이 모든 것을 궁성에 포함시켰다.

감천궁(甘泉宮)

감천궁(甘泉宮) 유적은 지금의 섬서성(陝西省) 순화현(淳化縣) 철왕향(鐵王鄉) 양무제촌(凉武帝村), 성전두촌(城前頭村)과 동과촌(董家村) 일대에 위치해 있다. 감천궁은 '감천산(甘泉山)'에서 유래된 이름이다.

감천궁은 원래 규모가 작아 둘레가 약 5킬로미터에 불과했으며 한무제 때 대규모의 증축을 진행했다. 증축된 감천궁 궁성은 둘레가 약 9.5킬로미터였으며 궁성 안에는 궁전 12개, 누대(樓臺) 1개가 있었고 궁성 사면에 궁문이 하나씩 있었는데 사마문(司馬門)이라고 했다.

감천궁의 주요 건물은 전전으로 '감천전(甘泉殿)' 혹은 '자전(紫殿)'이라고도 불리며 감천궁의 중심에 위치해 있다.

서한의 황제, 특히 한무제는 매년 5월이면 장안에서 북상하여 감천궁에서 피서를 하다가 무더위가 지난 8월에야 도성인 장안으로 돌아갔다.

현재 궁성 유적지에는 한대(漢代) 고대(高臺) 건축의 기단이 여러 곳 보존되어 있는데 그 가운데 역사 문헌에 기록된 '통천대(通天臺)'의 기단이 있을 것으로 보인

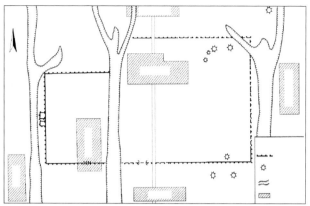

〈그림 2-87〉 감천궁(甘泉宮) 유적 평면도
감천궁(甘泉宮) 유적의 평면은 직사각형에 가까우며 둘레가 5,668미터, 면적이 약 148.6만 제곱미터이다.

〈그림 2-88〉 감천궁(甘泉宮) 유적에서 출토된 '甘林' 문자가 새겨져 있는 와당(瓦當)

다. 감천궁(甘泉宮) 유적지에서 '감림(甘林)'이라는 문자가 새겨져 있는 와당(瓦當)과 '감(甘)·감거(甘居)·거감(居甘)'이라는 도문(陶文)이 찍힌 벽돌 등이 출토되어 이곳 유적지의 성격을 입증해준다.

북궁(北宮)

북궁은 미앙궁과 장락궁의 북쪽에 있다 하여 붙여진 이름으로, 서한(西漢) 초기에 고조(高祖) 유방(劉邦)이 창건했고 한무제(漢武帝) 때 증수했다. 북궁 유적은 지금의 서안시(西安市) 미앙구(未央區) 육촌보가도(六村堡街道)·미앙궁가도(未央宮街道)의 조가보(曹家堡)·주가보(周家堡)·시가채(施家寨)·강무전촌(講武殿村) 일대에 있다. 성터에서 이미 남, 북문이 발견되었는데 두 문은 서로 마주하고 있으며 문지(門址)는 폭이 7미터, 깊이 12미터이며 남문 터에서 남쪽으로 직성문(直城門)에 이르는 대로가 있다. 그리고 북궁과 미앙궁 사이는 자방(紫房: 신선이 사는 선방) 복도(復道: 구름다리)로 통한다. 부태후(傅太后)는 북궁에 거처할 때 복도를 거쳐 미앙궁에 가서 황제에게 존호를 달라고 부탁하기도 했다. 북궁에는 전전(前殿)·수궁(壽宮)·신선궁(神仙宮)·태자궁(太子宮) 등 궁실 건물이 있다.

〈그림 2-89〉 북궁 남부의 전와요(磚瓦窯) 유적

수궁과 신선궁은 신선을 모시는 궁전으로 신선에게 제사를 지내는 각종 의례 행사가 여기에서 열렸다. 이곳은 인적이 드문 신비로운 곳이었기에 황제는 여야의 여론을 피하기 위해 북궁에 사노(私奴)와 마차를 대량으로 비축해 놓았다.

북궁은 후비궁으로서 그 특징이 있는데 그것은 바로 궁중의 후비가 뜻을 이루지 못하고 폐위되거나 궁궐에서 쫓겨나 여기에 왔다는 것이다. 이는 북궁의 수궁에서 신군(神君)을 공봉하는 것과 관련이 있는 것으로 보이며, 폐위된 후비들이 여기에서 "수행하며 덕을 쌓도록 했던 것이다". 서한(西漢) 초년에 여태후(呂太后)가 죽고 여씨 세력이 제거되자 효혜장(孝惠章) 황후를 폐하여 북궁에 보냈고, 그 후 애제(哀帝)가 죽은 후 또 태후 조씨(趙飛燕)도 좌천되어 북궁으로 물러났기에 북궁이 폐위된 후비의 궁이라는 관점을 제시한 학자도 있다.

북궁에는 또 태자궁이 있는데 태자궁은 당연히 태자와 관련이 있는 건물이다. 태자궁 안에 갑관(甲觀)이 있고 그 안에 화당(畫堂)이 있다. 화당은 벽화가 있는 전당이고 북궁의 화당에는 구자모(九子母) 벽화가 있었다고 전해지며 일종의 종교적 미신으로 미루어 보면 이곳에 후비를 위한 산실이 있었을 것으로 추정된다.

명광궁(明光宮)

명광궁(明光宮)은 한무제(漢武帝) 태초(太初) 4년(기원전 101)에 축조되었고 〈삼보황도(三寶黃圖)〉에 의하면 "명광궁(明光宮)이 장락궁(長樂宮) 뒤에 있으며 남쪽으로 장락궁과 이어져 있다"라고 한다. 즉, 장락궁은 명광궁과 남북으로 연결되어 있다는 뜻이다. 궁실이 지어진 후, 연(燕), 조(趙) 등지(현재의 하북성 일대)에서 미녀 2,000명을 징집하여 궁중을 채웠다. 궁녀들은 보통 15~20세로 만 30세가 되면 출궁하여 시집가며 다시 미녀들을 선발해 인원수를 채웠다. 왕망(王莽) 시기에는 명광궁을 안정관(安定館)으로 이름을 바꾸었다.

한(漢) 장안성의 예제 건축

예제 건축은 서한의 도읍인 장안성의 중요한 구성부분이다. 서한 초기에 소량의 예제 건축물이 장안성에 축조된 것을 제외하면 주로 성 밖에 분포되어 있으며, 특히 남쪽 교외에 가장 집중되어 있다. 1950년대 이후, 고고학자들은 장안성의 예제건축 유적에 대해 대대적인 탐사를 진행했고 중점적으로 발굴에 착수했다. 중국 고대 도성 고고학에서 서한 도성의 예제 건축 유적에 대한 고고학적 발굴 작업이 가장 먼저, 가장 많이 진행되었고 가장 큰 성과를 거두었다. 역사 문헌의 기록에 따르면 장안성 남교(南郊)의 예제 건축물에는 주로 종묘·사직·명당-벽옹··영대·환구 등이 포함된다.

서한 초기, 장안성에 태상황묘(太上皇廟), 고묘(高廟)와 혜제묘(惠帝廟)를 축조했는데 이들은 비록 도성에 안에 있었지만 궁성 밖 건물이었다. 역사 문헌에 따르면 유방(劉邦) 부친의 태상황묘는 장락궁(長樂宮) 북쪽, 향실가(香室街) 남쪽에 위치해 있으며 한고조 유방의 고묘는 안문대가(安門大街) 동쪽, 장락궁 서남쪽, 즉 지금의 서안시(西安市) 미앙구(未央區) 미앙궁가도(未央宮街道) 동엽촌(東葉村) 일대에 위치해 있다. 혜제묘는 미앙궁 동쪽, 안문대가(安門大街) 서쪽, 무기고 남쪽, 고묘 서쪽에 위

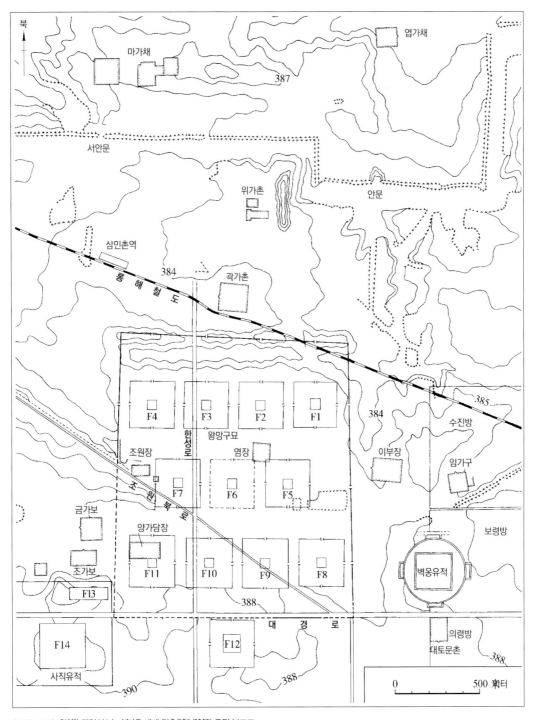

〈그림 2-90〉 한(漢) 장안성 남교(南郊) 예제 건축(禮制建築) 유적 분포도

치해 있기에 '서묘(西廟)'라고도 불린다. 문제묘(文帝廟)는 '고성묘(顧成廟)'로 불리며 현재 서안시 서교(西郊) 옥상문(玉祥門) 서쪽, 대경로(大慶路) 북쪽 일대에 있다. 고성 묘는 고묘, 혜제묘와 두 가지 다른 점이 있는데 그 하나는 고성묘가 한문제(漢文帝) 생존 당시의 '자위묘(自爲廟: 스스로 만든 묘)'였다는 것이고 다른 하나는 고묘와 혜제 묘가 장안성 안에 있고, 고성묘는 장안성 밖에 있다는 것이다.

　　장안성 유적에서 고고학적 발견이 이루어진 최대 규모의 종묘 건축군 유적 은 문헌에 기록된 지황(地皇) 원년(20) 왕망(王莽)이 장안성 남쪽에 축조한 '구묘(九 廟)'로, 장안성 남쪽 성벽에서 남쪽으로 약 1,000미터 떨어진 지점에 위치해 있으 며 장안성의 서안문(西安門)과 안문(安門) 남쪽 출구의 평행선 사이에 있다. 12개의 건축물로 구성된 이 종묘 건축군 중 하나는 가장 남쪽에 별도로 담장을 둘러 원 락을 조성했는데 평면은 정사각형이고 변의 길이가 280미터이다. 나머지 11개는 모두 큰 담장에 둘러싸여 원락을 이루었고, 그 평면 역시 정사각형이고 변의 길이 가 1,400미터이다. 남쪽의 소원락(小院落)은 대원락(大院落)과 남북으로 10미터 떨어 져 있으며 전자는 후자의 동서 가운데 위치에 있다. 각 조의 건축물은 주요 건축 물, 담장, 4개의 문과 담장 네 귀퉁이의 곡척형(曲尺形) 곁채 등으로 구성되었다. 원 락의 네 귀퉁이에는 각각 각루(角樓)와 비슷한 유형의 건축물이 있다.

　　대원락에는 남과 북에 각각 4개, 동과 서에는 각각 3개, 총 14개의 문이 설치 되어 있다. 대원락 안에 있는 11개의 종묘 건축 유적은 남북으로 3열로 나뉘어 져 있고 남과 북에는 각각 동서로 병렬된 4개의 단독 종묘 건축 유적이 나란히 배 치되어 남북으로 마주하고 있다. 가운데에는 동서로 3개의 단독 종묘 건축 유적 이 나란히 배치되어 남쪽 줄과 북쪽 줄 4개 건축 유적 사이에 서로 교차되어 있 다. 대원락의 11개 단독 종묘 건축 유적은 구조와 규모가 거의 같다. 모든 종묘 건 축 유적 주위에는 담을 쌓아 원락을 조성했는데 담장의 폭은 약 3.8~5미터이다. 원락의 평면은 정사각형에 가까우며 변의 길이가 270~280미터이고 담장 사면의 중앙에 문 하나씩 설치했다. 4개의 문은 규모와 구조가 같으며 문지(門址)에는 문 도(門道)와 좌우숙(左右塾)이 포함된다. 원락의 중앙은 종묘의 중심 건물로 평면이

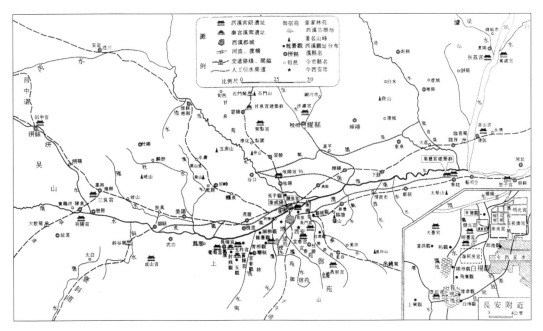

〈그림 2-97〉 진한(秦漢) 도성의 궁관(宮觀) 및 상림원(上林苑) 분포도

林)'이라는 글자가 새겨져 있는 와당(瓦當)이 적지 않게 발견되었다.

상림원 중 역사 문헌에 기록되어 있는 '궁'으로는 장양궁(長樣宮)·오작궁(五柞宮)·황산궁(黃山宮)·정호궁(鼎湖宮)·포도궁(葡萄宮)·소대궁(昭臺宮)·선곡궁(宣曲宮)·견대궁(犬臺宮) 등이 있으며 이들 궁전은 모두 서한 시대의 영향을 많이 받았다. 이 중에는 황제가 사냥할 때 휴식을 취하던 곳, 중요한 국빈을 영접하기 위한 궁전, 후궁 비빈을 모시던 궁전 등이 있으며 일부 궁관에 대해서는 고고학자들이 탐사와 발굴을 진행하여 그 분포 지역과 문화적 함의에 대해 초보적으로 파악했다.

예를 들면 현재 섬서성(陝西省) 주지현(周至縣) 종남진(終南鎭) 죽원두촌(竹園頭村)의 서쪽 50미터 지점에 있는 장양궁(長楊宮) 유적의 중심 건축군 면적은 약 20만 제곱미터인데 이 유적에서 용무늬 공심전(空心磚), 변형(變形) 해바라기무늬 와당(瓦當), 그리고 여러 가지 유형의 구름무늬 와당 등이 출토되었고 이 중 일부는 진(秦) 함양성(咸陽城) 유적에서 출토된 공심전, 와당과 거의 같은 유형이다.

유적에서 출토된 대량의 벽돌과 기와 등 건축자재는 서한 이래 가장 양이 많

〈그림 2-98〉〈상림원도(上林苑圖)〉(明, 無款)

〈상림원도(上林苑圖)〉는 판본이 많은데, 그중 대부분은 구영(仇英)의 작품을 위탁(僞托: 옛 사람이 그린 것처럼 만든 것을 가리킴)한 것으로, 대체적으로 구도 및 배색이 같으며 명청(明清) 시기 소주(蘇州)의 화사(畫師)들이 그린 것이 많다. 이 그림은 사마상(司馬相)이 쓴 『상림부(上林賦)』를 그대로 표현했는데, 『상림부』는 사마상이 한헌제(漢獻帝)에게 헌정하려고 쓴 것으로 보이며 화려하고 아름다운 문구로 황실 원유(園囿)인 상림원(上林苑)의 웅장함과 화려함, 그리고 천자가 사냥하는 멋진 모습을 찬양했다. 그림에는 온갖 수륙신수(水陸神獸)와 기이한 화초들이 그려져 있으며 궁전은 높이 솟아 있고, 사람과 말들이 굽이굽이 이어져 있어 천자의 명성과 위엄을 표현했다. 사람·말·나무·돌들의 조형이 정교하며 필치가 섬세하고 색상은 농염하고 화사하여 한대(漢代) 상림원에서 천자가 사냥하는 웅장한 장면을 재현했다.

〈그림 2-99〉 장양궁(長楊宮) 유적에서 출토된 '금포(禁圃)' 문자 와당(瓦當)

〈그림 2-100〉 황산궁(黃山宮) 유적에서 출토된 '황산(黃山)' 문자 와당

〈그림 2-101〉 황산궁(黃山宮) 유적에서 출토된 대반원(大半圓) 기문(夔紋) 와당

〈그림 2-102〉 정호궁(鼎湖宮) 유적에서 출토된 '정호연수궁(鼎胡延壽宮)' 문자 와당

으며 일정한 특징이 있다. 예를 들면 사신문(四神紋) 와당에 속하는 주작문(朱雀紋)·현무문(玄武紋)·백호문(白虎紋) 와당(瓦當)이 발견되었을 뿐만 아니라 또 청룡문(靑龍紋), 백호문(白虎紋)의 사신문(四神紋) 공심전도 발견되었다. 이들은 대부분 종묘, 능묘 등 건축물 유적에서 출토되었는데, 장양궁(長楊宮) 유적에서 출토된 사신문(四神紋) 와당 및 공심전은 종묘류의 건축물 유적으로 추정된다.

유적에서는 '금포(禁圃)', '한병천하(漢幷天下)'라는 글자가 새겨진 와당(瓦當) 등 비교적 중요한 유물들도 발견되었다. 금포는 상림원의 일부로, 황실에 채소와 과일, 화훼 및 초목 등을 공급하는 기능을 하였다. 금포라는 글자가 새겨진 와당이 출토된 주지현(周至縣) 장양궁 유적과 호현(戶縣) 요자촌(坳子村)은 금포의 '양위(兩尉)' 관서가 있던 곳으로 추정된다.

또 현재의 흥평시(興平市)에서 동남쪽으로 약 10킬로미터 떨어진 전부향(田阜鄕) 후촌(侯村) 서북쪽에서 발견된 황산궁(黃山宮) 유적은 남으로 위하(渭河)에 접해 있고 유적의 범위는 동서의 길이 1,000미터, 남북의 폭 500미터이며 면적은 약 50만 제곱미터이다. 유적에서 출토된 서한 동등(銅燈)의 손잡이에는 '횡산궁'이라는 글자가 새겨져 있다. 당시 '횡(橫)'과 '황(黃)'은 같은 뜻으로 사용되었기에 여기에서 횡산(橫山)은 황산(黃山)을 가리키는 것으로 보이며, 같은 곳에서 또 '황산'이라는 글자가 새겨진 와당도 발견되었다. 동등(銅燈)과 와당의 출토는 이들의 출토지가 황산궁 유적임을 말해주며 오랫동안 황산궁이 흥평(興平) 서쪽 30리 지점에 위치했다고 주장한 잘못된 관점을 바로잡았다. 황산궁 유적에서는 기봉문(夔鳳紋·

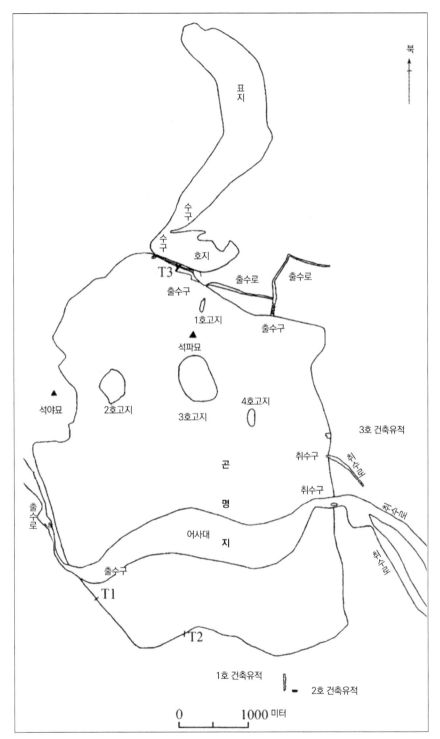

〈그림 2—103〉 한(漢)의 곤명지(昆明池) 유적 평면도

곤명지(昆明池) 유적의 범위는 동서의 폭 약 4,250미터, 남북의 길이 약 5,690미터, 둘레 약 1만7,600미터, 면적은 16.6제곱킬로미터이다. 고지(故址)는 와지(洼地: 움푹 파인 땅)로 인근의 지면보다 24미터 낮다. 범위는 동쪽의 맹가채(孟家寨)와 만촌(萬村)의 서쪽에서 서쪽으로 장촌(張村)과 마영채(馬營寨) 동쪽에 이르며 남쪽은 세류원(細柳原)의 북쪽에서 북쪽으로 상가장(常家庄) 남쪽에 이르는 지역이다.

뿔이나 날개의 모양이 새와 비슷한 상상의 새를 그린 무늬) **와당 조각 2점, 운뢰문**(云雷紋) **와당 조각 8점이 발견되었는데 기봉문 와당은 직경이 76.5센티미터, 높이가 57센티미터이며 운뢰문 와당은 직경이 51.2센티미터, 높이가 38센티미터이다. 이 같은 규격의 와당 조각은 대부분 대형 황실 건물에서 출토되었다.**

또 예를 들면, 섬서성(陝西省) 남전현(藍田縣) 초대진(焦岱鎭) 초대촌(焦岱村)에서 남쪽으로 100미터 떨어진 곳에서 고고학자들이 약 3만 제곱미터 면적의 한대(漢代) 대형 건축 유적을 발견했고 이 중에서 건축 유적 7곳을 발굴하면서 궁장(宮墙: 궁의 담장) 유적을 발견했다. 여기에서는 서한 시기의 건축 유물이 대량 출토되었는데 그중에는 '정호연수궁(鼎胡延壽宮)', '정호연수보(鼎胡延壽保)'라는 문자가 새겨진 비교적 중요한 와당들이 포함되어 있다. 『사기』「봉선서(封禪書)」의 기록에는 "문성(文成) 장군이 죽은 이듬해, 천자(漢武帝)가 심한 병을 앓았고 무의(巫醫)가 뭘 해도 낫지 않았다"[70]라는 내용이 있다.

상림원(上林苑)의 누대(樓臺) 정사(亭榭)는 곤명지(昆明池)의 주변에 가장 집중되어 있는데 사마천이 기술한 바와 같이 곤명지는 '열관환지(列觀環之: 여러 관(觀)들에 둘러싸임)'해 있었다. 이 중 유명한 궁관(宮觀) 건축인 예장관(豫章觀)은 곤명관(昆明觀)이라고도 불렸으며 현재 장안구(長安區) 투문가도(鬪門街道) 만촌(萬村)에서 서북쪽으로 약 1킬로미터 떨어진 곳에 위치해 있다. 백양관(白楊觀)은 곤명지의 동쪽 기슭, 지금의 맹가채(孟家寨) 부근에 있다. 세류관(細柳觀)은 곤명지 남쪽 기슭, 지금의 장안구 투문대가 석갑구촌의(石匣口村) 서쪽에 있다. 또한 장안성의 서남쪽, 지금의 호현(戶縣) 현성 서쪽에는 속옥관(屬玉觀)이 있고 장안성 복앙문(復盎門)에서 남쪽으로 5리(里) 떨어진 곳에는 박망관(博望觀)이 있는데, 이는 한무제의 여태자(戾太子) 박망원(博望苑)의 누관(樓觀)이다. 상림원에는 많은 궁전과 누관이 있으며 건축 형태가 다양하고 기능 또한 각이하며 용도(甬道: 성벽으로 둘러싸인 길)와 복도(複道)로 연결되어 하나의 전체를 이루었다. 상림원의 각종 궁관 건축물을 반짝이는 밤하늘의 별

---

70 文成死明年, 天子(漢武帝) 病鼎湖甚, 巫醫無所不致, 不愈

〈그림 2-104〉 곤명지(昆明池) 유적 부근의 한대(漢代) 견우(좌)와 직녀(우)의 석상(石像)

〈그림 2-105〉 〈상림원 투수도(上林苑鬪獸圖)〉 화상전(畵像磚)(西漢)

에 비유한다면 곤명지는 마치 별이 총총한 밤하늘의 밝은 달과 같다.

곤명지의 물은 종남산(終南山)에서 발원한 교하(交河)에서 끌어간 것이다. 당시 곤명지에는 수군을 훈련하는 전선(戰船)과 제왕(諸王)의 유락(遊樂)을 위한 각종 배들이 정박해 있었다. 곤명지는 황실 금원(禁苑)의 중요한 구성부분이며 도읍인 장안의 수원공급 및 경사(京師)와 관동(關東)의 조운에 필요한 조건을 보장해주었다. 서한 중기에 한무제(漢武帝)가 장안에서 토목공사를 크게 벌여 북궁과 상림원을 증축하고 계궁(桂宮), 명광궁(明光宮), 건장궁(建章宮)을 신축하면서 장안의 물 사용량이 급증했고 충분한 수원은 도성의 번영을 유지하는 데 필수조건이었다. 도성의 확대 및 인구의 증가와 더불어 수원은 물론 식량 공급도 중요한 문제가 되었다. 관동의 식량을 관중으로 운반하는 대규모의 수송 임무를 완성하려면 수운이 가장 편리하고 간편한 방법으로, 조운은 장안의 정상적인 식량 공급을 보장하는 주요한 수송 방식이 되었다. 조운에는 물이 필요하며 곤명지의 건설로 조거(漕渠)의 물을 보충하는 문제도 해결되었다.

견우와 직녀의 전설은 바로 곤명지에 대한 고대 사람들의 풍부하고 아름다운 상상에서 비롯되었다. 곤명지를 하늘의 은하에 비견한다면 견우는 그 왼쪽에, 직녀는 오른쪽에 있었다. 곤명지 옆에 석파묘(石婆廟)와 석야묘(石爺廟), 그리고 견우와 직녀 석상(石像)이 축조되어 있어 이 이야기의 오랜 역사를 방증한다. 현재 장안구(長安區) 투문가도(鬪門街道) 부근의 상가촌(常家村) 북쪽과 투문가도 솜털 가공 공장 부근에는 후손들이 세운 것으로 보이는 석파묘와 석야묘가 남아 있으며 묘(廟) 내부에 봉안된 견우와 직녀 석상은 서한시대의 귀중한 유물이다. 흥미로운 것은 석파묘와 석야묘가 모시는 주인이 반대로 되어 있어 석파묘의 석상은 견우, 석야묘의 석상은 직녀이다.

견우와 직녀의 석상은 원조(圓彫) 기법으로 화성암(火成巖)을 조각해 만든 대형 석각으로, 한무제(漢武帝) 원수(元狩) 2년(기원전 121)에 곤명지를 만들 때 세운 것이다. 따라서 이들의 연대는 곽거병(霍去病) 무덤의 석각보다 시기적으로 앞선 것으로, 지금까지 알려진 중국 고대 최초의 대형 석조(石彫) 작품 중 하나이다.

상림원 내에는 곤명지 외에도 초지(初池)·미지(糜池)·우수지(牛首池)·괴지(蒯池)·적초지(積草池)·동피지(東陂池)·서피지(西陂池)·당로지(當路池)·태일지(太一池)·낭지(郎池)·백자지(百子池) 등이 궁관 사이사이에 섞여 있어 상림원을 더 수려하게 장식했다. 이 못들은 각자의 특색을 가지고 있는데 적초지에는 남월왕(南越王) 조타(趙佗)가 한나라 황제에게 바친 높이 1.2장(丈)의 산호(珊瑚)나무 세 그루에 462개의 가지가 장관을 이루며 특히 밤이 되면 산호나무에서 형광이 숨었다 나타났다를 반복하여 봉화나무(烽火樹)로 불렸다. 매년 7월 7일 견우와 직녀가 만나는 날, 백자지에서는 대형 문예 행사를 거행하는데, 사람들은 형형색색의 실타래를 이어서 손에 잡고 노래하고 춤추며 마음껏 즐기고 아름다운 소망을 빈다.

상림원은 황실공원으로, 천자와 달관현귀(達官顯貴)들이 구경하고 사냥할 수 있도록 진금이수(珍禽異獸)를 양육했다. 상림원의 36개 원유(苑囿)는 대부분 상림원의 서부와 북부에 분포되어 있다. 원유의 관리 사무를 담당하는 원감(苑監)은 낭관(郎官)으로 충원되었다. 원유는 규모가 컸으며 여기에 관신(官臣)과 노비 3만 명, 말 30만 필을 비롯해 사슴·호랑이·곰·코뿔소·판다 등 동물들이 있었다고 기록되어 있다. 이 동물들은 각각 다른 원(苑)에서 사육, 관리되었으며 영(令)과 위(尉) 등 관원들이 등록하고 책자를 만들었다. 이런 동물은 종류에 따라 길들이고 관리하는 사람들의 신분 혹은 명분도 달랐는데, 예를 들면 사슴을 키우는 사람들은 대부분 관노비와 재산이 5,000전(錢) 미만인 빈민들이었다.

상림원에 있는 많은 건물의 명칭은 원 내에서 기르던 동물들과 관련이 있었는데, 예를 들면 백록관(白鹿觀), 중녹관(衆鹿觀), 록관(鹿觀)은 모두 사슴과 관련이 있고 주마관(走馬觀)·호권관(虎圈觀)·사웅관(射熊觀)·어조관(魚鳥觀)·견대(犬臺)·사자권(獅子圈)·체권(彘圈) 등은 모두 이에 상응하는 동물과 관련이 있는 것으로 보인다. 상림원에 있는 진금이수 중에는 중국 본토의 동물뿐만 아니라 사자, 타조 등 이국에서 공물(貢物)로 바쳐 온 동물들도 있었다.

고대 로마의 콜로세움은 세계적으로 널리 알려져 있지만 황실에서 만든 한(漢) 상림원의 투수장(鬪獸場)은 잘 알려지지 않았다. 당시 황제는 관리를 임명하여 '투수장'의 사무를 전담하게 했다.

중국의 투수장은 한대(漢代)에 만들어진 것이 아니라 진나라 때 이미 있었다. 진소왕(秦昭王)은 위(魏)나라의 공자(公子) 무기(無忌)가 보낸 특사인 주해(朱亥)를 진(秦) 상림원의 투수장인 호랑이 우리에 넣어 맹호와 승부를 겨루게 했다. 한대에 이르러 투수(鬪獸)를 관람하기 편리하도록 높고 웅장한 투수장인 수권(獸圈: 짐승우리)을 만들었다. 당시 수권은 투수장일 뿐만 아니라 각종 동물의 양식장이기도 했다. 그중 주요한 금수의 종류와 수량은 모두 전문 책자를 만들어 등록했으며 이를 위해 '금수부(禽獸簿)'가 비치되어 있었다. 한대에 투수는 맹호와의 싸움에 그치지 않고, 악곰이나 멧돼지와 싸우는 경우도 있었다. 이들 중에는 전문적인 투수 무사가 있었을 뿐만 아니라 황제의 애비(愛妃)도 있었으며 내국인이 있는가 하면 역외(域外)의 호인(胡人)도 있었다. 상림원의 금수는 관상과 투수에 이용되는 외에도 다음의 세 가지 용도가 있었다.

첫째, 황제는 매년 가을과 겨울에 상림원에서 사냥을 했는데, 이때 상림위에서 우리에 있는 짐승들을 사냥터에 풀어 놓아 황제가 사냥하게 했다.

둘째, 서한 시기에는 후장(厚葬)의 풍조가 성행했는데, 특히 황제에 대해서는

〈그림 2-106〉 조륜주전(兆倫鑄錢) 유적 발굴 현장

〈그림 2-107〉 종관(鍾官) 유적에서 출토된 도범모(陶范母) 범두(范頭)의 '종관(鍾官)'의 명문(銘文)

〈그림 2-108〉 '상림삼관(上林三官)'의 오주(五銖) (漢)

죽은 후에도 산사람 섬기듯 섬겼다. 생전에 누리던 모든 것을 사후의 세계로 가져갔기에 황제 생전에 즐거움을 줬던 진금이수 등은 당연히 황실 성원 사후의 부장품이 되었다. 『한서』 「공우전(公宇傳)」의 기록에 따르면 무릉(茂陵)에 대량의 새와 짐승·어류(魚類)·자라·호랑이·표범 등 동물들이 부장되어 있었다. 고고학자들은 또 박태후(薄太后) 남릉의 배장갱(陪葬坑)에서 부장된 판다와 코뿔소의 뼈를 발굴했으며 이런 진금이수들은 상림원의 수권에서 가져왔을 것으로 보인다. 이 외에 한 소제(漢昭帝)의 평릉(平陵) 능원에도 낙타 등이 부장되어 있다.

셋째, 상림원에서는 이역에서 온 사자, 타조, 코뿔소 등을 정성껏 사육함으로써 이를 서한 왕조와 인근 지역 및 국가들과의 우호 왕래의 증거로 삼았으며 이로써 한(漢)의 천자의 덕을 기렸다.

상림원에는 각종 진금이수들이 있었을 뿐만 아니라 각지에서 보내온 천태만상의 식물도 있었다. 한무제가 상림원을 증축할 때 각 지역에서 진귀한 과목(果木)과 기화 이훼(奇花異卉) 3,000여 종을 헌상했는데 예를 들면 호륜호(呼倫湖)와 패이호(貝爾湖) 일대의 한해리(瀚海梨), 곤륜산(昆侖山) 부근의 왕모조(王母棗: 왕모 대추), 서역의 호도(胡桃)와 강리(羌李), 남방의 만리(蠻李) 등이 있으며 모두 상림원에서 재배했다.

식물은 대지의 옷으로 다양한 식물들이 모여 상림원을 아름답게 장식했다. 울긋불긋한 나무들, 천자만홍의 꽃들, 푸른 잔디밭, 그리고 구불구불한 각도(閣道), 우뚝 솟은 누관(樓觀), 금빛 찬란한 궁전들은 마치 천상의 선경을 방불케 했다. 이 중에는 임원(林苑)의 식물명에서 이름을 따온 포도궁(葡萄宮), 부려궁(扶荔宮) 등 건축물도 있다.

상림원은 황실의 공원이자 장원이었다. 한대 황실의 모든 토지는 '공전(公田)'으로 불리며 대부분 경기(京畿) 지역에 분포되어 있었다. 상림원에는 황실 성원들이 즐길 수 있는 궁관(宮觀)·지소(池沼)·원유(苑囿)·사냥터 외에도 기름진 들판과 옥답이 있었는데 이들은 모두 황실의 공전에 속하며 농지로 경작되거나 목장으로 이용되었다. 황후는 해마다 상림원의 '춘행충관(春幸蚩觀)'에 갔으며 도성의 황제 '적전(藉田)'과 '춘행충관(春幸蚩觀)'은 국가가 농상(農桑)을 중요시한다는 깊은 뜻을 보여주었다.

상림원 내에는 중요한 조폐(凋弊) 관서와 공장들이 배치되어 있는데, '상림삼관(上林三官)'이 그 대표이다. 한무제는 원정(元鼎) 4년(기원전 113)에 주화제도를 개혁하여 지방에서 화폐를 주조하지 못하게 했고, 화폐 주조권을 중앙정부에서 통일적으로 장악했다. 장안구(長安區) 와두채(窩頭寨), 미앙구(未央區) 삼교가도(三橋街道) 호한묘(好漢廟), 호현(戶縣) 대왕진(大王鎭) 조륜촌(兆倫村) 등 상림원의 유적지에서 모두 한대의 주화 유적이 발견되었는데, 그중에서 호현(戶縣) 대왕진(大王鎭) 조륜촌(兆倫村) 종관(鍾官) 유적이 특히 중요하다.

장안성에서 상림원의 역할은 다음과 같은 세 가지가 있다.

첫째, 상림원은 도성인 장안 및 황궁의 안전을 강화했다. 장안성의 궁전은 주로 남부와 서부에 있었는데, 장안성 밖의 남부와 서부가 모두 상림원의 범위에 편입되어 황궁인 미앙궁의 후화원(后花園)이 됨으로써 일반인들이 미앙궁의 남서쪽 양면에 접근하기 어렵게 하여 서부와 남부의 안전을 강화했다. 미앙궁 북면에는 또 계궁(桂宮), 북궐(北闕)의 갑제(甲第)와 북궁(北宮)이 있어 병풍 역할을 했고, 동면은 장락궁이 장벽으로 되어 미앙궁(未央宮)을 마치 금탕(金湯)처럼 견고하게 했다.

둘째, 상림원의 증축으로, 도성인 장안성에 궁실(宮室) 건축물이 부족한 상황을 완화시켰다. 한(漢)의 황실과 관료기구가 날로 방대해짐에 따라 장안성의 건축물은 통치자들의 수요를 충족시키지 못하게 되었고 이런 상황에서 상림원이 도성의 부족한 부분을 보충해주었다. 황실과 중앙정부의 적지 않은 중요한 행사들이 상림원에서 진행되었고 일부 관서도 상림원에 설치되어 있었다. 예를 들면 한 선제(漢宣帝)는 평악관(平樂觀)에서 흉노의 사자(使者)를 비롯한 기타 외국의 군장(君長)들을 접대하고 대형 문예행사를 개최했으며 한제(漢帝)는 포도궁(葡萄宮)에서 흉노의 수령 선우(單于)를 접대하고 여기에 묵게 했으며 여러 황제가 장양궁(長陽宮)·오작궁(五柞弓)·정호연수궁(鼎湖壽延宮)·의춘궁(宜春宮) 등을 자주 찾았다.

셋째, 장안성의 상림원이 후세에 미치는 영향은 매우 크며 동한의 낙양성, 수나라 낙양성의 주요 원유(苑囿)는 여전히 상림원으로 불렸고 도성에서의 상대적인 방위 역시 한(漢) 장안성과 상림원의 위치와 비슷하다. 또한 업북성(鄴北城)과 업남성(鄴南城) 밖 외원(苑囿), 당나라 장안성의 금원(禁苑)은 모두 한나라 장안성 상림원의 황실 유락의 장소이자 도성과 궁성의 안전을 위한 장벽의 기능을 계승했다. 청대(淸代)에 이르러 이화원(頤和園) 곤명호(昆明湖)의 이름도 상림원의 곤명지에서 유래했다.

한의 장안성은 제국 시대의 도읍으로, 선진(先秦)시대의 도성문화를 계승, 발전시켰을 뿐만 아니라 진한(秦漢) 이후 도성문화의 발전에도 영향을 미쳤으며 승상계하(承上啓下: 위를 받아 아래를 펼침)의 역할을 했는데, 주로 다음과 같은 몇 개 면에서 표현되었다.

첫째, 도성 사면의 각 면에 3개의 성문을 설치하여 모든 성문이 모두 '일문삼도'이며 성문과 연결된 성내(城內) 대로는 '일도삼도'이다.

둘째, 궁성인 미앙궁과 명당-벽옹(辟雍), 종묘 등 예제 건축물의 평면은 모두 정사각형으로 되어 있어 이방위귀(以方爲貴: 정사각형을 귀하게 여김)를 구현했다. 정사각형의 평면 공간은 또 도성·궁성·종묘·명당 등으로 하여금 '사면에 문을 설치'할 수 있게 하여 '화(和)'의 이념을 더욱 두드러지게 나타냈다.

셋째, 미앙궁·장락궁·건장궁·감천궁의 여러 궁성은 모두 사면에 문을 설치했는데 이는 중국 고대 궁성의 역사상 최초이다.

넷째, 궁성의 중앙에는 전전(前殿)이 위치해 있는데 이는 지금까지 알려진 최초의 대조정전의 '거중(居中)', '거고(居高)', '거전(居前)'의 사례이다. 전전(前殿)은 미앙궁(未央宮)의 중앙에 위치해 있으며 궁성 내의 궁전, 관서 등 건물은 모두 그 양옆이나 뒤쪽에 있다. 이런 배치는 후대(後代) 궁성 대조정전의 위치 배치에도 큰 영향을 미쳤는데, 예를 들면 동한 낙양성(雒陽城) 남궁의 전전(前殿)·북궁의 덕양전(德陽殿), 조위(曹魏) 업북성(鄴北城) 궁전구(宮殿區)의 문창전(文昌殿), 건업성(建業城) 태초궁(太初宮)의 신룡전(神龍殿)·소명궁(昭明宮)의 적오전(赤烏殿), 진(晉)의 건강성(建康城)·북위(北魏)의 낙양성(洛陽城)·동위(東魏)와 북제(北齊)의 업남성(鄴南城)·수(隋)의 대흥성(大興城)·당(唐)의 장안성 등 궁성 중의 태극전(太極殿), 대명궁(大明宮)의 함원전(含元殿), 수당(隋唐) 낙양성(洛陽城) 궁성의 건원전(乾元殿), 북송(北宋) 동경성(東京城) 궁성의 대경전(大慶殿), 금(金) 중도(中都) 궁성의 대안전(大安殿), 원(元)의 대도 궁성의 대명전(大明殿), 명청 북경성 궁성의 황극전(皇極殿: 太和殿) 등 정전(正殿)은 보통 모두 궁성 내 동서 방향의 가운데 위치에 있으며 남쪽으로 궁성의 정문과 마주하고 있는데 그 사이에는 건축물이 없거나 남북으로 몇 겹의 '문'이 설치되어 있을 뿐이다.

다섯째, 미앙궁 전전(前殿)의 '삼전(三殿)'의 배치 구조는 후대(後代) 궁성의 삼전제도에 깊은 영향을 미쳤으며 당나라 장안성 궁성의 태극전(太極殿)·양의전(兩儀殿)·감로전(甘露殿), 대명궁(大明宮)의 함원전(含元殿)·선정전(宣政殿)·자신전(紫宸殿), 북송(北宋) 동경성(東京城) 궁성의 대경전(大慶殿)·문덕전(文德殿)·자신전(紫宸殿), 명(明) 남경성(南京城)의 봉천전(奉天殿)·화개전(華盖殿)·근신전(謹身殿), 명(明) 북경성의 황극전(皇極殿)·중극전(中極殿)·건극전(建極殿: 청대에는 태화전(太和殿)·중화전(中和殿: 保和殿)으로 이름을 바꿈) 등은 모두 위의 제도를 답습했다.

여섯째, 서한 말기의 장안성은 궁성 중앙의 대조정전(전전)을 기점으로, 궁성을 남북으로 관통하고 남궁문과 서안문(西安門) 밖의 종묘와 사직까지 연장하여 축선의 동서 양쪽에 각각 배열된 초기 도성의 중축선을 이루었고 그 이후 2,000년간 중국 고대 도성의 규제에 영향을 주었다. 한(漢) 장안성 남교(南郊)의 예제 건축물 중 종묘와 관사(官社)의 평면배치는 지금까지 발견된 최초의 '좌조우사(左祖右社)'로 추정된다. 『주례(周禮)』 「고공기(考工記)」의 '좌조우사' 관련 기록에 따르면 오랫동안 이 제도가 선진(先秦)시대에 이미 존재했다고 여겨졌으나 고고학적 발견이 이 관점을 뒷받침해주지 못했다. 물론 중요한 도성의 예제로서 그 형성에는 과정이 있었고, 또 그 과정이 상당히 길었을 수도 있다. 한 장안성 남교의 예제 건축물 중의 좌조우사는 사실 진한(秦漢)까지 거슬러 올라가 고찰해야 한다. 관사(官社) 유적 동쪽의 미앙궁과 장락궁 사이에는 진소왕(秦昭王)의 묘(廟)를 비롯한 진나라의 묘들이 분포되어 있으며 서한 초기의 태상황묘(太上皇廟)·고조묘(高祖廟)·혜제묘(惠帝廟)는 모두 미앙궁 동쪽에 있다. 이런 상황은 종묘와 관사의 '좌조우사'가 진한 시기에 이미 나타났을 가능성이 있음을 말해준다.

일곱째, 종묘의 위치 변화를 살펴보면 고대 도성 종묘의 위치는 전국(戰國)시대 초기 이전의 궁성이나 궁전(종묘를 포함)의 건축 구역 내부로부터 전국시대의 중·후기와 진(秦)의 궁성과 도성의 밖으로 바뀌었다. 서한 초기에 종묘는 궁성 밖, 곽성 안에 위치했으며 한혜제(漢惠帝), 한문제(漢文帝)가 다시 종묘를 곽성 밖에 두는 진의 제도를 복원했다. 그리고 위진(魏晉) 시기에는 또 서한 초기의 제도에 따라 도성과 종묘를 궁성 밖, 곽성 내에 두도록 조정했다. 북위의 낙양성에 궁성, 내성과 곽성으로 이루어진 '삼중성(三重城)'이 나타나면서부터 종묘는 대부분 궁성 밖, 내성(內城) 내에 두었다. 일반적으로 이러한 궁묘(宮廟)의 배치는 중국 고대의 봉건사회에서 시종일관 이어져왔다. 도성에서의 종묘 분포 위치의 변화는 종묘 건축이 도성에서 차지하는 위상과 국가의 정치적 위치에서 혈연 정치의 변화를 보여준다.

11) 진(秦)의 함양성(咸陽城)

기원전 383년 진헌공(秦獻公)은 옹성(雍城)에서 역양(櫟陽)으로 도읍을 옮겼고 기원전 350년 진효공(秦孝公)이 또 함양(咸陽)으로 도읍을 옮기면서 7개국을 통일하는 위업이 시작되었다. 진(秦)이 중국을 통일한 후 도읍으로 정한 함양성(咸陽城)은 중화 5,000년 문명 중 중요한 역사 문화적 특색을 지닌 도성으로, 왕국 시대의 마지막 도성이자 진나라가 개척한 중화문명 제국 시대의 첫 번째 도성이다. 함양성은 왕국 시대 도성의 전통적인 특징을 보존하면서도 제국 시대 도성의 혁신적인 특징을 나타냈다.

함양(咸陽)은 서주(西周)의 도성인 풍경(豐京)과 호경(鎬京)이 있는 경기(京畿) 지역에 있으며 구종산(九嵕山) 남쪽, 위수(渭水) 북쪽에 위치하고 있어 산남수북(山南水北)이 모두 '양(陽)'의 위치에 있다 하여 '함양(咸陽)'이라고 불렀다. 진의 함양성 유적은 지금의 섬서성(陝西省) 함양시(咸陽市)에서 동쪽으로 약 15킬로미터 떨어진 요점진(窯店鎭) 일대에 위치해 있으며 남으로 위하수(渭河水), 북으로는 함양원(咸陽原)에 인접해 있었다. 『사기(史記)』 「진본기(秦本紀)」에는 "효공(孝公) 12년, 함양에 기궐(冀闕: 궁전명)을 축조하고 진의 도읍을 옮겼다"[71]라고 기록되어 있다. 진나라는 효공(孝公) 13년(기원전 349)에 함양으로 천도했고 우선 궁성과 궁실(宮室)을 축조했으며 혜문왕(惠文王) 때 궁실을 증축했다. 『한서(漢書)』 「오행지(五行志)」에는 "문혜왕(文惠王) 초 도성인 함양에는 광대한 궁실이 있었고 남쪽은 위하(渭河), 북쪽은 경하(涇河)와 인접해 있었다"라고 기록되어 있다. 그 후 진무왕(秦武王)·소왕(昭王)·효문왕(孝文王)·장양왕(莊襄王)을 거쳐 진시황이 나라를 통일하기 전까지 진의 도읍인 함양은 위하(渭河) 북안의 함양성에서 위하 이남으로 발전했고 사회 발전의 요구에 부응하여 각종 시설들을 갖추었는데 여기에는 주로 흥락궁(興樂宮)·장대(章臺)·제묘(諸廟)·감천궁(甘泉宮)·상림원 등이 포함되어 있으며 이들 건축물들은 북궁과 남궁이 병존하는 구도를 이루었다. 그리고 이런 쌍궁성제(雙宮城制)는 일찍 전국시대의 낙양성에 이미 있었다.

진시황은 중국을 통일한 후 진 제국을 건립했으며 정세의 발전으로 인한 수

---

71 孝公十二年, 作為咸陽, 築冀闕, 秦徙都之。

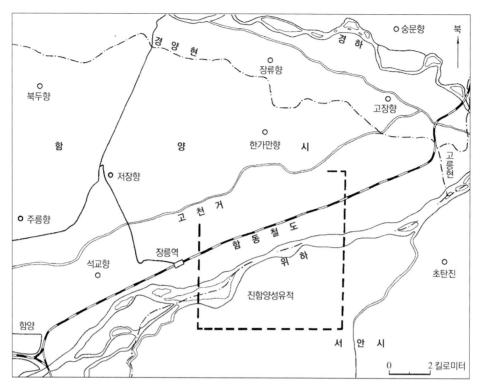

〈그림 2-109〉 진(秦) 함양성(咸陽城) 유적 분포도

진(秦) 함양성(咸陽城) 유적은 동서의 길이 약 7,200미터, 남북의 폭 약 6,700미터이다.

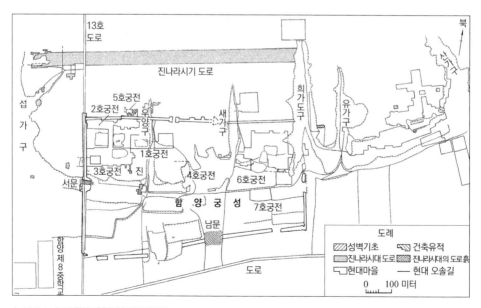

〈그림 2-110〉 진 함양궁(咸陽宮) 유적 평면도

궁성 성터의 평면은 직사각형으로, 동서의 길이 843~902미터, 남북의 폭 426~576미터이다.

〈그림 2-111〉 진(秦) 함양궁(咸陽宮)의 1호 궁전 건축 유적

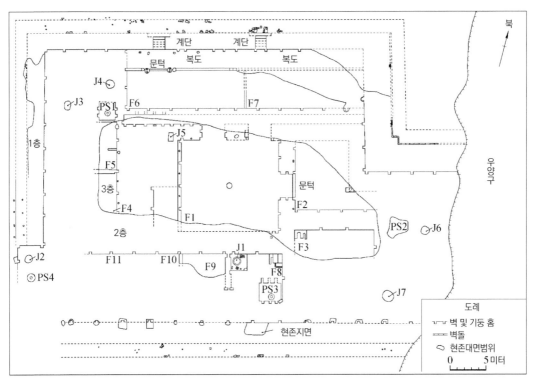

〈그림 2-112〉 진 함양궁 1호 궁전 건축 유적 평면도

1호 전지(殿址)의 평면은 '凹'자형으로 동서의 길이 130미터, 남북의 폭 45미터이고 오목하게 들어간 중간 부분은 남북의 폭이 20미터 정도이다. 전당(殿堂: F1)의 평면은 정사각형에 가까워 실내(室內) 동서의 길이 13.4미터, 남북의 폭 12미터이며 남쪽과 북쪽에 각각 성문 2개, 동쪽에 성문 1개를 설치했다.

요에 부응하려고 함양을 대규모로 확장했는데, 『사기(史記)』 「진시황본기(秦始皇本紀)」에는 다음과 같이 기록되어 있다.

　　진나라는 제후(諸侯)를 정복할 때마다 그들의 궁실을 본떠 함양성 북쪽 산비탈에 같은 모양으로 지었다. 남쪽으로 위하에 임하고 옹문(雍門)으로부터 동쪽으로 경하(涇河)와 위하, 전옥(殿屋: 궁실과 누각)을 공중으로 연결시키는 복도(複道: 상하 이중의 통로)를 만들었다.[72]

　　이어 위하 이남에서 토목공사를 크게 벌여 신궁(信宮: 極廟)과 감천전전(甘泉前殿)을 축조했다. 진시황은 위하 이북의 함양성은 발전할 공간이 부족하다고 판단하고 집권 후기에 도성과 궁성, 그리고 대조정전을 위하 이남으로 이전할 준비를 했고, 기원전 212년 위하 이남의 상림원에 아방궁 전전(前殿)을 착공했다. 아방궁 전전이 완공되기 전까지 진시황은 함양성에서 "보고를 듣고 정사를 폈으며 신하들이 받아야 할 황제의 결재가 이루어진 곳도 함양궁이었다".[73] 그 이후, 진 2세 때도 위하 이북의 함양성은 여전히 정치 중심이었으며 진 2세는 최후 핍박에 못 이겨 망이궁(望夷宮)에서 자결했다.

　　함양성 유적은 지금의 함양시(咸陽市) 위성구(渭城區)에 위치해 있으며 유적의 범위는 서쪽의 장릉(長陵)역 부근에서 동쪽의 백가취촌(柏家嘴村)까지, 북쪽의 성국거(成國渠) 고도(故道)에서 남쪽의 서안시(西安市) 초탄농장(草灘農場: 즉 진의 위하 북안, 한 장안성 유적 이북 약 3,275미터 부근) 부근까지이다.

　　진의 함양성 유적에서 탐사된 대량의 궁전 건축 유적은 함양원(咸陽原)의 섭가구(聶家溝)부터 희가구(姬家溝) 사이에 가장 밀집되어 있다. 궁전 건축군 유적 주위에서 성벽 유적이 발견되었는데, 이곳은 함양궁 유적으로 추정된다.

　　궁성 유적 내에서 7곳의 대형 판축 건축 기단이 발견되었고 1970년대와 80년대에 서쪽 구역의 1, 2, 3호 궁전 건축 유적을 발굴했다. 이는 현재까지 발견된

72　秦每破諸侯, 寫放其宮室, 作之咸陽北阪上, 南臨渭, 自雍門以東至涇、渭, 殿屋複道周閣相屬。
73　聽事, 群臣受決事, 悉于咸陽宮

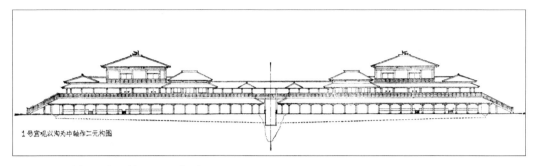

<그림 2-113> 진(秦) 함양궁(咸陽宮) 1호 궁전 건축 복원도

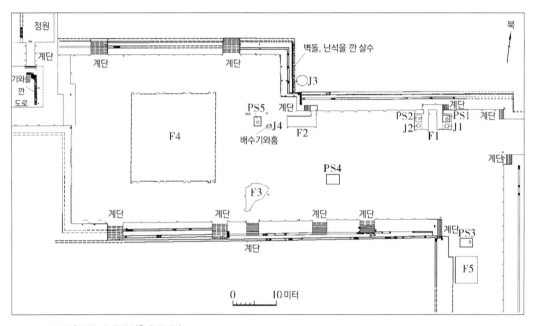

<그림 2-114> 진 함양궁 2호 궁전 건축 유적 평면도
2호 전지(殿址)는 동서의 길이 127미터, 남북의 폭 32.8~5.5미터이다.

전국시대와 진나라의 궁전 건축 유적 중 가장 등급이 높고 규모가 크며 보존이

잘 되어 있고 내용이 가장 풍부하며, 왕국과 제국 시대의 특징이 공존해 있는 왕

실 및 황실 궁전 건축 유적이다.

함양궁(咸陽宮) 1호 궁전 건축 유적(이하 1호로 약칭)은 지금의 함양시(咸陽市) 요점

진(窯店鎮) 우양촌(牛羊村)에서 북쪽으로 200미터 떨어진 함양원(咸陽原)에 위치해 있

으며 우양구(牛羊溝)에 의해 동서로 나뉘어져 있다. 발굴된 부분은 1호 궁전 건축

유적의 동반부로, 1호 전지(殿址)는 판축 고대(高臺)를 궁전 건축의 핵심으로 삼았고 여러 유형의 건축물이 고대에 의지해 지어졌다. 고대의 꼭대기 부분은 궁전의 주요 건축물인 전당(F1, 위 사진 참조)이고 전당의 동쪽은 과청(過廳: F2)이며 과청 남쪽은 주거 공간(F3)이다. 전당의 서쪽은 남북향 비탈길이어서 전당의 남문을 나서서 오르막길을 따라가면 전당 지면보다 높은 서쪽 평대(平臺)에 오를 수 있다.

전당(F1)은 중앙에 도주(都柱) 하나가 설치되어 있고 네 면의 벽에는 각각 벽주(壁柱)를 설치해 놓았는데 단면(截面)이 정사각형이고 변의 길이가 35센티미터이다. 일부 학자들은 "형가(荊軻)가 진왕(秦王)을 찔렀다"라는 이야기가 이 전당의 도주(都柱) 앞에서 일어났다며 당시 "형가가 진왕을 쫓고 진왕은 기둥을 돌며 달아났다"[74]라고 했다. 전당(F1) 바닥에는 붉은 주색(朱色)을 칠해 놓아 매끄럽고 평평하고 단단했는데 이것이 바로 문헌에 기록되어 있는 '토피주자(土被朱紫)'이다. 그리고 이것은 중국 역사상 최초로 궁전 건축물에서 사용된 '붉은 카펫' 유적이다.

1호 전지(殿址)는 다양한 건축 단원들을 하나로 통합한 고대(高臺) 궁전 건축군으로, 사용 기능·통로·채광·배수·구조 등 여러 면에서 배치가 합리적이다. 건축물의 평면은 주차(主次)가 명확하고 배치가 영활하고 자유로우며 통일체를 이루면서도 딱딱하지 않다. 크고 작은 건물들은 모두 고대를 기반으로 하고 있으며 각각 기단의 위아래에 위치하여 높낮이가 어긋나고 차이를 두었다. 이 대형 다층 누각식(樓閣式) 유적은 현재 알려진 가장 전형적이고 대표적인 고대 건축물 유적으로, 과거 한대(漢代) 건축 시공의 기술 특징으로 여겨졌던 허다만 부분을 전국시대의 중기 혹은 진으로 앞당겨 갔다.

함양궁 2호 궁전 건축 유적(이하 '2호 유적'으로 약칭)은 궁성의 서북쪽에 있고 동남쪽으로 1호 전지와 약 93미터 떨어져 있다. 이 궁전 건축 유적은 동서 127미터, 남북 32.8~45미터이며 건축물의 형식은 여전히 고대식 궁전 건축이다. 그리고 회랑(回廊)과 정원 바닥에서 18곳의 수직 도관(陶管)이 발견되었는데 모두 가장자리

---

74 荊軻逐秦王, 秦王環柱而走(『사기』 「자객열전(刺客列傳)」

〈그림 2-115〉 진(秦) 함양궁(咸陽宮)에서 출토된 벽화 〈사마도(駟馬圖)〉

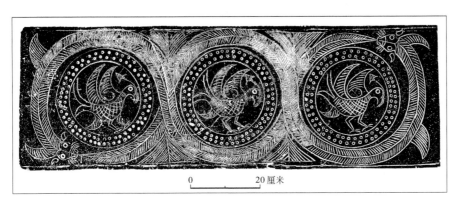

0   20 厘米

〈그림 2-116〉 진 함양궁 3호 궁전 건축 유적에서 출토된 용봉문(龍鳳紋) 공심전(空心磚) (탁본)

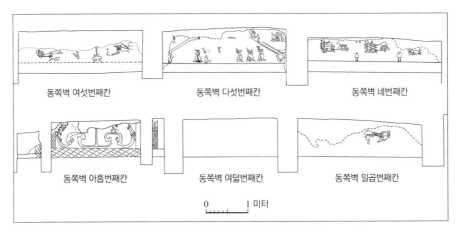

동쪽벽 여섯번째칸   동쪽벽 다섯번째칸   동쪽벽 네번째칸

동쪽벽 아홉번째칸   동쪽벽 여덟번째칸   동쪽벽 일곱번째칸

0   1 미터

〈그림 2-117〉 진 함양궁 3호 궁전의 장랑(長廊) 벽화

가 넓은 단절(單節)의 곧은 원통(圓筒) 도관으로 되어 있으며 구경(口徑)이 17~19센티미터, 길이 67~66센터미터이고 도관 안에서는 건드린 흔적이 없는 목탄이 발견되었다. 이들 회랑의 도관들은 깃대를 꽂는 용도로 사용된 것으로 추정되는데, 이는 함양궁의 다른 궁전 건축 유적에서는 찾아 볼 수 없다. 2호 전지는 이미 발굴된 진의 함양 궁성 중 규모가 가장 큰 궁전 건축 유적이며, 중요한 정무(政務) 시설로 보인다.

함양궁 3호 궁전 건축 유적은 _(이하 '3호 전지'로 약칭) 지금의 함양시 요점진 우양촌 북쪽에 위치해 있다. 3호 전지는 동서의 길이 123미터, 남북의 폭 60미터이다. 주요 건축물은 3호 전지의 기단 중앙에 있고 그 아래의 사면에 가옥을 지었으며 실내의 바닥에는 붉은 주색을 칠했다. 기단 아래 사면의 건물 바깥쪽에는 회랑을 설치하고 회랑 바깥쪽에는 산수(散水)를 만들어 놓았다. 3호 전지 서쪽은 남북향의 장랑(長廊)으로 길이 32.4미터, 폭 5미터이다. 장랑의 동서쪽은 낮은 담장이고 벽체는 판축으로 되어 있고 현재 남아 있는 부분은 0.2미터~1.08에 불과하다. 동서쪽 낮은 담장의 벽주(壁柱)는 분포가 대칭적으로 되어 있으며 현재 남아 있는 벽주의 기둥구멍은 각각 13개와 9개이다. 바닥은 청회색으로, 매끄럽고 평평하며 단단하다. 회랑의 북쪽 끝에는 문지방이 있고 문지방 밖에는 가옥 건물이 있는데 문이 설치되어 있고 문 밖에는 계단을 만들어 놓았다.

남북향 장랑의 동서 양쪽 담장 벽에서는 처음으로 진나라의 궁전 건축 벽화가 발견되었는데 내용이 풍부하다. 장랑은 남북으로 9칸인데 벽화는 '칸' 단위로 배치되어 있다. 그림의 내용은 차마도(車馬), 의장도(儀伏), 건축도(建築), 맥수(麦穗: 밀, 보리 이삭) 등이다. 이 건축 유적 장랑의 동서 담장 벽에 보존되어 있는 긴 두루마리 벽화는 중국 고대 궁전 건축 유적에서 발견된 벽화 중 가장 오래된 것으로, 보존이 잘 되어 있고 최고로 기품 있는 고대 벽화이다. 그리고 3호 전지의 서쪽 장랑을 제외한 다른 부분에서 또 벽화 조각 162점이 출토되었다. 1, 2호 전지에서도 벽화 조각이 대량 출토되었는데 1호 전지에서 440여점, 2호 전지에서 39점이 출토되었으며 벽화의 내용에는 주로 인물·거마(수레와 말)·건축물·동물·식물(화훼)·

신령·기하학적 무늬 등이 담겨 있다. 중국 고대 궁실(宮室)의 건축 벽화에 관한 기록은 비록 역사가 오래되었지만 고고학적 발견은 오랜 시간이 지나서야 이루어졌으며 진의 함양궁 유적에서 발견된 벽화는 이 부분의 공백을 메워 중국 미술사, 고대 건축사 관련 연구 자료를 풍부하게 했다.

위남(渭南)은 진나라 도읍 함양의 특정 지리 개념으로, 위하 북안과 진 함양성이 남북으로 마주한 지역이며 남으로 종남산(終南山) 북쪽, 북으로 위하 남안에 이르고 동서의 폭이 함양성보다 좀 넓다. 문헌 기록에 따르면 위남에는 진나라의 남궁(南宮: 甘泉宮)·장대(章臺)·제묘(諸廟)·아방궁·상림원(上林苑) 등이 있다. 『사기』「진시황본기」에는 "제묘(諸廟) 및 장대(章臺), 상림(上林)은 모두 위남에 있으며", "이에 지었던 신궁(信宮)은 위남이었으나, 얼마 뒤 이름을 바꾸길 명해 신궁(信宮)을 극묘(極廟)로 바꾸었고, 그 모양은 북극성 같았다"[75], "조궁(朝宮, 즉 아방궁)을 지었고 위남 상림원에 있다"[76] 라고 기록되어 있다. 즉, 위남의 건설은 전국 시기 말부터 시작된 것으로 보인다.

진효공(秦孝公)은 함양으로 천도한 후, 위하 남안에 종묘를 짓기 시작했고 『사기』「저리자감무열전(樗里子·甘茂列傳)」에 다음과 같이 기록되어 있다.

저리자(樗裡子)가 죽으니 위남의 장대에 묻었다. 저리자가 생전에 이르기를 "백 년 뒤 이곳에 천자의 궁궐이 생겨 내 묘지를 둘러싸리라". 저리자 질(疾)의 집이 소왕묘(昭王廟) 서쪽의 위남 음향(陰鄉) 저리(樗裡)에 있었기에 속칭 저리자라고 불렀다. 한(漢)나라가 일어나자 장락궁(長樂宮)이 그 무덤의 동쪽에, 미앙궁(未央宮)이 그 서쪽에 세워졌으며 무기고는 바로 묘지 위에 세워졌다.[77]

---

75 爲作信宮渭南, 已更命信宮爲極廟, 象天極

76 乃營作朝宮(即阿房宮)渭南上林苑中

77 樗裡子卒, 葬于渭南章臺之東。曰: "後百歲, 是當有天子之宮夾我墓。" 樗裡子疾室在於昭王廟西渭南陰鄉樗裡, 故俗謂之樗裡子。至漢興, 長樂宮在其東, 未央宮在其西, 武庫正直其墓。

저리자의 무덤은 한 장안성의 무기고 유적 아래에 있으며 당시에는 묘지와 주거 공간이 멀지 않았기에 저리자 질(疾)의 주거 공간은 당연히 무기고 유적 부근에 있을 것으로 보인다. 소왕묘(昭王廟)가 서쪽으로 저리자 질(疾)의 주거 공에 인접해 있었을 것으로 보이며 이곳은 지금의 장안성 유적 동쪽 혹은 한나라 장락궁 유적 부근이다. 일부 학자들은 서안(西安) 서북쪽 교외 염가촌(閻家村)의 고대 건축물 유적을 진나라의 도읍 함양 위남의 묘 유적 중 하나로 보고 있다. 이는 중국 고대 도성의 발전사에서 중요한 전환점으로, 종묘의 위치 변화만 보여준 것이 아니라 더 깊은 의미는 종묘가 혈연 정치의 상징임을 말해주는 것으로, 이런 변화는 국가 정치에서 차지하는 혈연 정치의 지위에 변화가 나타났음을 의미한다. 진나라의 통치자들은 함양성에서 종묘와 궁전이 '동등한 위치'에 있던 국면을 바꾸어 대조정전이 궁실(宮室) 구역에서 중요한 위치를 차지하게 했고 종묘는 부차적 위치에 놓이게 했을 뿐만 아니라 궁성 또는 궁전 지역에서 내보내 함양성 밖의 위남 지역에 배치하도록 했다. 도성에서 종묘의 위치 변화는 함양성의 중요한 특징 중 하나로, 중앙집권적 봉건제국 국가정치의 특성을 잘 반영하고 있으며 그 이후 도성의 배치 구조에 깊은 영향을 미쳤다. 진 함양의 난지(蘭池)와 상림원의 건설은 중국 고대 도성에도 중대하고 심원한 영향을 미쳤다. 난지는 궁전 구역의 원유(苑囿)로서 궁전 구역의 동쪽에 조성되어 있으며 상림원과 동서로 이어져 통일된 전체를 이루고 있다. 『사기』 「진시황본기」의 『정의(定義)』는 『괄지지(括地地)』를 인용하여 다음과 같이 기록했다.

난지피(蘭池陂)가 바로 옛 난지(蘭池)로 함양현(咸陽縣) 경내에 있다. 『진기(秦記)』에는 "시황제가 장안(長安)을 도읍으로 정하고, 위수(渭水)를 끌어 들여 못을 만들었으며 봉(蓬)·영(瀛)을 축조하고 돌에 고래를 새겼는데 길이가 200장(丈)이다"라고 쓰여 있다.

함양성에 난지를 조성한 것은 진시황 28년의 동행군현(東行郡縣: 동쪽의 군현을 순무하기 위해 출행 길에 오름)과 밀접한 관련이 있는데, 문헌에 "서시(徐市: 서복) 등이 글을

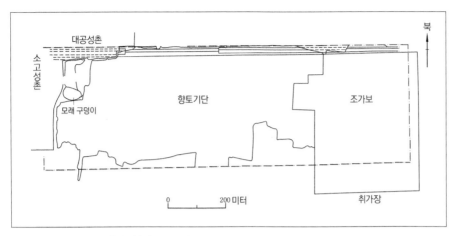

〈그림 2-118〉 아방궁(阿房宮) 전전(前殿) 기단 평면도

현존하는 유적의 판축 기단은 동서의 길이 1,270미터, 남북의 폭 426미터이며 기지의 판축은 현재 지면의 최고점에 비해 12미터 더 높다.

〈그림 2-119〉 아방궁 전전 기단

올려 말하기를 바다 가운데 삼신산(三神山)이 있는데 이름은 봉래(蓬萊), 방장(方丈), 영주(瀛洲)라고 하며 신선이 산다고 한다. 재계(齋戒)를 청하며 동남동녀와 같이 가야 한다고 하자 진시황은 서시와 수천 명의 동남동녀를 보내 바다에 나가 선인(仙

〈그림 2-120〉〈아방궁도(阿房宮圖)〉(淸, 袁江)

人)을 구해 오라고 명했다"[78]라고 기록되어 있다.

문헌에 따르면 아주 먼 옛날부터 중국은 고대 도성 부근에 원유(苑囿)를 짓기 시작했다고 하며 고고학적 발견으로 보면 진의 도읍 함양의 상림원이 현재 알려진 최초의 도성 원유이다. 상림원은 일명 '금원(禁苑)'이라고 했을 수도 있는데, 진의 봉니(封泥: 고대 중국에서 공문서나 서신, 기물 등을 봉할 때 사용되는 인장 찍힌 점토덩이)에 '금원우감(禁苑右監)'이라고 찍혀 있고 『서경부(西京賦)』에도 "상림 금원에 가서, 계곡을 건너면 미부(弥阜)이다"라고 기록되어 있다. 진의 금원에는 함양 부근의 두남원(杜南苑: 杜南宜春苑), 동원(東苑) 등도 포함되어 있다. 상림원과 금원제도는 그 이후의 중고시대까지 줄곧 이어져 왔고 명칭도 그대로 계승되었다. 예를 들면 한 장안성의

---

78 徐市等上書, 言海中有三神山, 名曰蓬萊、方丈、瀛洲, 仙人居之。請得齋戒, 與童男女求之。於是遣徐市發童男女數千人, 入海求仙人。(『사기』「진시황본기(秦始皇本紀)」)

상림원은 진나라의 제도를 계승한 것으로, 한무제 때 그대로 사용되면서 대대적인 증축이 이루어졌다. 동한의 도성 낙양성 역시 임원(林苑)을 두어 황실의 원유로 삼았다. 수(隋) 낙양성의 황실 금원인 회통원(會通苑) 역시 상림원이라고도 불렸고 당나라 장안성의 황실 원유는 금원이라고 했다.

진의 전국 통일과 더불어 함양성의 확장 건설이 이루어지면서 위남 지역으로의 발전을 가속화했다. 진나라 말기에 이르러 진시황은 함양성에 사람이 많은데 궁전은 작다고 여겨 '제왕의 도성'인 서주(西周)의 도성 풍호(豊鎬) 일대에 새로 아방궁을 짓기로 했고 "위수(渭水) 남쪽의 상림원에 조궁(朝宮)을 짓기 시작했다".

아방궁 전전(前殿) 유적은 지금의 서안시(西安市) 서쪽 교외 삼교가도(三橋街道) 취조촌(聚趙村)과 고성촌(古城村) 일대에 있다. 유적의 현존 지형은 남고북저(南高北低)이다. 고고학 연구에 따르면 진나라 때 아방궁의 전전 기지에 대한 대대적인 보수공사를 진행하면서 전전 범위 내에서 동, 서, 북 세 면에 벽을 쌓았다. 이미 발굴된 퇴적 지층을 살펴보면 전전 유적에는 진나라 때의 벽돌과 기와 같은 건축물 관련 유물은 아직 발견된 것이 없고, 더구나 아방궁을 불태운 흔적 역시 발견되지 않았는데 그 원인은 당시 아방궁 전전 지면의 벽체와 지붕 공사가 이루어지지 않았기 때문이다. 다시 말하면 진나라 말기에 여기에는 불태울만한 전(殿)이 없었던 것이다. 따라서 오랫동안 논의해온 "아방궁을 불태웠다"는 사실은 존재하지 않으며 아방궁 전전에 관한 『사기』 「진시황본기」의 기록은 다음과 같다.

> 동서 500보, 남북 50장(丈)이니, 위에 1만 명이 앉을 수 있고, 아래에는 5장(丈) 높이의 기발을 세울 수 있다. 주위에는 말이 달리는 각도(閣道)가 있는데 전각(殿閣)의 아래부터 곧장 남산(南山)에 이르고 표지로 남산 꼭대기에 궐(闕)을 지었다. 복도(複道)를 만들어 아방에서 위하를 건너니 함양으로 이어지고, 마치 천극각도(天極閣道: 하늘 끝의 각도)에서 은하수를 가로질러 영실(營室: 28숙의 하나인 室宿)에 이르는 것 같다.[79]

이는 사실 당시의 계획이었다. 진시황 35년(기원전 212)에 "먼저 전전의 아방을 짓고…… 아방궁이 미완성이므로 완성된 다음에 다시 좋은 이름을 택하여 붙이려 했다. 지었던 아방이 궁전이기 때문에 세상 사람들은 아방궁이라고 불렀다"[80]라는 기록도 있다. 진시황 37년(기원전 210) 7월에는 진시황이 "사구(沙丘) 평대(平臺)에서 붕(崩)했다"라는 기록이 있다. 아방궁의 건설공사는 중단되었으며 "진행 중이던 공사를 멈추고 역산(酈山)에 무덤을 짓기 시작했다". 그리고 진(秦) 2세 원년(기원전 209) 4월, "아방궁 공사가 다시 시작되었다". 불과 3개월이 지난 뒤, 진나라 말기의 농민 봉기가 일어나자 조정의 승상, 장군 등은 "잠시 아방궁 공사를 멈추자고 제안했고", 이는 당시 아방궁이 건설 중이었음을 말해준다. 『한서(漢書)』 「오행지(五行志)」는 진 2세가 "아방을 다시 일으키려 했지만 결과를 보지 못하고 죽었

---

79 東西五百步, 南北五十丈, 上可以坐萬人, 下可以建五丈旗。周馳為閣道, 自殿下直抵南山, 表南山之巔以為闕。為複道, 自阿房渡渭, 屬之咸陽, 以象天極閣道絕漢抵營室也。

80 先作前殿阿房……阿房宮未成; 成, 欲更擇令名名之. 作宮阿房, 故天下謂之阿房宮

다"라고 기록했다. 새로운 고고학적 발견으로 인해 밝혀진 아방궁 전전의 유적은 문헌에 기록된 아방궁 공사 진행 상황과 일치한다.

진(秦)의 함양성은 5,000년 동안 문명이 단절되지 않았음을 증명하는 물적 유산으로, 지금까지 사람들에게 주목받지 못한 몇 가지가 있다.

첫째, 역대 대조정전의 명칭은 시기에 따라 달랐는데, 주(周)나라 때에는 '노침(路寢)', 진한(秦漢) 시기에는 '전전(前殿)'이라 했고 조위(曹魏) 및 그 이후에는 '태극전(太極殿)'이라고 했다. 당(唐) 이후부터는 대조정전(大朝正殿)이라는 명칭이 더 많아졌는데, 예를 들어 송(宋) 동경성(東京城)의 대경전(大慶殿)·금(金) 중도(中都)의 대안전(大安殿)·원(元) 대도(大都)의 대명전(大明殿)·명(明) 남경성(南京城)의 봉천전(奉天殿)·명(明) 북경성(北京城)의 황극전(皇極殿)·청(淸) 북경성의 태화전(太和殿) 등이다. 『사기』「진시황본기」에 진시황 35년부터 '전전(前殿) 아방(亞房)'을 짓기 시작했다고 기록되어 있는데, 이는 중국 역사 문헌에 등장한 최초의 전전이다. 당시의 계획에 따르면 전전은 남쪽으로 "전각 아래에서 곧장 남산까지 이르고 남산(南山) 꼭대기에 궐(闕)을 지어 표시로 삼는다"[81]했고 전(殿)부터 북쪽으로 "복도(複道)를 만들어 아방에서 위하(渭河)를 건너니 함양으로 이어졌다"라고 했다. 위의 기록을 살펴보면 만약 성이 이미 조성되었다면 진의 아방궁은 새로운 궁성일 가능성이 있다는 것을 알 수 있다. 전전은 대조정전으로 좌북조남, 즉 북에서 남으로 향하며 남쪽으로 궁궐, 즉 남산의 정상을 마주하고 그 북쪽은 진의 함양궁으로, 궁성에서 대조정전의 공간적 위치, 즉 '거전(居前)'을 부각시켰다. 그 이후, 대조정전의 명칭이 바뀌어도 궁성 중 '거전(居前)'의 규제는 바뀌지 않았으며 이 역시 중화문명의 중요한 문화유전자가 되었다. 그리고 국가의 대표적인 건축물로 대조정전의 지존의 지위를 구현했다.

진시황은 아방궁을 건설하기 위해 전국에서 70만 명을 징용했지만, 단 1년여 만에 순행 도중 죽었고 뒤이어 대규모의 농민봉기가 일어났다. 진시황의 '전전 아

---

81 自殿下直抵南山, 表南山之顚以爲闕

방' 공사는 결국 전전의 지하 기초부분만 진행된 반쪽짜리 공사가 되었다. 따라서 '전전 아방'의 거전 이념은 사마천이 기록한 아방궁 계획에 의해 추정할 수밖에 없으며 진시황의 '전전 아방'의 도성, 궁성 중의 거중(居中)과 거고(居高)의 이념은 논의할 방법이 없다. 이러한 이념의 실천 및 완성은 서한을 건립한 한고조(漢高祖) 유방(劉邦)에 의해 이루어졌다.

둘째, 중국 고대 도성의 발전사에서 진 함양성의 종묘와 궁전(대조정전)은 더 이상 궁(宮), 묘(廟)가 궁성 내에 병렬 배치된 왕국 시대의 구도가 아니며 이는 중국 고대사회가 혈연 및 지연 정치가 병존해 있던 왕국 시대로부터 지연 정치를 위주로 하고 혈연 정치는 부차적 지위로 하락된 제국 시대로 발전했음을 의미한다. 따라서 대조정전은 독존적 정치 지위를 차지했고 종묘는 좌조우사(左祖右社)로 분류되어 궁성에서 배제되었다. 진시황이 통치하던 시기의 종묘는 옹성(雍城) 혹은 함양성과 위하를 사이에 두고 마주하고 있는 위남 지역에 있었을 것이며 이는 왕국 시대에서 제국 시대에 진입한 후, 국가 위상의 중요한 변화를 두드러지게 보여주며 국가지상주의의 표현으로, 가족보다 국가가 우선이고 지연 정치가 혈연 정치보다 우선임을 반영한다.

셋째, 함양 난지(蘭池)의 건설은 '바다'와 '해중신산(海中神山)'인 봉래(蓬萊)·방장(方丈)·영주(瀛州)를 모두 도성에 두겠다는 진시황의 의지였다. 이러한 설계 및 사상은 그 이후의 역대 도성에도 심원한 영향을 미쳤는데, 한의 장궁(章宮), 당의 대명궁(大明宮) 및 원 대도(大都)의 태액지(太液池)와 명청 북경성의 북해(北海)·중해(中海)·남해(南海) 등이 모두 진시황의 '해중신산'에서 비롯된 것이다.

넷째, 현재 붉은 카펫을 깔고 귀빈을 맞이하는 것은 고귀한 예의가 되었다. 진 함양궁 1호 유적의 전당에서 발견된 주홍색 바닥은 2,000여 년 전의 중화 문화에서 이미 이런 예의가 존재했음을 말해준다.

12) 동주열국(東周列國)의 도성

낙양(洛阳) 왕성(王城)

기원전 770년 주평왕(周平王)은 낙읍(洛邑)으로 옮겨 왕성(王城), 즉 동주(東周)의 도성을 건설했다. 궁성은 왕성의 서남부, 즉 지금의 하남성(河南省) 낙양시(洛陽市) 구자둔(瞿家屯村) 동북부 일대에 위치한다.

궁전 구역의 동쪽에서 전국 시기의 곡물창고 74곳이 발견되었는데 동서의 폭이 약 300미터, 남북의 길이 약 400미터 범위에 분포되어 있다. 이곳은 궁성과 가까우며 남쪽으로는 또 낙하(洛河)가 가까워 조운에 편리하고, 지세가 높아 빗물이 고이지 않기에 동주(東周) 왕성의 중요한 창고 건물이 되었다. 동주의 고분은 왕성의 중부와 동북부 및 간하(澗河) 서안에 분포되어 있다.

2002년 이곳에서 동주 시기의 대형 묘지와 차마갱군(車馬坑群)이 발견되었는데 대체적으로 남북향이며 우마차는 세로 2열로 배치되어 있다. 이 중 5호 차마갱은 길이 42.6미터, 폭 7.4미터이고 매장된 차가 26대, 말은 70필로 중국 국내에서는 보기 드문 큰 규모이다. 서쪽 줄 2호 마차는 6필의 말이 끄는데 이것이 바로 문헌에 기록된 천자가육(天子駕六)이다. 이는 이곳의 마차갱이 왕릉에 속해 있음을 말해주며 동주 왕성의 동반부는 왕릉 구역으로 추정된다. 동주에는 25명의 왕이 있었는데, 이들의 능묘는 모두 낙양에 있고 왕성을 제외한 주산(周山), 금촌(金村: 왕성 동북쪽 약 10킬로미터 지점)에 또 각각 왕릉 구역이 한 곳씩 있다.

주평왕이 낙양의 왕성(王城)에 도읍을 옮긴 것은 서주(西周) 초에 낙읍(洛邑)을 도성으로 택한 '택자중국(宅玆中國)'의 연속으로서, '택중건도(擇中建都)'의 역사적 지속과 발전을 보여주며 중국 고대 도성의 발전사에서 낙양과 장안의 양경제(兩京制) 모식(模式)을 확립했다. 양경제(兩京制)는 주진(周秦)의 중심이 하상(夏商) 왕조의 중심

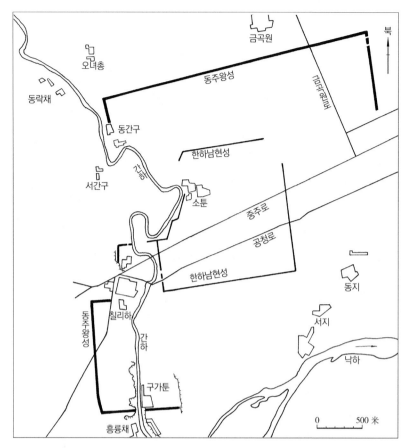

〈그림 2-121〉 낙양(洛陽) 동주(東周)의 왕성(王城) 평면도

낙양(洛陽) 왕성(王城)은 동서 폭 2,890미터, 남북의 길이 3,700미터이다. 궁성(宮城)은 동서 길이 344미터, 남북의 폭이 182미터이다.

〈그림 2-122〉 하남(河南) 낙양(洛陽) 금촌(金村) 동주
(東周)왕 무덤에서 출토된 청동 유종(鈕钟)

〈그림 2-123〉 하남 낙양 금촌 동주왕 무덤에서 출토된 옥이배(玉耳杯)

인 '대중원(大中原)'의 중동부(中東部)에서 중서부(中西部)로 옮겨간 역사 발전의 필연이다. 더욱이 이는 왕국에서 제국 시대로의 발전 변화의 필연이며 국가 발전 및 국가 중심의 변화로 인한 역사적 산물이고 '택중건도' 이념의 불변과 도성 입지 변화의 유기적인 결합이기도 하다.

노(魯)의 고성(故城)

서주(西周) 초기, 주성왕(周成王)은 주공단(周公旦)을 노(魯)에 봉했고 주공(周公)은 노를 아들인 백금(伯禽)에게 맡겼다. 노(魯)나라 고성(故城)의 궁성은 춘추시대 무렵에 세워졌고 고성이었던 산동성(山東省) 곡부(曲阜)는 유교 창시자인 공자의 고향으로, 주공과 공자 등 중국 역사상 유명한 정치가·사상가들로 인해 이곳이 인문학적 기반임을 보여준다.

노나라 고성은 곽성(郭城: 大城)과 궁성(宮城: 小城)으로 이루어졌다. 고성에서 발견된 성문은 모두 11개로 동·서·북 3면에 각각 3개, 남면에 2개였다. 남면의 동쪽 성문은 구조가 특이하여 문 밖 양쪽의 판축 기단과 성벽이 맞닿아 있으며 기단은 동서 폭 30미터, 남북의 길이 58미터로, 문헌에 기록된 노나라 고성의 성문으로 보인다. 이 성문은 노희공(魯僖公)이 개축한 노성(魯城) 직문(稷門)으로 '고문(高門)'이라고도 불린다.

궁성 유적은 노나라 고성 내 중부에서 약간 북쪽으로 치우쳐 있는 '주공묘(周公廟)'와 성과사(盛果寺) 일대에 위치해 있는데, 지세가 높은 중부가 궁전의 종묘 구역이다. 궁성의 궁전 구역을 중심으로, 남쪽으로 남쪽 성벽의 동문 및 역사 문헌에 기록된 무우대(舞雩臺)로 보이는 곳과 맞닿아 있으며 이들 사이에는 17미터 폭의 도로가 있어 도성의 남북 중축선을 이루었다.

노나라 고성에 대한 고고학적 발견은 중국 고대 도성의 발전사에서 다음과 같은 두 가지 의미를 지닌다.

첫째, 궁성과 남동문, 그리고 성 밖 남교(南郊) 무우대로 이루어진 노나라 고성

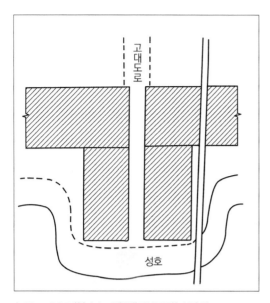

〈그림 2-124〉 노(魯)나라 고성(故城)의 남동문(南東門) 약도

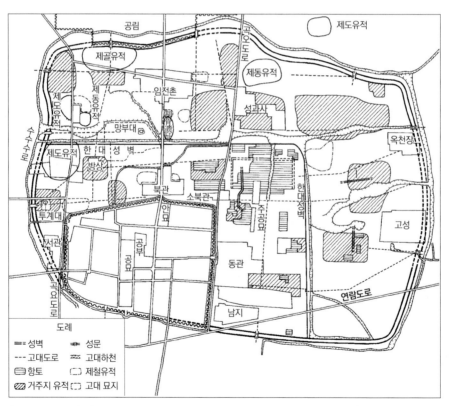

〈그림 2-125〉 곡부(曲阜)의 노나라 고성 유적 분포도

노나라 고성(故城)의 곽성 평면은 직사각형에 가까워 동서의 길이 3,250~3,560미터, 남북의 폭 2,430~2,531미터이며 둘레가 1만 1,771미터이다. 궁성의 평면은 정사각형에 가까워 동서의 길이 약 550미터, 남북의 폭이 약 500미터이며 둘레가 약 2,100미터, 면적이 약 2만 7,500제곱미터이다.

의 남북향 중축선이 발견되었다.

둘째, 노나라 고성의 곽성 성문은 모두 11개이며 그중 동·서·북 3면에 각각 3개씩 있었고 이런 제도는 후대의 도성에 깊은 영향을 미쳤다.

진(秦)의 옹성(雍城)

옹성(雍城) 유적은 지금의 섬서성(陝西省) 봉상현(鳳翔縣)의 성남(城南), 옹수(雍水) 북쪽에 위치한다. 봉상은 서주(西周) 때 소공(召公), 목공(穆公)의 채읍(采邑: 제후의 봉토)

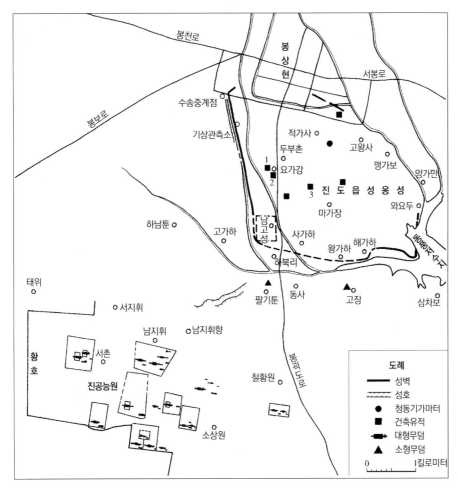

〈그림 2-126〉 봉상(凤翔)의 진(秦) 옹성(雍城) 및 진공(秦公) 능원 평면도

옹성(雍城) 유적의 평면은 정사각형에 가까워 동서의 길이 3,300미터, 남북의 폭 3,200미터이다.

〈그림 2-127〉 진(秦) 옹성(雍城) 유적에서 출토된 봉조함 환동훈로(鳳鳥銜環銅熏爐)

이었다. 평왕(平王)이 동쪽으로 도읍을 옮기고 기풍지지(岐灃之地: 岐山 서쪽 지역)를 양공(襄公)에게 하사했으며 후에는 진나라의 땅이 되었다. 진나라는 덕공(德公) 원년(기원전 677)에 옹성(雍城)으로 도읍을 옮기고 헌공(獻公) 2년(기원전 383)에는 도읍을 역양(櫟陽)에 옮겼으며 옹성은 300년 가까이 진나라의 도읍지였다.

궁전 유적은 주로 마가장(馬家庄) 및 철구(鐵溝), 고왕사(高王寺), 요가강(姚家崗) 등 3개 구역에 분포되어 있다. 마가장(馬家庄) 유적 구역에서 발굴된 마가장(馬家庄) 1호, 3호 건축 유적은 각각 옹성의 종묘 건축과 주요 궁전 건축물 유적이다.

종묘 건축 유적 둘레에는 담을 쌓아 묘원(廟院)을 조성했으며 그 안에 세 채의 건물이 '品'자형으로 배치되어 있고, 중부에 정원이 하나 있으며 남부에는 문숙(門塾: 옹성에 딸린 방)이 있다. 이 세 건물의 평면은 모두 '凹'자형을 이루고 있다. 북쪽의 건물 한 채는 좌북조남(坐北朝南)의 방향으로 자리 잡고 있으며 앞과 뒷면의 폭은 20.8미터와 13.9미터이다. '凹'자형 남쪽 정중앙이 전당(前堂)이고 그 뒤가 직사각형의 후실(後室)이다. 동서 양쪽의 '凹'자형 건물 중, 서쪽이 좌서조동, 즉 서에서 동으로 향하고 동쪽은 좌동조서, 즉 동에서 서를 향해 서로 마주하고 있으며 구조는 북쪽의 '凹'자형 건물과 거의 비슷하다. 세 채의 '凹'자형 건물의 가운데 부분은 정원으로, 동서의 폭 30미터, 남북의 길이 34.5미터이다. 중정(中庭)과 북쪽 건물의 두 협실(夾室: 본채에 딸려 있는 작은 방)에서 제사갱 181개가 발견되었는데 여기에는 우갱(牛坑) 86개, 양갱(羊坑) 55개, 우양동갱(牛羊同坑) 1개, 인갱(人坑) 8개, 인양동갱(人羊同坑) 1개, 빈 구덩이 28개, 차마갱(车马坑) 2개가 포함되며 전생제사(全牲祭祀: 가축만으로 지내는 제사), 무두제사(無頭祭祀: 머리가 없는 제물로 지내는 제사), 절쇄제사(切碎祭祀: 동물 신체의 일부를 제물로 지내는 제사) 세 종류로 나뉜다.

주요 궁전 건축(마가장(馬家庄) 3호 건축 유적)은 동쪽의 종묘 건축 유적에서 약 500미터 떨어져 있고 유적지의 지면이 주변에 비해 높다. 이 건축군의 둘레에는 담장을 쌓아 폐쇄된 형태의 원락이 조성되어 있다. 남에서 북으로 오진(五進: 다섯 번 들어감) 원락으로 나뉘어 있고 문은 5개 설치되었으며, 세 번째 원락이 가장 중요하다. 원락 중앙에 있는 궁전 건축은 오진 원락 중 규모가 가장 큰 건물로, 동서의 길이 약 33미터, 남북의 폭 17미터이다.

마가장(馬家庄) 1호 건축 유적(종묘 유적)과 3호 건축 유적(궁전 유적)은 옹성에서 '좌묘(左廟)'와 '우궁(右宮)'의 구도를 이루고 있으며, 이는 사실상 선진(先秦)시대 도성의 궁묘 건축 분포의 일반적인 규율이었고 이리두(二里頭)와 언사(偃師) 상성(商城)의 궁성 유적에도 '좌묘'와 '우궁'이 동서로 나란히 분포되어 있다.

시장(市場) 유적은 옹성의 북쪽에 위치하며 북쪽 성벽에서 약 300미터 떨어져 있다. 시장은 평면이 직사각형으로 동서의 길이 180미터, 남북의 폭 160미터이며 면적이 2만 제곱미터이다. 시장의 사면에는 담장을 쌓았고 사면의 중앙에 각각 문 하나씩 설치했는데 지금까지 발견된 중국 최초의 도성 '시(市)'의 유적이다. 유적 남쪽은 옹성 궁묘 건축 유적으로, '전조후시(前朝後市)'의 구도를 이루었으며 이는 『주례』「고공기(考工記)」에 기록된 도성의 '면조후시(面朝後市)'와 일치한다.

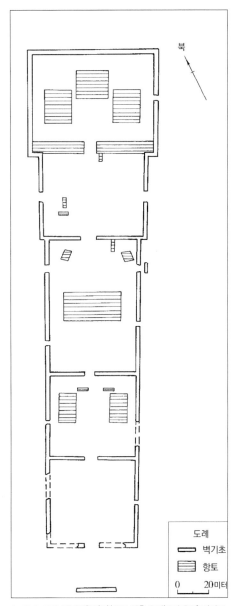

〈그림 2-128〉 마가장(馬家庄) 3호 건축 유적(궁전 유적) 평면도
원락(院落)의 평면은 남북향 직사각형으로 남북의 길이가 326.5미터이고 북단(北端)의 폭이 86미터이며 남단(南端)의 폭은 59.5미터이고 면적이 2만 1,849제곱미터이다.

진나라의 수도 옹성은 진 제국의 역사 문화적 연원과 발전에 대한 연구에 있어서 매우 중요한 의미가 있다. 그리고 옹성의 도성제도는 다음과 같은 특징이 있다.

첫째, 진나라 옹성은 하대(夏代) 이리두(二里頭) 유적과 언사(偃師) 상성(商城) 유적의 궁성에 이어 고고학적 발견이 이루어진 동주 시기 열국의 도성 중, '좌묘우궁(左廟右宮)'의 구도를 갖춘 전형이다.

둘째, 진의 옹성과 한의 장안성은 현재 유일하게 알려진 면조후시(面朝後市)의 특징을 지닌 도성이다.

셋째, 진 옹성의 제천 유적은 현재 선진 시대에 대한 고고학적 발견에서 유일하게 역사 문헌과 상호 증명할 수 있는 중요한 유적이다.

초(楚)의 기남성(紀南城)

기남성(紀南城)은 초(楚)나라의 영도(郢都) 고성으로 기산(紀山)의 남쪽에 있어 붙여진 이름이다. 기남성은 후세에 붙여진 이름이며 본명은 영도이다. 기남성은 춘추(春秋) 중기부터 기원전 278년까지 초(楚)나라의 도읍이었으며 지금의 호북성(湖北省) 형주시(荊州市) 기남진(紀南鎭) 조림촌(棗林村)에 위치한다.

기남성에서 현재까지 확인된 성문터는 7곳이며 여기에는 서쪽 성문 2곳, 기타 삼면의 성문 각각 1곳, 남쪽과 북쪽 성벽의 수문 각각 1곳이 포함되어 있다. 그 중에서 서쪽 성벽의 북쪽 성문과 남쪽 성벽의 서쪽 수문이 가장 중요하며, 이미 고고학자들에 의해 전면 발굴이 이루어졌다.

서쪽 성벽 북쪽의 성문 유적에는 3갈래의 문도(門道)가 있는데 동서로 10.1미터 깊이이며 가운데 문도의 폭이 7.8미터이고 양쪽 문도의 폭은 각각 약 3.8미터이다. 문도 사이 격장(隔墻)의 폭은 3.6미터이며 서쪽 성벽의 안쪽, 남과 북 문도의 양측에 문방(門房) 기단이 있다.

남쪽 성벽의 서쪽 성문은 '일문삼도'의 수문(배를 통행시키는 성문)으로, 원래는 신교하(新橋河)가 도성 남쪽 성벽을 통과하던 곳이다. 고하도(古河道) 상부의 폭은 18미터, 하부의 폭은 6미터이다. 수문은 나무로 만들어졌으며 평면이 직사각형으로

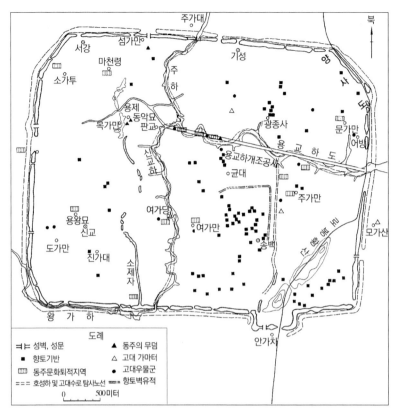

〈그림 2-129〉 기남성(紀南城) 평면도

기남성(紀南城) 성터의 평면은 직사각형으로 동서의 길이 약 4,450미터, 남북의 폭이 약 3,588미터이며, 성벽의 둘레 1만 5,506미터이고 면적은 약 16제곱킬로미터이다.

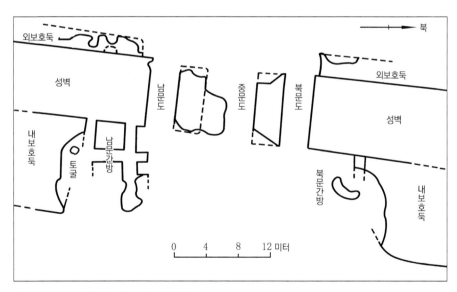

〈그림 2-130〉 기남성(紀南城) 서쪽 성문 유적 평면도

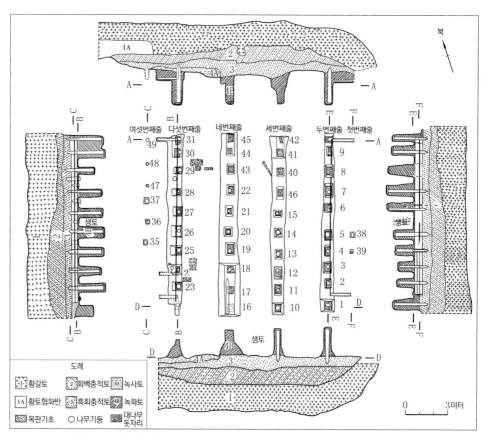

<그림 2-131> 기남성 남쪽 성벽 수문(水門) 목조건물의 평면, 단면도

동서의 길이 약 15미터, 남북의 폭이 약 11.5미터이다. 상술한 서쪽 성문과 남쪽
성벽의 수문터는 대략 춘추 말기에서 전국 시기까지의 유적이다.

궁전 구역은 주로 도성 동남부에 분포되어 있으며 기남성 동쪽에 당시 왕실
의 이궁(離宮)이 분포되어 있다. 지금의 잠강시(潛江市) 용만진(龍灣鎭)에는 동서의 길
이 약 2,000미터, 남북의 폭 약 1,000미터의 넓은 범위에 대형 이궁 건축물 유적
이 분포되어 있는데, 이 건축물들은 대부분 전국시대에 유행했던 고대(高臺) 궁전
건축이다.

기남성이 중국 고대 도성의 발전사에서 가지는 가장 중요한 의미는 다음과
같다.

기남성의 '일문삼도' 성문 2개는 지금까지 발견된 중국 고대 도성 중 최초의 '일문삼도' 도성 성문(곽성 성문)이다. 서한(西漢)에 이르러 장안성의 12개 성문은 모두 일문삼도로 되어 도성 성문의 기본 구조가 이루어지며 명청(明淸)의 북경성까지 이어진다. 일문삼도'의 규제는 하대(夏代) 말기 이리두(二里頭) 유적으로 거슬러 올라갈 수 있는데 1호 궁전 건축 유적의 궁전 정원 남문이 바로 일문삼도이다. 그 후 언사(偃師) 상성(商城) 궁성에 일문삼도의 남문이 동서로 나란히 있었고 동주 시기에는 기남성의 곽성 성문이 바로 일문삼도였다. 일문삼도는 궁전 정원의 대문에서 시작되어 궁성의 궁문, 그리고 도성의 성문까지 발전과 변화 과정을 거쳐 왔으며 이는 '중(中)'의 이념이 더욱 심화, 발전했음을 의미한다.

연(燕)의 하도(下都)

연(燕)나라 하도(下都)의 성터는 지금의 하북성(河北省) 역현(易縣) 현성에서 동남쪽으로 2.5킬로미터 떨어진 북역수(北易水)와 중역수(中易水) 사이에 위치하며, '역수(易水)'는 기원전 227년 연나라 태자 단(丹)이 진시황을 죽이려고 형가(荊軻)를 파견할 때 배웅하던 곳이다. 형가는 이곳에서 "바람소리 소슬하고 역수는 차갑구나! 장사(壯士)는 한번 떠나면 다시는 돌아오지 못하리"[82] 라는 노래를 불렀다.

연나라 하도(下都) 성터의 평면은 불규칙하며 동서 두개 성으로 나뉘어 있는데 서쪽 성은 사실상 군사 기능을 갖춘 예비 도성이고 동쪽 성이 실제 사용된 도성이다.

동쪽 성 중부의 편북쪽에 있는 동서 방향의 격장(隔墻)이 동쪽 성을 남과 북으로 갈라놓았는데 그 길이가 4,460미터에 달한다. 동쪽 성은 궁전 구역, 수공업 공방 및 관리 구역, 주거 구역, 묘장(墓葬) 구역으로 나뉜다.

궁전 구역은 성터의 동북쪽에 분포되어 있고 주요 궁전 건물의 판축 기단과

---

82 風蕭蕭兮易水寒, 壯士一去兮不復返

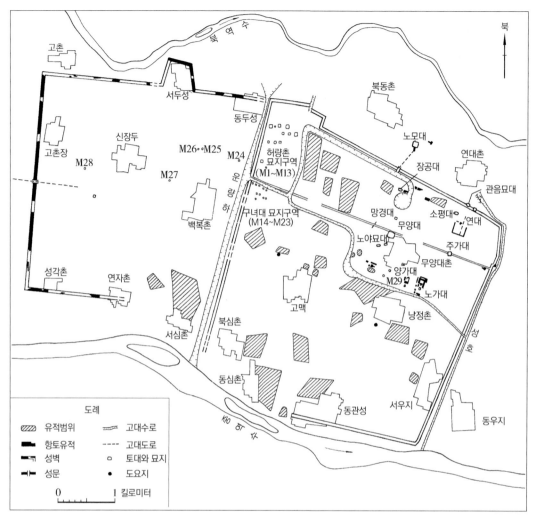

〈그림 2-132〉 연(燕)나라 하도(下都) 성터 평면도

성터의 동서 길이는 약 8,000미터, 남북 폭은 4,000∼6,000미터이다.

궁전 건축군 두 부분으로 나뉘며 궁전 건물의 판축 기단은 무양대(武陽臺)·망경대 (望景臺)·장공대(張公臺)·노모대(老姆臺) 등 4개이다. 무양대 북쪽에는 망경대와 장공 대가 성 밖의 노모대와 함께 남북 방향의 중축선 위에 있다. 기타 궁전 건축군들 은 무양대의 동북쪽, 동남쪽 및 서남쪽에 있으며 무양대를 둘러싸고 있다. 무양대 를 중심으로 남북으로 배열되어 있는 4개의 대형 고대(高臺) 궁전 건축은 중축선 이 연나라 하도에서 핵심적 위치를 차지했음을 보여준다.

정한(鄭韓)의 고성(故城)

서주(西周) 시기 정(鄭)은 선후로 지금의 섬서성(陝西省) 봉상현(鳳翔縣), 화주구(華州區)를 봉국(封國)으로 받았고 서주 말기 평왕(平王)이 낙양으로 천도하자 정무공(鄭武公)도 신정(新鄭)으로 도읍을 옮겼다. 정한(鄭韓)의 고성(故城)은 지금의 하남성(河南省) 신정구(新鄭區)에 있었으며 동주(東周)시기에 이곳은 진(秦)·초(楚)·삼진(三晉)이 패권을 다투던 전략적 요충지였다.

정한 고성의 중부에는 남북향 담장이 있어 고성을 서성(西城)과 동성(東城)으로 나누었다. 서성은 주요 궁묘(宮廟) 구역으로, 정나라 국군의 능묘도 여기에 있다. 발굴자들에 따르면 1980년대 이래 서성 중부에서 남쪽으로 치우친 궁성의 남부에서 한국(韓國)의 종묘 유적을 발견했는데 동서의 길이 500미터, 남북의 폭 320미터이고 둘레에 담장을 쌓아 원락(院落: 일부 고고학자들은 묘원(廟院)으로 추정함)을 조성했다고 한다. 원락 사면의 중앙에 문 하나씩 있고 네 귀퉁이에는 각루(角樓)가 있었을 것으로 보인다. 그리고 원락의 중앙에서 길이 3.25미터, 폭 0.45미터, 두께 0.25미터의 대형 석규(石圭)가 발견되었는데 이는 중국 고대 도성 고고학 최초의 발견이다.

궁성 북부의 소장대(梳妝臺) 유적에 남아 있는 고대 건축 기지는 남북의 길이 약 135미터, 동서의 폭 약 80미터, 높이 약 8미터로 춘추시대 정나라 도성의 대형 궁묘 건축 유적이다.

지금까지 이미 발견된 정나라 제사 유적 4곳은 모두 동성 중부의 편북, 편남 지역에 있으며 중부의 편북 쪽 제사 유적에서 춘추 시기의 대형 판축 유적이 발견되었는데 그 분포 범위가 약 4만 제곱미터에 달한다. 그리고 항기(夯基) 서남쪽에서 또 5개의 제사갱이 발견되었는데 그중 직사각형의 큰 갱(坑)이 가운데 위치에 있고 다른 4개는 반쯤 둘러져 있는 형태로 큰 갱을 둘러싸고 있다.

중부 편남 쪽에 있는 3곳의 제사 유적은 각각 금성로(金城路)의 청동 예기(禮器) 제사갱, 신정시(新鄭市) 신용사(信用社) 기반 건설공사장 청동 예기갱(禮器坑)과 중국은행 신정(新鄭)지점 기반 건설공사장 제사 유적이다. 금성로(金城路)에서 발견된

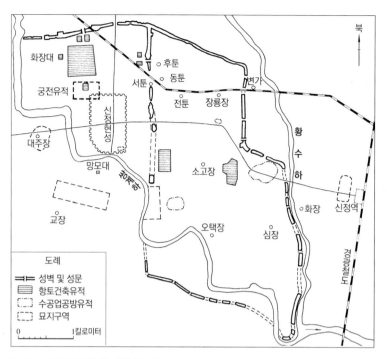

〈그림 2-133〉 정한(鄭韓)의 고성(故城) 평면도

유적은 평면이 불규칙한 직사각형으로, 동서의 길이 약 5,000미터, 남북의 폭 약 4,500미터이며 성벽의 둘레 약 2만 미터, 성(城)내 면적은 약 16제곱킬로미터이다.

서성(西城)의 평면은 직사각형에 가까워 남북의 길이 4,300미터, 동서의 폭 2,400미터이고 둘레는 1만 3,400미터이다. 동성(東城)의 평면은 불규칙한 직사각형으로 동·서·남·북 성벽의 길이가 각각 5,850미터, 3,415미터, 2,750미터, 1,760미터이다.

서성의 중부에 궁성(宮城)이 있는데 궁성은 동서의 폭 500미터, 남북의 길이 320미터, 둘레 1,640미터이다.

〈그림 2-134〉 정(鄭)나라의 제사(祭祀) 유적인 교장(窖藏) '구정팔궤(九鼎八簋)' 예기갱(禮器坑)

청동 예기 제사갱 3곳에서 정(鼎)·궤(簋)·감(監)·편종(編鐘) 등 청동 예악기(禮樂器) 60여 점이 출토되었고 예악기 제사갱 부근에서 순마갱(殉馬坑) 3곳이 수습되었다. 신정시(新鄭市) 신용사(信用社) 기반 건설공사장에서 발견된 6곳의 청동 예악기에서 정·궤·감·편종 등이 57점 출토되고 그 부근에서 순마갱 56곳이 발견되었다. 중국은행 신정지점 기반 건설공사장 제사 유적 2만 제곱미터가 발굴되면서 청동 예악기갱 18곳을 발견했고 여기에서 348점의 청동 예기가 출토되었다. 그중 예기갱 7곳에서 5세트 45점의 열정(列鼎)이 출토되었고 11곳의 악기갱에서 편종 206점이 출토되었으며 이 외에도 순마갱 45곳이 발견되었다.

정한 고성의 정나라 제사 유적에서 발견된 대량의 청동 예기와 악기는 중국 전역을 놀라게 했고 1997년에는 '중국 10대 고고학 신발견'에 입선되었다. 정한 고성의 제사 유적에서 발견된 청동 예악기는 중화 제사예제 문화를 풍부히 했으며 이는 중화 5,000년 문명 중 예제 문명의 진실한 견증이다.

조(趙)의 한단성(邯鄲城)

조(趙)나라의 한단성(邯鄲城) 유적은 지금의 하북성(河北城) 한단시(邯鄲市) 서부에 있으며, 기원전 336년부터 기원전 228년까지 조나라의 도성이었다. 조나라의 도성은 곽성(郭城: 대북성)과 궁성(宮城: 왕성)으로 이루어졌다.

곽성은 실제로 조나라가 한단으로 도읍을 옮기기 전에 이미 존재해 있었고 남북조(南北朝) 시기까지 도읍으로 사용되었는데 그 구조는 시기마다 달랐다. 곽성의 전체적인 배치를 보면 중북부와 서북부 일대는 행정구역에 속해 있었기에 관서 건축물 유적이 남아 있고 중남부와 동부 일대는 주민과 수공업 공방 구역이었다.

궁성은 전국시대에 조나라가 도읍을 한단(邯鄲)에 옮긴 후 세워졌으며 '왕성(王城)'으로도 불린다. 궁성에는 세 개의 '品'자형 성(城), 즉 서성(西城)·동성(東城)·북성(北城)이 있다.

서성은 세 궁성 중에서 가장 완벽하게 보존되어 있고 가장 중요한 성으로, 사

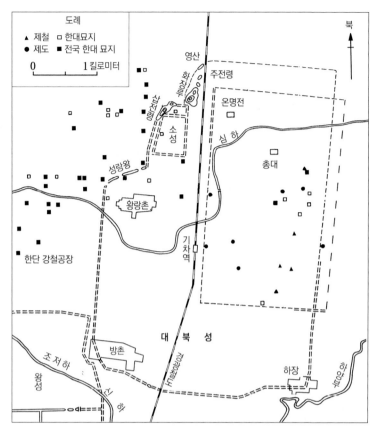

〈그림 2-135〉 조(趙)나라의 한단성(邯鄲城) 평면도

서성(西城) 성터의 평면은 정사각형에 가까워 동서의 폭 1,372~1,394미터, 남북의 길이 1,422~1,426미터이며 면적은 약 1.9제곱킬로미터이다.
서성에는 3개의 대형 고대(高臺) 건물이 있는데, 이 중 남부 고대 건축 기지의 규모가 가장 크며 일명 '용대(龍臺)'라고도 불렀다. 기단은 복두형(覆頭形)이고 평면은 정사각형에 가까우며 저부(底部) 남북의 길이 296미터, 동서의 폭 264미터이다. 정상부분은 대체적으로 평평하며 남북의 길이 132미터, 동서의 폭 102미터이며 현재 남아 있는 높이가 7~16미터이다. 용대에서 북쪽으로 215미터 떨어진 곳에는 중간고대(中間高臺) 건축 기지가 있는데 평면이 정사각형에 가까워 동서의 길이 58미터, 남북의 폭 55미터이며 현재 남아 있는 높이가 6미터이다. 다시 북쪽으로 약 228미터 떨어진 곳은 서성 중부의 3호 고대 건축 기지로, 평면이 정사각형이고 변의 길이가 약 60미터이며 현재 남아 있는 높이가 5~8미터이다.
북성(北城)의 판축 토대의 평면은 정사각형에 가까워 남북의 길이 135미터, 동서의 폭 111미터이며 높이가 4~6미터이다.

면의 성벽이 아직도 남아 있다. 서성의 사면에는 각각 2개의 궁문을 두었으며 서성의 동, 북 양면의 성문은 동성의 두 번째 서문과 북성의 두 번째 남문이기도 했을 것으로 보인다. 그리고 서성 안 가운데 위치에 동서로 3개의 대형 항축(夯築) 고대 건축 기단이 남에서 북으로 배열되어 있다.

동성은 서성의 동쪽에 인접해 있으며 성터의 평면은 직사각형이고 면적이 약 1.3제곱킬로미터로 서성보다 작다. 만약 건축군의 방향과 배치를 서성과 마찬가지로 좌북조남의 기준으로 보면 세로로 배열된 남북향의 건축물 한개 조로, 6~8호 지면 판축 토대, 7~9호 지하 판축 토대, 1~2호 지하 유적 등이 있다.

북성은 주로 동성과 남북으로 인접해 있고 성터의 면적은 약 1.86제곱킬로미터로 서성과 비슷한 규모지만 동성보다 크며 용대에 버금가는 규모의 판축 토대가 북성의 서남쪽에 위치하고 있다.

조나라 한단 궁성의 서성 유적에 남북향으로 배열된 3개의 대형 고대 건축은 서성의 중축선을 이룬 매우 중요한 유적이다. 그러나 이들 건축물들은 규모에서 차이가 많이 나며 같은 등급의 건축물은 아닌 곳으로 보인다.

위(魏)의 안읍성(安邑城)

위(魏)나라의 도성인 안읍성(安邑城)은 지금의 산서성(山西省) 하현(夏縣)에서 서북쪽으로 약 7.5킬로미터 떨어진 우왕향(禹王鄕)에 위치하며, 동남쪽으로 중조산(中條山)과 약 15킬로미터 떨어져 있다. 하우(下禹)가 여기에서 살았다는 전설이 있어 속칭 '우왕성(禹王城)'으로 불린다. 성터는 대성(大城: 곽성)과 소성(小城: 궁성)으로 나뉘며 전국시대 말기에 축조되었다.

안읍성은 중요한 역사적 위치에 있지만 많은 사람들이 소홀히 하고 있다. 위나라는 한(韓), 조(趙)와 함께 '삼가분진(三家分晉)' 중 중요한 나라이며, 지리적 분포를 보면 위나라의 지리 범위가 진나라와 겹쳐진 부분이 가장 많다. 전국시대 초, 중기에 위나라는

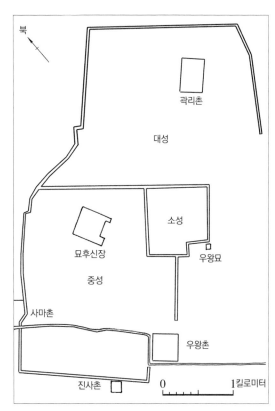

〈그림 2-136〉 위(魏)나라의 안읍성(安邑城) 평면도
대성(大城)의 평면은 대체적으로 제형(梯形)이며 둘레가 1만 4,845미터이다. 궁성은 대성의 중앙에 있고 평면은 정사각형에 가까워 동서의 길이 855~990미터, 남북의 폭이 약 930미터이며 둘레가 약 3,270미터이다.

'전국칠웅(戰國七雄)' 중 하나로, 왕국 시대에서 제국 시대에 이르기까지의 '개혁' 사상·이론·실천이 위나라에서 시작되었다. 위문후(魏文侯)는 중국 역사상 '법가의 시조'인 이리(李悝)를 중용해 국가의 정치, 경제 전반의 개혁을 시작했다. 따라서 국가의 축소판인 도성제도도 당연히 개혁의 대상이 되었다. 궁성에서의 곽성의 중앙 위치 및 궁성의 정사각형 평면구조를 보면, 위나라 도성인 안읍성(安邑城)의 중요성을 알 수 있으며 국가가 '중(中)'의 이념을 중요시했음을 확인할 수 있다.

13) 서주(西周)의 도성

역사 문헌의 기록에 따르면 문왕(文王)은 풍(豊), 무왕(武王)은 호(鎬)를 도읍으로 삼았는데 이것이 바로 풍경(豊京)과 호경(鎬京)이다. 풍호(豊鎬) 유적은 지금의 섬서성(陝西省) 서안시(西安市) 서남쪽 풍하(灃河) 양안에 위치해 있는데, 풍경은 풍하 서안에 있고 호경은 풍하 동안에 있으며 풍호 유적의 총면적은 약 10제곱킬로미터이다. 풍경 유적은 주로 객성장(客省庄)·장가파(張家坡)·풍촌(馮村)·대원촌(大原村)·서왕촌(西王村) 일대에 분포되어 있으며 면적은 약 6제곱킬로미터이다. 호경 유적은 곤명지(昆明池) 유적 서북쪽의 낙수촌(洛水村)·천북촌(泉北村)·보도촌(普渡村)·화원촌(花園村)·자가장(自家庄)·투문가도(斗門街道) 일대에 분포되어 있고 그 범위가 약 4제곱킬로미터에 달한다.

도성의 선택은 주무왕(周武王)이 상(商)을 멸망시킨 후 바로 도성의 입지 문제를 제기하면서 '국가 대사'가 되었으며 선진(先秦)시대의 중요한 역사 문헌인 『좌전(左傳)』에 다음과 같이 기록되어 있다.

옛날 성왕(成王)께서 제후를 모으고 주(周)에 성(城)을 쌓아 동도(東都)를 만들었다.[83]

---

83 昔成王合諸侯, 城成周, 以為東都

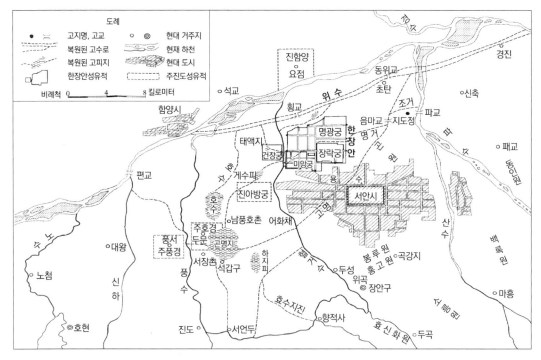

〈그림 2-137〉 풍경(豊京), 호경(鎬京)과 진(秦) 함양성(咸陽城), 한(漢) 장안성(長安城)의 위치

사마천은 『사기(史記)』「주본기(周本紀)」에서 당시 사람들의 말을 인용하여 "옛날 성왕께서 제후를 모으고 주에 성을 쌓아 동도(東都)를 만든" 이유에 대해 다음과 같이 더욱 명확하게 해석했다.

성왕이 머무르는 풍에서 소공(召公)에게 다시 경영하도록 한 낙읍을 잇도록 했던 무왕의 뜻이었다. 주공(周公)이 다시 점을 치고 잘 살펴서 마침내 도읍을 건설하여 그곳에 잘 모셨던 구정(九鼎)이었다. 그리고는 "여기가 천하의 중심으로 사방에서 들어오는 공물의 거리가 모두 같아졌다"[84]라고 말했다.

1963년 섬서성(陝西省) 보계현(寶鷄縣) 가촌진(賈村鎭: 지금의 寶鷄市 陳倉區)에서 서주(西周) 초기의 청동기 하존(何尊)이 출토되었는데 동존(銅尊)의 밑 부분에 12행 122자로 된 명문(銘文)이 있었다. 명문(銘文)의 내용은 이 시기의 역사를 반영했고 위에

---

84 成王在豐, 使召公複營洛邑, 如武王之意。周公複卜申視, 卒營築, 居九鼎焉。曰: "此天下之中, 四方人貢道裡均"。

<그림 2-138> 하존(何尊)(西周)

서 서술한 『좌전(左傳)』과 『사기』 「주본기」의 기록을 뒷받침해 준다. 하존(何尊)의 명문에는 서주(西周) 왕조의 최고 통치자가 도성을 '성주(成周)'로 선정한 이유, 경위 등이 상세하게 기록되어 있다. 그리고 명문에는 또 성왕 5년 4월에 낙양을 도읍으로 세우고 무왕에게 제사를 지냈다는 기록도 있다. 병술일(丙戌日)에 성왕은 경(京)의 대실(大室)에서 종족의 소자(小子)인 하(何)를 훈고(訓誥)하면서 하의 선친인 공씨(公氏)가 문왕을 추종했고 문왕은 하늘의 명을 받아 천하를 다스렸으며 무왕은 상(商)을 멸망시킨 후 하늘에 제사를 지내고 낙양을 천하의 중심으로 삼았으며 주왕(周王)이 하(何)에 패(貝) 30붕(朋)을 하사했다고 설명해 주었다. 하는 청동존(靑銅尊)을 만들어 이를 기념했는데 하존(何尊)의 명문에는 다음과 같이 기록되어 있다.

주성왕(周成王)은 처음에 도읍을 성주(成周)에 옮기고 무왕에게 풍복(豊福)의 제사를 올렸다. 4월 병술(丙戌)일에 주성왕은 경실(京室: 왕실을 다르게 부르는 말)에서 종소자(宗小子: 왕실의 자녀를 이르는 말)를 훈계하여 이르기를 "옛날 너의 선친인 공씨는 문왕을 따랐고 문왕은 하늘의 뜻을 받들어 천하를 통치했느니라". 무왕은 상나라를 멸망시키고 하늘에 제사를 올리면서 "나는 이곳 천하의 중심에 머물며 스스로 백성을 다스리겠습니다"라고 말했다. ……왕은 훈계를 마친 뒤 하(何)에게 패(貝: 고대의 화폐) 30붕(朋)을 하사했고 하는 이것으로 청동기 존(尊)을 주조하고 주성왕의 훈계를 명문으로 새겼다. 주성왕 5년에 적는다.[85]

명문 중 '택자중혹(宅玆中或)'이라는 네 글자가 가장 중요한데 지금은 보통 '중혹(中或)'을 '중국(中國)'이라고 쓰며 번체 '국(國)'자는 '或'의 주위에 네모 '口'를 붙

---

85 隹(惟)王初(遷)宅于成周, 複稟斌(武)王豐(禮), 福自天。在四月丙戌, 王誥宗小子於京室曰: ……肆玟(文)王受玆大命, 隹(惟)(武)王既克大邑商, 則廷告於天曰: "餘其宅玆中或, 自之乂民。"……王咸誥, 何賜貝卅朋, 用作口公寶尊彝. 隹(惟)王五祀。

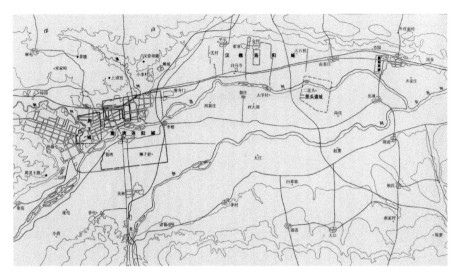

〈그림 2-139〉 한위(漢魏) 낙양성(洛陽城) 유적에서 서주(西周) 시기의 판축 성벽이 고고학자들에 의해 발견되었는데 성주(成周)
에 해당하는지에 대한 여부는 추가 연구가 필요하다.

인 글자로 이 '□'가 바로 둘레에 쌓은 성벽을 의미한다. 상고시대에는 국(國)이 바로 성(城), 즉 도성이었다. 『주례(周禮)』「고공기(考工記)」에는 "장인건국(匠人建國: 장인(匠人)이 나라(도성)를 세움)", "장인영국(匠人營國: 장인이 나라(도성)를 건설)", "국중구경구위(國中九經九緯: 나라(도성) 안은 아홉 개의 직선로와 아홉 개의 격자로를 구성하여 도로망을 형성함), 경도구궤(經塗九軌: 동서의 아홉 개 도로. 동서를 경도(經塗), 남북을 위도(緯塗)라 하여 각 구도(九塗)의 폭은 92척)"라는 내용이 기록되어 있는데 여기에서 '국(國)'은 바로 도성이다. 하존(何尊) 명문 중의 '택자중국(宅玆中國)'은 국가 도성의 입지 선정을 '중(中)'에 해야 한다는 뜻이고 도성이 바로 '국(國)'이며 '중(中)'의 위치에 선정된 도성 역시 '중국(中國)'이라고 불렸다. 이는 '중국'이라는 단어가 들어간 최초의 문자 기록이다.

현재 성주(成周)의 구체적인 위치에 대해서는 이견이 있지만, 낙양시 부근에서 이미 서주(西周) 시기의 성으로 추정되는 고대 성터가 발견되어 연구의 가능성을 제시해주고 있다. 서쪽으로 사가구(史家溝), 동쪽으로 탑만(塔灣), 북쪽으로 북요(北窯), 남쪽으로는 낙하(洛河) 북안에 이르는 동서의 길이 3킬로미터, 남북의 폭 2킬로미터의 지금의 낙양 옛 성 일대에서 서주 초기와 중기의 귀족 묘지, 주동(鑄銅) 공방, 건축 기단, 제사(祭祀) 유적 등이 발견되어 서주의 낙읍(洛邑)이 이 일대에 있

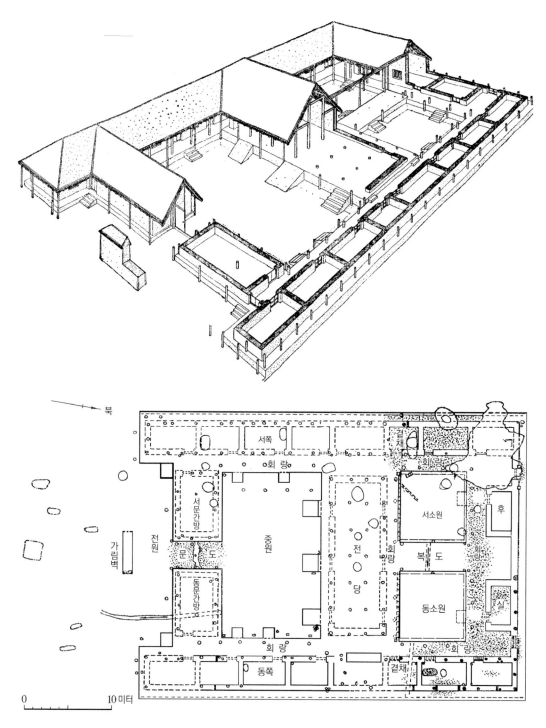

〈그림 2-140〉 주원(周原) 봉추(鳳雛)의 서주(西周) 갑조(甲組) 건축 유적 평면도

었을 가능성이 일부 학자들에 의해 제기되었다. 최근 한위(漢魏)의 낙양성 유적에서 동서의 길이 2,500~2,650미터, 남북의 폭 1,800~1,900미터의 서주 시기의 판축 성벽이 발견되었는데 '성주'의 성(城)에 해당하는지에 대한 여부는 고고학적인 조사가 더 필요하다. 그러나 서주 초기 낙읍에 도성을 건설했다는 사실은 확실한 것으로 보이며 이는 서주 초기 도성 입지 선정의 원칙, 즉 '택중건도(擇中建都)'를 확인시켜 주었다.

이런 택중(擇中)의 이념은 도성의 입지 선정뿐만 아니라 고등급 궁묘(宮廟) 건축의 배치 및 구조에서도 잘 나타나 있는데. 섬서(陝西) 기산(岐山) 봉추(鳳雛) 서주의 갑조(甲組) 건축 유적이 바로 '중(中)'의 이념을 강하게 부각시킨 궁묘 건축 유적이다. 이 사합원식 건물은 중축선이 정연하게 이루어져 있고 주요 건물인 '전당'이 거중(居中), 즉 가운데 위치에 있고 그 뒤에 '후실(後室)'이 있으며 앞에 정원과 정문이 있고 동서 양쪽에는 상방(廂房: 사랑채 혹은 별채)이 있다. 중국 근현대의 사합원은 바로 봉추(鳳雛)의 서주(西周) 갑조(甲組) 유적에서 발전해온 것이다.

14) 상(商)의 도성

상(商)나라의 도성 유적에는 주로 초기의 정주(鄭州) 상성(商城)과 언사(偃師) 상성(商城), 중기의 원북(洹北) 상성(商城), 말기의 은허(殷墟)가 포함된다.

정주(鄭州) 상성(商城)

정주(鄭州) 상성(商城) 내성(內城)의 평면은 전체적으로 직사각형으로 되어 있다. 곽성의 성벽은 상성(商城)의 동남쪽에서 서남쪽까지 뻗어 있으며 내성의 동남쪽과 서남쪽 귀퉁이를 바로 마주하고 있는 곳에 모두 뚜렷한 전절(轉折)이 있다. 곽성 밖에는 성호(城壕)가 한 겹 둘러 있으며 곽성의 성벽은 내성을 둘러싸면서 지세에 맞추어 설계했고 방어적인 성격이 뚜렷하다.

〈그림 2-141〉 정주(鄭州) 상성(商城) 유적

〈그림 2-142〉 정주 상성 평면도

정주(鄭州) 상성(商城)의 둘레는 약 6,960미터이며 이 중. 동쪽과 남쪽 성벽은 길이가 각각 약 1,700미터이고 서쪽과 북쪽 성벽의 길이는 각각 1,870미터, 1,690미터이다.

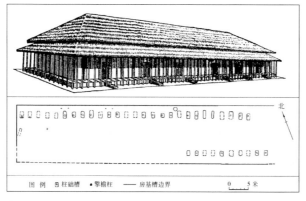

〈그림 2-143〉 정주 상성 C8G15 기단 평면 및 복원도

〈그림 2-144〉 정주 상성에서 출토된 유정문(乳釘 　〈그림 2-145〉 정주 상성의 교장(窖藏) 청동기
紋) 방정(方鼎)

내성(內城)에는 주로 궁전 기단이 분포되어 있다. 궁전 기단은 내성의 동북쪽에 가장 밀집되어 있고 그 범위는 동서의 길이 약 750미터, 남북의 폭이 약 500미터에 달한다. 궁전 구역에서는 수십 곳의 판축 기단이 발견되었을 뿐만 아니라 거대한 규모의 저수지, 배수구, 우물 등도 발견되었다. 궁전 구역에서 이미 발견된 판축 기단은 크게 세 가지로 분류할 수 있는데, 첫 번째는 원락식(院落式) 궁전 기단 구역이고 두 번째는 직사각형 건축물들로, C8G15는 동서의 길이가 65미터 넘고 남북의 폭은 13.6미터로 폭이 좁고 길다. 기단 바깥쪽은 첨주(檐柱) 유적 한 겹뿐이다. 이 기단은 둘레에 회랑(回廊)을 설치한 긴 막대기 모양의 방으로 복원할 수 있으며 대형 침전으로 보인다. 세 번째는 주초(柱礎)가 빽빽하게 세워져 있으며 정사각형에 가까운 대형 건축물들인데, 예를 들면 C8G16은 대형 판축방(夯土房: 판축 방) 기단으로, 남북의 길이가 약 38.4미터, 동서의 폭이 약 31.2미터이며 이중으로 된 겹 복도와 처마를 겸비하고 있고 벽이 없는 중옥(重屋) 혹은 명당류의 건축물로 보인다.

곽성에는 주로 수공업 공방과 묘지, 제사갱(祭祀坑) 등이 있다. 정주(鄭州) 상성(商城)의 내성과 곽성 사이에는 남관(南關) 밖의 주동(鑄銅) 공방과 명공로(銘功路)의 도자기 공방 등을 포함한 중요한 수공업 공방이 분포되어 있다.

고고학자들은 정주 상성의 유적인 장채(張寨) 남가(南街), 성동로(城東路) 회민(回民) 식품공장과 남순성가(南順城街) 등 세 곳에서 동기(銅器) 교장갱(窖藏坑)을 발견했는데 여기에서 출토된 청동 예기 중의 중기(重器)는 기타 상나라 유적에서는 극히 보기 드물며 이는 정주 상성의 중요성을 말해준다.

언사(偃師) 상성(商城)

고대 도성을 통해 중화 5,000년 문명을 이해하는 데 있어서 언사(偃師) 상성(商城)은 매우 중요한 유적이며 이는 주로 언사 상성이 곽성과 궁성으로 이루어진 '쌍성제(雙城制)'의 도성이라는 데 구현되었다. 그리고 궁성 유적의 전면 발굴을 통해 그 규모와 구조에 대해 규명했다.

1980년대 초, 고고학자들은 하남성(河南省) 언사현(偃師縣: 지금의 언사시) 수양산(首陽山) 발전소 건설공사에 협조하여 발굴을 진행하던 중, 지금으로부터 3,600년 전의 상(商)의 도성 유적을 발견했으며, 성터는 지금의 하남성(河南省) 언사시(偃師市) 탑장(塔庄)에 위치해 있다. 언사 상성 유적은 초기와 말기 두 시기로 나뉜다.

말기에 곽성에는 5개의 성문이 있었는데, 이 중 동쪽과 서쪽 성벽에 각각 2개가 있었다. 동, 서 성문은 바로 동쪽과 서쪽을 마주하고 있고 그 사이는 도로로 연결되어 있어 동, 서 성벽을 3등분했다. 즉 언사 상성은 남에서 북으로 세 부분으로 나뉘는데 이는 중국 고대 도성 구조의 발전사에서 매우 중요한 규제이다. 북쪽 성벽은 중앙에 성문이 하나 설치되어 있고 고고학자들은 곽성의 남쪽 성벽에도 성문이 있었을 것으로 추측하고 있다. 현재 고고학적 발굴 자료를 살펴보면 동, 서 성벽의 남, 북 두 성문 중 남쪽이 북쪽 성문에 비해 약간 더 큰 규모를 보여 주는데, 이는 언사 상성의 궁성 및 부고(府庫: 문서나 재물을 넣어 두는 곳간으로 지은 집)가 도성 남부에 있었던 것과 관련이 있는 것으로 보인다. 이들 성문은 지금까지 알려진 중국 고대 도성 중 최초의 성문 유적으로 모두 '단문도(單門道)'이다.

말기에 곽성의 남부에는 궁성(궁묘 건축 구역)과 부고(府庫)류의 건축물들이 분포

〈그림 2-146〉 언사(偃師) 상성(商城) 유적의 서쪽 성벽 발굴 현장

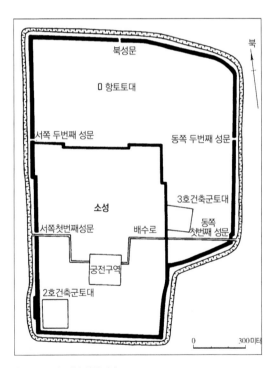

〈그림 2-147〉 언사 상성 평면도

초기 곽성(郭城: 小城) 유적은 평면이 직사각형으로 남북의 길이 1,100미터, 동서의 폭 740미터이며, 면적이 약 0.81제곱킬로미터이고 성벽의 폭은 6∼7미터이다.

말기 언사(偃師) 상성(商城)의 곽성은 남북의 길이 1,710미터∼1,770미터이고 곽성 남쪽 성벽의 길이 740미터, 북쪽 성벽의 길이 1,240미터이며 성벽의 폭은 16∼18미터이다. 곽성의 면적은 약 2제곱킬로미터이며 성벽 밖, 약 10미터 되는 곳에 참호를 설치했는데 폭 20미터, 깊이 약 6미터이다. 서쪽의 첫 번째 성문(서쪽 성벽의 남쪽 성문)은 15.6미터 깊이에 폭이 3.2미터이며, 두 번째 성문은 16.5미터 깊이에 폭이 2.3∼2.4미터이고 동쪽의 첫 번째 성문은 22미터 깊이에 폭이 2.4∼3미터이다.

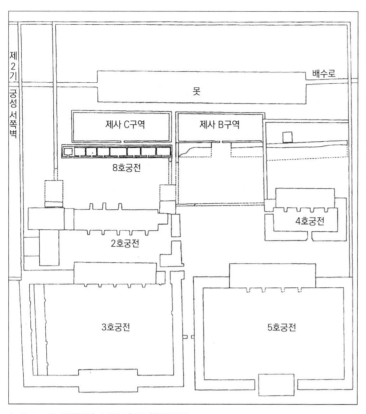

<그림 2-148> 언사(偃師) 상성(商城) 궁성(宮城) 평면도

궁성의 평면은 정사각형에 가까워 남북의 폭 180~185미터, 동서의 길이 190~200미터이며 면적은 3만 6,000제곱미터이고 궁장(宮墻: 궁궐을 둘러싼 담장)의 폭은 약 2미터이다.

되어 있고 중부와 북부에는 주로 일반 거주지와 수공업 유적들이 있으며 성벽 부근에서 일반 묘지도 일부 발견되었다.

말기와 초기의 곽성을 비교해 보면, 말기에 이르러 면적이 확대되었는데, 주로 초기의 북부와 동부에서 바깥쪽으로 확장되었다.

궁성, 즉 1호 건축물 유적군은 초기 곽성 남부의 동서 가운데 위치에 있다. 궁성의 남쪽 궁장(宮墻)의 가운데에는 남궁문을 설치했다. 남궁문의 동서 양쪽에는 6호와 7호 궁묘(宮廟) 건축 유적(즉 말기의 5호와 3호 건축 유적)이 분포되어 있는데, 이 중 말기의 3호와 5호 건축 유적에서 이미 남문이 발견되었다. 초기 곽성의 중남부와 말기 곽성의 남부를 살펴보면 궁성의 북부에 북궁문이 있었을 것으로 추정된다.

궁성 내의 중남부에서 궁묘 건축 유적군이 발견되었고 이미 9개 궁묘 건축 유적이 발굴되었으며, 이들은 다른 세 개 시기에 속해 있다.

궁성(宮城) 동부의 종묘 건축 유적

4호 종묘 건축 유적에는 둘레에 담장을 쌓아 원락을 조성했으며 원락의 동·서·남 3면은 낭무(廊廡)를 담장으로 하고 원락 남쪽의 정중앙에서 동쪽으로 치우친 곳에 문을 설치했으며 서쪽에는 측문(側門)을 두었다. 주요 건축 기단 주위에는 회랑(回廊)이 있고 앞에는 4개의 계단이 동서로 나란히 설치되어 있다.

6호 종묘 건축 유적은 궁성 동남쪽에 위치하며 4호 종묘 건축 유적에서 남쪽

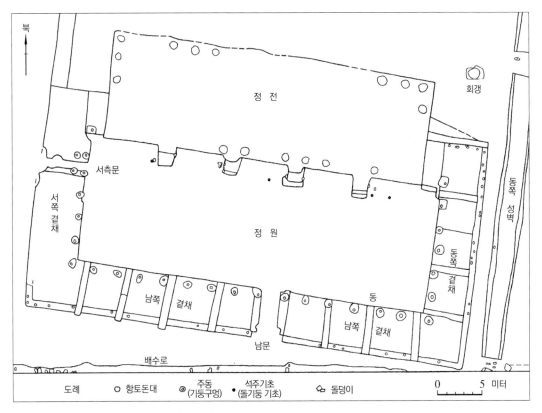

〈그림 2-149〉 언사(偃師) 상성(商城)의 4호 종묘(宗廟) 건축 유적 평면도

4호 종묘(宗廟) 건축 유적의 원락(院落)은 동서의 길이 51미터, 남북의 폭 32미터이고 면적이 1,632제곱미터이며 낭무(廊廡)의 폭은 약 5미터이다. 주요 건축 기단은 동서의 길이 36.5미터, 남북의 폭 11.8미터이다.

으로 약 10미터 정도 떨어져 있다. 원락의 담장 안에 복도가 설치되어 있고 원락의 동쪽에는 문이 있다. 주요 건축 기단의 남쪽에 동서로 병렬된 세 개의 계단이 설치되어 있고 계단 부근에는 모두 개를 묻는 직사각형의 구덩이가 있다.

5호 종묘 건축물은 6호 궁묘 건축 유적 위에 축조한 것으로, 둘레에 담장을 쌓고 원락의 주위에는 회랑을 만들었으며 남쪽 면에는 '일문삼도'의 문을 설치했다. 주요 건축 기지는 원락의 북쪽에 위치하며 기지 남쪽에는 동서로 병렬된 네 개의 계단이 설치되어 있고, 계단마다 동서 양쪽에 개를 묻을 수 있는 직사각형의 작은 구덩이 하나씩 마련되어 있는데, 여기에 묻힌 개들은 모두 머리가 대문을 향하고 있었다.

궁성(宮城) 서부의 궁전 건축 유적

7호 궁전 건축 유적은 말기의 3호 궁전 유적에 겹겹이 눌려 있으며 7호와 3호는 모두 원락이 조성되어 있고 주요 건물인 전당은 북쪽의 중앙에 있고 서, 남, 북 3면이 모두 낭무(廊廡)이다. 다만 3호 궁전 건축 유적의 원락이 7호에 비해 크며 7호 궁전 건축 유적 원락의 서쪽과 남쪽은 초기 궁성 남쪽의 서부, 서쪽의 남부와 겹쳐 있다. 그리고 3호 궁전 건축 유적의 원락(院落)은 7호 원락의 기초 위에서 서쪽과 남쪽으로 확장되었다. 3호 궁전 건축의 남쪽 면에는 성문이 있으며 남문은 초기와 말기로 나뉘는데 초기의 남문은 '일문삼도'이다.

2호 궁전 건축 유적의 남북에는 각각 7호와 8호 궁전 건축 유적이 있으며 기지 동서의 길이가 약 90미터, 남북의 폭이 11미터이다. 궁전 건축물의 동단(東端)과 1호 건축물의 서쪽 담장 사이에는 남북 연결 통로가 있어 2호와 8호 궁전 건축물을 이어 놓았다.

8호 궁전 건축 유적은 궁성의 서북쪽에 위치하며 궁성의 궁전 건축군 중 서쪽 구역의 가장 북쪽에 있고 북쪽으로 제사 구역인 C구역에서 1.8~2미터 떨어져 있으며 서쪽으로는 서쪽 궁장(宮墻)과 인접해 있다. 8호 궁전 건축 기지는 좌북조

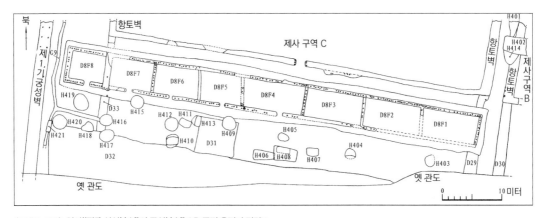

〈그림 2-150〉 언사(偃師) 상성(商城)의 궁성(宮城) 8호 궁전 유적지 평면도
8호 궁전 건축 유적의 평면은 직사각형으로 동서의 길이 71미터, 남북의 폭 7.7미터이며 면적은 546.7제곱미터이다.

남, 즉 북에서 남으로 향하며 동서로 배열된 8채의 건물로 이루어져 있고 건물마다 남쪽 성벽에 문을 설치했다. 이 건축 유적은 궁성 내의 생활 공간과 비슷한 유형의 건물로 보인다.

1호 건축 유적은 궁성의 중앙에 위치해 있으며 직사각형의 원락이 조성되어 있고 서쪽에 문이 있어 2호 궁전의 정원과 통하며 1호 건축 유적은 궁성 서쪽 구역의 일부로 보인다.

궁묘 건축 유적군의 북쪽은 궁성 전용 제사 구역으로 동서의 길이가 200미터 정도이며 동쪽에서 서쪽으로 A, B, C의 세 개 구역으로 나뉜다.

A구역은 면적이 약 800제곱킬로미터이며 여러 개의 제사장(祭祀場), 제사갱으로 이루어져 있는데, 전자가 면적이 크고 후자는 작으며 사용 시간도 짧다. 제물의 내용은 다양한데, 사람과 양·돼지·개·어류 등 동물을 순장한 경우가 있고 벼·보리 등 곡식을 매장한 경우도 있었다.

B, C구역은 담장을 둘러쌓아 큰 원락을 조성했고 중간 위치에 남북향 칸막이를 설치하여 원락을 동, 서 원락으로 나누었는데 배치와 구조가 기본적으로 같다. B와 C구역의 면적은 각각 1,100제곱미터와 1,200제곱미터이며 두 원락 모두 남쪽 벽 중간 위치에 각각 문을 하나씩 설치했다. 제물은 도랑을 파고 묻었는데, 주

로 돼지를 제물로 삼았고 소·양·사슴을 제물로 사용한 경우도 있었다. 돼지만을 단독으로 제물로 삼기도 하고, 다양한 동물들을 제물로 하는 경우도 있었는데, 가장 많이 보이는 조합이 돼지·소·양이다. 제사에 쓰인 동물은 신체의 전체를 쓰거나 일부만 사용하기도 했다.

제사구역 중 A와 B구역은 궁성 동부의 궁묘 건물과 남북으로 마주하고 있으며 이 중 A구역은 남쪽으로 4호 궁묘 건축 유적과 마주하고 있다. C구역은 궁성 서부의 궁묘 건축 유적과 남북으로 마주하고 있다.

궁성의 지원(池苑)은 궁성 북부의 동서 가운데 위치에 있고, 북으로 북쪽 궁장(宮墻)과 인접해 있으며 남쪽은 제사 구역이다. 못의 평면은 직사각형으로 동서의 길이 약 128미터, 남북의 폭이 약 19~20미터이며 깊이가 약 1.5미터이고 벽면은 돌로 쌓았다. 못의 동서 양단(兩端)에는 돌로 쌓은 수로가 있어 궁성 밖까지 통했고 초기 대성(大城)의 동서 성문 밖 호성하(護城河)까지 연결되었는데, 서쪽 수로는 인수로이고 동쪽 수로는 배수로이다. 그리고 못 안에서 토기와 돌로 만든 어망추 등 유물이 발견되었다.

Ⅱ호 건축 유적군은 궁성의 서남부에 있고 둘레에 담장을 쌓았는데 폭이 약 3미터이다. 유적의 평면은 정사각형이고 면적은 약 4만 제곱미터이다. 담장 안에서 남북으로 분포된 동서향 건축 기지 6열(列)이 발견되었는데 열마다 16채의 건축 기지로 이루어졌으며 창고, 부고(府庫)류 건축 기지로 보인다.

Ⅲ호 건축 유적군은 궁성의 동북쪽에 있고, 서쪽 벽은 초기 곽성 동쪽 벽의 바깥쪽에 있다. 이 건축 유적군의 둘레에는 담장을 쌓았는데 평면이 정사각형이며 변의 길이가 140미터이고 담장 안에서 질서정연하게 배열된 장조형(長條形) 판축 기단이 발견되었다.

위에서 서술한 유적들을 살펴보면 언사 상성이 중화 5,000년 문명에 반영된 요소는 다음의 네 가지에서 구현되었다.

첫째, 왕국 시대의 도성은 곽성과 궁성으로 이루어진 '쌍성제(雙城制)'이다.

둘째, 궁성의 평면은 정사각형이다.

셋째, 궁성 내부는 '좌묘우궁(左廟右宮)'의 구도로, 종묘가 궁성 동쪽에 있고 궁전은 궁성의 서쪽에 있다.

넷째, 궁성 남쪽 궁문의 구조는 '일문삼도'이다.

원북(洹北) 상성(商城)

초기 은허(殷墟)의 원북(洹北) 상성(商城)은 원하(洹河)의 북쪽 해안에 위치하며, 원북 상성의 서남부는 은허의 동북부와 거의 마주하고 있다. 원북 상성은 '반경천은(盤庚遷殷)'의 첫 번째 도성으로, 이는 반경(盤庚)의 도성이다.

궁성은 곽성의 중부에서 남쪽에 치우쳐 있으며 면적은 언사(偃師) 상성의 궁성보다 10배 크다. 이리두(二里頭) 유적의 궁성 면적은 0.1제곱킬로미터로 원북 상성의 4분의 1에 불과하다. 은허 궁묘의 범위는 0.7제곱킬로미터로 알려져 있는데, 그곳은 200여 년 동안 상대(商代) 말기의 도성으로서 당연히 반경 도성에 불과했던 원북 상성의 궁성보다 규모가 더 크다.

원북 상성 궁성 성벽의 기초의 폭은 7~8미터, 벽체의 폭은 5~6미터이다. 궁성 중부의 편북쪽에서 남북향의 판축 기단 30여 곳이 발견되었는데 대부분 궁전 건축 기지로 보인다. 이 중 두 개의 궁전 건축 기지가 발굴되었는데 각각 원북 상성 1호와 2호 궁전 기지이다. 두 궁전은 서로 구조가 비슷하고 크기는 다른데, 평면은 모두 동서향의 직사각형 원락이고 주요 궁전 건물은 남향이며 원락 북쪽의 가운데 위치에 자리 잡고 있다. 정문은 원락 남부의 가운데 위치에 있고 원락의 동서 양측과 남쪽에는 복도가 있는데 이런 배치는 사합원과 흡사하다.

원북 상성은 다음과 같은 점에서 그 이후의 도성 문화에 심원한 영향을 미쳤다.

첫째, 현재까지 가장 먼저 궁성을 곽성 중부에 설치한 도성으로 알려져 있다. 이는 도성뿐 아니라 더 나아가 궁성도 도성 안에서 '택중건궁(擇中建宮)'해야 한다는 것을 의미한다.

둘째, 주요 궁전 건물은 궁전 원락의 정문과 남북으로 마주하고 정연한 남북

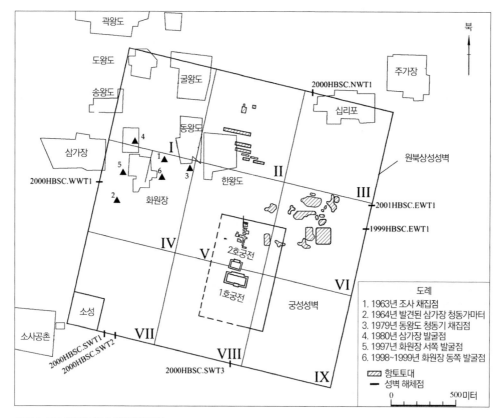

〈그림 2-151〉 원북(洹北) 상성(商城) 평면도

원북 상성 곽성의 평면은 정사각형으로 변의 길이는 약 2,200미터이고 둘레가 약 8,800미터이며 벽의 폭은 7~11미터이다.
남북향 직사각형 형태의 궁성(宮城) 평면은 남북의 길이가 795미터, 동서 폭이 515미터이며 둘레는 2,628미터이고 면적은 40만 9,425제곱미터이다.

〈그림 2-152〉 원북(洹北) 상성(商城) 유적

〈그림 2-153〉 원북(洹北) 상성(商城) 유적에서 출토된 청동 건축물 장식품

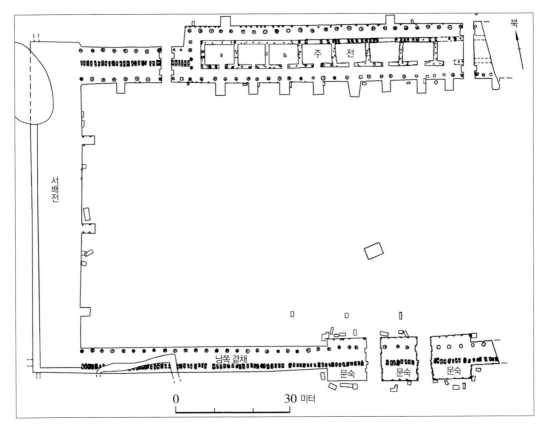

〈그림 2-154〉 원북(洹北) 상성(商城)의 1호 궁전 기단 평면도

현재 남아 있는 1호 궁전의 주요 건물은 동서의 길이 90미터 이상, 남북의 폭 14.4미터이다. 2호 궁전의 주요 건물은 1호 궁전의 주요 건물보다 규모가 작으며 동서의 길이 43.6미터, 남북의 폭 29.9미터이다.

향 축선을 이루었다.

셋째, 원북 상성의 평면은 정사각형에 가까워 도성의 '숭방(崇方)' 이념을 구현했다. 평면이 정사각형인 이런 궁성은 이리두 유적의 궁성에 비해 더 정연하게 되어 있다.

말기 은허(殷墟) 도읍(都邑)

전통적으로 은허(殷墟)는 상왕(商王) 반경(盤庚)의 뒤를 이은 무정(武丁)이 세운 도성으로, 은허와 원북(洹北) 상성 사이를 흐르는 동서향 원하(洹河)에 의해 갈라져

〈그림 2-155〉 은허(殷墟) 유적

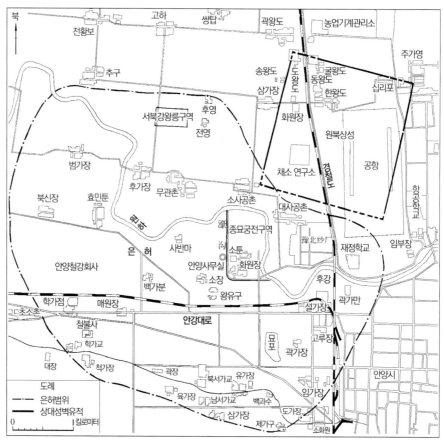

〈그림 2-156〉 은허 유적 평면도

있다. 은허는 원북 상성의 남쪽에 있고 북쪽은 원하를 경계로 한다. 궁묘 구역은 소둔촌(小屯村)과 화원장(花園莊) 일대에 있으며 서쪽과 남쪽은 참호이고 북쪽과 동쪽은 원하로, 밀폐된 공간을 형성하고 있는데, 이곳은 은허의 궁성이었던 것으로 보인다. 궁묘 구역의 범위는 동서의 폭이 약 650미터, 남북의 길이가 약 1,100미터이고 총면적은 약 0.7제곱킬로미터이다.

은허의 배치 구조는 중심에서 점차 바깥쪽으로 발전한 것으로, 중심은 궁묘 구역이며 그 밖은 주민 구역과 공방 구역이고 더 밖으로 나가면 무덤이 있는 구역이다. 중심 구역의 소둔(小屯), 화원장(花園莊) 일대는 은허 궁묘 구역으로 동쪽과 북쪽이 원하와 인접해 있고, 서쪽과 남쪽의 경계는 원하와 관통하는 대회구(大灰溝)이다.

15) 하(夏)의 도성(都城)

학계에서는 일반적으로 하남성(河南省) 등봉(登封) 왕성강(王城崗) 성터, 하남성 신밀(新密) 신채(新砦) 성터, 하남성 언사(偃師) 이리두(二里頭) 성터를 하나라의 도성 유적으로 보고 있다. 이들 세 성터는 각각 하나라 초, 중, 말기의 도성 유적이다.

등봉(登封)의 왕성강(王城崗) 성터

왕성강 유적은 지금의 하남성 등봉시 고성진(告成鎭) 서쪽에 있는데, 북쪽에는 숭산(嵩山)이 있고 동쪽에는 오도하(五渡河), 남쪽에는 영하(穎河)가 있다.

1977년 왕성강 유적에서 동서로 나란히 병렬 되어 있는 용산(龍山)문화 말기 성터 2기가 발견되었다. 2002년 이후, 고고학자들이 왕성강 유적에 대해 조사, 탐험한 결과 왕성강 유적은 면적이 약 34.8만 제곱미터의 대형 성터로, 평면은 정사각형에 가깝다는 것을 밝혀냈다. 대성(大城) 남쪽과 동쪽은 각각 영하와 오도하를 성호(城壕: 성 밖을 둘러싼 못)로 이용했다. 성내에는 판축 유적이 넓게 분포되어 있

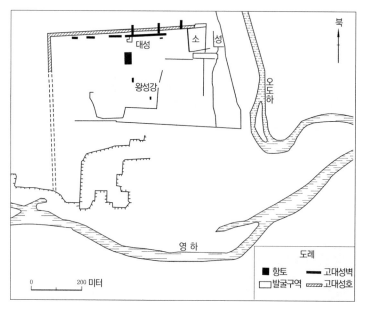

〈그림 2-157〉 왕성강(王城崗) 유적 평면도

남아 있는 성벽을 복원한데 따르면 동쪽과 서쪽 성벽의 길이는 각각 580미터이고, 남쪽과 북쪽 성벽의 길이는 각각 600미터이다. 북쪽과 서쪽 성벽 밖에 성호(城壕)를 설치했는데, 북쪽 성벽의 성호는 길이 620미터, 폭이 약 10미터, 깊이 약 3미터이며 서쪽 성벽의 성호는 길이 600미터, 폭이 약 10미터이고 남아 있는 부분의 깊이가 약 2미터이다.

는데, 이곳에서 용산문화 말기의 제사갱과 백도기(白陶器), 옥석종(玉石琮) 등 중요한 유물들이 발견되었다. 왕성강의 소성(小城)은 대성(大城)의 동북쪽에 위치하며 대성의 연대가 소성보다 늦다.

일부 학자들은 "왕성강의 소성이 '곤작성(鯀作城)'이고 대성은 '우도(禹都) 양성(陽城)'일 가능성이 있다"라고 판단하여 왕성강 성터를 하(夏) 왕조 최초의 도읍으로 추정했다. 역사 문헌에는 '우도 양성'으로 기록되어 있지만 왕성강 성터 부근의 동주(東周) 시기 성터에서 양성창기(陽城貪記)라는 도문(陶文)이 새겨진 도기(陶器) 여러 점이 발견되기도 했다.

청화간(清華簡) 『보훈편(保訓篇)』에는 '석미하중어하(昔微暇中於河)'라는 기록이 있는데 여기에서 '미(微)'란 바로 상탕(商湯)의 육세(六世) 선조인 상갑미(上甲微)이며 '하(河)'는 '하락(河洛)'을 말하는데, '하락'의 중심 지역이 바로 지금의 대숭산(大嵩山) 일대에 해당한다. 상갑미가 재정립한 '지중(地中)'은 하(夏) 왕조의 '택중건도(擇

中建都)'에 근거를 제공했으며 등봉시(登封市) 왕성강 성터의
발견은 청화간『보훈편』의 기록을 입증해주었다. 왕국 시
대의 첫 왕국인 하나라가 개척한 새로운 '지중(地中)'의 이
념은 이후의 왕국은 물론 제국 시대의 많은 왕조들의 도성
입지 선정에서 계승되었고 송(宋)나라까지 이어졌다. 이는
중화 5,000년 문명에서 매우 중요한 정치·사상·문화적 의
의를 가진다.

〈그림 2-158〉 양성(陽城)의 도량(陶量)

신밀(新密) 신채(新砦) 성터

1979년 이후, 하남성(河南省) 신밀현(新密縣) 신채(新砦) 유적에 대한 고고학자들
의 발굴이 여러 차례 이루어져 신채(新砦) 유적이 존재한 시기는 이리두(二里頭) 유
적보다 먼저이고 왕성강(王城崗) 유적보다는 늦은 것으로 확인되었다.

2003년 고고학자들이 신채 유적에서 옛 성터를 발견했는데, 그 남쪽은 쌍계
하(雙洎河)로 천연적인 장벽을 형성했고 동·서·북 삼면에 성벽을 쌓아 성호(城壕)를

〈그림 2-159〉 신채(新砦) 유적에서 출토된 도령(陶鈴)

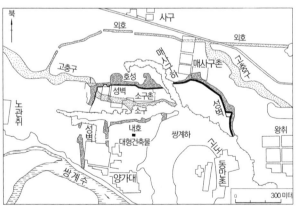

〈그림 2-160〉 신채 성터 평면도
성터의 평면은 원각(圓角) 직사각형으로 동서의 길이 약 924미터, 남북의 폭이 약
470미터이다.

설치했으며 성터 밖에서는 외호(外壕) 유적이 발견되기도 했다. 성 내의 면적은 약 70만 제곱미터이고 외호(外壕)까지 포함하면 100만 제곱미터에 이른다. 발굴자는 신채 성터에는 대성(大城)과 소성(小城)이 포함되어 있는데, 소성은 대성의 서남쪽에 있고 그 외곽에는 성호(壕溝)가 둘러 있다고 보았다. 2002년부터 2005년 사이에 소성 북부에서 발굴된 얕은 혈식(穴式) 건축 유적은 동서의 길이 92.2미터, 남북의 폭 14.5미터이다. 남쪽과 북쪽 벽은 물론 건물 내부에서도 하중 지지대와 격벽(隔牆) 유적은 발견되지 않았다. 발굴자들은 이를 노천 건물로 보며 이런 얕은 혈식 건축 유적은 문헌에 기록된 '감(坎)' 혹은 '선(墠)'과 같은 제사 성격을 띤 건축 유적으로 추정하고 있다.

신채 성터의 성격에 관련해서는 이 성터가 하계(夏啓)가 있던 도읍이었을 것으로 보는 학자가 있다.

언사(偃師) 이리두(二里頭) 성터

1959년 여름, 저명한 학자 서욱생(徐旭生)이 하(夏)의 도성 유적지(하허: 夏墟)를 찾자고 제안했다. 그는 하나라의 도성이 중원의 낙양 평야 혹은 진남(晉南) 분수(汾水) 하류 일대에 있을 것이라고 추정하여, 우선 하남성(河南省) 등봉시(登封市)·우주(禹州)·공의(鞏義)·언사(偃師) 등에서 고고학적 고찰을 했는데 얼마 지나지 않아 언사 이리두촌(二里頭村)에서 하대(夏代) 말기의 도성 유적, 즉 이리두 유적을 발견했다.

이리두 유적은 지금의 하남성 언사시(偃師市) 적진(翟鎭)에 위치하며 남쪽은 염장(冉莊)과 저가장(褚家莊) 이북을 경계로, 북쪽은 이리두촌 북쪽을 경계로 하고 동쪽은 을당두촌(圪壋頭村) 동부에서 시작하여 서쪽으로 허촌(許村)의 동쪽에 이른다. 이리두 유적은 궁성 구역, 제사와 무덤 구역, 관수공업(官手工業) 공방 구역, 귀족 거주 구역, 평민 거주 구역 등으로 나눌 수 있다. 이리두 유적 중에서도 1960~70년대에 발견된 1호와 2호 궁묘 유적과 2000년대 초반에 발견된 궁성 유적이 가장 중요한데, 그 이유는 이리두 유적이 하대 말기 도성 유적임을 판단할 수 있는 과

〈그림 2-161〉 이리두(二里頭) 유적 발굴 현장

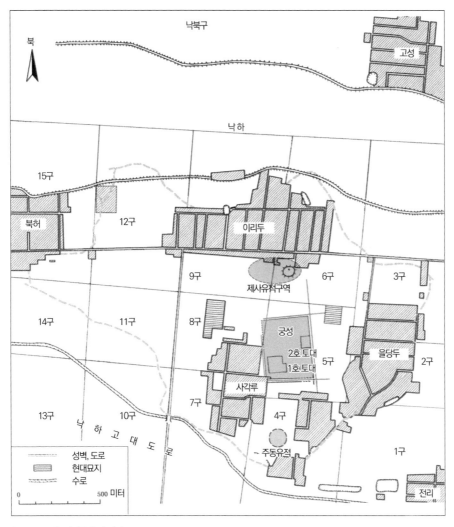

〈그림 2-162〉 이리두 유적 평면도

유적 구역의 동서 길이는 약 2,400미터, 남북의 폭은 약 1,900미터이며 총 면적은 약 3제곱킬로미터이다.

학적 토대를 마련했기 때문이다.

궁성 구역은 유적지 중동부(中東部)에 위치해 있으며, 동쪽 궁벽에서 궁문 2개가 발견되었고 남쪽 궁벽의 서쪽에서는 현재 궁문 1개가 발견되어 남쪽 궁벽의 동쪽에도 궁문 1개가 있었을 것으로 추정되고 있다. 궁성 밖 사면에는 궁성과 평행되는 도로가 있는데 폭이 10~20미터이다. 이리두 유적에서 이미 발견된 1, 2호 궁묘 건축 유적은 각각 궁성 내 동부와 서부에 분포되어 있다.

1호 궁묘(宮廟) 건물의 전당(殿堂) 기단은 흙을 틀에 넣고 다져서 만들어졌고 기지 평면에서 발견된 주망(柱網) 유적으로부터 전당은 폭이 8칸, 깊이가 3칸이며 주변에 회랑(迴廊)을 두었음을 알 수 있다. 전당 기지의 북부와 동부, 서부에서 발견된 제사 유적과 인생(人牲) 유적 중, 전당 기단 북쪽의 제사갱에 인생 3명이 묻혀 있었고 서쪽과 동남쪽에서도 각각 인생 1명씩 발견되었다.

1호 궁묘 유적은 궁성의 서쪽에 있고 남쪽으로 남궁문 유적을 마주하고 있다. 1호 유적 주변에는 담장을 쌓았고 원락 전체가 흙이 다져서 있는 상태이다. 1호 건물의 전당 기지는 원락의 북쪽 중앙에 자리 잡고 있으며, 원락 북쪽 담장에서 20미터, 동·서쪽 담장에서 각각 30미터씩 떨어져 있다. 전당의 남쪽은 정원이며, 원락 남쪽에는 남문이 있다. 남문은 앞뒤에 복도를 두었고 두 겹의 남북향 격벽이 있어 일문삼도의 구도를 이루었다. 그동안 고고학적으로 밝혀진 일문삼도의 구도는 언사 상성 궁성의 궁문, 초(楚)나라 기남성(紀南城)의 남성문(南城門: 수문)과 서성문(西城門), 한(漢)의 장안성, 동한(東漢)의 낙양성, 한위(漢魏)의 낙양성, 수당(隋唐)의 장안성과 낙양성, 북송(北宋)의 동경성(東京城), 원(元)의 대도, 명청(明清)의 북경성 등 고대 도성의 성문이나 궁성 성문에서만 보였다. 지금까지 최초로 발견된 일문삼도의 궁성 성문은 이리두 유적 궁성의 1호 궁묘 건축 유적인 원락의 남문이다. 이는 후세의 도성의 성문, 궁성의 궁문 제도에 큰 영향을 끼쳤으며 건축 유적의 정치적 기능, 즉 궁전의 성격을 인식하는 데 있어서 중요한 의미가 있다.

최근 발견된 7호 건축 유적은 사실 궁성의 남문 유적이다. 이 유적은 북쪽으로 1호 궁묘 건축 유적과 30미터 떨어져 있다. 기단은 흙을 틀에 넣고 다져서 만

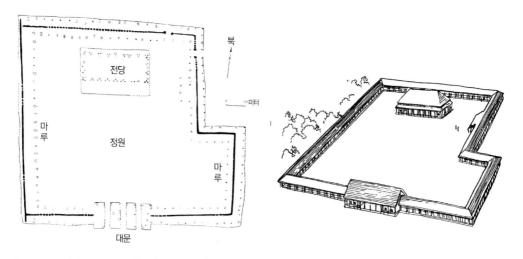

〈그림 2-163〉 **이리두 1호 궁묘(宮廟) 유적 평면도 및 복원도**

1호 궁묘 유적의 전당(殿堂) 기단은 동서의 길이 36미터, 남북의 폭 25미터, 면적이 900제곱미터이며 저부(底部)에 자갈을 3겹으로 평평하게 깔아 놓았는데, 두께가 60~65 센티미터이고 판축 기단의 두께는 약 3미터이다.

원락(院落)은 동서의 길이 107미터, 남북의 폭 99미터이고 면적은 약 1만 제곱미터이다. 원락의 남쪽, 동쪽과 북쪽 벽 안팎에는 모두 낭도(廊道)가 있고 안쪽과 바깥쪽 복도의 폭은 각각 약 3미터이다. 서쪽 벽에는 안쪽 복도만 있는데 폭이 약 6미터이다.

남문 기단은 동서의 길이 28미터, 남북의 폭 13미터이고 격벽은 남북의 길이 11미터, 동서의 폭 4미터이다. 남문은 '일문삼도(一門三道)'로 가운데 문도(門道)의 폭이 3.2미터, 서쪽 문도의 폭이 2.7~2.9미터, 동쪽 문도의 폭이 2.6미터이다.

원락의 동문과 북문은 모두 원락의 동북쪽에 위치해 있으며 문도의 폭은 모두 2.9미터이고 깊이는 1.5미터이다.

들었고 동서의 길이 31.5미터, 남북의 폭 10.5~11미터이며 두께가 약 2미터이다.

이리두 유적 1호 궁묘 건축 유적은 중국 고대 궁전의 건축 형태와 특징을 지닌 최초의 궁묘 건축 유적으로 알려져 있다. 이러한 구조의 특징은 주로 주요 건축물의 평면이 직사각형의 전당(殿堂)으로 되어 있으며 그 밖에 원락을 두어 밀폐된 마당을 조성하고 남쪽에는 '일문삼도'의 문을 두고 문도(門道) 양쪽에 학당을 둔 것이다. 그리고 남문은 전당과 함께 궁전 원락의 중축선을 이루었다.

동부의 2호 궁묘 유적은 서남쪽으로 1호 궁묘 건축 기지와 150미터 떨어져 있으며 좌북조남, 즉 남향이다. 2호 건축 유적은 원락, 문도, 회랑 그리고 전당을 포함하고 있으며 주변에는 담장이 둘러져 있다. 원락의 정문은 남쪽 벽에 두었고 문도 양쪽에 각각 학당을 두었다. 2호 궁묘 건축물의 주요 건물인 전당 기지는 원락의 북쪽 중앙에 있다.

전당 기지 평면에서 발견된 주망(柱網) 유적을 보면, 전당의 폭은 3칸이고 주

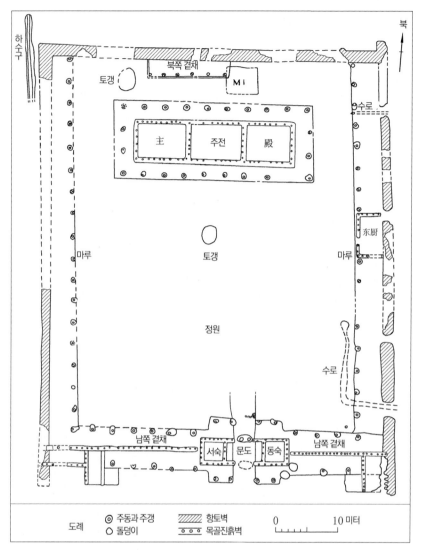

〈그림 2-164〉 이리두(二里頭) 유적의 2호 궁묘 유적 평면도
기단은 직사각형의 판축 기단으로 남북의 길이 72.8미터, 동서의 폭 57.5~58미터이다.
담장의 폭은 약 2미터이고 원락(院落)의 평면은 직사각형으로 동서의 길이 57.5~58미터, 남북의 폭 72.8미터이며 면적은 약 4,000제곱미터이다.
남문 기지는 동서의 길이 14.4미터, 남북의 폭 4.35미터, 문도(門道)의 폭 2.9미터이다.
2호 궁묘의 주요 건물인 전당(殿堂) 기지의 평면은 직사각형으로 동서의 길이 약 33미터, 남북의 폭이 약 12미터이다.

변에 회랑(迴廊)을 두었고 남랑(南廊)에 계단 3개가 동서로 나란히 있었을 것으로

추정된다. 전당과 원락 남문 사이에는 정원이 있다. 2호 궁묘 원락 정문(남문)에 설

치된 좌우 학당인 좌숙(左塾)과 우숙(右塾)은 매우 중요한 유적이다. 진(秦)나라 옹

성(雍城) 유적에서 발굴된 춘추시대의 마가장(馬家莊) 1호 유적은 일반적으로 종묘

〈그림 2-165〉 녹송석(綠松石)을 상감한 수면문(獸面紋) 동패(銅牌) 장식 (이리두 문화)

〈그림 2-166〉 이리두(二里頭) 유적에서 출토된 터키석(綠松石) 용 모양의 석기

건축 유적으로 알려져 있으며, 원락의 정문은 '일문이숙(一門二塾)'으로 되어 있다. 1950년대에 발굴된 한(漢) 장안성의 남교(南郊) 예제 건축물 중 하나인 종묘 유적도 원락의 정문이 '일문이숙'이다. 위에서 서술한 동주, 서한 시기 종묘 유적의 원락 문지(門址)의 문숙(門塾) 제도가 초기부터 답습해온 것이라면 이는 2호 건축 유적의 특성을 이해하는 데 중요한 역할을 할 것이다.

상술한 이리두 유적 중, 동서로 분포된 1호와 2호 대형 건축 유적의 각각의 구조로 미루어 볼 때 그 사용 기능이 다를 것으로 추정된다. 그러나 두 유적 모두 궁성에 있는 건물로서 정치적인 기능을 수행하는 건물이라고 볼 수 있다. 다른 점은 이들의 정치적 기능은 달라 종묘로 보이는 2호 건물은 혈연 정치의 특색을 띠고 궁전으로 보이는 1호 유적은 지연 정치의 특색을 띤다는 것이다.

이리두(二里頭) 궁성 중의 종묘(2호 궁묘 건축 유적)와 궁전(1호 궁묘 건축 유적)은 궁성에 동서로 나란히 분포되어 있어 궁성의 '쌍축선(雙軸線)' 특징을 이루었는데 이는 중국 고대 왕국 시대 국가 도성의 중요한 특색이 되었고 중화 5,000년 문명 중의 '중화(中和)' 문화 전기의 특징이기도 하다. 즉 도성의 '택중건도(擇中建都)'와 도성이 궁성을 통해 구현된 '쌍축선'이 병존하는 것을 말한다.

'공재관(工在官)'은 중국 고대 사회의 매우 중요한 특징이다. 고고학적 발견에

〈그림 2-167〉 청옥아장(青玉牙璋) (이리두 문화)

따르면 하대(夏代) 도성의 유적지인 이리두 유적의 관수공업 유적에는 주로 주동(鑄銅) 공방, 옥석(玉石) 공방, 제골(制骨) 공방 등이 있는데 이런 유적들은 궁성 구역의 남쪽 약 200미터 되는 곳에 분포되어 있다. 그중 주동(鑄銅) 공방 유적은 1만 제곱미터에 가까우며 출토된 관련 유물로는 도범(陶範)·석범(石範)·용로(熔爐) 잔적(殘迹)·동사(銅渣: 동 찌꺼기)·동광석(銅礦石)·목탄(木炭)·동기(銅器) 등이 있다. 주동 공방과 궁성 유적 사이에는 원락이 있는데 이곳에서 1,000제곱미터가 넘는 녹송석(綠松石: 터키석) 공방 유적이 한 곳 발견되었다. 이리두 유적의 무덤에서 출토된 녹송석을 상감한 동패(銅牌) 장식품과 용 모양의 석기 등 터키석이 박혀 있는 석기들은 모두 이곳에서 생산된 것으로 추정된다. 그중 터키석이 박혀 있는 용 모양 기구는 길이 64.5센티미터, 폭 4센티미터이며 2,000여 개의 다양한 모양의 터키석 조각으로 구성되어 있다. 유적에서 출토된 대량의 터키석 가공폐기물은 이곳이 이리두 유적의 옥석기(玉石器) 수공업 공방 구역임을 입증한다. 이와 같은 고급 관수공업 생산 관련 유적은 시대와 성터의 성격 두 면에서 이리두 유적이 하대 도성 유적지라는 사실을 입증하며 그 이유는 왕실이나 고위급 관료들에게 걸맞는 유물은 도성 안에만 있을 수 있기 때문이다.

거주 구역은 귀족과 평민 거주 구역으로 나뉘는데 전자는 궁성의 동쪽과 동남쪽에 있고 후자는 궁성의 서쪽과 북쪽에 위치한다. 이리두 유적지에서는 아직 왕릉이라 할 만한 무덤을 발견하지 못했지만 일부 중형 고분에서 출토된 유물이 종류와 수량이 많고 등급도 높은데, 예를 들면 청동기 중의 정(鼎)·작(爵)·고(觚)·화(盉)·가(斝)·월(鉞)·도(刀)·과(戈)·족(鏃)과 옥석기 중의 규(圭)·장(璋)·월(鉞)·척(戚)·과(戈)·도(刀), 도기(陶器) 중의 백도기·원시(原始) 청자기·작(爵)·규(鬶)·화(盉)·두(豆)·반(盤), 그리고 터키석을 상감한 동패(銅牌)와 용 모양 석기 등이다. 이런 고급 유물은 하대 도성으로서의 이리두 유적의 정치·문화·경제적 지위를 입증한다. 그중 청동기와 옥기 중의 예기, 예를 들면 청동기 중의 정(鼎)과 월(鉞), 옥기 중의 옥규(玉圭) 등, 그리고 원시(原始) 청자기는 중화문명의 중요한 물적 표상체가 되었다.

16) '오제시대(五帝時代)'의 도읍

정주(鄭州) 지역 신석기시대 말기의 성터

여기에서 말하는 '오제시대(五帝時代)'는 중화 5,000년 문명 중의 첫 1,000년을 말한다. 즉 중국 고대 첫 기전체(紀傳體) 통사(通史)인『사기(史記)』중의 「오제본기(五帝本紀)」에 기록된 황제(黃帝)·제곡(帝嚳)·전욱(顓頊)·당요(唐堯)·우순(虞舜)시대를 말한다.『죽서기년(竹書紀年)』에는 "황제(黃帝) 헌원씨(軒轅氏)가 첫 해에 즉위했고 곰이 있는 곳에 도읍을 정했다"[86]라고 기록되어 있다. 즉, 황제가 유웅국(有熊國)이라는 나라를 세웠는데, 상고시대에 국(國)이란 바로 성(城), 도성을 뜻하며 따라서 유웅국은 바로 황제의 유웅성(有熊城)이다.『제왕세기(帝王世紀)』에서는 "유웅(有熊)이란 지금의 하남(河南) 신정(新鄭)이다"[87]라고 했다.

고고학자들은 신정시(新鄭市) 부근에서 하남성(河南省) 용산(龍山)문화 시기의 일부 성터들을 발견했는데, 신정(新鄭)에 속해 있던 신밀(新密)에서 발견된 옛 성채(城寨) 성터들은 '오제시대'와 비슷한 대형 성터로, 면적이 30만 제곱미터이며 성벽 밖에는 폭이 수십 미터 되는 성호(城壕)가 있다. 성 내에서는 대면적의 고등급 건축 유적이 발견되었는데 궁전류의 건물로 보인다. 구체적으로 어떤 유적이 '유웅국'에 해당하는지는 좀 더 고찰이 필요하지만 황제 시대에 신정 일대에 도성이나 도읍을 건설한 것은 확실하다고 볼 수 있다.

유웅(有熊)이 속해 있는 신정은 대숭산(大嵩山) 지역으로 적어도 삼대(三代) 때

---

86 黃帝軒轅氏, 元年, 帝即位, 居有熊。
87 有熊, 今河南新鄭也。

〈그림 2-168〉 신밀(新密) 고성채(古城寨) 성터 유적

이곳은 이미 '천지지중(天地之中)'이었다. 도성이 국가의 중심 위치에 놓인 것은 황제 시기부터 시작되었다고 할 수 있다. 사실 '황제'라는 이름을 보면 '중(中)'의 핵심 사상이 뚜렷이 드러난다. '황(黃)'은 오색(청·적·황·백·흑) 중에서 '중(中)'에 있는 '황'이고 황제 오방(동·남·중·서·북)의 '중'과, '후토(後土)'의 '토(土)'는 오행(목·화·토·금·수) 중의 '토'와 서로 맞물린다. 즉 '황'은 곧 '중'이라고 할 수 있고 하늘과 땅의 제(帝)는 각자 공간에서의 최고 관리자로, 그들은 각각 하늘과 땅의 '중'에 있다. 공간적 의미에서 '중'은 동서남북을 대상으로 놓고 말하는 것이며 '제'는 사방의 '중'에 있음으로 인해 고대 중국의 '오방(五方)' 이념을 형성했다. 황제의 유웅국은 중국 상고시대의 '첫 도읍'이 이미 '택중(擇中)'의 이념을 구현했음을 보여주었다.

복양(濮陽)-하택(菏澤) 신석기시대 말기의 성터

역사 문헌에 따르면, 황제 시대 이후의 전욱(顓頊)·제곡(帝嚳)·당요(唐堯)·우순(虞舜)의 활동 중심지는 하남성(河南省) 동북부 복양(濮陽)과 산동성 남부의 하택(菏澤) 일대였다. 또한 역사 기록에 따르면 복양 부근의 내황(內黃)에 전욱과 제곡의 '이제릉(二帝陵)'이 있다고 한다. 중국의 고대 전통에 따르면 제왕의 능묘는 도성 부

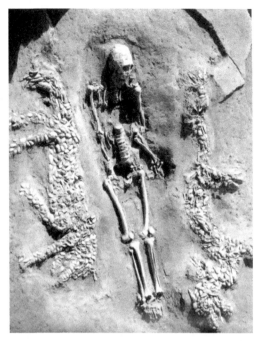
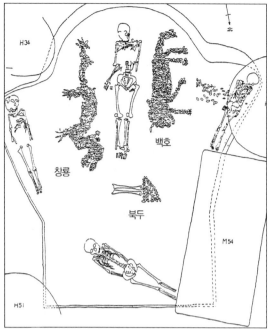

〈그림 2-169〉 복양(濮陽) 서수파(西水坡) 유적 M45호 묘의 용호(龍虎)
와 북두(北斗) 도상(圖像)

〈그림 2-170〉 M45호 묘의 평면도

근에 있다고 하며 이는 전욱과 제곡의 도읍 역시 하남성 동북부에 있을 것이라는
뜻이다.

1987년 고고학자들은 하남성 복양 서수파(西水坡)에서 6,400년 전의 고대 무덤
인 M45호 묘(墓)를 발견했다. 주인은 남성으로 키는 184센티미터이고 머리는 남
쪽을 향하고 다리는 북쪽을 향했으며 앙신직지장(仰身直肢葬: 주검의 몸을 똑바로 눕히고,
팔다리를 곧게 펴서 묻는 장례)이다. 묘 주인의 골격 좌측과 우측에는 각각 조개껍데기를
쌓아 만든 '용(龍)'과 '호(虎)'의 도상(圖像)이 놓여 있는데, 머리는 모두 북쪽을 향하
고 묘 주인의 골격을 등지고 있다. 묘 주인 골격의 발아래에는 조개껍데기를 쌓아
만든 삼각형 도안이 있으며 도안의 동쪽이 동서로 사람의 경골 두 대와 연결되어
있는데. 고대의 천문학자인 풍시(馮時)는 연구를 거쳐 이를 고대인 최초의 '구중(求
中)'의 실물 증거라고 보았다.[88] 이는 지금까지 알려진 최초의 '구중' 관련 고고학

---

88 馮時, 「〈保訓〉故事與地中之變遷」, 『考古學報』, 2015, 제2기.

적 발견으로 보인다. 논리적으로 추리해 보면 이는 사람들이 2,000년 후의 전욱과 제곡이 구중의 이념에 의해 도읍을 선택한 것은 합리적이라고 볼 수 있는 이유가 되었다. 『한서(漢書)』 「지리지(地理志)」에는 제음군(濟陰郡) 성양현(成陽縣)에 "요(堯)의 무덤, 영대(靈臺)가 있다"라고 기록되어 있으며 『한서』 「유향전(劉向傳)」에도 "황제(黃帝)는 교산(橋山)에 묻혔고, 요(堯)는 제음(濟陰)에 묻혔다"라고 기록되어 있다. 그리고 『수경주(水經注)』에는 "성양성(成陽城)에서 서쪽으로 2리 되는 곳에는 요릉(堯陵)이 있고, 능에서 남쪽으로 1리 되는 곳에는 요모(堯母)의 경도릉(慶都陵)이 있다"라고 기록되어 있다.

성양(成陽)은 지금의 하택시(菏澤市) 모란구(牡丹區) 호집(胡集)촌과 진루(陳樓)촌 일대에 위치해 있으며, 이 일대에서 하남성 용산문화 시기의 성터 및 관련 유물이 발굴되었다. 당요(唐堯)는 일찍이 하택 일대를 도읍으로 삼았고 춘추전국(春秋戰國) 시대의 사람들은 "도(陶)를 천하의 중심"[89]으로 보았는데, 이는 역사적으로 전승된 것이다. 최근 청화간(淸華簡) 『보훈편(保訓篇)』과 하택 지역의 고고학 발견 및 연구는 우순(虞舜)이 '구중'의 이념에 따라 역산(歷山)에 도읍을 두었다는 사실을 밝혔고 또 연구를 거쳐 역산이 바로 지금의 복양 일대라고 보고 있다. 다만 그 시기의 도읍은 일정하지 않았기에 당요와 우순의 도읍이 한 곳뿐이 아니었을 것이며 따라서 역사 문헌에 진남(晉南)에도 도읍이 있었다고 기록된 것이다.

산서성(山西省) 남부의 도사(陶寺) 성터

당(唐) 장수절(張守節) 『정의(正義)』에서는 『사기(史記)』 「오제본기(五帝本紀)」를 다음과 같이 인용했다.

서광운(徐廣雲)은 "호(號)는 도당(陶唐)이다"라고 했다. 『제왕기(帝王紀)』에서는 이르기

---

89 (역자주) 춘추전국시대에 산동(山東) 제수(濟水) 유역의 도(陶)가 경제 중심으로 부상하면서 도를 천하의 중심으로 보게 되었다.

를 "요(堯)의 도성인 평양(平陽)이 바로『시경(詩經)』에 나오는 당국(唐國)이다". 서재(徐才)의『종국도성기(宗國都城記)』에서는 "요(堯)의 후손이 당국(唐國)에 봉해졌다. 그 북쪽은 하우(夏禹)의 도읍이다. 한(漢)은 이곳을 태원군(太原郡)이라고 불렀는데 태원군은 옛 기주(冀州)의 태항(太行), 항산(恒山)의 서쪽에 있고 그 남쪽에는 진수(晉水)가 있다"라고 했다.『괄지지(括地誌)』에는 "지금의 진주(晋州)가 바로 평양(平陽) 고성(故城)일 것이다. 평양에 흐르는 강물은 일명 진수이다"[90] 라고 적혀 있다.

『수서(隋書)』「지리지(地理志)」에는 "위(魏)나라 때 임분(臨汾)을 평양이라고 불렀고 평양군(平陽郡)을 설립했다. 개황(開皇) 초기에는 평하(平河)를 군(郡)으로 하고 임분(臨汾)을 현(縣)으로 정했고 그 뒤로 군(郡)을 폐기했다"[91]라고 기록되어 있으며,『당서(唐書)』「지리지(地理志)」에는 "한(漢)나라 때 임분은 평양현(平陽縣)으로 불렀고 수(隋)나라 때에는 임분으로 개명했다"[92]라고 기록되어 있다.『수경주(水經注)』「분수(汾水)」에서는 분수(汾水)에 대해 "분수는 남으로 평양현 동쪽을 흐른다"고 했고 또 "평하(平河)의 북쪽에 현(縣)이 설립되어 있고 요(堯)와 순(舜)도 이곳에 도성을 건립한 적이 있다.……분수 옆에는 요의 묘(廟)가 있고 묘 앞에는 비(碑)가 있다"[93] 라고 기록된 바 있다.

역사 문헌에 따르면 양분(襄汾)은 고대에 '평양(平陽)' 또는 '요도평양(堯都平陽)'으로 불렸는데, 바로 지금의 산서성(山西省) 남부에 위치해 있는 임분시(臨汾市) 양분현(襄汾縣)이다. 20세기 말, 21세기 초 양분현에서 지금부터 약 4,300년에서 3,900년 전의 용산 문화 성터, 즉 도사(陶寺) 성터가 발견되었다.

도사(陶寺) 성터에서 출토된 도호(陶壺)에는 주서(朱書)인 '문(文)'과 '요(堯)'가 있

---

90 徐廣雲: "號陶唐。《帝王紀》雲: "堯都平陽, 於《詩》為唐國。"徐才《宗國都城記》雲: "唐國, 帝堯之裔子所封。其北, 帝夏禹都。漢曰太原郡, 在古冀州太行、恒山之西。其南有晉水。《括地志》雲: "今晉州所理平陽故城是也。平陽, 河水, 一名晉水也。"

91 臨汾, 後魏曰平陽, 並置平陽郡。開皇初改郡爲平河, 改縣爲臨汾, 尋郡廢。

92 臨汾, 漢平陽縣, 隋改爲臨汾

93 縣在平河之陽, 堯、舜並都之也。……水側有堯廟。廟前有碑。

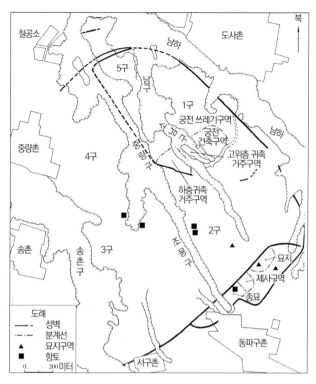

〈그림 2-171〉 도사(陶寺) 성터에서 출토된 도기(陶器)의 문자

〈그림 2-172〉 도사(陶寺) 성터 평면도

도사(陶寺) 성터 평면은 원각(圓角) 직사각형으로 남북 최대 거리는 2,150미터, 최소 거리는 725미터이며 동서 최대 거리는 1,650미터이고 면적은 약 2.8제곱킬로미터이다. 궁성(宮城) 유적은 남북의 폭이 약 270미터, 동서의 길이가 약 470미터이고 면적은 약 0.13제곱킬로미터이다.

궁문 문도(門道)의 폭은 약 6.8미터이다. 돈대(墩台) 유적은 길이 약 10미터, 폭이 약 11미터이며 서쪽 관(觀: 闕)유적은 남북의 길이 21미터, 동서의 폭 11미터이다.

어 도사 성터와 '요도평양(堯都平陽)'을 긴밀하게 연결시켜 놓았다. '문'에 대한 학계의 인식은 대체로 일치하며 문헌 기록에 따르면 요는 일명 문조(文祖)라고도 한다. 『상서(尚書)』「순전(舜典)」에는 "정월 상일(上日: 초하루)에 문조에게서 선양을 받았다"[94] 라고 기록되어 있고, 『전(傳)』에서는 "상일(上日)이란 음력 초하루이다. 요의 퇴위에 대해 알렸다. 문조는 요문덕(堯文德)의 조묘(祖廟)이다"[95]라고 했다.

도사 H3403 편호(扁壺) 뒷면의 주서(朱書) 문자가 가장 원시적인 요의 초자(初字)일 가능성이 크다는 하노(何努)의 첫 주장에 대해 학계에는 이견도 있지만 갈영

94 正月上日, 受終於文祖

95 上日, 朔日也。終, 謂堯終帝位之事。文祖者, 堯文德之祖廟。

회(葛英會)는 문장을 발표하여 하노의 '요' 문자 설을 결연히 지지했다.

　도사 유적은 양분현에서 동북쪽으로 7.5킬로미터 떨어진 탑아산(塔兒山) 서쪽 기슭에 위치해 있다. 도사 성터의 곽성 유적은 지금의 양분현 도사촌(陶寺村)·중량촌(中梁村)·송촌(宋村)·동파구촌(東坡溝村)·서구촌(西溝村) 사이에 있으며 이는 중원 지역의 용산 문화 성터 중에서 가장 규모가 크다.

　도사 곽성 성터 안팎에서는 동령(銅鈴)·동치륜형기(銅齒輪形器)·도기의 주서문자(朱書文字)·도고(陶鼓)·타고(鼉鼓)·용문도반(龍紋陶盤)·채색으로 그린 도궤(彩繪陶簋)·옥벽(玉璧)·옥종(玉琮)·옥황(玉璜)·옥월(玉鉞)·옥선기(玉璇璣)·석경(石磬) 등 예악중기(禮樂重器)들이 발견되었다. 궁묘 지역의 유적에서 출토된 건축 자재 유물은 판와(板瓦), 회백색을 각화(刻花: 중국 도자 장식법의 일종)한 벽의 표면, 푸른색 징두리 벽의 표면 등이 있는데 이들은 모두 건축물의 높은 품위를 반영한다. 궁묘 구역 주변에서는 또 궁성 담장의 장기(墻基)가 발견되었다.

　도사 곽성 성터 내의 동부에서 발견된 교혈(窖穴) 구역의 범위는 길이 100미터, 폭 10미터이며 면적은 1,000제곱미터에 가깝다. 교혈은 밀집되어 있고 평면은 일반적으로 원각(圓角) 정사각형 또는 직사각형이다. 교혈은 크고 작은 두 종류로 나뉘는데 큰 것은 변의 길이 10여 미터, 깊이 4~5미터, 용적 약 400세제곱미터이며 작은 것은 변의 길이 5미터, 깊이 4~5미터, 용적 약 100세제곱미터이다. 일부 교혈의 출입구 지표면에는 직경 2미터의 회백면(灰白面) 원형 가옥 유적이 있는데 이는 초소의 기능을 가지고 있었을 가능성이 크며 교혈의 방어 조치가 철저했음을 보여준다. 도사 성터의 교혈 구역은 "후세의 국가 창성(倉城)의 원조로 보이는데, 선사시대의 다른 성터에서는 이렇게 통치자가 직접 통제하는 대형 저장 구역을 볼 수 없었다".

　궁성 유적은 도사 성터의 동북쪽에 위치하며, 평면은 동서향의 직사각형으로, 도사 곽성의 방향과 거의 일치한다. 궁성의 동남쪽 모퉁이에는 궁문이 있다. 궁문 밖 동서 양쪽에는 관(觀) 혹은 궐(闕)류의 유적이 남아 있는데, 그중에서도 서쪽 관(觀: 闕)유적의 보존 상태가 양호하다. 이 궁문 유적이 북쪽으로 궁성의 주요

〈그림 2-173〉 도사(陶寺) 성터 옛 관상대(觀象臺) 풍경

건물을 마주하고 있는 것으로 보아 궁성의 정문일 것으로 추정된다.

도사 궁성은 보존 상태가 양호하고 체계가 잘 갖추어져 있으며 규모가 크고 구조가 정연하고 뛰어난 방어적 성격을 가지며 현재 고고학적으로 발견된 중국 최초의 궁성이다. 도사 궁성과 도사 곽성의 발견으로 인해 성곽 제도가 완비되었고 도사는 중국 고대의 중요한 도성 제도인 성곽 제도의 근원 혹은 최초의 형태였을 가능성이 높다.

도사 궁성의 동남쪽 각문(角門)은 전체적으로 짧은 'L'자형이고 돈대(墩臺)에 기초가 있어 구조가 석묘(石峁) 유적보다 연대가 조금 늦은 곽성 동문 유적과 비슷하며 도사 성벽의 건축 구조는 같은 시기에 다른 지역에도 큰 영향을 미쳤다. 반면 도사 성터의 동남문은 형태가 특이하고 구조가 복잡하여 선사시대에서는 보기 드물며 후세의 관(觀: 闕)을 가진 문지(門址: 예를 들면 동주(東周) 곡부(曲阜) 노성(魯城)의 동남문 유적, 한(漢) 장안성 동쪽 성문 유적 등)와 유사하여 후세에 미치는 영향이 크다.

도사 성터는 정치·경제·문화의례 등 다양한 기능을 갖추었고 궁전 건축 구역, 제사 구역, 교혈(窖穴) 구역, 수공업 공방 구역 등이 모두 독립되어 있다. 성터 부근에는 대규모의 묘지가 조성되어 있고 묘지에는 소수의 고위 귀족 묘와 대량

〈그림 2-174〉 도사 성터에서 출토된 채색 용문(龍紋) 도반(陶盤)　　　　〈그림 2-175〉 도사 성터에서 출토된 옥선기(玉璇璣)

의 일반 서민 묘가 있다. 도사 성터는 중국 고대 도성 유적 중 지금까지 고고학적으로 발견된 최초의 유적이자 가장 포괄적인 도읍 성터라고 볼 수 있다. 도사 성터는 다음과 같은 특징이 있다.

첫째, 곽성과 궁성으로 이루어진 '쌍성제(雙城制)'의 형식에 부합되며 곽성과 궁성의 성벽이 완비되고 시대가 명확하다. 둘째, 성내 구역의 구분이 뚜렷하다. 셋째, 성터와 고등급의 묘지가 동시에 병존한다. 넷째, 성터와 그 묘역에서 서로 다른 유형의 높은 등급과 높은 품위의 유물이 출토되었다. 다섯째, 성터와 역사 문헌 기록과의 대응 관계가 명확하며 이 다섯 가지 특징은 중국 고대 초기의 다른 도성 유적에서는 거의 찾아볼 수 없다.

3

핵심 이념: '중(中)'과 '화(和)'의 물화(物化) 표현

1) '중(中)'의 이념

도성(都城) 입지의 '구중(求中)'과 '택중건도(擇中建都)'

신석기 시대 말기의 '구중(求中)'

중국 선민(先民)의 '중(中)'에 대한 신앙과 추구는 멀리 신석기 시대 말기와 '오제시대(五帝時代)'로 거슬러 올라갈 수 있다. 앞에서 언급한 M45호 묘(墓)의 용호(龍虎)와 북두(北斗) 도상(圖像), 그리고 황제의 '황(黃)'을 '중'으로 풀이하면 이를 뒷받침할 수 있다.

도성이 국가의 중심에 있는 것은 중화문명이 형성될 때부터 도성의 출현과 함께 맞춤형으로 이루어진 것이다. 오제시대는 중화 5,000년 문명의 시작으로, 황제의 유웅국(有熊國)은 신정(新鄭)에 있었고 제곡(帝嚳)·전욱(顓頊)·당요(唐堯)·우순(虞舜)의 도읍은 모두 하남성(河南省) 동북쪽, 산동성(山東省) 서남쪽, 또는 산서성(山西省) 남부에 있었다. 다시 말하면 오제(五帝)의 도읍은 모두 중원(中原) 지역에 있었던 것이다. '중원'은 지명으로, '중'은 동서남북과 상대되는 공간적 방위를 뜻하며 '원(原)'은 지형을 가리킨다. 즉 오제시대의 도읍은 당시 '국가'의 중심에 있었던 것이다.

오제시대의 황제의 계승자는 '구중'의 이념을 따랐다. 『논어(論語)』 「요왈(堯曰)」의 "순은 지혜로운 사람이다! 지나침과 모자람의 양극단 의견을 모두 수렴한

〈그림 2-176〉 중국 대지(大地)의 원점(原點) 소재지

다음 '중간(中)'을 택해 백성들을 다스린다"[96]라는 기록은 '구중'의 정치적인 측면을 보여준다.

　　역사 문헌에 따르면 오제시대의 전욱·제곡·당요·우순은 모두 하남성 복양(濮陽), 산동성 하택(菏澤) 일대에서 활동했고, 전욱과 제곡의 두 '제릉(帝陵)'은 복양(濮陽) 부근의 내황(內黃) 일대에 있다고 한다. 청화간(清華簡) 『보훈편(保訓篇)』에는 우순은 역산(歷山: 지금의 濮阳)에서 '구중'했다고 기록되어 있다. 또 어떤 학자들은 산동성 하택에서 발견된 한(漢)나라 석각 문자를 근거로 이곳을 당요의 도읍이 있던 곳으로 보고 있다. 전국(戰國)시대의 문헌에 기록된 '도(陶)가 천하의 중심'의 '도(陶)'는 바로 지금의 하택의 정도(定陶)이다.

역사시대(歷史時代) 국가 도성 입지 선택의 '구중(求中)' 원칙

　　여기에서 말하는 '역사시대'란 하상주(夏商周) 왕조 이래의 왕국 시대와 제국

96　舜其大知也與! 執其兩端, 用其"中"於民。

시대를 가리킨다.

『여씨춘추(呂氏春秋)』에는 "옛 왕들은 천하의 중심을 택하여 나라를 세우고 국(國)의 중심을 택하여 궁을 지으며 궁의 중심을 택하여 묘(廟)를 건립했다"[97]라고 기록되어 있는데 여기에서 '국(國)'은 바로 '도성(都城)'이며 역사 문헌에서 흔히 말하는 '택중건도(擇中建都)'이기도 하다. 도성은 국가 정치의 축소판이며 위의 기록은 '중(中)' 이념의 정치적 실천을 말한다. 하대(夏代)부터 시작된 국가 도성의 입지 선정은 '오제시대(五帝時代)' 이래의 '구중(求中)'의 원칙을 계승했는데 차이점은 국가의 공간적 범위가 확대되면서 '중'의 위치도 바뀌었다는 점이다. 학계에서는 일반적으로 등봉(登封)에서 발견된 약 4,000년 전의 왕성강(王城崗) 성터를 문헌 중의 '우도양성(禹都陽城)'으로 추정하며 왕성강 지역 부근에서 출토된 전국시대 도기(陶器)의 '양성(陽城)'이라는 도문(陶文)은 왕성강 성터가 '우도양성'이라는 설을 뒷받침해주고 있다. 대숭산(大嵩山) 지역에서 발견된 하대(夏代) 중·말기의 신밀(新密) 신채(新砦) 성터·언사(偃師) 이리두(二里頭) 궁성·정주(鄭州) 상성(商城)·언사(偃師) 상성(商城) 등은 상갑미(上甲微)가 '숭산(嵩山)'에서 '구중'했다는 기록을 입증한다.

하(夏)와 상(商)의 '구중'은 서주의 통치자에 의해 계승되었고 서주 초기의 청동기(靑銅器) 하존(何尊)에 새겨진 명문(銘文) '택자중국(宅玆中國)'은 '택중건도(擇中建都)'가 이미 국가문화와 국가이념으로 자리 잡았음을 잘 보여준다.

삼대(三代)의 도성(都城)은 중악(中嶽)의 숭산(嵩山) 지역을 '천지지중(天地之中: 천지의 중심)'으로 했고 국가의 공간 범위가 확대됨에 따라 숭산을 중심으로 한 '대중원(大中原)'의 범위는 노서남(魯西南)·관중동부(關中東部)·진남(晉南) 및 하남성(河南省)의 대부분으로 확대되었다. 삼대(三代) 이후의 도성을 살펴보면 중고 시대 이전 통일 왕조의 도성들은 기본적으로 장안과 개봉(開封) 사이의 동서 중축선에 있었고 하상주(夏商周)·진한(秦漢)·위진(魏晉)·수당(隋唐)·송(宋)의 도성은 모두 '택중건도'의 광의의 의미인 천지지중에 있었다. 중국 고대 역사 말기의 요(遼)·금(金)·원(元)·

---

[97] 古之王者, 擇天下之中而立國, 擇國之中而立宮, 擇宮之中而立廟

명(明)·청(淸)에 들어서면서 국가 경제 중심의 동이(東移), 북방 민족들의 궐기와 수
당(隋唐) 대운하의 개통으로 인해 국가의 도성은 장안과 개봉이 있는 동서남북의
'중'에서 남북의 '중'으로 발전했다. 여진, 몽골 등 북방 민족의 대부분이 대흥안
령(大興安嶺), 몽골(蒙古)고원 일대에서 흥기했다는 점을 감안하면 처음 북경을 도읍
으로 정한 해릉왕(海陵王)은 "연경(燕京)이 바로 천지의 중심"이라고 여겼을 것으로
보인다.

택중건궁(擇中建宮)

'택국지중이입궁(擇國之中而立宮: 국(國)의 중심을 택해 궁(宮)을 세움)'에서 '국(國)'은 도
성을 뜻하며 '궁(宮)'은 궁묘(宮廟)를 뜻한다. 따라서 '택중건궁(擇中建宮)'은 사실 도
성의 중심을 택해 궁성을 짓는다는 것을 의미한다.

중국 고대 도성의 발전사는 도성의 함의가 간단하던 데로부터 복잡해졌음을
말해주며 이는 사회의 발전과 더불어 국가의 관리 기능이 증가, 확장되면서 이에
상응하는 관리 기반의 확대를 필요로 한데서 비롯된 것이다. 즉, 도성은 '단성제
(單城制)'에서 곽성과 궁성으로 이루어진 '쌍성제(雙城制)'로 발전하고, 또 곽성, 황성
과 궁성으로 이루어진 '삼성제(三城制)'로 발전한 것이다.

〈그림 2-177〉 경산(景山)에서 내려다 본 자금성(紫禁城)

'택중건궁'이란 곽성의 중앙에 궁성을 세운다는 뜻이다. 곽성에서 궁성의 위치를 살펴보면 지세가 높은 곳에 있던 데로부터 점차 곽성의 동서 혹은 남북의 가운데 위치에 옮겨졌고 다시 곽성의 동서남북 사면의 중앙에 위치하게 되는데, 예를 들면 언사(偃師) 상성(商城)의 초기 궁성은 곽성 남부의 동서 가운데 위치에 있었고 상(商) 중기의 은허(殷墟) 원북(洹北) 상성(商城)의 궁성은 곽성의 동서남북 사면의 중앙에 위치한다. 도성에서 궁성의 위치를 살펴보면 동한 낙양성 이후부터 기본적으로 곽성의 동서 가운데 위치에 있었고 송(宋)의 동경성(東京城)부터는 궁성을 도성 동서남북의 가운데에 두는 것이 정형화되었다.

택중건묘(擇中建廟)

'택궁지중이입묘(擇宮之中而立廟: 궁(宮)의 중심을 택해 묘(廟)를 세움)'에서 '묘(廟)'는 사실 왕국 시대 궁성 중의 궁묘(宮廟)를 가리키며 '궁묘'에는 궁전과 종묘가 포함된

〈그림 2-178〉 기곡단(祈谷壇) 부감도

다. 선진(先秦) 시대에는 궁전과 종묘가 모두 궁성 안에 있었는데, 하대(夏代)의 도성인 이리두(二里頭) 유적 궁성의 1호 건축 유적(궁전)과 2호 건축 유적(종묘), 언사(偃師) 상성(商城) 궁성 중의 서부 궁전 유적과 동부의 종묘 유적이 바로 그 예이다. 역사의 발전과 더불어 선진(先秦) 시대 말기에 이르러서는 궁묘가 궁성 안뿐만 아니라 궁성의 중부에도 위치하는 경우가 있었다. 학계에서는 동주 시기 옹성(雍城)의 마가장(馬家莊) 3호와 1호 건축 유적을 당시 도성 중의 궁묘 건물로 보고 있으며 이들은 기본적으로 옹성(雍城)의 중앙에 위치하고 있다.

제국 시대에 들어서면서 종묘는 더 이상 궁성에 있을 수 없게 되었고 궁전만 궁성의 중앙에 두었다. 서한의 대조정전인 전전이 미앙궁의 중앙에 있는 것처럼 북위의 낙양성과 당나라 장안성 궁성의 중앙에 태극전이 있으며 대명궁(大明宮)의 중앙에는 함원전(含元殿)이 있고 청나라 북경성 고궁의 중앙에 있는 건물은 태화전(太和殿)이다. 위의 도성 종묘와 사직은 모두 궁성 밖과 황성 안의 동서 양쪽에 배치되어 있다.

일문삼도(一門三道)의 중문도(中門道)

'일문삼도'는 중국 고대 도성의 중요한 특징으로, 도성의 성문과 황성, 궁성의 정문도 예외가 아니었다.

현재 우리가 볼 수 있는 보존 상태가 양호한 명청(明淸) 북경성의 천안문, 정양문(正陽門) 및 고궁(故宮)의 오문(吾門)·신무문(神武門)·동화문(東華門)·서화문(西華門) 등과 고고학적 발견이 이루어진 원(元)나라 대도의 서성문(西城門)은 모두 '일문삼도'의 구조이다. 원(元) 나라 이전의 도성 유적 중, '일문삼도'의 성문과 궁문 유적으로는 송(宋) 동경성(東京城)의 신정문(新鄭門: 西城門), 수당(隋唐) 낙양성(洛陽城) 곽성의 정문인 정정문(定鼎門)과 궁성의 정문인 응천문(應天門) 등, 당(唐) 장안성 황성의 함광문(含光門), 궁성의 정문인 승천문(承天門) 등, 업남성(鄴南城)의 주명문(朱明門), 북위 낙양성 궁성의 정문인 창합문(閶闔門), 한(漢) 장안성의 패성문(霸城門)·선평문(宣

〈그림 2-179〉 **고궁(故宮)의 동화문(東華門)**

동화문(東華門)은 지금성(紫禁城)의 동문으로 명(明)나라 영락(永樂) 18년에 축조되었다. 동화문은 서화문(西華門)과 같은 형태로 평면이 구형(矩形)이며 붉은 성대(城臺)에 백옥 수미좌(須彌座)를 두었고, 3개의 권문(券門)이 있는데 권동(券洞)은 바깥쪽이 정사각형이고 안쪽은 원형이다. 성대 위에는 성루(城樓)가 있고 황색 유리기와(黃琉璃瓦)를 얹은 겹처마 무전정(廡殿頂) 구조이며, 기좌(基座)에는 한백옥의 난간을 둘러놓았다. 성루의 면은 5칸 폭이고 3칸 깊이에 사면에는 회랑을 두었고 양방(樑枋)에는 묵선(墨線) 대점금(大點金) 선자(旋子) 채색 그림이 그려져 있다. 청(清)의 대행(大行) 황제와 황후, 황태후의 재궁(梓宮)은 모두 동화문으로 나왔으며 민간에서는 '귀문(鬼門)', '음문(陰門)'이라고 불렀다. 지금성(紫禁城)의 네 성문 중 오문(午門), 신무문(神武門)과 서화문(西華門)의 장식용 못은 모두 세로로 9개, 가로로 9개로 총 81개인데 동쪽의 동화문만 세로로 9개, 가로로 8개로 총 72개가 박혀 있어 음수(陰數)가 들어있다는 소문이 전해진 것과 관련이 있는 것으로 보인다.

午門)·서안문(西安門)·직성문(直城門) 등이 있으며 그 위로 동주(東周)의 초(楚)나라 도성인 기남성(紀南城)의 남성문(南城門) 수문과 서쪽 성벽 북쪽의 서성문까지 거슬러 올라갈 수 있다.

지금까지 가장 먼저 발견된 최초의 '일문삼도' 구조의 문은 이리두(二里頭) 1호 궁전 건축 유적의 원락 정문(남문), 그리고 이리두 유적보다 조금 늦은 시기의 언사(偃師) 상성(商城)의 궁성 남문 중의 동쪽 궁문(일명 5호 궁묘 건축 궁전 남문)과 서쪽 궁문(일명 3호 남문)이다. 도성의 곽성 성문의 '일문삼도'가 정형화된 시작은 한의 장안성부터이다. 궁성 정문의 '일문삼도' 제도는 위진(魏晉)과 북위(北魏) 낙양성의 궁문인 창합문에서 형성되기 시작한 것으로 보이며 명청 북경성의 곽성과 황성의 성문, 궁성의 오문(吾門) 등까지 이어졌다.

중고(中古) 시대 및 그 이후, 도성과 궁성의 정문에는 당(唐) 장안성 곽성의 정문인 명덕문(明德門), 대명궁(大明宮)의 정문인 단봉문(丹鳳門)과 같은 '일문오도'의 구조가 나타났다. 출토된 이미지 자료와 역사 문헌에 기록된 도성과 궁성의 일문오도의 성문으로는 또 송(宋) 동경성(東京城) 황성의 정문인 선덕문(宣德門) 등이 있다.

고대의 일부 학자들은 성문의 '일문삼도'의 각 문도의 기능에 대해, '남자는 오른쪽, 여자는 왼쪽, 마차는 중앙' 문도를 이용했다고 보았다. 그러나 이런 주장은 좀 더 깊이 있는 검토가 필요한 것으로 보이는데, 여기에서 특히 '마차는 중앙' 문도를 이용했다는 주장은 고고학적 발견과 일치하지 않다. 한(漢) 장안성에서 발굴된 각 성문의 양쪽 문도에는 수레바퀴 자국이 잘 보존되어 있어 도로 양쪽 문도가 보행자만 통행하는 길이 아님을 말해준다. 보존 상태가 비교적 양호한 직성문(直城門) 중문도(中門道)의 유적은 지면이 흙바닥이며 수레바퀴 자국이 발견되지 않았고, 사실 흙바닥은 차량 운행에 불편했을 것으로 보인다. 도성 성문만 있는 '일문삼도'의 독특한 구조에서 '중도(中道)'는 황제가 이용하던 치도(馳道)와 어도(御道)이며 성문 양쪽의 문도는 관민(官民)이 이용하던 통로로 남녀의 구분 및 보행, 차행(車行)의 구분과는 무관한 것으로 보인다.

성문(城門)과 궁문(宮門)의 '일문삼도'와 '일문오도'는 국가의 상징적 기호인 도성과 궁성의 정문(正門), 궁문(정문)의 '중문도'로 대표되는 국가의 지고무상을 보여준다. '일문삼도'는 '국가'라는 개념이 형성된 이후인 하상(夏商) 시기에 나타났고 서한 왕조의 제국 시대의 도성에서 정형화되었으며 '중(中)'의 이념으로 인한 국가 이념의 강화를 보여준다.

일도삼도(一道三途)의 중도(中途)

고대 도성, 궁성 성문의 '일문삼도'가 제국 시대 초기에 정형화 되면서 성문, 궁문과 연결되는 도성 안의 도로에서도 '일도삼도'가 나타났다. '일도삼도'는 성문, 궁문의 '일문삼도'와 맞물렸고 이는 국가 지상의 '중(中)'의 관념이 진일보 발

〈그림 2-180〉 천단(天壇)의 어도(御道)

전한 결과이다.

한(漢) 장안성의 내부와 성문이 연결되는 대가(大街)에는 모두 배수로 2갈래씩 있어 세 갈래 길로 나뉘는데 이것이 바로 역사학자 반고(班固)가 말한 '세 갈래 넓은 길'이다. 고고학 자료에 따르면 '일도삼도(一道三途)'의 중간 도로의 폭은 20미터이며 이는 문헌에 기록된 황제 전용 치도(馳道) 혹은 어도(御道)이다. 그 양쪽에는 각각 폭 12미터 정도의 보행자 도로가 있다. 치도와 어도는 일반 백성과 관원뿐만 아니라 태자도 이용할 수 없었다. 『한서(漢書)』에는 "계궁(桂宮) 궁성의 정문(남문)인 용루문(龍樓門)과 미앙궁 석거각(石渠閣) 서북쪽의 작실문(作室門)은 직성문(直城門) 대가(大街)를 사이에 두고 남북으로 마주하고 있다. 한성제(漢成帝) 유오(劉驁)가 태자일 때 한원제(漢元帝)가 급한 일이 있어서 계궁(桂宮)에 있던 태자를 미앙궁으로 불렀는데, 유오는 계궁 용루문에서 직접 직성문 대가의 치도를 가로질러 미앙궁의 작실문에 들어가지 않고 직성문으로 에돌아 간 다음 직성문을 나와 다시 직성문 대가 남쪽에서 성에 들어갔고, 미앙궁 작실문을 거쳐 황궁으로 들어가는 바람에 시간을 끌었다"라는 일화가 기록되어 있다. 이 사실을 알게 된 한원제(漢元帝)는 태자가 예의를 지킨 행위에 만족했다고 한다.

동한 낙양성 내의 주요 도로도 '일도삼도'의 특징을 지니고 있으며 차이점은 '삼도(三途)'가 '벽'에 의해 대체되었다는 것뿐이다. 『태평어람(太平御覽)』은 『낙양기(洛陽記)』에 기록된 관련 내용을 인용했는데 구체적으로 다음과 같다.

궁문 및 성(城) 중의 대도(大道)는 모두 세 갈래로 나누어져 있는데 중앙 도로가 어도이고 양쪽에는 흙담을 쌓았는데 높이가 4척(尺)이 넘으며 이로써 도로를 세 갈래로 나누었다. 오직 공경(公卿)과 상서(尚書)만 장복(章服)을 입고 중간 도로를 통행할 수 있고 일반인들은 좌우 양쪽 도로로 통행해야 하며 왼쪽 도로로 들어가서 오른쪽 도로로 나와야 한다.[98]

한대(漢代)의 '일도삼도' 제도의 역사적 연속성에 대해서는 현재 더 깊은 고고학적 검토가 필요한 상황이다.

도성, 궁성 중축선(中軸線)의 '중(中)'

축선(軸線)은 중국 고대 도성의 중요한 특징이다. 표면적으로 보면 고대 도성의 축선은 건축 계획과 기술 문제이며, 미학과 예술의 문제라고 보는 학자도 있는데 필자는 이런 견해는 단지 표상에 불과하다고 생각한다. 도성과 궁성의 중축선은 실질적으로 국가의 정치적 이념이 도성의 건설에 반영된 것이다.

중국 고대 도성의 축선에 관한 선행 연구를 살펴보면 축선을 중축선으로 총칭하거나 도성의 중축선이 도성과 거의 동시에 나타난 것으로 보는 두 가지 관점이 있는데 사실은 그렇지 않으며, 축선과 중축선은 고대 도성 발전의 산물이다.

현재 고고학적 발견이 이루어진 도사(陶寺) 성터, 왕성강(王城崗) 성터와 신채(新砦) 성터에서는 축선과 중축선의 건축 이념을 찾아볼 수 없다. 이리두(二里頭) 궁성 유적의 2호 궁묘 건축 유적은 1호 궁묘 유적지의 건물과 함께 동서 방향으로 나란히 위치하고 있는데 이는 현재 고고학적 발견이 이루어진 최초의 도성 축선으로 추정된다. 1호 건축 유적의 주요 건물인 전당 유적은 그 원락의 남문 및 궁성 남문(7호 유적)과 남북으로 마주하고 있으며 하나의 축선을 이루고 있다. 2호 유적의 주요 건물은 이 원락의 남문과 마주하고 있으며 또 다른 축선을 이루고 있다

---

98 宮門及城中大道皆分作三, 中央御道, 兩邊築土牆, 高四尺餘, 外分之。唯公卿、尚書、章服道從中道, 凡人皆行左右, 左入右出。

고 할 수 있다. 다만 이 축선이 남쪽으로 더 발전해 나갔는지에 대해서는 아직 명확하지 않은데 이는 궁성의 남쪽 성벽에서 아직 이와 마주하는 궁문이 발견되지 않았기 때문이다. 그러나 궁성의 전체적인 배치를 보면 남쪽 성벽의 동쪽에 또 하나의 궁문이 있었을 수 있으며 만약 이 추측이 틀리지 않는다면 이리두 궁성에는 동서로 병렬된 두 갈래의 남북향 축선, 즉 궁성의 '쌍축선(雙軸線)'이 있었을 것으로 추정된다. 이와 비슷한 상황은 언사(偃師) 상성(商城) 말기 궁성에서도 볼 수 있는데 언사 상성 궁성의 남쪽 두 궁문이 동서로 나란히 병렬되어 있으며 이 역시 동서 방향으로 분포된 두 개의 남북향 축선을 이루고 있다.

이리두 궁성 유적과 말기 언사 상성 궁성 유적에서 나타난 쌍축선은 당시 궁성의 '좌묘우궁(左廟右宮)'의 궁묘 병렬배치 구조와 관련이 있는 것으로 보인다. 지연과 혈연 정치가 결합된 이원(二元) 정치가 도성의 궁성 중 궁묘가 병렬로 나란히 배치된 쌍축선을 결정한 것이다.

진(秦)의 함양성은 전국 시대에 축조된 도성으로, 진시황이 진 제국을 건립한 뒤에도 여전히 이곳을 도읍으로 삼았다. 도성의 구조를 보면 이 도성은 왕국 시대에서 제국 시대로 넘어가는 과도기형에 속한다. 현재 진 함양성 유적에 대한 고고학적 발견으로 보면 아직은 전국 시대의 진 함양성과 통일 후의 진 함양성 도성의 축선에 대해 규명할 수 없다. 그러나 한대(漢代)의 사학자 사마천(司馬遷)이 기술한 내용을 보면 진나라 말기에 진시황이 축조한 아방궁(阿房宮)의 전전(前殿) 공사는 당시 북쪽의 아방궁 전전에서 남쪽으로 종남산(終南山)까지 이르는 남북향의 도성 축선, 이른바 '표남산지전위궐(表南山之顚爲闕)'을 계획한 것으로 보인다.

한(漢)의 장안성은 제국 시대에 건설한 최초의 도성이다. 한고조(漢高祖)가 미앙궁을 건설하면서부터 대조정전인 전전(前殿)의 '거중(居中)' 이념이 확정되어 미앙궁에는 쌍축선이 존재할 수 없게 되었다. 비록 황궁인 미앙궁의 중축선 이념이 이미 형성, 시행되었지만 이때에는 아직 도성 전체의 중축선 계획 이념이 형성되지 않았고 서한 말기에 이르러, 남교(南郊) 예제 건물이 본격적으로 축조되면서 도성의 중축선과 '좌조우사(左祖右社)'의 구도가 이루어진 뒤에야 비로소 형성되었다.

〈그림 2-181〉 **자금성(紫禁城) 항공사진**
남에서 북으로 자금성 전체를 담은 이 사진에서 가장 눈에 띄는 것은 금수교(金水橋)·천안문(天安門)·단문(端門)이며 그 양 옆은 사직단(社稷壇)과
태묘(太廟)이다. 단문을 지나면 오봉루(五鳳樓)라고 불리는 오문(午門)이 눈에 들어온다. 중축선을 따라 태화전(太和殿)·보화전(保和殿)·중화전(中
和殿)·건청궁(乾淸宮)·곤녕궁(坤寧宮)·어화원(御花園)과 신무문(神武門)이 차례로 배치되어 있고 중축선 양 옆에는 동서(東西) 육궁(六宮)이 있다.

　　　도성의 중축선이 형성된 초기 단계에서 중축선은 과학적이고 엄격한 의미의
'거중'과 '좌우대칭'이 아니었다. 그러나 고대 도성의 발전과 더불어 도성의 중축
선은 점차 '거중'에 가까워지게 되었고 서한 말기에는 도성 전체의 중축선이 형
성되었다. 동한의 낙양성 전기에는 대조정전과 남궁(南宮)의 남쪽 궁문, 곽성의 남
문인 평성문(平城門)이 남북향의 도성 중축선을 이루었고 말기에는 대조정전과 북
궁의 남문, 곽성의 남쪽 성문이 남북향의 도성 중축선을 이루게 된다. 위진(魏晉)

과 북위(北魏) 낙양성의 도성 중축선은 한대(漢代)의 장안과 낙양의 도성 중축선에 비해 훨씬 '거중'에 가까워졌다. 고대 도성의 중축선이 진정으로 '거중'을 이룬 것은 수(隋)의 대흥성(大興城)과 당(唐)의 장안성이었으며, 그 후 명청의 북경성까지 이어진 것으로 보인다.

고대 도성의 쌍축선은 지연과 혈연 정치의 이원적 정치 구도를 반영하며 쌍축선에서 중축선으로 발전한 것은 지연 정치의 강화와 혈연 정치의 약화를 의미한다. 고대 도성의 점(點)과 선(線), 즉 제국의 대조정전을 도성의 기점으로 하고, 이곳으로부터 궁성의 정문과 도성의 정문을 연결하는 도성의 중축선을 이루었으며, 이 중축선을 중심으로 제국 도성의 전체 공간이 형성되었다. 대조정전의 기점은 도성의 핵심으로, 제국 도성의 '거중(居中)'과 '거전(居前)', 그리고 '거고(居高: 높은 지세)'의 위치에 있었다.

2) '화(和)'의 이념

'택중(擇中)'과 사방(四方)에서 구현된 '화(和)'

중국 고대의 역사에서 도성 입지의 선정 원칙은 '택중건국(擇中建國)'이었다. 도성은 나라의 도읍이며 여기에서 '택중(擇中)'은 바로 나라의 중심부를 택해 도성을 짓는 것을 뜻한다. 중앙정부의 국가 관리 측면에서 보면 이렇게 하는 것이 국가의 범위 내에서 동서남북 사방의 관리에 편리를 더해주며, 특히 고대의 교통과 통신 여건을 고려하면 국가 전역의 중심 위치를 선정하는 것은 매우 중요한 선택이었다.

서주(西周) 초기에 낙양을 도성으로 선정한 이유는 낙양이 국가의 중심부에 위치해 있어 동서남북 각지에서 황실에 바치는 공물을 받는데 편리했기 때문이다. 도성을 국토의 중심부에 둔 것은 국가의 정치적 측면에서 동서남북 사방에 공평성, 공정성과 타당성을 보여주었음에는 의심의 여지가 없다. "중원을 얻는 자,

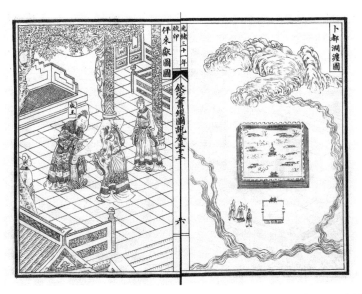

〈그림 2–182〉 〈흠정서경도설(欽定書經圖說)〉의 '복도간전도(卜都澗瀍圖)' 와 '팽래헌도도(伻來獻圖圖)' (清)

천하를 얻는다"라는 말은 중원과 천하의 관계를 반영하는데, 다시 말하면 중원은 '중(中)'으로 인해 천하로부터 인정을 받는다는 것이다. '중'과 사방의 유기적인 조합은 나라를 동서남북중(東西南北中)의 '화합'에 이르게 했다.

도성, 궁성 사면의 문과 '화(和)'

고대 도성의 사면에는 모두 성문이 축조되어 있는데, 일반적으로 성벽마다 성문이 3개씩 있었다. 한(漢) 장안성의 궁성인 미앙궁에도 사면에 성문을 두었고 이 규제는 서한 시대에 정형화되었다. 도성과 궁성의 사면은 국가의 동서남북 사방을 상징하며 '택중건도(擇中建都)'의 도성의 성문은 사방과 등거리에 있었다. 마찬가지로 궁성의 '택중건묘(擇中建廟)'인 대조정전은 궁성 사문(四門)으로 대표되는 동서남북 사방과 역시 등거리에 있었다. 이런 공간적 등거리는 사실상 사방에 대한 '중(中)'의 정치적 '화(和)'를 보여줌으로써 '중화(中和)'와 '화합(和合)'을 이루고 국가 정체성과 응집력을 강화했다.

제3장

제왕
능침(陵寢)의
고고학 발견과
연구

1

개술(槪述)

1) 고대 능침(陵寢)의 시각에서 본 문명

제왕의 능묘는 일반 고분과 비교해 규모가 현격히 차이가 나며 부장품의 수량에 따라 묘주 생전의 경제 상황 및 정치적 위상이 뚜렷하게 반영된다. 능묘가 문명의 형성과 더불어 나타났다는 것은 의심할 여지가 없다. 따라서 고고학자들은 대묘(大墓)의 발견 및 그 무덤의 함의에 대해 주목하고 있다. 예를 들면 산서성(山西省) 양분도사(襄汾陶寺) 유적에는 대성(大城)과 소성(小城: 궁성)으로 이루어진 성터뿐만 아니라 큰 규모의 묘지가 있는데 이곳 고등급의 무덤에서 용문도반(龍紋陶盤: 용무늬를 그린 질 쟁반)·묵서문자(墨書文字: 먹으로 쓴 문자)의 기물(器物)·고(鼓)·옥기(玉器) 등 고등급 유물들이 출토되었고, 이들은 사회 여러 계층을 반영하며 5,000년 동안 지속된 중화문명의 물적 표상이기도 하다. 무덤은 지하에 묻혀 있기 때문에 지면의 유적(성터, 각종 유물)보다 일반적으로 더 많이, 그리고 더 완전하게 보존되어 있다. 이들 물적 표상은 중화문명을 연구하는 데 있어 일차적인 역사 자료이다.

2) 능묘의 입지 선정 및 분포, 배열

묘지는 무덤의 공간적 운반체이며 묘지의 선택은 무덤의 전제이다. 장기간에 걸쳐 묘지와 거주지의 입지 원칙은 기본적으로 동일하여 거고임하(居高臨下), 배산임수의 지형을 선택했다. 옛 사람들의 이런 선택은 풍수적인 문제라기보다는 주로 거주지에서 실제 필요한 것들이 묘지 선택에서 나타난 것이다. 상고시대에 인류는 주변 환경을 제어하는 데 한계가 있었고 '지리(地利)'를 충분히 활용하는 것은 필연적인 선택이었다. 높은 지대와 배산임수의 지형은 거주지와 거주자의 생활 안전과 편리, 쾌적함을 위한 것이었다. 무덤은 인간의 음택(陰宅)으로서 양택(陽宅)을 본떠 계획하여 조성한 것이 중국 고대 장례문화의 중요한 특징이다.

묘지와 거주지의 상대적 위치는 지금을 기준으로 먼 시대일록 묘지와 거주지가 가까워 최초의 무덤은 주거 공간 바로 아래에 있었으며 '거실장(居室葬)'이라고 했다. 시대가 발전하면서 묘지는 주거 공간 아래에서 가족 및 씨족 묘지(묘지 구역)로 발전했다. 거주지의 규모가 점점 더 커지고 무덤과 묘지는 거주지에서 점점 멀리 배치되었지만 '멀어질수록'이라 해도 족속의 취락(聚落) 공간 범위였지 그 밖에 놓이지는 않았다. 신석기시대 중반부터 무덤은 주택 외의 거주지와 취락(聚落) 부근에 있었다. 신석기시대 말기에 이르러 취락 옆에 가족 혹은 씨족의 전용 묘지가

〈그림 3-1〉 강소(江蘇) 사홍(泗洪) 순산집(順山集) 신석기시대 유적지 묘지

순산집(順山集) 신석기시대 유적은 강소성(江蘇省) 사홍현(泗洪縣) 매화진(梅花鎭) 대신장(大新莊)에서 서남쪽으로 약 500미터 되는 중강산(重崗山) 북쪽 언덕 위에 위치해 있고 총 면적은 17.5만 제곱미터이며 측정을 거쳐 지금부터 8,000년 전후의 선사시대 환호(環壕: 둑 혹은 도랑으로 둘러싸인) 취락이라는 것이 확인되었다. 이 유적은 무덤 92개, 회갱(灰坑: 고대인들이 폐기한 땅굴, 우물, 혹은 건축을 위해 땅을 파서 움푹 파인 곳에 쓰레기로 메운 것들이 회색으로 변한 갱) 26개, 방지(房址 : 집터) 다섯 곳에 대한 발굴 및 정리를 통해 도기(陶器)·석기(石器)·옥기(玉器)·골기(骨器) 400여 점을 출토했다. 순산집(順山集) 유적의 발견은 청련강(靑蓮崗) 문화 및 소북(蘇北: 강소성 북부) 지역의 초기 인류 취락지(聚落址)의 분포 및 신석기시대 인류의 주거환경 연구에 중요한 의의가 있다.

형성되었고 근대까지 이런 전통이 이어졌
다. 근대에 농촌의 대다수 촌민의 무덤은
그 마을 부근에 배치되었는데 이는 중국의
고대 종법제사회(宗法制社會)와 일치하거나
종법제사회가 묘지와 주거지의 공간 배치
에 영향을 미쳤다는 것을 말해준다.

<그림 3-2> 낙양(洛陽) 금촌(金村) 주왕릉(周王陵)에서 출토된 유금동룡수(鎏
金銅龍首) 차식(車飾)

제왕 능묘의 묘지 선정도 이와 같은 원
칙에 따른 것으로, 백성들은 나무 잎이 뿌
리로 돌아가듯이 살던 고장에 묻혔다. 제
왕은 국(國)을 가(家)로 여겼고 도성은 국가
의 축소판이자 대표로, 제왕이 죽으면 자연히 도성 부근에 묻혔고 능묘는 도성의
구성부분이 되었다.

고대 제왕 능묘의 고고학적 발견을 보면 지금을 기준으로 먼 시대일록 도성
과 가까웠고 가까운 시대일수록 도성과 거리가 멀었다.

이미 발굴된 은허(殷墟)의 상왕릉(商王陵)은 도성의 궁전 구역에서 서북쪽으로
2.5킬로미터 떨어진 서북쪽 산등성이에 있고 지세는 은허(殷墟) 궁전 구역의 소둔
(小屯) 일대에 비해 높다.

낙양(洛陽)의 동주(東周) 왕릉은 주산(周山)과 왕성(王城), 금촌(金村)의 세 구역으
로 나뉜다. 주산은 동주 왕릉에서 서남쪽으로 약 5,000미터 떨어진 곳에 위치하
고 동주의 왕릉이 이곳에 있음으로 인해 붙여진 이름이며, 이곳에는 동주의 경왕
(敬王)·탁왕(悼王)·정왕(定王)과 영왕(靈王)의 능이 있다고 전해졌다. 왕성의 능 구역
은 동주의 왕성에서 동북쪽으로 약 10킬로미터 떨어져 있는 한위(漢魏)의 낙양성
북부 서쪽의 금촌 일대에 위치해 있다. 진릉(秦陵)에는 춘추전국시대 진(秦)의 도읍
인 옹성(雍城)과 함양 부근의 진나라 국왕의 능묘도 포함되어 있다. 진나라 국왕은
모두 현재의 봉상현(鳳翔縣) 윤가무(尹家務)에서 보계시(寶鷄市) 양평진(陽平鎭)에 이르
는 삼시원(三時原)에 묻혀 있고 조구(兆溝: 능묘 주위를 에워싼 도랑)의 설치에 따라 14곳

의 능원으로 나뉘었으며 각 능원은 수량과 유형이 다른 대묘^(大墓)들로 이루어져 있다. 국왕의 능묘 구역과 도읍인 옹성은 옹수^(雍水)를 사이에 두고 남북으로 마주하고 있다. 전국시대 중반, 진효공^(秦孝公)이 함양으로 천도하면서 진 왕실은 함양성 서북쪽과 동남쪽의 지양성^(芷陽城) 동쪽에 왕실 능원 구역을 조성했다. 함양 능원 구역은 진의 함양성 서북부에 위치하며 옛 사람들은 거의 모두 이곳의 대묘^(大墓)를 주릉^(周陵)으로 여겼다. 1970년대 이후 고고학자들은 전야^(田野) 고고학 발굴을 통해 이미 이 대묘들이 전국시대의 진왕릉^(秦王陵)임을 확인했다. 지양성의 능원 구역은 함양의 동쪽(즉 옹성^(雍城)의 선진^(先秦) 진^(秦)의 능원 구역 동쪽)에 위치하고 있어 '동릉'이라 불렸고 동릉후^(東陵候)가 설치되었다. 동릉구^(東陵區)는 지금의 서안시^(西安市臨) 임동구^(潼區斜) 사구가도^(斜口街道) 동남쪽에 위치해 있으며 파수^(灞水)가 그 왼쪽을 흐르고 있다. 능원 구역은 배산임수로 서쪽은 지양성과 인접해 있고, 도성인 함양과는 위수^(渭水)를 사이에 두고 마주하고 있으며 지금까지 총 4기의 능원이 발견되었다. 전국시대의 전제^(田齊) 왕릉은 제^(齊)의 고성 임치^(臨淄)에서 동남쪽으로 11.5킬로미터 떨어진 임치구^(臨淄區)의 제릉진^(齊陵鎭)과 청주시^(靑州市) 동고진^(東高鎭), 보통진^(普通鎭) 일대에 위치하며 태기^(泰沂) 산맥 동북쪽 산기슭에 자리 잡고 있다. 능원 구역 내의 제왕릉^(齊王陵) 중 '사왕총^(四王冢)'과 '이왕총^(二王冢)'이 가장 유명하며 이외에 또 전화총^(田和冢), 점장대^(點將臺)와 남신장^(南辛庄) 고총^(古冢)이 있다. 위의 다섯개 능묘는 각각 전국시대 제나라 5명 국군의 능묘로 추정된다. 조왕릉^(趙王陵)은 주로 조나라 도읍 한단성^(邯鄲城)에서 서북쪽으로 15킬로미터 떨어진, 지금의 한단시^(邯鄲市) 서북쪽 구릉지대에 분포되어 있었을 것으로 보이며 현재 한단현^(邯鄲縣) 삼릉향^(三陵鄕), 공정향^(工程鄕)과 영년현^(永年縣) 북량강향^(北兩崗鄕)에 속해 있다.

진시황의 능묘는 지금의 서안시 임동구 안채향^(晏寨鄕)에 위치해 있다. 서한^(西漢)의 11기 제릉 중 9기는 각각 한^(漢) 장안성 북부의 함양원^(咸陽原)에 분포되어 있으며 한문제^(漢文帝)의 패릉^(霸陵)과 한선제^(漢宣帝)의 두릉^(杜陵)은 각각 장안성^(長安城) 동남쪽의 백록원^(白鹿原)과 두동원^(杜東原)에 위치하고 있다. 함양원, 백록원과 두동

원의 지세는 모두 장안성보다 높은 것으로 나타났다.

한위(漢魏)의 낙양성은 낙양의 북망산(北邙山) 이남에 분포되어 있었고 동한(東漢), 조위(曹魏), 서진(西晉)과 북조(北朝)의 제릉은 모두 낙양의 북망원(北邙原)에 있었는데, 예를 들면 북위의 효문제는 태화(太和) 18년(494) 낙양에 도읍을 옮기고 북망산에 장릉(長陵)을 축조했으며 선무제(宣武帝)가 경릉(景陵), 효명제(孝明帝)가 정릉(定陵), 효장제(孝莊帝)는 정릉(靜陵)에 묻혔다. 이 능묘들은 좌우로 인접해 북위(北魏) 황실의 능묘 구역을 이루었다.

동진(東晉)은 건강성(建康城: 지금의 南京市)에 도읍을 정했다. 동진 11명 황제의 능침(陵寢)은 모두 남경(南京) 부근의 자금산(紫金山) 여맥인 부귀산(富貴山) 남쪽 기슭과 고루강(鼓樓崗) 남쪽 기슭의 구화산(九華山)에 있으며 이 제릉들은 모두 산을 끼고 있다. 남조는 송(宋)·제(齊)·량(梁)·진(陳)의 4개 왕조를 포함하며 선후로 건강(建康)에 도읍을 두었다. 유적이 남아 있는 남조(南朝)의 제릉은 15곳으로 대부분 도성인 건강 부근에 있으며 토산(土山) 구릉의 산기슭 중턱에 자리 잡고 있다.

수(隋)의 제릉은 도성인 대흥성(大興城: 지금의 西安市) 서쪽의 함양시(咸陽市) 무공현(武功縣)에 있다. 당(唐) 장안성 북쪽의 관중(關中) 북산(北山) 산맥과 그 남쪽 기슭에는 당의 18기 능원이 분포되어 있으며 장안성에서 77~108킬로미터 정도 떨어져 있다.

북송의 제릉은 도성인 개봉성(開封城: 東京城) 서부의 숭산(嵩山) 이북, 낙하(洛河) 이남, 즉 지금의 공의시(鞏義市) 지전진(芝田鎭) 일대에 있다. 서하(西夏)는 흥경부(興慶府: 현재의 銀川市)에 도읍을 정했고 서하의 왕릉은 은천시(銀川市)에서 서쪽으로 약 25킬로미터 떨어진 하란산(賀蘭山) 동쪽 기슭의 홍적선(洪積扇: 일시적 물 흐름으로 형성된 扇狀地)에 위치해 있다.

주원장(朱元璋)은 남경에 도읍을 정했고 그의 능묘인 명효릉(明孝陵)은 남경의 자금산(紫金山) 남쪽 기슭의 용부완주봉(龍阜玩珠峰) 아래에 축조되어 있다. 명성조(明成祖)가 북경에 도읍을 정한 후, 명나라 13명 황제의 능묘는 모두 지금의 북경시 창평구(昌平區)에서 북쪽으로 10킬로미터 떨어진 천수산(天壽山) 남쪽 기슭에 있으며 북경성에서 남쪽으로 50킬로미터 떨어져 있다.

청(淸)의 동릉(東陵)은 하북성(河北省) 준화시(遵化市) 마란욕(馬蘭峪)서쪽의 창서산(昌瑞山) 아래에 위치하며 능원 구역은 북쪽으로 무령산(霧靈山), 남쪽으로는 천태산(天台山)과 연돈산(烟墩山)에 인접해 있으며 동쪽의 마란욕(馬蘭峪)에서 서쪽의 황화산(黃花山)에 이른다. 청의 서릉(西陵)은 하북성(河北省) 역현(易縣) 현성에서 서쪽의 영녕산(永寧山) 아래에 위치하고 있다.

도성과 제왕 능의 거리가 점점 멀어지는 이유는 두 가지인데, 첫째는 도성 부근에 충분한 공간이 부족하여 더 넓은 지대로 확대해나간 것이고, 둘째는 후대 왕조의 제왕들이 전대(前代) 제왕의 묘지에 비해 지세가 더 높은 곳을 원했기 때문이다. 예를 들면 서안(西安) 지역은 주(周)·진(秦)·한(漢)·당(唐) 4개 왕조가 있던 곳인데 서주(西周)의 왕릉은 도성인 풍호(豊鎬) 유적지 부근의 '필(畢)'에 있었고 전국시대 진나라 국왕의 능은 처음에는 함양성 옆 서북쪽에 있다가 후에 도성 동남쪽

〈그림 3-3〉 명효릉(明孝陵)의 방성명루(方城明樓)

명(明) 효릉(孝陵)의 방성명루(方城明樓)는 방성(方城) 위에 있으며 중첨헐산정(重檐歇山頂: 중첨은 겹처마 지붕, 헐산정은 하나의 정척(正脊), 네 개의 수척(垂脊), 네 개의 창척(戧脊)으로 구성되어 있는 건물 형태)이며 위에 황색 유리기와를 덧씌웠고, 동서의 길이가 39.45미터, 남북의 폭이 18.47미터이다. 남쪽에 3개의 공문(拱門: 아치형으로 된 문)이 있고 나머지 3면에는 각각 공문(拱門) 1개씩 있으며 문마다 위쪽에 못이 9열(列)로 박혀 있으며 열마다 못 9개로 되어 있어 황제의 '구오지존(九五至尊)'의 위상을 과시했다. 방성 명루(明樓) 북쪽은 직경 400미터 정도의 숭구(崇丘), 즉 보정(寶頂)이며 보성(寶城)이라고도 하는데 주원장과 마황후(馬皇后)의 침궁(寢宮)이 있던 곳이다.

지양(芷陽)부근의 고지에 옮겨졌다. 진시황릉은 여산(驪山)기슭에 축조되어 있고 서한의 제릉 구역은 주로 장안성 북부의 함양원(咸陽原) 위에 있었으며 당의 18릉(陵)은 북산(北山)의 남쪽 기슭에 동서로 축조되어 있었고 높이가 서한 제릉을 1배 가까이 초과했다고 기록되어 있다.

제왕 능묘 구역의 분포에 관한 규정은 위에서 서술한 바와 같이 능묘 구역에 서부터 제왕 개개인 능묘의 입지 선정에 이르기까지 구체적으로 실행되었으며 중국의 고대 전통문화에도 이에 대해 엄격한 규제가 있었다. 민간의 방법을 예로 들어 설명하면, 일부 촌락의 가족 사당에는 가보(家譜)가 있었는데 가보는 가족구성원의 연배에 따라 계보를 배열하는 이른바 '소목(昭穆)' 제도로, 연배가 높은 이의 능묘가 중간 및 상위에 있었고 연배에 따라 차례로 배열되었다. 사당의 가보도 이와 같이 공봉했고 개별적인 집안의 가보와 실제 가족 및 가족 묘지의 세대별 배열 역시 마찬가지였다.

제왕 능묘는 능역이 방대하고 장기간 사용되었기 때문에 200~300년 간 바뀌지 않는 '조역도(兆域圖)'를 일차적으로 기획할 수 없었다. 따라서 우리가 보는 것은 다만 조손 3대의 소목 배열, 심지어 2대의 배열일 수도 있다. 예를 들면 서한(西漢)의 제릉 구역에서 한고조(漢高祖) 유방(劉邦)의 능묘인 장릉(長陵)의 서쪽은 적장자 혜제(惠帝) 유영(劉盈)의 안릉(安陵)이고, 장릉(長陵)의 동쪽은 손자 한경제(漢景帝)의 양릉(陽陵)이다.

조손 3대 중 한고조 유방의 또 다른 아들인 한문제(漢文帝) 유항(劉恒)은 함양원의 서한 제릉 구역에 매장되지 못했는데 그 이유는 소목 제도 때문이었다. 유방의 적장자가 이미 서쪽의 소위(昭位)를 차지했고 유방의 장릉 동쪽의 목위(穆位)는 손자대의 능묘 위치였기 때문에 한문제가 차지할 수 없었으며 함양원의 서한 제릉 구역 바깥에 묻힐 수밖에 없었다.

이런 소목 제도는 혈연관계의 응집력을 높였다. 가화만사흥(家和萬事興: 집안이 화목하면 모든 일이 흥함)에서 가(家)는 사회의 기본적인 세포 단위이다. 이는 중국 고대의 역사 발전 과정에서 가와 가족의 안정이 사회 발전의 중요한 기초가 되고 문명의 전승에도 강력한 보장이 되었다는 사실을 설명해준다.

3) 제왕 능묘의 구성 요소

봉토(封土)

현재 우리가 흔히 말하는 분묘(墳墓)는 '묘(墓)'와 '분(墳)'이라는 두 가지 내용이 포함되어 있는데 묘는 땅 밑에 죽은 사람을 안장하는 시설이고 분은 묘 위에 있는 표지적인 시설이다. 만약 장(葬: 즉 墓葬)이 일찍이 구석기시대 중기에 나타났다면 분의 등장은 이에 비해 훨씬 늦었을 것으로 보인다. 상고시대의 묘는 봉토(封土)하지 않았고 『주역(周易)』 「계사(系辭)」에 "옛적에 장례라는 것은 들 가운데에서 지냈는데 두꺼운 옷(수의) 대신에 잡풀로 덮고 그 위에 나무로 덮어 봉하지도 않았다 함이다"[99]라고 기록되어 있다. 구롱(丘壟: 언덕, 조상의 산소)이 없었기에 서한(西漢) 시대의 사람들조차도 은탕(殷湯)이 어느 곳에 묻혔는지 몰랐다.

주(周), 진(秦) 시대의 일부 유명한 역사 인물, 예를 들면 주문왕(周文王)·주무왕(周武王)·주공(周公)·진목공(秦穆公)·저리자(樗里子) 등과 서한의 대학자 유향(劉向) 역시 장지(葬地)만 알뿐 묘소를 찾을 수 없는 상황이다. 『예기(禮記)』 「단궁(檀弓)」에는 "국자고(國子高)가 말하기를 장사 지내는 것은 감춤이다. 감춤은 사람들이 보지 못하게 하려고 함이다"[100]라고 기록되어 있는데 아마도 이것이 봉분을 만들지 않은 이유 중 하나일 것이다. 지금부터 2,500여 년 전에 공자는 사회에서 묘를 조성하는 현상에 불만을 표출했고 고대에 '매장은 하지만 봉분을 만들지 않는다'라는 데 감회를 토로하며 고풍(古風)의 부재에 대해 질타한 적이 있다.

고고학 자료에서 밝힌 데 의하면 봉토분이 나타난 시대는 위의 문헌 기록에

---

99 古之葬者, 厚衣之以薪, 葬之中野, 不封不樹

100 國子高曰, 葬也者, 藏也。藏也者, 欲人之弗得見也。

비해 더 이르며 일찍이 은상시대(股商時代)에 나타났다. 하남성(河南省) 나산현(羅山縣) 망장향(莽張鄕) 천호촌(天湖村)에서 발견된 은상시대(股商時代) 말기의 묘장(墓葬)(M41)은 직사각형의 수직혈 토갱(土坑) 목곽묘(木槨墓)로, 잔류 봉토의 높이가 30센티미터이며 원래 본토의 높이는 약 1.5미터로 추정된다. 은허(殷墟)에서 발견된 부호묘(婦好墓)와 대사공촌(大司空村) 은상시대의 무덤은 모두 묘광(墓壙: 무덤 칸이나 곽 또는 관을 넣기 위해 판 구덩이를 통틀어 이르는 말)의 상부에서 분토(墳土: 무덤의 흙)와 연결된 판축 기단 및 주동(柱洞: 기둥 구덩이), 자갈 주초(柱礎: 주춧돌) 등 유적이 발견되기도 했다.

동주 때 발견된 최초의 봉토묘는 춘추시대의 초기 하남성(河南省) 광산현(光山縣) 보상사(寶相寺)의 황군맹(黃君孟)과 부인의 합장묘로 봉토의 높이가 7~8미터이며 하남성 고시현(固始縣)의 춘추 말기 무덤의 봉분은 높이 7미터, 직경이 55미터이다. 이렇게 큰 봉분이 나타난 것은 중국의 동남부 오월(吳越)지역 '토돈묘(土墩墓: 흙무덤)'의 영향을 받은 것으로 보이며, 그 지역에서 토돈묘를 만든 이유는 당지 지하의 수위가 너무 높으면 아래에 묘혈(墓穴)을 팔 수 없어서 평지에 토돈(土墩)혹은 토대(土臺: 흙으로 쌓아올린 높은 대)등을 쌓은 뒤, 그 위에 묘혈을 파 놓았기 때문이다. 토돈묘는 일찍이 동남 연해 지역에서 많이 나타났고 그 이후 황하(黃河) 이남, 양자강 이북 등 지역에 전해져 이 지역에도 봉분이 나타나게 되었다.

춘추전국시대의 무덤으로는 안휘성(安徽省) 회남(淮南) 채가강(蔡家崗)의 채(蔡)나라 대묘(大墓)와 호북(湖北), 호남(湖南) 및 하남(河南) 등지의 초묘(楚墓) 등 큰 묘총(墓冢)이 많이 발견되었다. 이는 문헌의 기록과 일치하며 『묵자(墨子)』「절상(節喪)」에는 다음과 같은 내용이 있다.

이런 상황이 왕공대인의 상가에 있을 경우, 관곽(棺槨)은 필히 무거워야 하며, 매장은 필히 깊이 해야 하고, 옷과 이부자리는 필히 많아야 하며, 부장품의 수(繡)는 많고 화려해야 하며, 무덤은 필히 커야 한다.[101]

---

101 此存乎王公大人有喪者, 曰棺槨必重, 埋葬必厚, 衣衾必多, 文繡必繁, 丘陵必巨。

〈그림 3-4〉 치박(淄博)의 사왕총(四王家)

사왕총(四王家)은 산동성(山東省) 임치성(臨淄城)의 동남쪽, 우산(牛山) 동쪽 그리고 치박시(淄博市)와 유방시(濰坊市)의 인접 지역에 위치해 했다. 동서로 큰 묘총(墓家) 4기가 배열되어 있는데 이것이 바로 전제위(田齊威)·선(宣)·민(湣)·양(襄) 등 4명 국군의 능묘이며 사서에서 '사왕총(四王家)'이라 했다. 무덤의 터는 방형(方形)이고 꼭대기는 원형이며 고르게 배열되어 있고 산비탈에 우뚝 솟아 있어 눈길을 끈다. 무덤은 서쪽에서 동쪽으로 배열되어 있는데 첫 번째 무덤은 높이 30미터, 둘레 140미터이고 두 번째는 높이 34미터, 둘레 157미터이며 세 번째는 높이 22미터, 둘레 190미터이고 네 번째는 높이 23미터, 둘레 130미터이며 네 무덤의 총 길이는 541미터이다.

이때의 봉분은 이미 사회·정치적 의의가 있었는데, 죽은 사람과 그 가족은 이로써 사회적 지위 및 정치적 영향 등을 과시했고 사회적으로 인정받았다. 봉분의 발전 상황을 보면 그 초기단계에서는 흔히 사회 상류층에서 제창 및 유행되었다.

현재 보존되어 있는 국군 능묘 중 가장 이른 시기는 전국시대로, 함양(咸陽)의 진혜문(秦惠文) 왕공릉·안휘성(安徽省) 수현(壽縣)의 초유왕묘(楚幽王墓)·호북성(湖北省) 수현(隨縣)의 증후묘(曾侯墓)·하북성(河北省) 한단(邯鄲)의 조왕릉(趙王陵)·하북성(河北省) 역현(易縣)의 연왕릉(燕王陵)과 산동성(山東省) 임치(臨淄)의 제왕릉(齊王陵) 등이 있다.

진시황이 자신을 위해 조성한 능묘는 봉토가 높아 중국 고대의 제왕 능묘 중 봉분이 가장 높다. 서한 제왕 능묘의 봉토는 바로 전대의 토대 위에서 발전한 것이다.

황제, 국왕의 능묘는 사실 봉토와 묘실(墓室) 두 부분으로 이루어졌는데 봉토는 '능(陵)', 묘실은 '지궁(地宮)'이라 불렸다. 옛 사람들은 죽은 사람의 매장지를 '묘(墓)'라고 불렀고 '능(陵)'은 원래 고부(高阜: 높은 언덕, 산)의 땅이라는 뜻이다. 일부 분(墳)은 '능'이라 불리는데 그 이유는 우선 높고 크기 때문이다. 고대 사회에서 높은 분묘(墳墓)를 축조할 수 있는 사람들은 모두 통치계급 혹은 지위가 높고 명성과 위세가 있는 벼슬아치였으며 일반적으로 지위가 높을수록 분묘의 규모가 컸고 당연히 국군의 무덤이 가장 컸다.

전국 및 진한(秦漢) 이래 국군의 분묘는 날로 커져 외관상 높은 산과 흡사했기에 '산(山)' 혹은 '산릉(山陵)'이라고도 불린다. 이와 관련하여 『수경주(水經注)』「위수(渭水)」에는 다음과 같은 기록이 있다.

> 진(秦)은 천자의 무덤을 산이라 불렀고 한(漢)은 능이라 불렀으며, 고로 산릉(山陵)이라 통칭한다.[102]

'산릉(山陵)'은 국군의 능묘를 가리키며 따라서 국군의 대명사로 되었으며 『전국책(戰國策)』「진책오(秦策伍)」에는 다음과 같이 기록되어 있다.

> 임금의 춘추가 높아 하루아침에 죽고 나면 태자가 권력을 쥐게 될 것이오. 그때 그대의 위험이란 달걀을 쌓아 놓은 것과 같고, 숨은 아침에 피어 저녁에 지는 꽃만도 못하오.[103]

진의 제릉은 '산'이라 불렸고 진시황릉이 '여산(驪山, 현재의 지도에서도 이 이름으로 많이 불림)'에 있기에 '酈山' 혹은 '麗山'으로도 불리며 『사기(史記)』「진시황본기(秦始皇本紀)」에서는 '酈山'이라 했고 진시황릉 부근에서 출토된 관련 문물의 도문(陶文)에는 '麗山'으로 되어 있다. 서한 초에는 이런 칭호를 이어받아 한고조(漢高祖)의 능묘인 장릉(長陵)을 '장산(長山)'이라 불렀다. 그 후 제릉은 '능'이라고 불렸고 '산'이라 불린 경우는 적었지만 '산릉'이라는 명칭은 오랫동안 사용되었다. 한대(漢代) 이전까지 제왕의 능묘는 전문적인 명칭이 없었고 제왕의 이름이나 능묘 소재지의 산 이름을 따서 능묘의 명칭으로 부르는 경우가 많았다. 또한 어떤 국군의 능

---

102 秦名天子冢曰山, 漢曰陵, 故通曰山陵矣。

103 王之春秋高, 一日山陵崩, 太子用事, 君危于累卵, 而不壽于朝生。

〈그림 3-5〉 한고조(漢高祖)의 장릉(長陵)

묘는 생전에 미리 조성된 것으로 일명 '수릉(壽陵)'이라고도 했는데, 조숙후(趙肅侯) 와 진효문왕(秦孝文王)의 능묘가 바로 이런 경우이다. 그러나 전국시대 말기에 이미 적지 않은 국군의 능묘는 전문적인 명칭이 있었는데, 예를 들면 진혜문왕(秦惠文王) 의 능묘는 '공릉(公陵)', 진도무왕(秦悼武王)의 능묘는 '영릉(永陵)'이라 불렀다.

한대부터 시작하여 고대 사회가 끝날 때까지 황제의 능묘는 줄곧 전문적인 명칭이 있었는데 한(漢)의 고조(高祖), 혜제(惠帝)와 문제(文帝)의 능묘는 각각 장릉(長 陵), 안릉(安陵)과 패릉(霸陵)으로 불렀고, 흔히 지명을 능묘 이름으로 사용했다. 어 떤 능묘의 이름은 능묘가 조성될 때 이미 있었는데 예를 들면 양릉(陽陵), 무릉(茂 陵) 등이며, 어떤 능묘는 처음에는 '초릉(初陵)'이라고 부르다가 후에 정식 이름을 붙였는데 예를 들면 위릉(渭陵), 연릉(延陵) 등이다.

서한 이후 제릉의 능명에는 길상어(吉祥語)가 많이 사용되었고 지명을 능명으 로 사용하는 경우가 갈수록 적어졌으며, 따라서 역대 제왕 능묘의 능명이 비슷한 경우가 매우 많아졌다. 길상어로 명명된 능의 이름은 서한 제릉의 것을 그대로 사 용한 경우가 적지 않았다는 지적도 있다. 이런 능명은 원래 지명에서 유래했지만 후세의 통치자들이 길상의 의미를 살려 붙인 것인데, 예를 들면 서한 고조(高祖)의 장릉(長陵)·혜제(惠帝)의 안릉(安陵)·무제(武帝)의 무릉(茂陵)·성제(成帝)의 창릉(昌陵)

등이 후세의 황제들이 계속하여 사용한 이름이다. 북위 효문제의 장릉(長陵)과 명성조(明成祖)의 장릉(長陵)은 분명히 한고조(漢高祖)의 장릉(長陵)에서 그대로 따온 것이 분명하지만 그 뜻은 다른데, 효문제(孝文帝)와 명성조(明成祖)의 능명은 '장구(長久)'의 뜻이 있는 것으로 보이며 이들이 각자 능역에서 차지한 위치는 한고조의 장릉이 함양원(咸陽原)의 서한 제릉 능역에서 차지한 위치와 매우 흡사하다. 또한 북송(北宋) 태조(太祖)의 영창릉(永昌陵: 실제 昌陵)과 청(淸)나라 가경제(嘉慶帝)의 창릉(昌陵)은 모두 한성제(漢成帝)의 폐릉(廢陵: 昌陵)과 이름이 같지만 그 뜻은 분명히 다르다. 후세의 제릉에서 자주 사용된 정릉(定陵), 태릉(泰陵) 등은 그 우의(寓意)가 더 분명하다.

고고학 자료들은 이미 묘(墓) 위에 높은 봉분을 쌓기 전에 일부 대형 무덤 위에 흔히 '향당(享堂)'류의 건물이 있었음을 확인했다. 향당의 기지는 보통 묘 위에 있으며 전자가 후자에 비해 면적이 크다. 안양(安陽) 대사공촌(大司空村) 묘지의 311호와 312호 묘, 그리고 부호묘(婦好墓) 위에는 모두 향당 유적이 남아 있다. 1001호 대묘(大墓)의 발굴 상황을 보면 상(商)나라의 왕릉 역시 묘에 향당이 조성되어 있다.

〈그림 3-6〉 부호(婦好)의 조각상 및 중건한 향당(享堂)

현재까지 알려진 데 따르면 묘 위에 향당이 세워진 것은 늦어도 상(商) 나라 때이며 전국시대까지 이어졌다. 한단(邯鄲)의 조왕릉(趙王陵) 중 어떤 능묘의 봉토 위에는 허다한 전국시대의 기와 조각 등 건축 재료들이 남아 있어 향당류의 건축 유물로 추정된다.

고고학 발굴을 통해 하북성(河北省) 평산(平山) 중산왕릉(中山王陵)의 향당이 규모가 상당히 컸다는 사실이 이미 밝혀졌다. 향당의 기지는 단순하고 낮은 데로부터 점차 복잡하고 큰 것으로 바뀌었다. 그러다가 고대(高臺) 건축이 유행하면서 향당도 이런 건축 양식을 취하게 되었다. 춘추전국시대에 유행했던 거대한 묘총(墓冢)은 사실 고대 건축의 향당에서 발전한 것이며, 묘에 거대한 토총(土冢)이 조성되면서 향당을 축조하는 경우가 적어졌다. 이후 향당 성격을 띤 건물은 묘가 아닌 분묘(墳墓) 옆으로 옮겨졌다.

전국시대부터 나타나서 점차 유행했던 제왕 능묘의 대형 봉토 건축은 분명 당시 성행했던 고대 궁전 건축 풍격의 영향을 받은 것으로 보인다. 이미 발견된 고대 궁전 건축으로는 진 함양궁의 1호 궁전 건축 유적, 연(燕) 하도(下都)의 주축선(主軸線)에 남북으로 배열되어 있는 1호~4호 고대(高臺), 즉 무양대(武陽臺)·망경대(望景臺)·장공대(張公臺)·노모대(老姆臺) 건축 기지, 조(趙)나라 한단성(邯鄲城) 서성(西城)의 용대(龍臺), 제(齊)나라 임치성(臨淄城) 궁성의 환공대(桓公臺), '천하 제1대(臺)'로 불리는 초령왕(楚靈王) 장화대(章華臺) 등이다. 능묘는 궁전의 축소판이며, 봉건 왕조의 최고 통치자가 고대 궁전 건축과 거대한 능묘를 축조한 것은 분명히 지고지상의 최고 권력을 과시하기 위한 것으로 이는 『예기(禮記)』「예기(禮器)」에도 다음과 같이 기록되어 있다.

큰 것을 귀하다고 여기는 것이 있다. 궁실(宮室)의 양(量)과 기명(器皿)의 크기의 정도와 관곽의 두께와 봉분의 크기는 큰 것을 귀하게 여긴다.[104]

---

104 有以大爲貴者: 宮室之量, 器皿之度, 棺槨之厚, 丘封之大, 此以大爲貴也。

〈그림 3-7〉 장화대(章華臺) 유적

이 유적은 호북성(湖北省) 잠강(潛江) 용만진(龍灣鎭)에 위치해 있다. 유적의 평면은 직사각형으로 남북의 폭이 1,000미터, 동서의 길이가 2,000미터이다. 그리고 그 동남쪽에서 10여 곳의 궁전 기단이 발견되었는데 이 중 방응대(放應臺)가 길이 약 300미터, 폭이 약 100미터, 높이 약 5미터로 가장 크며 서로 연결된 4개의 판축 기단으로 이루어져 있다.

『예기』「월령(月令)」에는 "상례(喪禮)의 기율(紀律)을 갖추도록 한다. 즉 의상의 다소를 구별하고 관곽의 후박(厚薄)과 묘역의 크고 작음, 구롱(丘壟)의 높고 낮음과 의식의 후한 것과 박한 정도, 귀천의 등급을 밝혀서 바로 잡는다"[105]라고 기록되어 있다. 즉 국군, 제왕릉은 봉토가 높고 큰 것이 일종의 특권이었고 이를 통해 무덤 봉토의 높낮이가 사회적 지위의 상징이었다. 『한구의(漢舊儀)』에는 다음과 같이 기록되어 있다.

천자가 즉위하면 그 다음해에 장작대장(將作大匠: 중국 당나라 군대에서 공병대장과 같은 직책)이 능지를 결정하고 용지(用地) 7경, 수혈(壽穴: 생전에 축조한 무덤) 용지 1경,

---

105 飭喪紀, 辨衣裳, 審棺槨之厚薄, 塋、丘壟之大小、高卑、厚薄之度, 貴賤之等級。

깊이 13장(丈: 1장은 미터법의 3.03미터에 해당), 봉분의 높이 12장(丈)으로 한다.[106]

서한의 제릉에 대한 고고학적 발견도 위의 기록을 증명하는데, 서한 제릉 봉토의 높이는 30~32미터(한무제 무릉(茂陵)의 봉토 높이 48미터는 제외)이다. 서한 시기의 제릉 부근에는 배장묘(陪葬墓)가 많지만 지금까지 황제 이하 여러 신하의 묘지 높이가 제릉과 같은 경우는 단 한 곳도 발견되지 않았다. 무덤 봉토의 높낮이는 사망자의 생전의 지위에 따라 뚜렷하게 구분되었을 뿐만 아니라, 무덤 위에 심은 나무도 서로 다르게 엄격히 규정되어 있었다. 당나라 제릉의 배장묘 역시 직급별로 관원과 귀족의 봉토의 고저에 관해 명문으로 규정되어 있다. 당나라 때 1품관이 제릉에 배장(陪葬)될 경우, 그 무덤의 높이는 1장 8척으로 정해졌고 2품관 이하의 경우에는 1품씩 낮아질 때마다 묘의 높이가 2척씩 낮아졌다. 당시 봉토의 높낮이는 묘지 주인의 지위를 나타냈으며 무덤 주인의 부장품보다 봉토에 대한 관심이 더 컸던 것은 분명했다.

국군들은 능묘를 사후의 궁전으로 여겼다. 건축 규모를 보면 제왕 능묘의 봉토는 고대(高臺) 궁전 건축을 훨씬 초과했으며, 이는 그들이 자신들의 장의(葬儀)를 얼마나 중요시했는지 알 수 있다.

무덤의 출현은 빈장(殯葬) 문화 발전사의 중요한 전환점이며 빈장 문화의 정치 및 부호적 기능의 부각 및 강화를 상징한다. 빈장은 과거 고인에 대한 산 자의 그리움에서 고인 생전의 사회·정치적 자원의 개발 및 활용으로 발전했다. 무덤은 계급사회의 빈장 문화가 '지하'의 감정적 기탁, 애도의 표현에서 '지상'의 산 자의 사회·정치 생활에 필요한 객체로 발전했다. 고대 사회의 무덤은 점차 사회 계급의 정치적 부호와 상징으로 변했다.

---

106 天子卽位, 明年, 將作大匠營陵地, 用地七頃, 方中用地一頃, 深十三丈, 堂壇高三丈, 墳高十二丈.

묘실(墓室)과 묘도(墓道)

제왕 능묘의 조성 원칙은 '능요약도읍(陵墓若都邑: 능묘는 도읍의 상징)'이다. 제왕이 묻히는 곳은 능묘의 묘실(墓室)로, 제왕 사후의 궁실(宮室)이기도 하며 지하에 지어졌기 때문에 '지궁(地宮)'이라 불렸다. 이미 발견된 고등급 무덤의 묘실 꼭대기 부분에는 '천상도(天象圖)'가 그려져 있는데 이는 엄연히 '천하(天下)'의 축소판이며, 사마천(司馬遷)의 『사기(史記)』「진시황본기(秦始皇本紀)」에는 진시황릉의 지궁(地宮) 내부는 "수은으로 수많은 하천과 강, 바다를 만들었고 기계에 수은을 넣어 흐르게 했으며 위로는 천문(天文)을 갖추고 아래로는 지리(地理)를 갖추었다"[107]라고 기록되어 있다.

지궁 내부 외에도 지궁의 묘도 시설은 능묘의 지궁이 무덤 주인 생전의 왕궁, 황궁과 매우 흡사함을 보여준다. 은허(殷墟) 서북쪽 언덕의 상왕릉(商王陵) 묘실에는 네 갈래의 묘도를 설치했고 그 이후 전국시대(戰國時代)의 진(秦)나라 함양(咸陽)의 진왕릉(秦王陵), 진시황릉, 서한의 십일릉(十一陵) 등 왕릉 및 제릉 묘실 역시 묘도가 모두 네 갈래로 되어 있었다. 더욱이 서한의 정도왕(定陶王)과 그 후비의 황장제주(黃腸題湊: 좋은 소나무로 만든 네모난 나무를 층층이 쌓아 황제나 제후의 묘실 또는 관의 네 벽을 만드는 것) 사면에는 각각 상징적으로 묘문(墓門)을 두고 있다. 제왕 능묘의 묘실에는 네 개의 묘도를 설치하고 황장제주에는 네 개의 문을 설치했는데, 의심할 여지없이 지궁을 왕궁 및 황궁으로 삼은 것이다. 동한의 제릉에는 묘도 한 갈래, 즉 남묘도(南墓道)가 만들어지기 시작했지만 지면의 제릉 능원에는 여전히 네 개의 문이 설치되어 있고 당송(唐宋)의 제릉 역시 마찬가지였다.

고등급 무덤의 묘도는 저승에서 무덤 주인 생전의 급별, 지위의 높낮이를 보여주는 표시가 되었다. 동한 이전에는 네 갈래 묘도의 '亞'자형 무덤이 제왕 능묘의 특화된 표시가 되었으며 남북 혹은 동서 두 개 묘도의 '中'자형 무덤은 '亞'자

---

107 以水銀爲百川江河大海, 機相灌輸, 上具天文, 下具地理

형에 비해 등급은 낮았지만 급별은 기타 무덤에 비해 높았으며 묘도가 한 갈래인 '甲'자형 무덤은 또 한 등급 낮았다. 일반인들의 무덤에는 거의 묘도가 없었다. 동한 이후, 기본적으로 '亞'자와 '中'자형 무덤이 거의 보이지 않았으며 제왕 능묘 및 벼슬아치들의 무덤에는 묘도가 한 갈래 밖에 없었는데, 이로부터 능묘의 급별이 묘도가 많고 적음에 의해 구분되는 것이 아니었음을 알 수 있다.

능원

제왕의 능묘에 능원을 설치한 것은 춘추시대(春秋時代)부터이다. 섬서성(陝西省) 봉상(鳳翔)의 옹성(雍城) 유적 부근에서 발견된 춘추시대의 진공(秦公) 능원 13기는 모두 인공적으로 파낸 황호(隍壕 : 능묘 주위에 파 놓은 도랑)를 경계로 삼았으며 전국시대(戰國時代)의 진(秦)나라 동릉(東陵) 능원이 이를 계승했다. 능원에 담장을 쌓아 경계로 삼은 것은 전국시대부터 시작된 것으로 보이며 일찍이 동양의 여러 나라에서 나타났는데, 예를 들면 하북성(河北省) 한단(邯鄲)의 조왕릉(趙王陵), 하남성(河南省)

〈그림 3-8〉 감숙성(甘肅省) 예현(禮縣) 대보자산(大堡子山)의 진공(秦公) 능원 유적

대보자산(大堡子山)의 진공(秦公) 능원은 예현(禮縣) 현성에서 동쪽으로 12킬로미터 떨어진 대보자산에 위치해 있다. 1990년대 초부터 규모가 방대한 4기의 진공묘(秦公墓)를 발굴하기 시작했는데 출토된 유물은 중국 전역에서 유일무이하며 국내외에서 유명하다. 이 중 국가 1급 문화재가 3,000여 점에 이른다. 전문가들은 출토된 유물에 대한 분석과 연구를 거쳐 진중(秦仲), 장공(庄公) 혹은 양공(襄公)의 능묘로 잠정적 확정을 했고 이 능원을 진(秦)의 제1 능원, 즉 서수(西垂) 능원으로 확정했다.

휘현(輝縣) 고위촌(固圍村)의 위왕릉(魏王陵) 및 섬서성(陝西省) 함양(咸陽)의 진왕릉(秦王陵) 등에는 모두 판축(版築: 판자를 양쪽에 대고 그 사이에 흙을 넣어서 단단하게 다져 담이나 성벽 등을 쌓는 일) 성벽이 있었다. 진시황은 왕릉 능원에 담장을 쌓는 관동(關東) 제국(諸國)의 방법을 받아들여 그의 수릉(壽陵)에 높은 담장의 큰 능원을 축조했다. 봉건사회가 종결될 때까지 역대 제왕의 능침(陵寢)에서 이런 제도는 변함없이 실행되었다.

능원의 평면 배치를 살펴보면 춘추전국시대의 능원은 주로 직사각형으로 되어 있지만 소수의 능원은 정사각형을 이루기도 했다. 서한에서 시작하여 능원의 평면 배치는 대부분 정사각형을 취했으며 당(唐)과 송(宋) 제릉의 능원은 이 제도를 계승했다. 명(明)의 효릉(孝陵)부터 봉분 밖에 원형의 보성(寶城)을 축조했으며 제릉 보성(寶城)의 남쪽에는 직사각형의 능원을 조성했는데 이 두 능원은 남북으로 이어져 있고, 예제 건축물 등이 그 안에 자리 잡고 있었다. 이 제도는 명청의 제릉에서도 계속하여 사용되었다.

문궐(門闕)

능묘의 문궐은 능원의 출현과 직접적인 관계가 있는데 이는 능묘의 문궐이 사실상 능원의 문궐이며 능묘에 능원이 나타난 후에 비로소 문궐이 있기 때문이다. 능원은 도성, 궁성을 상징하며 따라서 능원의 문궐은 또 성문, 궁문과 비슷한 점이 있다. 지금까지 고고학적 발굴이 이루어진 가장 이른 시기의 능원 문궐은 전국시대의 진 함양성 서북쪽의 진왕릉(秦王陵) 능원의 문궐이지만 이러한 문궐들의 구체적인 구조는 아직 분명하게 밝혀지지 못했으며 능원을 출입하는 문도로만 알려져 있다.

엄밀히 말하면 이미 발굴된 문궐 중에서 시기적으로 가장 이르고 구조가 가장 명확한 능원 문궐로는 진시황릉 내성(內城)의 동서쪽 문궐이 가장 대표적이다. 진시황릉 내성의 동, 서 문궐은 '삼출궐(三出闕)'의 구조이며 제릉 능원에서 삼출궐이 사용되면서 이는 가장 오랜 기간 지속된 능침제도(陵寢制度)가 되었다. 한은 진의 제도를 계승하여 능원의 네 문에 모두 궐(闕)을 설치했고 문궐은 모두 삼출궐이었는데, 이미 발굴된 당고종과 무측천의 합장묘인 건릉(乾陵)의 문 밖에도 삼출궐이 설치되어 있다.

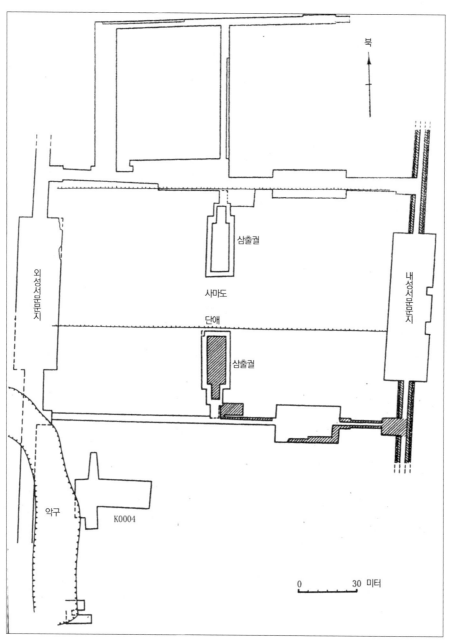

북

삼출궐

사마도

외성서문문지

단애

삼출궐

내성서문문지

악구

K0004

0   30 미터

〈그림 3-9〉 진시황(秦始皇)릉 동, 서 문벌(門闕)의 삼출궐(三出闕) 유적 평면도

능침(陵寢)의 예제 건축(禮制建築)

옛 사람들은 사람이 죽은 후 다른 세계로 가서 산 사람들처럼 산다고 여겼으며, 공봉(供奉)과 제사는 대체로 이런 의미에서 유래한 것이다. 고고학적 자료를 살펴보면 일찍 하상(夏商)시대에 묘지에 제사성(祭祀性) 건축이 있었다고 하는데, 예를 들면 안양(安陽) 은허(殷墟)의 부호묘(婦好墓)

〈그림 3-10〉 중산왕릉(中山王陵) 착금은(錯金銀)[108] 동판(銅版) '조역도(兆域圖)' (戰國)

는 상나라 고종(高宗) 무정(武丁)의 부인 부호(婦好)의 능묘이며, 묘실(墓室) 상부에 묘주인에게 제사 지내는 건물이 세워져 있다. 건물의 평면은 정사각형이며 변의 길이가 약 5미터이다. 양홍훈(楊鴻勳)은 이것이 바로 전문 능침(陵寢)의 예제 건축이라고 주장하였다. 춘추전국시대의 능묘 위에서는 더 많은 건축물 유적이 발견되었는데, 예를 들면 섬서성(陝西省) 봉상현(鳳翔縣)의 진공릉(秦公陵), 하남성(河南省) 휘현(輝縣)의 위왕릉(魏王陵), 하북성(河北省) 평산(平山)의 중산국(中山國) 왕릉 등이며 모두 능묘 위에서 방옥(房屋) 건축 유적이 발견되었다. 그리고 중산국(中山國) 왕릉 중에서 동판(銅版) 〈조역도(兆域圖)〉가 출토되었는데 여기에 능묘 위 향당(享堂) 건축의 구조가 상세하게 그려져 있다.

진시황릉부터 침전은 제릉의 주요 제사용 건물이 되었고 사실상 이는 상(商)과 주(周) 시대의 향당이다. 진시황릉 침전은 여전히 정사각형으로 되어 있었으며 서한(西漢)시대 제릉(帝陵)의 침전(寢殿)은 건축 평면이 정사각형에서 직사각형으로 바뀌었다. 이런 평면 구조의 변화는 황제 생전의 궁실(宮室)을 모방한 것과 관련이 있는 듯하다. 침전은 제릉의 정전이기에 황궁 대조의 전전을 모방해야 했으며 한

---

108 (역자주) 상감 표면에 글자를 새기고 금과 은을 박아 넣어 만들었다.

(漢)의 황궁 전전(前殿)의 건축 평면은 보통 직사각형으로 되어 있다.

능묘의 능침 건축은 전국시대 이전에는 보통 무덤에 축조되어 있었고 진(秦)의 동릉(東陵)과 진시황릉은 무덤 옆으로 옮겨졌지만 여전히 능원 안에 있었다. 대략 한경제(漢景帝)의 양릉(陽陵)에서 시작하여 이런 유형의 건물은 제릉과 후릉(后陵) 능원 밖에 축조되어 있었지만 여전히 대릉원(大陵園) 안에 남아 있었다. 동한 제릉의 능침 건축은 다수가 제릉 봉토의 동쪽 혹은 남쪽에 위치해 있으며 제릉 앞에 석전(石殿) 유형의 건물이 추가되어 있다.

위진남북조(魏晉南北朝)시대에 이르러 북방은 연이은 전란으로 인한 도굴을 피하기 위해 제왕 능묘 건축에서 박장(薄葬)이 유행했으며 많은 능묘가 '불봉불수(不封不樹: 봉분을 만들지 않고 나무나 비석도 세우지 않음)', 불립침전(不立寢殿: 침전을 만들지 않음) 및 불조원읍(不造園邑: 능지기 마을을 조성하지 않음)했다. 북위는 풍태후(馮太后)의 영고릉(永固陵) 앞에 사묘(祠墓) 성격의 영고석실(永固石室)을 둠으로써 진한(秦漢)의 능침 제도를 복원 및 발전시켰으며, 신도(神道)에 대형 석조(石彫)를 설치했다. 남조의 제릉에는 향당이 많으며 능원에 대형 석수(石獸)가 있다.

당(唐)의 제릉은 보통 능원 안 남문 북쪽에 헌전(獻殿)이 축조되어 있고 '침전(寢殿)'이라고도 불렸는데 이는 능원의 주요 예제 건축이며 제사 및 전례(典禮) 행사를 거행하는 데 사용되는 대전이다. 헌전(獻殿)은 보통 능원 구역의 서남부에 축조되어 있다. '하궁(下宮)'은 산릉 아래에 위치하여 붙여진 이름으로 능역의 궁인, 관리 등 능지를 지키는 사람들이 거주하는 곳이며, 능묘 주인 영혼의 일상 거취 및 식사를 책임지는 곳이다.

북송(北宋) 제릉의 예제 건축은 기본적으로 당의 제도를 답습했는데, 북송의 상궁(上宮)이 바로 한의 침전(寢殿), 당의 헌전(獻殿)이다. 송(宋)의 하궁(下宮)은 제릉의 서북쪽에 위치하며 이는 당시의 감여술(堪輿術)에 근거하여 방위를 선정한 것이다. 남송(南宋) 제릉의 상궁과 하궁의 배치는 모두 전대의 제도를 바꾸어 동일 축선에 배치했다.

원(元)의 제릉은 몽골족의 '잠매(潛埋: 몰래 묻음)' 방식을 따랐기에 능묘 부근에 예제 건축이 없었다. 명(明)의 제릉은 당송(唐宋) 제릉의 하궁 건물을 없애고 제전(祭殿: 즉 진한의 침전, 당송의 헌전 혹은 상궁) 건물을 확대하여 제전을 중심으로 한 정원에서 대규모의 제사를 지낼 수 있도록 했다. 제전에는 동서 대칭으로 배전(配殿)을 배치했다. 제전 정원은 북쪽으로 능원을 중심으로 조성된 정원과 통했고 남쪽으로는 신고(神庫: 보물창고), 신주(神廚-주방)와 비정(碑亭)이 있는 정원까지 이어졌다. 그리고 세 개의 정원은 모두 남북 축선 위에 있었다.

신도(神道) 석각(石刻)

지금까지 보존된 중국의 고대 제릉에서 지면의 높은 봉토와 일부 능침 건물 외에 가장 눈에 띄는 것은 역사가 유구하고 수량이 많고 조형이 정교하고 아름다운 능전(陵前) 석각이다. 고대 문헌에 의하면, 오래 전부터 무덤 앞에 석조(石彫)를 배열해 놓았다고 한다. 전설에 따르면 요모(堯母)의 경도릉(慶都陵)과 요릉(堯陵) 앞에 모두 정교하고 아름다운 돌 낙타를 배치했고 주공묘(周公墓) 앞에는 석인(石人)을 세웠으며, 주선왕(周宣王)의 무덤 앞에는 석고(石鼓: 돌북)·석인(石人)·석예(石猊: 돌사자)·석호(石虎)·석양(石羊)·석마(石馬) 등이 배열되어 있었다고 한다. 어떤 문헌에는 또 진시황릉 앞에 한 쌍의 석기린(石麒麟)이 있었다고 기록되어 있는데 안타깝게도 현재까지 고고학적 검증을 받지 못한 상황이다.

현재까지 파악된 고고학적 자료로는 진과 서한의 제릉 앞에 석각이 배치된 경우가 없다. 그러나 서한 중기부터는 소수의 달관 귀족 묘 앞에 석각이 있는데, 그중에서 가장 대표적인 것이 곽거병(霍去病) 묘 앞의 석각, 산서(山西) 안읍(安邑) 두촌(杜村)과 산동성(山東省) 추현(鄒縣)의 성동(城東) 추장(鄒莊)의 한묘(漢墓) 앞의 석호, 석인 등이다.

서한 중기의 곽거병과 장건(張騫)의 묘 앞에 석각을 배치한 데는 심원한 역사적 원인이 있다. 곽거병은 서역(西域)에 출정한 유명한 군사가이고 장건은 실크로드를 개척한 유명한 외교 활동가이며 이들의 위대한 업적은 모두 서역을 무대로

〈그림 3-11〉 초원(草原) 석인(石人)

〈그림 3-12〉 곽거병묘(霍去病墓) 마답흉노석조(馬踏匈奴石彫)

이룬 것으로 서역의 문화는 이들에게 중요한 영향을 끼쳤다. 서역에서 분묘(墳墓) 앞에 석각을 세운 역사는 중원(中原) 지역보다 오래되었는데 최근 신강(新疆) 북강(北疆) 초원 지역의 아륵태(阿勒泰)·부온(富蘊)·청하(靑河) 등지에서 조사, 발굴된 석인석관묘(石人石棺墓) 문화 유적은 묘 앞에 석인입상(石人立像) 혹은 입석(立石)이 세워져 있다. 이런 석인석관묘의 시대는 진 혹은 진한 교체기까지 거슬러 올라갈 수 있으며 곽거병과 장건 묘 앞의 석각은 서역 석인석관묘 문화의 영향을 받은 것으로 보인다. 물론 북강 초원의 석인석관묘와 비교하면 곽거병 묘 앞의 석각이 훨씬 넓고 깊은 역사적 내용을 담고 있다.

고대 능묘 앞 석각의 제재(題材)와 조합 방식을 보면 곽거병묘(霍去病墓) 앞 석각은 그 이후 중국의 역대 능묘 석각에 심원한 영향을 미쳤다. 예를 들면 곽거병묘 앞의 석호(石虎)는 사실 위진(魏晉) 시대 능묘 앞 벽사(辟邪: 사귀와 사악을 물리치는 동물)의 전신이며, 후자는 호랑이(혹은 사자)의 변형에 불과하다. 제왕 능묘와 달관귀족 묘 앞에 석호를 배치하는 역사는 오랜 기간 지속되었다. 묘 앞에 석마를 배치해 놓는 것은 기타 석각에 비해 오래 지속되었으며 파급 범위도 더 넓었다. 예를 들면 당 태종 이세민 소릉(昭陵)의 '육준(六駿)'은 곽거병묘 앞의 석입마(石立馬)와 의미가 비슷하다. 이 외에 석인, 석상 등 무덤 장식은 후세까지 전해졌다.

현재의 자료로 보면 제릉 앞에 석각을 배열한 시기는 아무리 이르다 해도 동한 이전은 아닌 것으로 보인다. 『수경주(水經注)』에는 광무제(光武帝) 유수(劉秀)의 원릉(原陵) 앞에 석상, 석마가 배열되어 있었다고 기록되어 있다. 위진(魏晉)시대에는 전쟁이 빈번하여 제왕들이 후장(厚葬) 풍습을 바꾸어 지면에 분묘를 수축하지 않았고 능 앞 석각은 운운할 수도 없었다. 남북조 시대에는 제왕 능묘의 봉토가 점차 회복되고 다시 석각이 무덤 앞에 모습을 드러냈다. 낙양의 북위 경릉총(景陵冢) 앞 석인상(石人像)과 남조(南朝)의 적지 않은 제릉 앞 화표(華表: 무늬를 새긴 돌기둥, '石望柱'라고도 하며 '表'라고 간칭하기도 함)·기린·천록(天祿)이 바로 이 시기의 대표적인 제왕릉 앞 석각이다.

당나라의 제릉 석각군(石刻群)은 화표(華表)·천마(天馬)·타조(駝鳥)·석마(石馬)·석인(石人)·석사(石獅) 등을 포함하는 완벽한 제도를 이루었고 이후의 역대 제릉 석각에 큰 영향을 미쳤다. 송(宋)·명(明)·청(淸) 제릉의 석각군은 비록 그 종류가 늘어났지만 여전히 화표·석사·석인·석마·천마(天馬: 혹은 각단(角端: 전설상의 동물))·기린을 주요 내용으로 하는 석각군은 여전히 답습물이다. 송(宋)·명(明)·청(淸)의 제릉에 석상을 배치한 것은 사실 동한 제릉에 석상을 배치한 것과 같은 복고풍이다. 송은 서금(瑞禽: 상서로운 작은 새)과 각단으로 당의 타조와 천마를 대체했고 호랑이와 양을 추가했다. 명청 제릉의 석상에는 낙타가 추가되었으나 호랑이와 양 따위는 없었으며 이런 석각들이 제릉 앞에 배치된 데는 심각한 원인이 있었다.

화표(華表)

화표(華表)는 처음에는 고대의 교통 표시로서 정우(亭郵: 고대에 휴식을 위해 연도에 배치해 놓은 관사)·교량·성문·궁전 앞에 배치되어 있었고 계표(界標: 경계를 나타내는 표시)로 사용되기도 했지만 능묘 앞에는 배치하지 않았다. 최초로 전국시대 연소왕(燕昭王) 능묘 앞에 화표가 세워졌고 동한 이전에는 목제(木製) 화표가 많았으나 동한에 이르러서는 석제(石製)로 바뀌었다. 남조(南朝)에 이르러 제릉 앞에 화표를 배치하는 것이 이미 제도화되었으며 현재 보존되어 있는 것도 비교적 많다. 당(唐)의 제릉에서 시작하여 원(元) 제릉의 화표 존재 여부가 확실하게 밝혀지지 않은 것

〈그림 3-13〉 한수묘(韓壽墓) 석화표(石華表)

외에 고대사회가 끝날 때까지 역대 왕조는 모두 제릉에 화표를 배치했다.

다음으로 화표의 모양을 살펴보면 한(漢)나라의 화상석(畫像石)은 당시 화표의 형상과 관련된 자료를 남겨 놓았다. 현재 남아 있는 진(晉)나라 표기(驃騎) 장군 한수묘(韓壽墓)의 석화표(石華表)를 보면 주신(柱身)은 원형이고 수직 과릉 무늬(瓜棱紋)가 있으며 위와 아랫부분에 승변(繩辮: 밧줄로 땋은 머리 모양) 무늬 띠를 한 줄씩 둘렀고 주신의 위쪽에는 글자를 새긴 네모진 면이 있으며 기둥 꼭대기에는 둥글게 조각한 석수(石獸)가 있다. 남조 제릉의 석화표 조형은 비록 이와 비슷하나 윗부분의 석수(石獸)·연꽃 무늬 원형 덮개·곧은 골 무늬 주신(柱身) 등은 이 시기의 화표가 페르시아와 인도 문화의 영향을 받았음을 보여준다.

당(唐)나라의 능묘 화표의 조형은 전대에 비해 변화가 크며 후대에 큰 영향을 미쳤다. 당고조(唐高祖) 이연(李淵) 헌릉(獻陵)의 화표는 기둥머리에 석수가 있고 주초(柱礎) 면에 수미(首尾: 머리와 꼬리)를 잇는 이룡(螭龍: 중국 신화에 등장하는 뿔 없는 용) 무늬가 부조되어 있으며, 이런 것들은 모두 남조 제릉 화표의 풍격을 계승한 것이다. 그러나 헌릉의 화표에는 이미 글자가 새겨진 네모진 면과 계단이 없어졌다. 당고종(唐高宗)과 무측천을 합장한 건릉(乾陵)과 그 이후의 여러 당릉의 화표는 형식과 구조 비슷하여 기둥 꼭대기 부분의 석수가 보주(寶珠)[109]로 바뀌었고 기둥 꼭대기 대반(臺盤: 대의 받침 부분) 위와 주신 및 주좌(柱座: 기둥의 臺座)가 맞닿은 부분에 각각 위와 아래를 향하는 연꽃이 한 줄씩 새겨져 있으며 주신의 각 능면(棱面)에는 만초(蔓草) 꽃무늬를 선각(線刻: 선으로 새김)해 놓았다. 이런 변화들은 당릉의 화표에도 불교 문화가 영향을 미쳤음을 반영한다.

하남성(河南省) 공의(鞏義)의 북송(北宋) 능(陵)의 화표는 모두 당릉의 구조를 그

---

109 (역자주) 탑 상륜부, 난간동자 꼭대기, 기와지붕 막새 등에 설치하는 연봉 모양의 장식이다.

대로 답습했으며 주신에 음문(陰文: 획이 돋게 새긴 글자) 선각뿐만 아니라 감지평(減地平: 중국 송나라 석각 방법 중의 하나) 조각도 있다. 명청에 이르러 제릉의 화표에는 좀 큰 변화가 나타났는데 주신이 6개의 능면으로 되어 있고 운기문(雲氣紋: 구름의 기운을 형상화하여 나타낸 무늬)을 부조(浮彫)했으며 기둥의 머리는 원주형(圓柱形) 관(冠)으로 되어 있고 운룡문(雲龍紋)이 부조되어 있다. 명청 제릉의 비루(碑樓: 비가 서 있는 누각) 네 귀퉁이에는 4개의 화표가 있는데 기둥머리에 작은 돌사자가 웅크리고 앉아 있고 주신의 윗부분에는 운판(雲板: 구름처럼 생긴 철판)이 있으며 주신에 용무늬가 부조되어 있어 신도(神道)의 화표와 구별된다.

석비(石碑)

최초의 비석은 목재로 만든 인관하구(引棺下柩: 관을 내려놓는 도구)였다. 일찍이 섬서성(陝西省) 봉상현(鳳翔縣)의 진경공릉(秦景公陵)의 묘광(墓壙) 남북 쪽에서 당시 관을 드는 데 사용된 목주(木柱: 굵은 나무)가 발견되었는데 이것이 바로 고고학적으로 발견된 가장 이른 시기의 '비(碑)'이다.

현존하는 최초의 무덤 앞 석비는 기원전 26년의 포효우(麃孝禹) 각석(刻石: 글자나 무늬 따위를 돌에 새김)이며 동한 시대에 이르러 무덤 앞에 비석을 세우는 것이 점차 유행했다. 동진(東晉)의 공제릉(恭帝陵) 석비는 현존하는 석비 중 최초의 제릉 석비이다. 육조(六朝)의 석비는 기본적으로 한(漢)의 비석 모양을 그대로 답습하여 비수(碑首)·비신(碑身)·비좌(碑座)로 구성되었다. 비수는 서로 감겨 있는 두 마리의 용으로 장식되었고 비액(碑額: 비의 머리)에는 원형의 구멍 하나가 뚫려 있으며 비신에는 비문을 조각해 넣었다. 비좌는 큰 거북으로, 옛 사람들이 거북이 힘이 세다고 여겨 비좌로 사용했던 것이다.

당대(唐代)에는 비석을 세우는 풍조가 성행했으나 당조의 제릉 중에서 건릉(乾陵)과 정릉(定陵)에만 비석이 세워져 있다. 건릉에는 신도(神道) 양쪽에 비석 두 개가 세워져 있는데 좌측은 무자비, 우측은 술성기비(述聖記碑)이며 정릉에는 무자비 밖에 없다. 북송의 제릉에서는 아직 비석이 발견되지 않았다. 명(明) 십삼릉(十三陵)에

〈그림 3-14〉 포효우 각석(麃孝禹刻石)[110]탑본편(搨本片)　　〈그림 3-15〉 건릉(乾陵)의 술성기비(述聖記碑)　　〈그림 3-16〉 건릉(乾陵)의 무자비(無字碑)

는 신도의 정중앙, 석각군(石刻群)의 가장 남쪽에 비정(碑亭)이 세워져 있고 정자 안에 거대한 석비가 세워져 있는데 비문은 명인종(明仁宗)이 지었다. 13개의 제릉 앞에는 또 무자비 하나를 더 세웠다. 청(淸)의 제릉은 능마다 비석을 두 개씩 세웠는데 역시 신도의 정중앙에 배치했고 석비는 석상생(石像生)의 남쪽 혹은 북쪽에 배치되어 있었으며 통일된 규정이 없었다.[110]

110　(역자주) 글자나 무늬를 돌에 새기는 것을 말한다.

석사(石獅)

능묘의 석상생(石像生) 중에서 흔히 볼 수 있는 것이 석사(石獅)이다. 제릉에 돌사자를 배치한 것은 북위의 정릉(靜陵)이 가장 이르며 남조에는 인신묘(人臣墓: 신하의 무덤)에 돌사자가 배치되어 있었고 당(唐) 초기에 황제로 추봉(追封)된 이호(李虎), 이작(李昞)의 능묘에도 모두 돌사자가 배치되어 있었다. 그리고 건릉(乾陵)부터 시작하여 그 이후의 당릉에는 모두 네 문 바깥쪽에 돌사자 한 쌍씩 배치해 놓았다.

당(唐) 이후, 역대 제릉은 모두 돌사자를 문수(門獸)로 삼았다. 사자는 아프리카와 서아시아에서 서식했고 이집트의 사자는 신화에서 성지(聖地) 수호자로 묘사되었다. 세계적으로 유명한 스핑크스의 사신인면상(獅身人面像: 사자의 몸에 사람의 얼굴을 한 상)이 바로 이집트 기자의 대형 피라미드의 수호자이자 태양신의 화신이며, 서아시아 히타이트의 수도 하투샤 성문 양쪽에도 고풍스러운 사자상이 조각되어 있다. 동한 시기에는 사자를 공물로 중국에 보내 왔으며 당시 사람들은 사자를 신수(神獸)로 여겼다. 사자는 거의 불교와 동시에 중국에 전래되었고 불교에 의해 신격화되었으며, 사자에게 신(神)과 불(佛)의 외의(外衣)를 걸쳐주었다.

당나라 이전에는 제릉에 천록(天祿), 벽사(辟邪: 사귀(邪鬼)를 물리치는 것)를 배치하

〈그림 3-17〉 당현종(唐玄宗) 태릉(泰陵)의 석사(石獅)

는 경우가 많았지만 돌사자가 천록과 벽사를 완전히 대체한 것은 당고종(唐高宗)과 무측천의 건릉(乾陵)부터이며 그 이후 역대 왕조의 제릉에 의해 답습되었다. 이는 불교 문화가 중국에서 진일보 전파된 데서 기인한 것으로 보이며 건릉이 그 발단이 된 것은 당고종과 무측천이 독실한 불교신자였기 때문이다.

석호(石虎)

능묘에 석호(石虎)를 배치한 것은 서한(西漢)의 곽거병묘(霍去病墓)와 장건묘(張騫墓)에서 가장 먼저 발견되었다. 당태종의 소릉(昭陵) 이전에 석호만 있고 석사(石獅)는 배치하지 않은 능으로는 서위(西魏)의 문제릉(文帝陵)이 시간적으로 가장 이르다. 위진남북조(魏晉南北朝) 시기의 천록(天祿), 벽사(辟邪)는 호랑이를 모델로 했고 과장된 가공을 했거나 호랑이와 사자의 특징을 아울러 만든 신화적 동물이다. 호랑이는 '백수지장(百獸之長)'으로 귀매(鬼魅: 도깨비, 두억시니 따위)를 통째로 삼킬 수 있다는 전설이 있었기에, 죽은 사람의 안전을 위해 옛 사람들이 호랑이로 하여금 무덤을 지키게 하는 풍습이 생기게 되었다. 석호를 문수(門獸)로 배치한 마지막 제릉은 당고조(唐高祖)의 헌릉(獻陵)이며 그 이후 북송(北宋)의 제릉 역시 석호를 배치하는 경우가 있기는 했지만 문수로 삼지는 않았다.

〈그림 3-18〉 당고조(唐高祖) 헌릉(獻陵)의 석호

〈그림 3-19〉 곽거병묘(霍去病墓)의 석호

천마(天馬)

천마(天馬: 翼馬)가 발견된 능묘는 당릉
(唐陵)뿐이다. 천마는 머리에 뿔이 있고 양
옆구리에 날개가 있다. 고대 문헌 중 천마
에 대한 기록은 유래가 깊은데 한대(漢代)에
이미 서역과 중앙아시아 지역의 양마(良馬)
를 '천마'라고 불렀다. 한진(漢晉) 이래 천마
는 상서로움의 화신으로 여겨졌으며 당(唐)
나라에서 능원에 천마를 배치한 것은 명군
(明君)의 성세(盛世)를 상징하는 표현이었다.

천마는 초기에는 건릉(乾陵)의 천마를
비롯해 양 옆구리 날개 무늬가 번잡하고
복부 아래 네 다리 안이 비어 있었다. 중기
에 이르러 당현종(唐玄宗) 태릉(泰陵)의 천마
를 비롯해 양 옆구리 날개가 세 개의 긴 시
령(翅翎: 깃털) 무늬로 되어 있고 네 다리 안
은 초기처럼 비어 있지 않았으며 표면에

〈그림 3-20〉 당현종(唐玄宗) 태릉(泰陵)의 천마(天馬)

운기문(雲氣紋)이 조식(彫飾)되어 있다. 말기에는 당릉의 신도(神道) 좌우에 천마를
배열하여 대칭을 이루게 했으며 천마(天馬)의 꼬리 왼쪽 열은 드리워져 있고, 오른
쪽 열은 묶여 있었는데 예를 들면 당덕종(唐德宗)의 숭릉(崇陵) 천마는 갈기가 왼쪽
이 드리워져 있고 오른쪽은 잘려져 있다.

〈그림 3-21〉 명(明) 십삼릉(十三陵)의 기린

〈그림 3-22〉 남조(南朝) 진문제(陳文帝)의 영녕릉(永寧陵) 석천록(石天祿)

〈그림 3-23〉 남조 양파양(梁鄱陽) 충렬왕(忠烈王)의 소회묘(蕭恢墓) 석벽사(石辟邪)

기린

기린은 제릉의 석각으로 비교적 일찍 나타났는데 육조(六朝) 제릉의 석각에 모두 기린이 있었으며, 당릉(唐陵) 중 당예종(唐睿宗)의 교릉(橋陵)이 유일하게 기린으로 천마를 대체했다. 북송과 명청 시기의 제릉 석각에는 기린이 보편적으로 사용되었다. 기린은 신격화된 동물로 사슴의 몸통, 말의 네 발, 소의 꼬리를 가지고 있으며 머리에는 뿔이 하나뿐이다. 기린·봉황·거북·용을 사령(四靈: 신령한 동물 4종류)이라 하는데 기린은 '인수(仁獸)'에 속한다.

천록(天祿), 벽사(辟邪)

천록(天祿), 벽사(辟邪)는 전설 속의 두 종류의 신수(神獸)이다. 서한 시기에 호랑이를 모델로 두 종류의 신수가 조각되었는데 동한 이후에는 호랑이와 사자의 특징을 모두 가지고 있다. 천록과 벽사는 모두 양 옆구리에 날개가 있으며, 다른 점은 천록은 머리 위에 뿔 두 개가 있고 벽사는 뿔이 없다는 것이다. 남조에 이르러 제릉의 석각은 기린과 천록으로 되어 있다. 벽사는 석각으로 남조 왕후의 무덤 앞에 세워져 있다.

〈그림 3-24〉 당고조(唐高祖) 헌릉(虛陵)의 석서우(石犀牛)   〈그림 3-25〉 명효릉(明孝陵)의 석상(石象)

석서우(石犀牛 : 돌코뿔소)

서우(犀牛)를 석상생(石像生: 돌로 만든 사람이나 짐승 조각을 총칭)으로 삼은 것은 당고종(唐高宗)의 헌릉(獻陵)뿐이다. 옛 사람들은 서우를 신기한 동물로 여겼다. 주진(周秦) 이래 중국 경내에서 서우가 점점 적어졌고 인근 지역과 국가에서는 중국의 제왕들이 상서롭다고 여기는 이런 동물들을 자주 중요한 진상품으로 중국에 바쳤다. 한당(漢唐) 시대에는 서역, 남아시아와 동남아 지역의 국가에서 서우를 중국에 헌상했다는 기록이 사서(史書)에서 자주 보인다.

역대 통치자들은 서우를 매우 귀하게 여겼는데 예를 들면 상주(商周) 시대에 동으로 서우를 만들어 귀중한 보물로 삼았고, 진(秦)의 이빙(李冰)은 사천성(四川省) 도강언(都江堰)에서 5개의 거대한 석서우(石犀牛)를 조각해 물귀신을 진압했으며, 서한의 박태후릉(薄太后陵) 구역에는 살아 있는 서우가 순장되었다. 한(漢) 장안성 부근의 황가공원(皇家公園)인 상림원에서는 서우를 신수(神獸)로 여기고 길렀고 당태종은 외국 사신들이 공물로 진상한 서우를 황실 태묘(太廟)에 바쳤다.

석상(石象)

최초의 석상(石象)은 서한의 곽거병묘(霍去病墓) 앞에서 발견되었다. 문헌에 따르면 동한 광무제(光武帝)의 원릉(原陵) 앞에 이미 석상이 배열되어 있었다고 한다.

북송 및 그 이후의 역대 다수 제릉의 석각에는 석상이 포함되어 있다. 코끼리는 길상과 평화의 상징이며 요괴를 쫓는 능력도 가지고 있다고 전해지고 있다. 석상이 제릉의 신도(神道)에 배열되어 있는 것도 상술한 두 가지 이유에서였을 것으로 보인다.

석타조(石駝鳥)

상신세(上新世: 지질시대 제3기 중 가장 최근의 세대에 해당하며 53만 년 전부터 180만 년 전까지의 시기를 말함) 초기부터 갱신세(更新世: 지질시대의 한 구분. 신생대(新生代)의 제4기를 2분 할 때의 전기(前期)에 해당하며, 약 200만 년 전부터 1만 1,000년 전까지의 시기를 말함) 말기까지 타조는 중국의 북방 지역에 광범위하게 분포되어 있었는데 진령(秦嶺) 이북의 거의 모든 황토 분포 지역에 타조가 있었다. 그러나 지리적 환경의 변화에 따라 타조는 중국에서 사라졌다. 중앙아시아, 서아시아와 아프리카 지역에서는 타조가 여전히 생존 및 번식했으며 강한 생명력과 질주 본능을 가지고 있어 현지인들은 타조를 진금(珍禽)으로 여겼다.

〈그림 3-26〉 당예종(唐睿宗) 교릉(橋陵)의 석타조(石駝鳥)

한당(漢唐) 시대에 이르러 외국의 사신들이 타조를 선물로 조정에 바치곤 했으며 이때 사람들은 타조를 '대조(大鳥)'라고 불렀다. 황제는 이런 공물 헌상을 매우 중요시했으며 심지어 때로는 칭송하는 노래를 지으라고 문인들에게 명하기도 했다. 동한 때에는 이미 석타조(石駝鳥)가 무덤 앞에 배치되어 있었다. 당고종은 일찍이 토카로이에서 공물로 바친 타조를 진금 및 귀중한 기념물로 부황(父皇)인 당태종의 소릉(昭陵)에 진상했으며, 따라서 무측천이 타조를 '성군세(聖君世: 성군의 세상)', '상서출(祥瑞出: 상서로움이 나타남)'의 진이(珍異: 유별나서 진기함)로 간주하고 석타조를 조각하여 건릉(乾陵)에 둔 것은 이해하기 어렵지 않다. 한(漢)의 건릉 및 그 이후의 당릉(唐陵) 신도(神道) 석각에도 모두 석타조를 배치했으나 북송(北宋)의 제릉은 난조(鸞鳥: 고대 중국에서 신성한 새로 여겨진 봉황의 일종)가 타조를 대체했고, 명청의 제릉 석각에는 타조뿐만 아니라 난조(鸞鳥)도 없다.

천마(天馬), 서우(犀牛), 타조 등 석각은 고대 중앙정권과 외국과의 우호적인 교류를 반영하며 성군의 '부원지덕(懷遠之德: 멀리까지 품어주는 덕)'을 보여준다.

석마(石馬)

옛 사람들은 말을 '갑병지본(甲兵之本: 군사적인 용도로는 갑일 정도로 중요함), 국지대용(國之大用: 국가적으로도 대단히 유용하게 쓰임)'으로 여겼다. 일찍이 상주(商周) 시대에 진짜 수레와 말을 죽은 사람과 함께 부장했고 후에는 차마용(車馬俑)으로 대체했다.

진시황릉의 병마용갱(兵馬俑坑)과 함양(咸陽) 양가만(楊家灣) 한묘(漢墓)의 병마용은 그 수량과 규모가 놀라울 정도이다. 지금까지 알려진 바에 따르면, 능묘 앞에 세워진 최초의 석마는 서한 곽거병묘(霍去病墓) 앞의 입마(立馬: 서 있는 자세의 말), 와마(臥馬: 누워 있는 자세의 말)와 약마(躍馬: 뛰는 자세의 말)이다. 동한에 이르러 능묘에 석각을 두는 풍조가 유행하면서 무덤 앞에 석마를 배치하는 사람이 많아졌다.

제릉에 석마를 배치한 것은 동한 광무제(光武帝)의 원릉(原陵)이 그 시초일 것으로 보인다. 위진남북조(魏晉南北朝) 이래 제릉과 신하의 묘를 막론하고 석마를 배치한 경우는 보이지 않는다. 당(唐)의 제릉은 당고조(唐高祖)의 헌릉(獻陵)을 제외하

〈그림 3-27〉 당예종(唐睿宗) 교릉(橋陵)의 석마(石馬)　　　〈그림 3-28〉 송릉(宋陵)의 석양(石羊)

고는 모두 석마를 배치했는데 이 중에서 '소릉육준(昭陵六駿: 소릉 제단 앞의 여섯 마리 준마)'은 전공(戰功)을 포상한 것이고 기타 당릉의 석마는 조정 의장대의 의장용 말을 상징하며, 의장용 말 옆에 있는 석인(石人)은 공마관(控馬官: 말몰이군)으로 보인다. 당릉 석각에 의장용 말을 배치하는 제도는 송(宋)·명(明)·청(淸)의 제릉을 답습했으나, 역대 제릉 석각 중의 의장용 말의 수량, 말 장식과 공마관 등에는 다소 차이가 있다.

석양(石羊)

옛 사람들은 양이 길상과 장수를 대표하며 도적을 내쫓고 사악을 물리칠 수 있다고 여겼다. 따라서 무덤 앞에 석양(石羊)을 배치했으며 동한부터 명청에 이르기까지 대대로 이어져 보편화되었지만 제릉의 석상생(石像生)으로 삼은 경우는 북송뿐이다.

〈그림 3-29〉 명(明) 십삼릉(十三陵)의 석낙타(石駱駝)　　　〈그림 3-30〉 당예종(唐睿宗) 교릉(橋陵)의 석인(石人)

석낙타(石駱駝)

고고학적 발견에 의하면 서한의 소제(昭帝) 평릉(平陵)의 배장갱(陪葬坑)에 낙타가 부장되었고 그 이후 위진(魏晉)의 무덤에서 부장된 도낙타(陶駱駝)가 출토되었으며 당(唐)의 무덤에서 출토된 삼채(三彩) 낙타는 조형이 실물과 다름없고 색채가 선명하다. 낙타는 실크로드를 통한 우호 교류의 상징이다. 석낙타(石駱駝)는 명청 시기 제릉의 신도(神道)에도 석상생으로 배치되었다.

석인(石人)

우리는 일반적으로 고인의 사후 무덤을 생전 생활의 축소판으로 여긴다. 일찍이 상주(商周) 시대의 무덤에는 사람이 순장되어 있으며 옥(玉)·석(石)·도(陶)·동(銅)으로 제작된 인용(人俑)이 부장되기도 했다. 인순제도(人殉制度: 사람을 순장하는 제도)는 명청(明淸) 시대까지 줄곧 이어졌으며 순장 혹은 부장된 사람 중에는 무덤 주인의 측근과 신첩(臣妾), 그리고 의장병 등이 있었다. 능묘 앞에 석인을 배열해 놓은 것은 위에서 서술한 무덤 안에 순장 혹은 부장된 인용을 무덤 밖에 배치해 놓는 새로운 형식일 것으로 보인다.

중고(中古) 이래 석인은 석상생으로 제릉 앞에 배열되어 있었는데 이는 정의

위(征儀衛: 출정 의장병)로 보인다. 능묘 앞 석인은 능묘 내 제왕의 의장병, 수행원 신분으로 순장된 사람 혹은 부장된 인용과 비슷한 의미를 가진다.

지금까지 발견된 비교적 신빙성이 있는 자료들을 살펴보면 한(漢) 이전에는 무덤 앞에 석인을 배치하지 않았던 것으로 보인다. 제릉 앞에 석인을 배치한 것은 북위 효선제(孝宣帝)의 경릉(景陵)과 서위(西魏) 문제(文帝)의 영릉(永陵)이 가장 먼저였으며 이 두 능 앞의 석인들은 모두 손에 병기를 들고 있었다. 제릉 앞에 석인을 배열하는 것이 제도로 정착된 것은 당고종(唐高宗)과 무측천의 건릉(乾陵)부터이다. 당(唐) 이후 북송(北宋)·명(明)·청(淸)의 제릉 역시 문석인(文石人)과 무석인(武石人)을 배치했으며 다만 그 수가 당릉에 비해 적었을 뿐이다.

번상(蕃像)

과거에는 능묘에 석각 번상(蕃像)을 배열한 것이 당(唐)나라 때부터였다고 여겼는데 실제 당릉 중에서 번상이 있는 능묘는 소릉(昭陵)과 건릉(乾陵)뿐이다. 지금까지 알려진 바에 따르면 중국 고대 능묘 석각 중에서 가장 먼저 번상을 배열해 놓은 능묘는 곽거병묘(霍去病墓)일 것으로 보이며 여기에서 '마답흉노(馬踏匈奴: 흉노인을 밟고 있는 말의 조각)'와 '야인(野人)' 석각 중 전자의 신분은 패전자이고 후자는 아직 밝혀지지 않은 상황이다. 곽거병묘 석각의 번상은 신강(新疆)의 북강(北疆) 초원 일대의 석인(石人), 석관묘(石棺墓) 문화에서 유래했다. 이런 종류의 무덤에서 석인 혹은 입석(立石)은 전쟁터의 포로를 상징하며 무덤을 장식함으로써 이들로 하여금 죽은 자를 섬기게 했다. 곽거병묘의 번상 석각도 이와 비슷한 의미를 지닌다.

지금까지 알려진 바에 따르면 서한 중기부터 당(唐)나라 초기에 이르기까지 700여 년간 능묘 석각에 번상을 배치한 경우는 극히 드물다. 당태종(唐太宗)의 소릉부터 시작하여 제릉에 번상을 배치하는 것은 비교적 보편화되었다. 그 장의(葬儀)는 한편으로는 전통적인 형식의 발전을 보여주며 다른 한편으로는 지역의 문화 교류가 더욱 확대되고 심도가 깊어졌음을 반영한다.

문헌에 기록된 당릉의 번상은 소릉의 14개, 건릉의 64개와 '왕빈상(王賓像)'뿐

〈그림 3-31〉 당소릉(唐昭陵) 북사마원(北司馬院)의 14개국 제번군장(諸蕃君長) 석상(石像) 옛터

이다. 이들 번상의 신원에 대해서는 서로 다른 견해가 있는데 필자는 이들의 신원은 단순하게 획일화될 수 없으며 이들 중에는 피정복자, 귀화자가 있는가 하면 우호국, 우호 지역의 사자(使者)도 있다고 본다. 근래에는 기타 5~6곳의 당릉에서도 석각 번상이 발견되었다. 당나라 때, 중앙정권과 서역은 왕래가 빈번했고 만약 당 태종(唐太宗)의 소릉 번상이 '선군에게 포로로 잡힌 자'라는 뜻이라면 석인석관묘 (石人石棺墓)의 석인이 전쟁 포로를 상징하는 것은 같은 맥락이다. 당릉의 번상 석각은 페르시아 장의의 영향을 받은 것으로 보인다. 짚고 넘어가야 할 것은 당의 통치자들이 여기에 새로운 함의를 부여했다는 것인데 번상은 포로뿐만 아니라 귀화자와 총애를 받은 자이며 후자가 정치적으로 더 긍정적인 의미가 있다는 것이다. 이는 각국 간의 우호 관계의 발전을 촉진했고 다민족 통일국가를 공고히 하는 데 일조했다. 북송 제릉의 석각에는 비록 여전히 번상이 남아 있지만 모두 시중(侍中)류에 속하며 당릉 석각의 번상의 신분과는 그 의미가 다르다.

능묘 석각의 분포 위치는 역대 능묘가 모두 다르다. 서한 곽거병묘의 석각은 남쪽에 '마답흉노' 등 석각이 있을 뿐만 아니라 그 위에 또 다른 석각이 분포되어 있다. 동한 묘의 석각은 묘 북쪽에 있거나 동쪽 혹은 남쪽에 있는 경우도 있으며 육조(六朝)의 능묘 석각도 분포 위치가 통일되지 않았다. 당릉의 석각은 보통 능원의 네 문에 각각 돌사자 한 쌍(헌릉은 석호)씩 두고 북문 밖에 장마(仗馬: 의장용 말) 세

쌍을 두었으며 석각은 주로 남문 밖 신도(神道)의 동서 양쪽에 배치되어 있다. 북송(北宋)·명(明)·청(淸)의 제릉은 기본적으로 당릉 석각의 분포 위치를 그대로 답습했으나 능원 북문 밖에 장마를 배치하지 않았다. 능묘 석각의 분포 위치에 관한 조사와 연구는 능묘의 방향을 알 수 있게 했을 뿐만 아니라 도성의 배치에 관한 연구에도 간접적인 자료를 제공했으며 이는 제릉이 황제의 도성을 모델로 하여 축조된 경우가 많았기 때문이다.

배장묘(陪葬墓), 배장갱(陪葬坑)

제왕 능묘의 배장묘(陪葬墓)는 대략 서주(西周) 시대에 나타났다. 역사 문헌에 따르면 주문왕(周文王)은 제후들을 왕릉에 배장(陪葬)하는 제도를 창설했다. 예를 들면 서주의 개국 원훈(元勳)인 태공망(太公望)은 비록 산동성(山東省) 영구(營丘)에 봉안되어 있었으나 사후(死後)에는 섬서성(陝西省) 문왕(文王)의 능묘 부근에 배장되었다. 춘추(春秋)시대에 이르러 왕릉의 배장묘 제도가 더욱 발전했고 진한(秦漢)시대에는 제릉의 능묘 수가 놀라울 정도도 많아졌다. 서한 제릉의 배장묘는 그 수가 많고 규모가 컸으며 제릉 구역에 묘지를 조성하고 묘에 높은 봉토를 쌓았으며 그 옆에 예제 건축물을 지어놓았다.

〈그림 3-32〉 한고조(漢高祖) 장릉(長陵)의 배장묘(陪葬墓)—소하묘(蕭何墓)

〈그림 3-33〉 당태종(唐太宗) 소릉(昭陵)의 배장묘(陪葬墓)—위징묘(魏徵墓)

〈그림 3-34〉 당고종(唐高宗) 건릉(乾陵)의 배장묘(陪葬墓)—의덕태자묘(懿德太子墓)의 〈의위도(儀衛圖)〉 벽화

한대(漢代)부터 제릉 배장묘의 분포에 대한 일정한 규약이 만들어졌으며 배장묘의 위치는 제릉 능원의 정문과 관련이 있는 것으로 보인다. 예를 들면 진한(秦漢)의 제릉 능원은 모두 동문을 정문으로 했고 제릉의 허다한 배장묘는 제릉 동쪽에 분포되어 있다. 당(唐)에 이르러 제릉 능원은 남문을 정문으로 삼았으며 배장묘는 대부분 제릉 남쪽에 배치되어 있다.

제릉 구역에 배장묘가 이렇게 배치된 원인은 제릉 구역이 경사(京師)와 황궁(皇宮)을 모방하여 조성되었기 때문이다. 서한의 도읍 장안성과 황궁인 미앙궁의 실제 사용 상황을 살펴보면 두 곳 모두 동문을 정문으로 했고 당(唐)의 도읍 장안성은 남문을 정문으로 삼았다. 황제가 조의(朝儀: 조정에서 행하는 의식)를 행할 때 문무백관은 대조정전의 정문 밖에 좌우로 줄지어 서 있었는데, 제릉의 배장묘는 능원 정문 밖, 사마도(司馬道) 양쪽에 배치되어 있어 황제의 조의(朝儀) 장면을 방불케 한다.

일반적으로 제릉의 배장묘는 제릉과 가까울수록 주인의 지위가 높고 반대인 경우, 즉 멀수록 지위가 낮다. 예를 들면 한고조(漢高祖) 장릉(長陵)의 배장묘 100기 중, 소하(蕭何)와 조삼(曹三)의 지위가 가장 높고 따라서 이들의 무덤도 장릉과 가장 가깝다. 또 당태종(唐太宗) 이세민(李世民) 소릉(昭陵) 배장묘의 150기의 분포 위치를 예를 들면 구종산(九嵕山)의 배장묘가 제릉과 가장 가까우며 그 주인들은 위징(魏徵)·신성공주(新城公主)·장락공주(長樂公主)·성양공주(城陽公主) 등 모두 지위가 높고 명성이 혁혁한 신하와 공주들이다.

제릉 구역에 묻힌 배장자(陪葬者)들은 모두 통치 집단 내부의 상층 인물에 속하지만 그 정치적 신분은 서로 다른데 이들 중에는 국가 장상(將相: 장수와 재상)과 중신(重臣: 중직에 있던 신하)이 있는가 하면 황친, 국척과 훈귀(勳貴: 공훈이 있는 귀족)도 있다. 같은 왕조라 해도 시기마다 제릉 배장자의 정치적 신분이 다른 것은 이 왕조의 정치와 역사적 변화를 단적으로 보여준다. 한(漢)과 당(唐) 두 왕조를 예로 들면 한고조(漢高祖) 유방(劉邦)은 서한(西漢)의 개국 황제이며 개국 원훈인 소하(蕭何)·조삼(曹參)·주발(周勃)·왕릉(王陵) 등은 모두 고조(高祖)의 장릉에 배장되었다. 서한 말기 원제(元帝)의 위릉(渭陵)·성제(成帝)의 연릉(延陵)·애제(哀帝) 의릉(義陵)의 배장묘는 묘주가 외척, 환관과 비빈, 궁녀였으며 그중 외척이 가장 많다. 이연(李淵)과 이세민(李世民)은 당(唐) 초기의 제왕이며 이들과 함께 나라를 세운 충신인 위징(魏徵)·이적(李勣)·이정(李靖)·위지경덕(尉遲敬德)·정교금(程咬金) 등은 모두 소릉에 배장되었다. 그러나 당중종(唐中宗)의 정릉(定陵)에 배장된 사람들은 주로 황친이며 그 이후 당이 멸망할 때까지 제릉 배장묘 주인의 신분은 대부분이 위의 상황과 비슷하다.

제릉의 배장묘 묘주의 정치적 신분의 변화는 고대 왕조의 역사 발전 법칙을 반영했다. 왕조 설립 초기, 개국 원훈은 통치계급의 중진이었고 따라서 이들이 사후 제릉에 배장될 수 있었던 것이다. 왕조가 '수업(守業: 유지)'단계에 들어서자 개국 원훈의 후대 중 적지 않은 사람이 타격의 대상이 되었고 따라서 최고 통치자는 자신의 정치적 입지를 다지고자 혼인관계를 맺는 방법으로 정치와 혈연의 두 갈래 유대를 형성했으며, 이는 서한 중기 무제(武帝)의 무릉(茂陵) 배장자(陪葬者)들의 정치적 신분의 특징으로 나타났다.

한(漢)나라 황제들은 황족 내에서 자신의 지위를 지키려고 궁중 권력 투쟁에서 왕왕 외척에 의지하고 황친을 멀리했다. 따라서 제릉의 배장자 중 외척이 뛰어난 지위를 자랑하고 있으며 서한 말기에 이르러서는 외척의 세력이 점점 강해졌고 결국 왕망(王莽)의 정권 쟁탈로까지 발전했다. 당나라의 최고 통치자들은 서한 왕조의 침통한 역사적 교훈을 받아들여 외척 세력을 극력 견제했고 따라서 제릉

〈그림 3-35〉 한무제(漢武帝) 무릉(茂陵)의 배장묘(陪葬墓) − 곽거병묘(霍去病墓)

〈그림 3-36〉 당태종(唐太宗) 소릉(昭陵)의 배장묘(陪葬墓) − 이적묘(李勣墓)

배장묘에는 황친이 외척보다 훨씬 많아졌다. 이는 한과 당나라 제릉 배장묘 묘주^(墓主)의 정치적 신분의 중요한 차이점이다.

배장묘 봉토의 모양은 모두 다르다. 지금까지 보존되어 있는 서한 제릉 배장묘의 봉토는 다수가 만두 모양^(이 중 일부는 이미 원래 모양이 아님)이고 소수는 복두^(覆斗)형이며 극소수는 산형^(山形: 산 모양)으로 복두형 봉토는 고대부터 숭상되어온 것이다. 서한 제릉의 배장묘 중 산형 봉토는 3기인데 그중 장릉^(長陵)의 배장묘인 '삼련총^(三聯冢)'과 무릉^(茂陵)의 배장묘인 곽거병묘^(霍去病墓)와 위청묘^(衛靑墓) 2기가 알려져 있다. 이들 봉토의 산 모양에는 심원한 역사적 이유가 있는데, 문헌에 따르면 곽거병의 무덤은 기련산^(祁連山)을 모방하여 축조한 것이라고 한다. 곽거병이 생전에 기련산에서 흉노와의 전투 중 혁혁한 공훈을 세웠으며 그 무덤을 기련산 모양으로 꾸민 것은 마치 천추만대에 길이 빛날 비석을 세운 듯하다. 위청^(衛靑)의 무덤은 그가 싸웠던 지역의 명산인 노산^(盧山)을 모방하여 축조했으며 이는 그가 흉노를 물리치는 전쟁에서 이룬 위대한 업적을 기리기 위한 것이다.

서한의 제릉 배장묘의 산형^(山形) 묘는 후세에 중요한 영향을 미쳤는데 예를 들면 당태종^(唐太宗) 소릉^(昭陵)의 배장묘 중 이정^(李靖)·이적^(李勣)·이사마^(李思摩: 阿史那思摩)와 아사나사이^(阿史那社爾)의 무덤은 모두 산형으로 축조되어 있다.

무덤 봉토의 모양이 특정한 의미를 갖는 경우가 많다면 봉토의 규모는 당시

〈그림 3-37〉 양가만^(楊家灣) 주발^(周勃)의 가족 묘지에서 출토된 한 쌍의 기병용^(騎兵俑) 〈그림 3-38〉 제경공묘^(齊景公墓)의 순마갱^(殉馬坑)

의 위계제도를 반영한다. 고대의 통치자들은 서로 다른 정치적 지위에 있는 사람들의 봉토 규모(주로 높낮이를 가리킴)에 대해 명확하고 엄격한 규정을 했으며, 이를 어길 경우에는 처벌을 받아야 했다.

제릉의 배장묘에는 '부장(附葬)'도 있다. 서한 능묘의 배장묘에서는 1열 또는 1조의 배장묘 봉토도 발견되었는데 규칙적으로 분포되어 있으며, 이는 배장묘의 부장(附葬)으로 추정된다. 부장이란 손자가 할아버지의 무덤 곁에 묻히는 것으로, 서한 초기의 주발(周勃)은 고조(高祖) 장릉(長陵)의 구역에 부장되었고 경제(景帝) 때 죽은 주발의 아들 주아부(周亞夫)는 주발총(周勃冢) 옆에 부장되었다. 이런 제도는 당나라 제릉의 배장묘에서 더욱 발전했고 명문화되었다.

제왕 능묘에 배장묘를 설치하기 시작한 것과 동시, 혹은 좀 더 이른 시기에 제왕 능원 부근에 배장갱(陪葬坑)이 설치되기 시작했다. 일찍이 상(商)나라 때 은허(殷墟)의 상(商) 왕릉 부근에서 차마(車馬)를 주요 내용물로 하는 배장갱이 많이 발견되었다. 춘추전국시대에 이르러 왕릉 배장갱의 규모는 점점 커졌는데 춘추(春秋) 시기 제경공묘(齊景公墓)의 순마갱(殉馬坑)은 길이가 215미터이고 여기에는 말 600여 필이 순장되어 있다. 진시황릉의 배장갱은 규모가 매우 크고 수량, 종류가 매우 많아 중국의 고대 제왕 능묘 배장갱의 정점에 이르며, 한대(漢代)에 이르러서도 이 전통을 이어받았다. 그러나 이 제도는 점차 쇠퇴했으며 비록 후세의 제왕들이 죽은 선왕의 무덤에 대량의 금은보화를 부장했으나, 일반적으로 무덤 안에 두었지 묘역 밖에 따로 배장갱을 마련하지는 않았다.

2

제왕 능침의 고고학적 발견

도성은 국가의 축소판이고 '능묘약도읍(陵墓若都邑: 능묘는 도읍의 상징)'이며 제왕 능묘는 국가 역사 문화의 발전 및 변화를 이해하는 중요한 물적 표상이다. 명청(明淸) 왕조는 중국 고대 사회의 역사문화를 집대성한 시기이며 이 시기의 제릉 역시 중국 고대 제왕 능침(陵寢)제도의 발전을 집대성했다.

1) 청(淸)의 제릉(帝陵)

청릉(淸陵)은 12기로 세 개 능역으로 나뉜다. 입관(入關: 1644년 만주 귀족의 군대가 명의 장수 오삼계(吳三桂)의 영솔 하에 대거로 산해관(山海關)에 진입하여 이자성(李自成)을 격퇴하고 북경을 점령) 이전의 능역은 성경(盛京) 삼릉(三陵)이고, 입관 이후의 능역으로는 동릉(東陵)과 서릉(西陵)이 있다.

성경삼릉(盛京三陵)

성경삼릉(盛京三陵)은 '청초삼릉(淸初三陵)'이라고도 불리며 여기에는 청(淸)의 조릉(祖陵)인 영릉(永陵), 청태조(淸太祖) 누르하치의 복릉(福陵)과 청태종(淸太宗) 황태극(皇太極)의 소릉(昭陵)이 포함된다.

영릉은 원명이 흥경릉(興京陵)으로 청나라 황족의 조릉(祖陵)이며, 여기에는 누르하치의 원조(遠祖)인 맹특목(孟特穆)·증조부 복만(福滿)·조부 각창안(覺昌安)·부친 탑극세(塔克世)·백부 예돈(禮敦)·숙부 탑찰편고(塔察篇古) 등이 묻혀 있다. 영릉은 요 녕성(遼寧省) 신빈만족자치현(新賓滿族自治縣) 현성에서 서쪽으로 20킬로미터 떨어진 계원산(啓遠山) 남쪽 기슭에 위치해 있으며 능원은 좌북조남의 방향으로 자리 잡고 담장은 붉은 색으로 되어 있다.

영릉의 정문은 '전궁문(前宮門)'이라고 불리는 남문이며, 문 안에는 누르하치 의 원조(遠祖)·증조부·조부·부친의 비정(碑亭: 비석을 보호하기 위해 세운 정자) 4기가 동 서로 배열되어 있으며 정자 안에는 각각 비석 하나씩 세워져 있다. 비정 앞 동서 양쪽에는 대반방(大班房: 옛날 관청의 급사·잡역부 등이 일하는 집무실 또는 대기실)과 대주방(大 廚房)이 있고 비정 뒤 동서 양쪽에는 과루(果樓)와 선방(膳房: 수라간)이 있으며 북쪽에 는 방성(方城)이 있다. 방성 정문은 남문인 계원문(啓遠門)이며 문의 동서 양쪽의 붉

〈그림 3-39〉 청(淸) 영릉(永陵)의 사조비정(四祖碑亭)

은 벽 위는 유리로 장식한 오채(伍彩: 청·황·홍·백·흑의 다섯 가지 색채) 운룡(雲龍: 구름과 용의 무늬)으로 장식된 수벽(袖壁: 돌출된 벽)이다. 계원문에 들어서면 바로 영릉의 정전인 계원전(啓遠殿)이다. 계원전 뒤에는 보성(寶城)이 있고 그 뒤는 능묘이다. 영릉천(永陵天)의 지궁(地宮)은 모두 이장묘(移葬墓) 혹은 의관총(衣冠冢)이다.

누르하치는 원래 명(明)나라 건주좌위(建州左衛) 지휘사(指揮使)로 있다가 용호장군(龍虎將軍)으로 진급했다. 천명(天命) 원년(1616)에 누르하치는 여진의 여러 부락을 통일하고 이를 기반으로 후금(後金) 정권을 수립하여 요동(遼東)에 할거했으며, 천명 10년(1625)에 심양으로 천도했고 사후(死後) 심양성 서북쪽 모퉁이에 묻혔다. 천총(天聰) 3년(1629)에 그의 아들인 황태극(皇太極)이 복릉(福陵)을 조성했고 누르하치와 효자고(孝慈高) 황후를 합장했다. 그러나 순치(順治) 8년(1651)에 이르러서야 복릉 공사가 거의 완공되었다.

복릉은 심양(沈陽)의 동쪽 교외인 혼하(渾河) 북안의 천주산(天柱山) 남쪽 기슭에 위치해 있으며 좌북조남의 방향으로 자리 잡고 있다. 능원의 벽은 붉은색이며 남면(南面) 중앙에 정문을 두고 문 밖 동서 양쪽에 화표(華表)·석비방(石碑坊)과 하마비(下馬碑)가 대칭으로 배열되었는데 이 중 하마비의 비문은 만주·몽골·한(漢)·회회·티베트 등 다섯 가지 문자로 새겨져 있다. 정문 안 신로(神路) 양옆에는 낙타·말·사자·호랑이 석상생(石像生)이 각각 한 쌍씩 대칭으로 배치되어 있으며 신로 북단은 108단 벽돌 계단과 연결되어 있다. 계단은 북쪽으로 비루를 마주하고 비루 안에는 강희 황제가 만(滿), 한(漢) 두 가지 문자로 쓴 '대청신공성덕비(大淸神功聖德碑)'가 세워져 있다. 비루의 북쪽은 방성과 인접하고 방성의 네 모퉁이에는 각루(角樓)가 있으며 남문인 융은문(隆恩門)이 정문인데 융은문은 처마가 세 겹인 높은 문루(門樓)이다. 방성의 중앙에는 융은전(隆恩殿)이 있고 그 동서 양쪽에 배전(配殿)이 있다. 융은전은 복릉의 정전으로, 내부에 신패(神牌)를 모시고 난각(暖閣)을 두었으며 제사를 지내던 곳이다. 융은전 뒤쪽에는 석주문(石柱門), 석오공(石伍供: 석각 향로 1개, 촛대 2개, 화병 2개)이 있으며 그 뒤의 명루(明樓) 안에는 '태조 고황제지릉(太祖高皇帝之陵)'이라는 석비(石碑)가 세워져 있다. 방성(方城)의 북쪽은 초승달 모양의 보성(寶

〈그림 3-40〉 청(淸) 복릉(福陵) 부감도(俯瞰圖)

〈그림 3-41〉 청 복릉 융은전(隆恩殿)

〈그림 3-42〉 청 소릉(昭陵)의 붉은 대문

〈그림 3-43〉 청 소릉의 융은전(隆恩殿) 원경(遠景)

城)으로 그 안에 원형의 보정(寶頂), 즉 능묘 봉토가 있으며 보정 아래는 복릉의 지궁(地宮)이다.

소릉(昭陵)은 황태극(皇太極)의 능묘이다. 황태극은 누르하치의 아들로 천명 11년(1626)에 즉위했으며 천총 10년(1636)에 황제를 칭하고 후금(後金)을 '대청(大淸)'으로 이름을 바꾸었다. 숭덕(崇德) 8년에 소릉을 지었고 같은 해 후궁(後宮)에서 사망하여 소릉에 묻혔다. 순치(順治) 8년 소릉이 준공되었는데 심양성(沈陽城) 북쪽에 위치해 있어서 '북릉(北陵)'이라고도 불린다. 소릉은 성경(盛京) 삼릉(三陵) 중 가장 규모가 큰 제릉으로, 능원의 면적이 450만 제곱미터에 이른다. 소릉은 평지에 조성되어 남향으로 자리 잡고 있으며 기세(氣勢)를 더하려고 능원 북쪽에 가산(假山)인 융업산(隆業山)을 조성해 놓았다. 소릉과 복릉은 능원 배치 구조가 동일하며 능원 남문 밖에는 하마비(下馬碑)·화표(華表)·석교(石橋)·석비방(石碑坊)이 있다. 남문 안 신로 양옆에는 남에서 북으로 사자·해치(獬豸)·기린·말·낙타와 코끼리 등 6쌍의 석상생이 나란히 서 있다. 석상생의 북쪽은 대비루(大碑樓)이며 그 안에 강희(康熙) 황제가 '대청소릉신공성덕비(大淸昭陵神功聖德碑)'라고 쓴 비석을 세웠다. 비루(碑樓) 뒤는 방성(方城)이며 네 모퉁이에 각루(角樓)가 있다. 정문은 남문인 융은문(隆恩門)이며 그 북쪽에 융은전이 있다. 융은전의 동서 양쪽에는 배전(配殿)이 있으며 그 북쪽에는 명루(明樓)와 방성 뒤의 보성(寶城), 보정(寶頂)이 있다.

청(淸)의 동릉(東陵)

지금의 하북성(河北省) 준화시(遵化市) 마란욕(馬蘭峪) 서쪽의 창서산(昌瑞山) 아래에 위치해 있는 청(淸)의 동릉(東陵)은 면적이 2,500제곱미터로 중국에서 현존하는 가장 방대한 규모의 제릉군(帝陵群)이다. 청의 동릉에는 순치(順治)의 효릉(孝陵)·강희(康熙)의 경릉(景陵)·건륭(乾隆)의 유릉(裕陵)·함풍(咸豊)의 정릉(定陵)과 동치(同治)의 혜릉(惠陵) 등 5기의 제릉(帝陵)과 효장(孝庄)·효혜(孝惠)·효정(孝貞: 慈安)·효흠(孝欽: 慈禧) 등 4명 황후의 능 및 경비(景妃)·경쌍비(景双妃)·유비(裕妃)·정비(定妃)·혜비(惠妃)

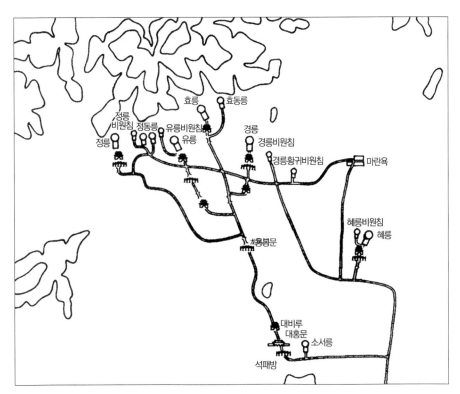

〈그림 3-44〉 청(淸) 동릉(東陵)의 평면도

등 비빈 5명의 능침(陵寢)이 있다. 이 외에 또 다른 복진(福晉: 만주어로 '부인'이라는 뜻이다. 청의 제도에 따르면 황족 중의 친왕·군왕·세자의 정실부인을 모두 '복진'이라고 부름), 격격(格格: 황족의 딸)도 묻혀 있다. 1663년에 순치 황제가 동릉에 묻힌 후, 1935년 동치 황제의 마지막 황비가 동릉에 묻히기까지 272년에 걸쳐 총 157명이 여기에 묻혔다.

동릉은 소서릉(昭西陵)을 제외하고는 모두 효릉을 중심으로 했다. 효릉은 창서산(昌瑞山) 주봉 아래에 위치해 있으며 동쪽에 강희의 경릉과 동치의 혜릉이 있고 서쪽에는 건륭의 유릉과 함풍의 정릉이 있다. 황제 능침 근처에는 황후와 비빈의 능침이 있다. 효릉 동쪽의 효동릉(孝東陵)은 효혜장(孝惠章) 황후의 능침이며 또 순치 황제의 비빈 7명, 복진 4명, 격격 17명의 능묘가 있다. 경릉 동쪽에는 강희 황제의 비빈 48명 및 아가(阿哥: 황족의 아들) 1명의 경릉비(景陵妃) 원침(園陵)과 각혜황귀비(慤惠皇貴妃), 돈이황귀비(惇怡皇貴妃)의 원침이 있다. 유릉의 서쪽에는 건륭 황제

〈그림 3-45〉 청 동릉의 중축선(中軸線)

〈그림 3-46〉 청 동릉의 석비방(石碑坊)

36명 후비의 유릉비(裕陵妃) 원침이 있다. 정릉(定陵)의 동쪽에는 함풍 황제의 두 황후 자안(慈安)·자희(慈禧)의 정동릉(定東陵), 15명 비빈의 정릉비(定陵妃) 원침이 있다. 혜릉 서쪽에는 동치 황제 귀비 4명의 혜릉비(惠陵妃) 원침이 있다.

효릉은 순치 황제와 효강(孝康), 효헌(孝獻) 두 황후의 합장묘로 전체 동릉 구역 5기의 제릉 중에서 가장 대표적인 무덤이다. 청 동릉 구역의 남단에는 석비방(石碑坊)이 세워져 있는데 5개의 문, 6개 기둥의 단첨(單檐: 부연을 달지 않고 처마 서까래만으로 된 처마) 무전정(廡殿頂: 무전식 지붕, 고대 궁전 건축의 지붕 양식)의 석조 건물이다. 석비방 북쪽에는 붉은 색 대문이 있는데 이는 청 동릉의 총문(總門)이자 효릉의 정문이기도 하며 벽돌과 돌을 쌓아 만든 홑처마 무전정이다. 문에는 세 개의 구멍이 뚫려 있고 문 밖 동서 양쪽에는 각각 마비(馬碑)가 세워져 있으며 여기에 한(漢)·만(滿)·몽(蒙) 세 가지 문자로 '관원 등은 여기에 오면 말에서 내려야 함'이라는 글귀가 새겨져 있다. 붉은색 대문 안 동쪽에는 구복전(具服殿)이 있는데 이곳은 황제가 능에 와서 알현할 때 휴식을 취하면서 옷을 갈아입는 곳이다.

붉은색 대문 북쪽은 비루(碑樓)이며 그 안에는 '대청효릉신공성덕비(大淸孝陵神功聖德碑)'가 세워져 있고 비문은 왼쪽이 한문(漢文), 오른쪽이 만주문(滿洲文)으로 순

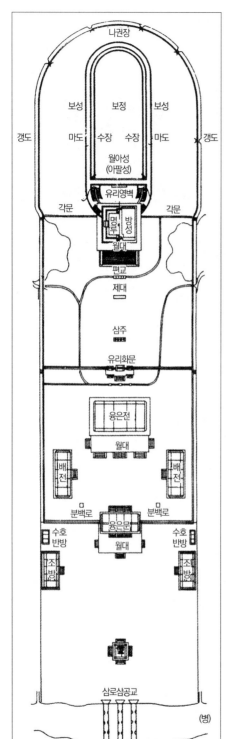

나권장

보성　　보정　　보성

갱도　　마도　수장　수장　마도　　갱도

월아성
(아팔성)

유리영벽

각문　　명루／방성　　각문

월대

편교

제대

삼주

유리화문

융은전

월대

배전　　　　배전

분백로　　　분백로

수호　　융은문　　수호
반방　　월대　　반방

조방　　　　조방

삼로삼공교

(병)

〈그림 3-47〉 청(清) 효릉(孝陵) 평면도

〈그림 3-48〉 청 효릉의 융은전(隆恩殿)

〈그림 3-49〉 청 효릉의 신도(神道)

〈그림 3-50〉 청 효릉의 비정(碑亭)

〈그림 3-51〉 효동릉(孝東陵)의 융은전(隆恩殿)

치 황제의 공적을 기술했다. 비루의 네 귀퉁이에는 화표(華表)가 하나씩 세워져 있고 높이가 12미터이다.

비루 북쪽과 신도(神道) 양쪽에는 18쌍의 석상생(石像生)이 배열되어 있는데 남에서 북으로 사자·산예(狻猊)·낙타·코끼리·기린·말·무장(武將)·문신(文臣) 등이 차례로 배치되어 있다. 신도 석각 북쪽은 용봉문(龍鳳門)이고 문 북쪽은 신도 석교(石橋), 즉 삼로(三路) 삼공교(三孔橋)이다. 다리 북쪽은 신도 비정(碑亭)으로, 정자 내석비에는 황제의 공덕을 칭송하는 글귀들이 새겨져 있다. 신도는 좌·중·우 세 갈래로 나뉘며 붉은색 대문부터 남단까지 약 5,000미터에 달한다. 능침(陵寢)의 대문, 즉 융은문(隆恩門)은 '일문삼도(一門三道: 문 하나에 세 갈래 길)'이며 '군문(君門)'으로 불리는 동문은 황제와 황후가 출입하는 문이고 '신문(臣門)'으로 불리는 서문은 시위(侍衛), 대신 등이 황제와 황후를 수행하여 제사를 지낼 때 출입하는 문이며 중문은 '신문(神門)'이라 불리는데 작고한 황제, 황후 관곽(棺槨)의 출입에 이용되었고 동서 양쪽의 문에 비해 크다.

융은문 북쪽은 능침 제사를 지내기 위한 주전(主殿)인 융은전이며 그 뒤에는 능침문(陵寢門)이 있다. 문 밖(즉, 문 남쪽)은 '전조(前朝)'라 불리며 문 안(즉, 문 북쪽)은

'후침(後寢)'이라 불린다. 그리고 그 북쪽은 편교(便橋)이고 다리 북쪽이 바로 방성(方城)이며 그 위에 명루(明樓)가 있다. 명루는 능침에서 가장 높은 건물로, 구척(九脊: 9개 등마루) 중첨헐(重檐歇: 겹처마지붕) 정상에 있는 방형 비정이며 건물 내부는 바닥에 금전(金磚)이 깔려 있고 석비(石碑)가 세워져 있다. 석비에는 주사(朱砂)를 칠했으며 좌·중·우에 각각 몽(蒙)·만(滿)·한(漢) 세 가지 문자로 '세조장황제지릉(世祖章皇帝之陵)'이라는 글자가 새겨져 있다. 방성은 북으로 보성(寶城)과 연결되어 있고 보성 안에는 마도(馬道)가 있으며 그 안쪽은 우장(宇墙: 안쪽에 있는 낮은 담벽)이 제릉(帝陵) 봉토를 둘러싸고 있는데 이것이 바로 보정(寶頂)이다. 그리고 보정 아래가 바로 제릉의 지궁(地宮)이다.

효동릉(孝東陵)은 효혜장황후(孝惠章皇后)의 능침으로, 청의 동릉 안에 처음 세워진 황후 능침이다. 능침 신로 좌우에는 7명의 비빈이 묻혀 있고, 명루(明樓) 양옆에는 4명의 복진과 17명 격격의 보정이 차례로 배열되어 있다. 효동릉의 29기 후비 능묘는 모두 능침 문 안에 있으며 사후 능묘의 위치는 후비 생전의 등급에 따라 배치되어 있는데 효혜장 황후의 무덤이 가운데 위치에 있고 나머지 28기의 후비묘(后妃墓)는 좌우로 나누어 배열되어 있다.

청 제릉의 배치와 구조는 명(明)과 거의 같다. 청의 동릉과 서릉의 다수 제릉을 예로 들면 능침 평면의 배치는 보통 북좌남향, 즉 북에서 남을 향해 있으며 남에서 북으로 오공석교(伍孔石橋)·석비방(石碑坊)·붉은색 대문·구복전(具服殿)·비정(碑亭: 비정 밖 네 귀퉁이에는 각각 화표(華表) 하나씩 세워져 있음)·칠공석교(七孔石橋: 혹은 伍孔石橋)·화표(華表) 한 쌍·석상생(石像生) 여러 쌍·용봉문(龍鳳門)·삼공석교(三孔石橋)·신도비정(神道碑亭)·동서조방(東西朝房)·동서수호반방(東西守護班房)·영은문(隆恩門)·동서료로(東西燎爐)·동서배전(東西配殿)·융은전(隆恩殿)·유리화문(琉璃花門)·이주문(二柱門)·석제대(石祭臺)·방성명루(方城明樓)·아팔원(啞叭院: 月牙城)·보성(寶城)이 차례로 있다. 그리고 보성 아래는 지궁(地宮)이다.

청나라 제릉의 지궁은 동릉의 정릉(定陵)과 혜릉(惠陵), 서릉의 창릉(昌陵)과 숭릉(崇陵) 지궁의 배치가 가장 대표적이다. 이런 유형의 지궁은 남단의 터널에서 시

〈그림 3-52〉 청(淸) 동릉의 유릉(裕陵) 지궁(地宮)

작하여 터널을 거쳐 아팔원(啞叭院), 월아장(月牙墙)을 경유하며 섬당권(閃当券)에 이르러 지궁의 첫 번째 문에 들어서고 문동(門洞: 굴처럼 생긴 문)을 지나 보책(寶冊: 제왕이 존호 혹은 책립, 책봉을 위해 사용한 조책)을 보관하는 명당(明堂)에 들어선다. 명당 북쪽은 두 번째 문으로 천당(穿堂: 건축 용어 저택에서 앞뒤 양쪽의 정원 사이를 연결하는 대청이 있는 건물이며, 공(工)자 모양으로 연결된 앞뒤 건물 사이의 연결 부분을 가리키기도 한다. 후자의 경우는 '주랑(柱廊)'이라고도 부른다)에 들어가 세 번째 문에 들어선다. 문동을 관통하여 마지막 문에 들어서면 문 안에 금권(金券: 옛날 중국에서 천자가 주던 황금으로 만든 표)이 있다. 지궁 안 남쪽과 북쪽에는 모두 4개의 석문(石門)이 있다. 금권 안에는 보상(寶床)이 설치되어 있고 그 위에 금관(金棺)이 안치되어 있다.

청나라의 능침 제도에는 황제보다 먼저 죽은 황후에게 따로 황후릉을 지어주지 않고 황제가 죽은 후에 황제와 합장하도록 규정되어 있다. 즉, 황제 사후에 매장되며 능침의 지궁을 폐쇄한다. 황제 사후 죽은 황후는 황제와 같은 능묘에 합장할 수 없었고 제릉 옆에 따로 황후 능침을 조성했다. 일반적으로 황제의 비빈은 죽은 후 제릉 부근의 비원침(妃園寝)에 묻히지만 일부 황제와 같은 능에 합장되는 귀비^(貴妃)도 있다.

청나라 황후의 능침은 제릉 제도를 모방했고 규모가 후자에 비해 작을 뿐만 아니라 석상생^(石像生), 용봉문^(龍鳳門) 등을 두지 않았다. 황후의 능침 건축은 남에서 북으로 석교^(石橋)·동서조방^(東西朝房)·동서수호반방^(東西守護班房)·융은문^(隆恩門)·동서료로^(東西燎爐)·동서배전^(東西配殿)·융은전^(隆恩殿)·유리화문^(琉璃花門)·石祭臺^(石祭臺)·방성명루^(方城明樓)·보성^(寶城)이 차례로 배치되어 있다.

비원침^(妃園寢)은 황후 능침에 비해 규모가 작으며 삼엄한 등급제도로 인해 건물의 명칭이 모두 다르다. 비원침은 남에서 북으로 석교^(石橋)·동서상^(東西廂)·동서수호방^(東西守護房)·대문·동서료로^(東西燎爐)·동서무^(東西廡)·향전^(饗殿)·유리화문^(琉璃花門)·방성명루^(方城明樓)와 보성^(寶城) 순으로 되어 있다.

청릉^(淸陵)의 능침 건축의 주요한 특징은 남북 중축선으로 각 능침을 관통하고 주요 건물인 융은전^(隆恩殿)·명루^(明樓)·지궁^(地宮)이 모두 중축선 위에 있다는 점이다. 능침 건축의 배치는 대칭과 균형을 추구하여 능침이 자연환경과 조화를 이루고 통일되도록 했으며 건축물의 배치는 높낮음이 어긋나고 소밀^(疏密)이 알맞으며 건축물의 색채가 눈부시게 화려하다. 그리고 능역 곳곳에서 청릉의 석조^(石彫)·전조^(磚彫)와 목조^(木彫)를 찾아볼 수 있다.

청나라 정부는 제릉에 대한 관리를 중시하였으며 동릉과 서릉에 각각 '능침예부아문^(陵寢禮部衙門)'과 '능침공부아문^(陵寢工部衙門)'을 두어 능원 구역의 사무를 주관했다. 제릉 능침에서는 1년에 4회씩 대형 행사를 개최하고 관례에 따라 3회의 월례 소형 행사를 개최하는 등 제사 행사가 매우 빈번했다. 또 중앙정부는 각 제릉에 전담 관원과 군대를 배치하여 관리와 수위를 담당하게 했다. 능침에는 많은 군대가 주둔해 있었는데, 동릉 주위에 병참^(兵站) 350개가 설치되어 있었고 여기에 기병 492명, 보병 2,179명, 기타 병사 169명, 전마^(戰馬) 506필이 있었다.

청(淸)의 서릉(西陵)

　지금의 하북성(河北省) 역현성(易縣城) 서쪽 영녕산(永寧山) 아래에 위치한 청(淸)의 서릉은 능역의 둘레가 100킬로미터에 육박하고 부지 면적이 225제곱킬로미터로 동릉에 비해 규모가 작다. 청 서릉에는 황제 능침 4기·황후 능침 5기·비빈 원침(園寢) 3기·친왕과 공주의 원침 6기에 제(帝)·후(后)·왕(王)·공주(公主) 등 76명

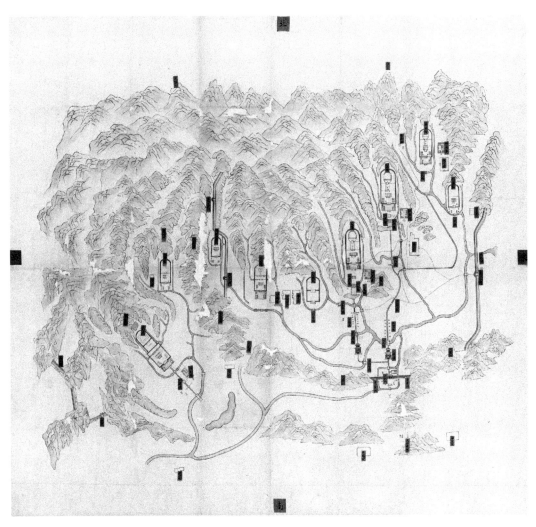

〈그림 3-53〉 〈서릉전도(西陵全圖)〉, 청(淸) 무관(無款)

〈그림 3-54〉 청(淸) 태릉(泰陵) 전경도(全景圖)

〈그림 3-55〉 청 태릉의 붉은 대문

〈그림 3-56〉 청 태릉의 융은전(隆恩殿)

〈그림 3-57〉 청 태릉의 명루(明樓)와 석오공(石五供)

이 묻혀 있다.

옹정(雍正)의 태릉(泰陵)은 서릉 구역의 중앙에 위치해 있으며, 서쪽에 가경(嘉慶)의 창릉(昌陵)과 도광(道光)의 모릉(慕陵)이 있고 동쪽에는 광서(光緒)의 숭릉(崇陵)이 있다. 태릉의 동북쪽은 건륭(乾隆)의 생모 효성헌(孝聖憲) 황후 뉴호록씨(鈕祜祿氏)의 능침(陵寢)인 진동릉(泰東陵)이고 동쪽은 진릉비원침(泰陵妃園寢)으로 옹정(雍正)의 유비(裕妃)인 경씨(耿氏)·제비(齊妃) 이씨(李氏)·겸비(謙妃) 류씨(劉氏)·무비(懋妃) 송씨(宋氏)·녕비(寧妃) 무씨(武氏) 등이 매장되어 있다. 태릉은 서릉 안에 있는 주릉(主陵)으로 규모가 가장 크다. 태릉의 최남단에는 일방통행 오공석교(伍孔石橋) 1기가 있고 여기부터 북쪽으로 석비방(石碑坊) 3기·하마비(下馬碑) 2개·석수(石獸) 한 쌍이 차

레로 배열되어 있고 그 북쪽은 홑처마 사주(四柱) 삼동(三洞)이 있다. 붉은색 대문의 동서 양쪽에는 각각 액문(掖門: 정문 옆에 있는 작은 문) 1개씩 있다. 서릉 신도(神道)의 길이는 약 2.5킬로미터이고 붉은색 대문은 주릉(主陵)의 대문이자 서릉 능역의 대문이기도 하다. 붉은색 대문에서 북쪽으로 삼공소교(三孔小橋)와 성덕신공비정(聖德神功碑亭)이 차례로 세워져 있으며 비정(碑亭) 밖 네 귀퉁이에 각각 화표(華表) 1개씩 세워져 있다. 비정 북쪽은 칠공교(七孔橋)이고 다리 북쪽에는 동서로 석상생(石像生)이 대칭으로 배치되어 있는데 남에서 북으로 화표·사자·코끼리·말·문신(文臣)·무신(武臣) 한 쌍이 차례로 배열되어 있고 그 북쪽에는 용봉문(龍鳳門)·삼공교(三孔橋)·비정이 있다. 비정의 북쪽에는 월대(月臺)가 있고 동쪽과 서쪽에는 조방(朝房)과 수호반방(守護班房)이 대칭으로 배치되어 있다. 월대 북쪽은 융은문(隆恩門)으로, 문안에 들어서면 북으로 융은전(隆恩殿)을 마주하고 있으며 분백로(焚帛爐)와 배전(配殿)이 동서 대칭으로 분리되어 있다. 융은전의 북쪽은 유리화문(琉璃花門)·삼주문(三柱門)·백석제대(白石祭臺)·방성명루(方城明樓)가 차례로 배치되어 있다. 방성(方城)은 북쪽으로 보성(寶城)과 인접해 있고 보성 남쪽은 월아성(月牙城), 북쪽은 보정(寶頂)이며 그 아래는 지궁(地宮)이다.

청의 3대 능역은 비록 시대별로 분포 지역이 다르기는 하지만 기본 능침 제도는 같다. 청은 여진인이 세운 왕조로 이들의 장례 풍습을 살펴보면 귀족부터 일반 백성에 이르기까지 화장이 유행했다. 그러나 성경삼릉(盛京三陵)·청동릉(清東陵)·청서릉(清西陵)에서 볼 수 있는 제왕 능침 제도는 이와는 전혀 다른데 그 근원을 거슬러 올라가면 명(明)나라 능침 제도와 청 제릉의 관계를 보아낼 수 있다.

2) 명(明)의 제릉(帝陵)

홍무(洪武) 원년(1368), 주원장(朱元璋)은 원(元)을 멸망시키고 명(明)나라를 세웠다. 거의 동시에 그는 강소성(江蘇省) 사주(泗州)에 조부의 능묘인 조릉(祖陵)을, 고향인 안휘성(安徽省) 봉양(鳳陽)에 부모를 위한 황릉(皇陵)을 축조했다. 주원장은 남경

(南京)에 도읍을 정했고 그의 능묘는 남경의 자금산(紫金山) 남쪽 기슭에 축조되어 있다. 영락(永樂) 19년(1421) 명 왕조는 도읍을 북경으로 옮겼고 마지막 황제인 명 사종(明思宗) 주유검(朱由檢)까지 모두 14명의 황제를 거쳤으며, 왕의 예우에 따라 북경(北京) 서쪽 교외의 금산(金山)에 묻힌 대종(代宗) 주기옥(朱祁鈺)을 제외한 13명이 모두 북경 창평(昌平)의 천수산(天壽山) 남쪽 기슭의 '명(明) 13릉'에 묻혔다.

강소성(江蘇省) 사홍(泗洪)의 명(明) 조릉(祖陵)

주원장(朱元璋)의 조부는 사주(泗州)에서 살다가 사후 사주(泗州)의 양가돈(楊家墩)에 묻혔다. 홍무(洪武) 17년(1384), 명태조(明太祖) 주원장은 조부의 능묘인 조릉(祖陵)을 축조했다. 조릉은 지금의 강소성(江蘇省) 우이현(盱眙縣) 명조릉진(明祖陵鎭) 동남쪽 강회평원(江淮平原)에 위치하고 있으며 동쪽으로 홍택호(洪澤湖)와 인접해 있고 회하(淮河)가 조릉의 동남쪽을 흐르고 있다. 조릉의 평면은 직사각형이며 북좌남향(北坐南向), 즉 북에서 남을 향하고 있으며 능대(陵臺)는 능원의 북쪽에 자리 잡고

〈그림 3-58〉 명(明) 조릉(祖陵)의 신도(神道) 석각
21쌍의 석각은 북에서 남으로 태감(太監)·무장(武將)·문신(文臣) 각각 2쌍, 금수교(金水橋) 남쪽의 문신(文臣)·석마(石馬)·견마자(牽馬者) 각 1쌍, 공마관(控馬官) 1쌍, 화표(華表) 6쌍, 기린 2쌍이 차례로 배열되어 있다.

있다. 능원에는 황성(皇城)·내성(內城)·외성(外城) 세 겹의 성벽을 쌓았고 사면에 문을 설치했으며 네 귀퉁이에 각루(角樓)를 지었다. 영성문(靈星門)에서 북으로 20미터 되는 곳은 향전(享殿)으로, 전당 동서면의 폭은 33미터이고 남북의 깊이가 18미터이다. 향전에서 북쪽으로 90미터 떨어진 곳은 조릉의 지궁이다. 황성 안에는 신주(神廚), 재생정(宰牲亭: 제례에 사용될 제물을 준비하던 곳)과 동서무(東西廡) 등이 있다. 영성문 밖은 신도(神道)로 남북의 길이가 250미터이다. 신도 석각은 모두 21쌍이며 신도 양쪽에 나누어 배열되어 있다. 조릉의 석각은 거대하며 조형이 정교하고 아름답다. 조릉은 황릉에 비해 늦게 지어졌기에 석각의 조합과 배치, 조각기법 등 면에서 황릉 석각의 영향을 받은 것으로 보인다.

안휘성(安徽省) 봉양(鳳陽)의 명(明) 황릉(皇陵)

주원장(朱元璋)은 어린 나이에 양친 부모를 여의였는데 황제가 된 이듬해(1369)에 부모를 위해 능묘를 수축했으며 처음에는 '영릉(英陵)'이라 했다가 후에 '황릉(皇陵)'으로 개칭했다. 황릉은 지금의 안휘성(安徽省) 봉양현성(鳳陽縣城)에서 서남쪽

〈그림 3-59〉 명(明) 황릉(皇陵)의 황릉비(皇陵碑)
황릉비(皇陵碑)는 높이가 6.87미터이고 비문이 1,105자이다.

〈그림 3-60〉 명 황릉의 신도(神道) 석각
신도(神道) 양측에는 석상생(石像生) 32쌍이 대칭으로 배치되어 있는데 남에서 북으로 내시(內侍)·무장(武將)과 문신(文臣) 각각 2쌍, 석양(石羊)과 석표(石豹) 각 4쌍, 석마(石馬) 2쌍, 공마관(控馬官) 4쌍, 화표(華表) 2쌍, 석호(石虎) 4쌍, 기린 2쌍 순으로 배열되어 있다.

으로 7,000미터 떨어진 곳에 있으며 10년에 걸쳐 1379년에 완공했다. 황릉은 좌남조북, 즉 남에서 북을 향해 있으며 능대(陵臺) 북쪽은 신도(神道)이고 남북의 길이가 256미터이다.

신도의 북단은 내성(內城)의 북문이며 북문 밖 금수교(金水橋) 앞 동서 양쪽에 무자비(無字碑)와 황릉비(皇陵碑)가 세워져 있는데 비석 2개 모두 엄청난 크기를 자랑한다. 황릉비의 비문은 주원장이 친히 작성했으며 자서전체로, 선세(先世)를 자랑하던 선인들의 기존 방식을 탈피해 자신의 미천한 출신에 관해 자술함으로써 빈곤했던 과거를 잊지 않고 있음을 보여준다.

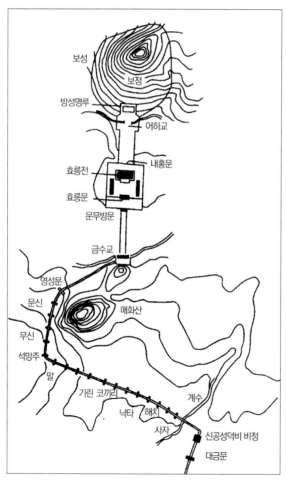

〈그림 3-61〉 명(明) 효릉(孝陵) 평면도

남경(南京)의 명(明) 효릉(孝陵)

명(明)의 효릉(孝陵)은 주원장(朱元璋)의 능묘이다. 홍무(洪武) 14년(1381)에 주원장(朱元璋)이 수만 명의 공장(工匠)을 징발하여 수릉(壽陵)을 축조하기 시작했고 2년 후 제릉이 준공되었다. 홍무 15년(1382), 제릉 공사가 한창이던 중 황후 마씨(馬氏)가 사망하자 주원장은 마황후(馬皇后)를 이곳에 묻었고 마황후의 시호(諡號)가 '효자(孝慈)'라 하여 효릉(孝陵)이라 했다.

효릉은 남경시(南京市) 동쪽 교외의 자금산(紫金山) 남쪽 기슭의 독룡부(獨龍阜) 완주봉(玩珠峰) 아래에 위치해 있다. 능 터 선정에 고심했던 주원장은 명나라 개국 원훈인 유기(劉基)·서달(徐達)·탕화(湯和)

등을 모아 자문을 구했고 모두 종산(鐘山: 紫金山)이 능 터로 풍수가 최고라는 데 의견을 모았다.

명의 효릉은 남쪽의 하마방(下馬坊)에서 시작하여 북쪽으로 독룡부 산 중턱의 방성(方城)에 이르고 동쪽은 효릉위(孝陵衛)에서 시작하여 서쪽으로 성벽 변두리에 이르며 능원의 성벽 둘레가 22.5킬로미터로 명의 도성인 응천성(應天城) 둘레의 3분의 2에 해당하는 방대한 규모를 자랑한다.

효릉의 평면 배치는 남과 북 두 부분으로 구분되는데, 남부는 신도 시설을 위주로 하고 북부는 주로 능침(陵寢) 주요 건물로 조성되었다.

하마방에서 북쪽으로 영성문(靈星門)에 이르면 효릉의 남부이다. 하마방은 효릉 구역의 남쪽 기점으로 효릉의 정식 입구이며 문무백관이 능을 참배할 때 말에서 내려 걸어야 했던 곳이다.

하마방은 일간양주(一間兩柱: 한 칸에 기둥이 두 개)식 석조 패방(牌坊: 덕행을 기리기 위해 세운 문 형태의 중국 전통 건축물)으로 면의 폭 4.94미터, 높이 7.85미터이다. 편액에 '제사관원하마(諸司官員下馬)'라는 여섯 글자가 가로로 크게 새겨져 있어 '하마방(下馬坊)'이라는 명칭이 유래되었다. 하마방 서북쪽 755미터 되는 곳은 효릉 능원의 대문인 대금문(大金門)이다. 대금문은 일문삼도이며 중문도(中門道)의 규모가 가장 크다. 대금문 북쪽 70미터 되는 곳이 사방성(四方城), 즉 효릉의 비정(碑亭)인데 비정의

〈그림 3-62〉 명(明) 효릉(孝陵)의 하마방(下馬坊)

〈그림 3-63〉 명 효릉의 대금문(大金門)

〈그림 3-64〉 명 효릉의 신공성덕비(神功聖德碑)

평면은 정사각형이고 변의 길이가 26.86미터이다. 원래 겹처마 헐산식(歇山式) 지붕이었고 사면에 문을 설치했다. 비정 내 석비는 높이가 8.78미터이고 이수귀부(螭首龜趺: 용의 형체를 새겨 장식한 비석의 머릿돌과 거북 모양으로 만든 비석의 받침돌)이며 남경 지역에서 가장 큰 명나라 석비이다. 비액(碑額: 비의 머리 부분)에 '대명효릉신공성덕비(大明孝陵神功聖德碑)'라는 제목을 달았고 비문은 주체(朱棣)가 쓴 것으로 부친인 주원장(朱元璋)의 일생의 공덕과 사적을 기술했다. 사방성에서 서북쪽으로 나아가 어하교(御河橋)를 건너 100미터쯤 더 가면 효릉 신도에 이르며 그 좌우에 석각이 배치되어 있다. 신도 석각은 남단과 북단으로 나뉘며 남단은 길이가 618미터로 동남쪽에서 서북쪽으로 돌사자·해치(獬豸)·낙타·코끼리·기린과 말 등 6개 종류의 석각이 순서대로 배치되어 있는데 종류마다 2쌍이며, 모두 한 쌍은 준좌(蹲坐: 쪼그려 앉음)이고 한 쌍은 저립(佇立: 서 있음)으로 되어 있다. 신도(神道) 석각 북단의 길이는 250미터이며 남에서 북으로 화표(華表) 한 쌍, 무장(武將)과 문신(文臣) 2쌍이 차례로 배열되어 있다.

석인(石人)의 북쪽 18미터 되는 곳은 돌로 만든 영성문(靈星門)이며 폭이 15.73미터이다. 영성문은 '오두문(烏頭門)'이라고도 불리는데 이는 이런 문들의 건축양식이 고대의 '오두염(烏頭染)'에서 기원했기 때문이다. 영성문은 영성(靈星)으로 인해 붙여진 이름이며, 영성은 각성(角星) 중 하나이고 각성은 천문(天門)의 모양을 하고 있기에 영성문이 바로 천문, 즉 천자(天子)의 문이고 왕제(王制)의 상징이다. 따라서 명청(明淸) 황실의 궁실(宮室)·방묘(坊廟)·능침(陵寢) 건물군 중 다수가 영성문을 설치했다. 영성문에서 동북쪽으로 275미터 되는 곳은 석조 오공어하교(伍孔御河橋)이며 다리 북쪽 200미터 되는 곳에 문무방문(文武方門)이 있다. 문무방문 정문에는 3개의 구멍이 있으며 정문의 동서 양쪽 27.3미터 되는 지점에 각각 측문(側門)이 있다. 문무방문에 들어서면 넓은 공지로 동서의 폭 144미터, 남북의 깊이 55미터이다. 공지 내 좌측에 재생정(宰牲亭)이 있고 우측에는 구복전(具服殿: 제사 전 황제가 제례복으로 갈아입고 휴식하는 전각)이 있으며 또 어주(御廚)도 두 곳 있다.

문무방문에서 북쪽으로 34.15미터 되는 곳은 효릉전(孝陵殿) 앞 중문(中門), 즉

〈그림 3-65〉 명(明) 효릉(孝陵)의 영성문(靈星門)

〈그림 3-66〉 명 효릉의 향전(享殿)–효릉전(孝陵殿)

효릉문(孝陵門)이다. 문의 폭은 22.3미터이며 문 안에 들어서면 좌우에 낭무(廊庑, 건물 아래쪽 주위의 기둥만 있고 벽이 없는 통로) 30칸, 신백로(神帛爐: 제사에 사용된 비단과 축문을 태우는 곳) 2개가 있다. 문무방문에서 효릉전 중앙까지 어도(御道)가 있는데 폭이 1.5미터이고 도로면에 거석(巨石)을 깔았다.

효릉전은 효릉 능침 지면에 축조한 주전(主殿)으로 가로로 9칸, 깊이 5칸이고 전기(殿基)는 동서의 길이 67.5미터, 남북의 폭 28.5미터로 건축 규모가 북경의 명 십삼릉 중 최대 향전(享殿)인 명성조(明成祖) 장릉(長陵)의 향전보다 훨씬 더 크다.

효릉전의 북쪽에는 거대한 석조건물인 방성(方城)이 있는데 정중앙에 공문(拱門: 아치형 문)이 설치되어 있다. 문에 들어서면 북쪽으로 보정(寶亭)의 남쪽 벽에 이르며 동서쪽 만도(慢道)를 꺾어 올라가면 명루(明樓)에 오를 수 있다. 명루 뒤에는 보정(寶頂)이 있는데 보성(寶城)이라고도 불리며 원형의 큰 봉분으로 하단부의 직경이 325~400미터이다. 보정 아래는 효릉의 지궁(地宮)이다.

주원장은 사후 효릉에 묻혔고 순장된 비빈은 38명이다. 태평문(太平門)의 자금산(紫金山) 북쪽 기슭, 중화문(中華門) 밖 우화대(雨花臺) 일대는 효릉의 중요한 배장묘 구역으로, 여기에는 명나라의 개국 원훈, 동량지신(棟梁之臣)들의 무덤이 적지 않은데, 예를 들면 중산왕(中山王) 서달(徐達)·개평왕(開平王) 상우춘(常遇春)·기양왕(岐陽王) 이문충(李文忠) 등의 무덤이 있다.

북경(北京)의 명(明) 13릉

13릉은 북경(北京) 창평구(昌平區) 천수산(天壽山) 남쪽 기슭에 위치하고 있으며 능역의 면적은 40제곱킬로미터이다.

13릉은 명나라 황실의 주요 능역으로 여기에는 명나라 13명 황제의 능묘가 포함되어 있는데 이들은 성조(成祖) 주체(朱棣)의 장릉(長陵)·인종(仁宗) 주고치(朱高熾)의 헌릉(獻陵)·선종(宣宗) 주담기(朱瞻基)의 경릉(景陵)·영종(英宗) 주기진(朱祁鎭)의 유릉(裕陵)·헌종(憲宗) 주견심(朱見深)의 무릉(茂陵)·효종(孝宗) 주우탱(朱祐樘)의 태릉(泰陵)·무종(武宗) 주후조(朱厚照)의 강릉(康陵)·세종(世宗) 주후총(朱厚熜)의 영릉(永陵)·목종(穆宗) 주재후(朱載垕)의 소릉(昭陵)·신종(神宗) 주익균(朱翊鈞)의 정릉(定陵)·광종(光宗) 주상락(朱常洛)의 경릉(慶陵)·희종(熹宗) 주유교(朱由校)의 덕릉(德陵)과 사종(思宗) 주유검(朱由檢)의 사릉(思陵)이다. 13기의 제릉에는 또 황후 23명, 귀비 1명이 묻혀 있으며 순장된 궁녀가 수십 명이다. 13릉 구역에는 또 비자묘(妃子墓) 7기, 태감묘(太監墓) 1기가 배장(陪葬)되어 있다.

주체(朱棣)는 황제에 즉위한 후 북경(北京)으로 천도했다. 영락(永樂) 5년(1407), 주체는 예부상서 조공(趙羾)과 술사 요균경(廖均卿)·증종정(曾從政)·왕간(王侃)·마문소(馬文素) 등을 북경에 파견하여 황실 능원의 '풍수 명당'을 찾게 했고 영락 10년(1409)에 천수산(天壽山) 남쪽 기슭을 황실 조역(兆域)으로 확정했다. 13릉은 1409년 시공에 착수한 후, 명나라 역대 황제의 능묘 축조 및 보수공사, 제사 행사 등이 끊이지 않았다. 13릉 구역은 통일된 계획, 점진적인 실행을 거쳐 완성되었고 주종(主從)이 분명한 대형 황실 능묘 구역에 속한다.

13릉 구역의 남단에는 큰 석비방(石牌坊)이 있으며 그 북쪽으로 약 1,000미터 되는 곳이 능원의 관문인 붉은색 대문이고 대문 안이 총신도(總神道)이다. 신도(神道) 남북의 길이는 1,060미터이고 남단에 큰 비정(碑亭)이 있다. 비정은 겹처마 헐산정(歇山頂: 헐산정은 하나의 정척(正脊), 네 개의 수척(垂脊), 네 개의 창척(戧脊)으로 구성되어 있는 건물 형태)이며 위에 노란색 유리와(琉璃瓦: 유약을 발라서 구운 기와)를 올렸고 사면에 문을

〈그림 3-67〉 명(明) 13릉의 석비방(石碑坊)

〈그림 3-68〉 명 13릉의 붉은 대문

〈그림 3-69〉 명 13릉의 비정(碑亭) 및 화표(華表)

비정(碑亭)은 평면이 정사각형으로, 변의 길이가 23.1미터이며 정자의 높이는 25.14미터이다. 비정의 네 귀퉁이에는 네 개의 백석(白石) 화표(華表)가 세워져 있고 그 꼭대기에는 모두 이수(異獸)가 쭈그리고 앉아 있는데 망천후(望天孔)라고 불린다. 화표와 비정은 서로 어울려 장중하면서도 우아해 보인다.

〈그림 3-70〉 명 십삼릉의 신도(神道) 석상생(石像生)

비정(碑亭)의 북쪽에 위치한 이 신도(神道)는 육각형 석주(石柱) 2개에서 용봉문(龍鳳門)에 이르는 1,000미터 도로 양옆에 24마리의 석수(石獸)와 12개의 석인(石人)이 질서 정연하게 배열되어 생동감 있는 조형과 정교한 조각으로 관람객의 극찬을 받고 있다. 그 수가 많고 형체가 크며 조각이 정밀하고 보존이 잘된 것으로 중국 고대 능원에서는 보기 드물다. 석수는 6개 종류로, 종류마다 4마리씩 있으며 두 마리는 서 있고 두 마리는 꿇어앉은 모습이다.

〈그림 3-72〉 13릉의 장릉(長陵)

〈그림 3-71〉〈명13릉도(明十三陵圖)〉, 청(淸) 무관(無款)

〈그림 3-73〉 명(明) 장릉(長陵)의 능은전(祾恩殿)

능은전(祾恩殿)은 황제가 영락제(永樂帝)의 제사를 지낸 곳으로 한백옥(漢白玉)을 조각한 3층 기단 위에 건축되어 있고 바닥에는 금전(金磚: 궁전 등 주요 건축물 바닥에 사용되던 벽돌)이 깔려 있다. 전각은 가로로 9칸, 깊이 5칸으로 황제 '95'의 지위를 상징한다. 건축에 사용된 목재는 모두 금 사남목(金絲楠木: 금실과 같은 광채를 띤 소엽정(小葉楨) 남목)이며 고색창연하다. 직경이 1미터 남짓하고 높이 십여 미터의 60개 금사남목 기둥이 2,300제곱미터에 달하는 겹처마 무전정(廡殿頂)을 받치고 있어 장관이다. 가장 굵은 겹처마 금빛 기둥은 높이가 12.58미터, 저변 직경 1.124미터로 세상에서 보기 드문 가목(佳木)이다.

냈다. 비정 바깥 네 귀퉁이에는 큰 백석조용화표(白石彫龍華表: 백석에 조각한 용무늬 화표)가 각각 1개씩 세워져 있다. 비루(碑樓) 안에는 '대명장릉신공성덕비(大明長陵神功聖德碑)'가 세워져 있는데 석비의 높이는 7.91미터이며 인종(仁宗) 주고치(朱高熾)가 부친인 성조(成祖) 주체를 위해 비문을 썼다.

비정 북쪽 800미터 이내의 신도 양쪽에는 석상생이 있으며 그 북쪽은 패루(牌樓)식 영성문(靈星門)이다. 영성문은 '일문삼도(一門三道)'이며 13릉 총신도 북단의 문 호이다. 황제와 황후가 산릉(山陵)에 묻힐 때 반드시 이 문을 통과해야 했기에 일명 '용봉문(龍鳳門)'이라고도 한다.

13릉 신도(神道)는 성조(成祖)의 장릉(長陵)과 동시에 조성되었으며 장릉 이후의 제릉(帝陵)은 13릉 능역에 들어서면서 지도(支道)를 설치하여 신도와 통하게 하였을 뿐 지도에 석상생(石像生)을 배치하지 않았고 따라서 이 도로는 13릉 능역의 총신도(總神道)가 되었다.

13릉은 성조(成祖)의 장릉(長陵)을 수릉(首陵)으로, 여러 능의 배열과 분포를 보면 초기의 전사릉(前四陵), 즉 성조(成祖)의 장릉(長陵)·인종(仁宗)의 헌릉(獻陵)·선종(宣宗)의 경릉(景陵)과 영종(英宗)의 유릉(裕陵)의 위치와 배열은 고대의 소목(昭穆: 사당에서 신주를 모시는 차례로 왼쪽 줄의 소, 오른쪽 줄의 목을 통틀어 일컫는 말) 제도를 따랐다. 즉, 장릉을 중심으로 인종 주고치(朱高熾)의 헌릉은 장릉 서쪽 소(昭)의 위치, 선종 주담기(朱瞻基)의 경릉은 장릉 동쪽의 목(穆)의 위치, 영종 주기진(朱祁鎭)은 장릉 서쪽의 목의 위치에 있다. 장릉을 조위(祖位)로 좌소우목(左昭右穆)의 순서에 따르면 장릉 동쪽 목 위치의 세종(世宗)의 영릉(永陵)과 희종(熹宗)의 덕릉(德陵), 서쪽 소 위치의 효종(孝宗)의 태릉(泰陵)·목종(穆宗)의 소릉(昭陵)·광종(光宗)의 경릉(慶陵)은 모두 규제에 부합된다. 그러나 장릉 동쪽 목의 위치에 있어야 할 헌종(憲宗)의 무릉(茂陵)·무종(武宗)의 강릉(康陵)·신종(神宗)의 정릉(定陵)·사종(思宗)의 사릉(思陵)은 모두 장릉 서쪽 소의 위치에 있다. 이들 능지 소목의 위치가 어긋난 이유는 세 가지인데, 우선 명나라 중후반기에 이르러 13릉 구역의 장릉 조위 동쪽 목의 위치에 능지로 선택할 만한 길지(吉地)가 너무 적었고, 다음으로 헌종 이전의 대종(代宗), 무종 이전의 예종(睿宗)은 모두 13릉 능역에 안장하지 않았으며, 마지막으로 숭정(崇禎) 황제 주유검(朱由檢)이 생전에 수릉(壽陵)을 미리 짓지 않았고 사후 명 왕조가 이자성(李自成)에 의해 전복되자 먼저 죽은 총비(寵妃)인 전귀비(田貴妃)의 무덤에 합장할 수밖에 없게 되어 후에 사릉이라고 이름을 바꿨기 때문이다.

13릉은 각각 작은 산의 남쪽 혹은 동남쪽 기슭에 위치하고 있으며 제릉마다 능원이 조성되어 있고 비록 규모는 다르지만 형식과 구조는 기본적으로 같다.

각 능원 주변에는 모두 '궁장(宮墻)'이라고 불리는 담을 쌓았다. 궁장은 붉은색이며 남쪽에 궁문을 내고 궁문 앞에 비문이 없는 석비(石碑)를 세웠다. 궁문으로 들어서면 능은문(祾恩門)이 있은데 3칸 혹은 5칸 폭이다. 능은문(祾恩門) 안은 능은전(祾恩殿)이며 이는 지상 능침 건물 중 주전(主殿)이다. 전당은 7칸 혹은 9칸 폭이며 황제, 황후와 백관이 능에 제사 드리는 예식이 모두 여기에서 진행되었다. 능은전(祾恩殿) 뒤에는 패루문(牌樓門)이 있고 그 뒤에는 보성(寶城)이 있다.

보성(寶城)의 앞부분에 명루(明樓)가 있고 그 안에 석비(石碑)가 세워져 있으며 비석에는 황제의 묘호(廟號), 익호(諡號)가 새겨져 있다. 그리고 명루 앞에는 석오공(石伍供)이 설치되어 있다.

3) 요(遼)·금(金)·서하(西夏)의 제릉(帝陵)

요(遼)·금(金)·서하(西夏)는 성당(盛唐) 이후 또 한 차례의 민족 대융합의 시기로 중화문명이 더욱 발전한 때이다. 따라서 요·금·서하 왕조의 제왕 능묘 제도는 이 시기의 역사를 생생하게 보여준다.

요(遼)의 제릉(帝陵)

거란인은 서기 907년에 거란국을 세웠고 서기 938년(947년이라는 설도 있음)에 국호를 요(遼)로 바꾸었으며 서기 1125년에 금(金)과 송(宋)의 연합군에 의해 멸망되었다. 서기 1124년에 야율대석(耶律大石)이 서쪽으로 가서 나라를 세웠는데 역사에

〈그림 3-74〉 조주성(祖州城) 유적 부감도(俯瞰圖)

〈그림 3-75〉 조주(祖州) 석실(石室)

조주(祖州) 석실(石室)은 조주성(祖州城) 내 서북쪽 모퉁이에 있는 3단 고대(高臺)에 위치하고 있으며 조주성(祖州城)의 가장 대표적인 건축물이다. 석실은 7개의 거대한 화강암 석판(石板)으로 이루어졌으며 길이 6.7미터, 폭 4.8미터, 높이 3.5미터로, 서북쪽에서 동남쪽을 향하고 있어 조주성의 방향과 일치한다.

서 이를 '서료(西遼)'라고 부르며 서기 1218년 몽골에 의해 멸망되었다.

요나라의 황릉은 주로 도성인 상경(上京) 부근, 즉 지금의 내몽골자치구 파림좌기(巴林左旗)와 파림우기(巴林右旗)에 위치하고 있다. 요태조(遼太祖) 야율억(耶律億: 阿保機)의 조릉(祖陵)은 파림좌기 임동진(林東鎭)에 있으며 여러 산속에 조성되어 있고 능원의 둘레는 약 10킬로미터이다. 능묘 앞에는 석상생(石像生)이 있으며 능묘 부근에는 능침 제사 유적이 있다. 그리고 능원에서 동남쪽으로 1.5킬로미터 떨어진 곳에 조릉(祖陵)의 능읍(陵邑)인 조주성(祖州城)이 조성되어 있다. 능읍에는 제릉에 제사 지내는 예제 건물이 있다.

〈그림 3-76〉 요(遼) 성종(聖宗)의 거란문 애책(哀冊) 및 덮개

파림좌기(巴林左旗) 강근소목(崗根蘇木) 상금구촌(床金溝村)에는 요(遼)의 태종(太宗)과 목종(穆宗)의 회릉(懷陵)이 있고, 또 성종(聖宗)·흥종(興宗)·도종(道宗)의 경릉(慶陵)이 있다. 또한 요녕성(遼寧省) 북진(北鎭)의 의무려산(醫巫閭山) 일대에는 세종(世宗)의 현릉(顯陵), 경종(景宗)의 건릉(乾陵)이 있다. 경릉은 성종이 생전에 직접 터를 정했고 세 개의 황릉으로 이루어져 있는데 서쪽에서 동쪽으로 성종의 경릉(慶陵: 동릉)·성종 아들의 영흥릉(永興陵: 중릉)·흥종(興宗) 아들의 영복릉(永福陵: 서릉)이 차례로 있다. 경릉의 3개 지궁(地宮)은 거의 비슷한 형태로 배치되어 있는데, 지궁은 좌북조남, 즉 남향이며 전실(前室), 중실(中室)과 후실(後室)이 남북으로 연결되어 있고 전실과 중실 동서 양쪽에 각각 이실(耳室)이 하나씩 있다.

요릉(遼陵)의 입지 선정 및 축조 규제('의산위릉(依山爲陵)': 산의 절벽에 굴을 파고 망자를 안장하는 崖墓), 석상생(石像生)과 능읍(陵邑)의 배치 등은 모두 거란 전통의 무덤과는 달리 주로 한당(漢唐) 제릉 문화 전통의 영향을 받았다.

금(金)의 제릉(帝陵)

금(金)의 제릉은 북경시 방산구(房山區) 주구점진(周口店鎭)에서 서북쪽으로 5,000미터 떨어진 용문구촌(龍門口村)의 북쪽 대방산(大房山) 능선에 위치하고 있다. 금 황릉의 주요한 능역은 구룡산(九龍山)에 위치하고 면적은 약 6.5만 제곱미터에 달하며 평면 배치는 중국의 전통 건축양식을 따르고 있다. 남에서 북으로 능역 입구의 석교(石橋)와 석교를 거쳐 들어가는 신도(神道)·석답도(石踏道)·동서 대지(臺址)·동서 대전(大殿)·능벽 및 지하 능침(陵寢) 등이 차례로 이어졌다.

금태조(金太祖)의 예릉(睿陵)은 북경시 방산구 주구점진 용문구촌 구룡산 주봉 아래, 청(淸)나라 때 축조된 금태조(金太祖)의 대보정(大寶頂) 앞 약 15미터 떨어진 지점에 위치해 있다. 지궁(地宮) 안에는 총 4구의 석곽(石槨)이 매장되어 있는데 그중에서 M6-3, M6-4는 한백옥(漢白玉)으로, 봉황과 용의 무늬를 조각한 석곽이며 지

〈그림 3-77〉 금릉(金陵) 전경

궁의 중앙부 북쪽에 동서로 놓여 있다. 석곽은 관 덮개, 관신^(棺身) 두 부분으로 이루어져 있는데 모두 통 돌을 파서 만든 것이다. 관 덮개는 직사각형 반정^(盤頂)식으로 가운데에 쌍봉^(雙鳳) 무늬, 네 귀퉁이에 권운문^(卷雲紋: 머리털이나 새털 모양으로 보이는 구름무늬), 꼭대기 부분의 네 경사면에 운문^(云紋: 구름무늬)을 조각해

<그림 3-78> 금태조(金太祖) 예릉(睿陵)의 석곽(石槨)

놓았다. 석곽 안에는 목관^(木棺) 1구가 놓여있는데 목관 겉면은 붉은색 옻칠을 했으며 옻칠 밖에는 은편^(銀片) 유금^(鎏金: 금속 표면에 금의 수은 아말감을 바르고 가열, 수은을 증발시켜 표면에 금을 부착시킴)의 봉조^(鳳鳥) 무늬를 조각했다. 관 내부 부장품으로는 금사봉관^(金絲鳳冠: 황금색 줄무늬가 있는 황태후나 황후가 쓰던 관), 봉조 무늬를 조각한 옥 장식 및 금사^(金絲) 꽃 장식 등이 여러 점 있다.

금릉^(金陵) 구역에 대한 발굴조사를 통해 동좌룡^(銅坐龍) 3점, 동궤^(銅簋: 곡물을 담는 祭器) 1점 등 유물을 출토했다. 동좌룡은 모제^(模制: 형틀로 찍음)로 머리는 쳐들고 앞다리를 곧게 펴고 뒷다리는 구부려 앉은 모양이며 꼬리는 말려서 위로 구부러져 있고 전신^(全身)에 용무늬 비늘과 화염문^(火焰紋)을 새겼는데 높이는 18센티미터이다. 동궤는 송^(宋)나라 때 서주^(西周)의 예기^(禮器)를 모방해 만든 것이다.

건축부재로는 주로 좌룡^(坐龍)·구문^(鴟吻: 중국 고대 궁전 건축물의 장식)·난판^(欄板)·망주^(望柱)·포주^(抱柱: 굵직한 아름드리 기둥)·주초^(柱礎)·용두수^(龍頭獸)·용두이수^(龍頭螭首: 뿔 없는 용의 서린 모양을 아로 새긴 형상, 머릿돌)·가릉빈가^(迦陵頻伽: 불경에 나오는 상상의 새)·묘음조^(妙音鳥: 사람의 머리에 새의 몸을 하고 있으며 소리가 썩 아름답다고 하는 상상의 새)·통와^(筒瓦: 반원통형 기와)·판와^{(板瓦: 평(平) 기와)}·와당^(瓦當)·적수^(滴水: 빗물이 들어오는 것을 방지하기 위한 창턱 등의 파인 부분) 등이 있다. 또한 금릉^(金陵) 유적 조사 기간 중 '소하^(蕭何)가 달밤에 한신^(韓信)을 쫓는다'는 삼채자침^(三彩瓷枕)과 유금^(鎏金) 은면구^(銀面具)·애책^{(哀冊: 중국에서 천자, 황후, 태자 등의 생전의 공덕을 찬양하여 묘 속에 넣는 운문(韻文)의 문서)} 등 중요한 유

〈그림 3-79〉 금릉(金陵)에서 출토된 동좌룡(銅坐龍)

물들이 출토되었다.

역사 문헌에 따르면 금을 건립한 여진인의 장례 풍속은 간단하여 "죽은 자를 땅에 묻으면 관곽(棺槨)이 없고 귀한 자는 총애하는 노비와 안마(鞍馬: 안장 있는 말)를 생분(生焚: 산채로 불태움)하여 순장했다"[111]라고 한다. 금의 황릉 제도는 해릉왕(海陵王) 때부터 확립되었고 이는 해릉왕이 연경(燕京)으로 도읍을 옮기고 금의 중도(中都)를 건설한 것과 일치하며 해릉왕의 '모화풍(慕華風)'의 산물로 추정된다.

서하(西夏)의 능묘

서하(西夏)는 중국 서북 지역의 소수민족 중 하나인 당항강(黨項羌)이 세운 지방 할거 정권으로 본명은 '대하(大夏)'이다. 송(宋)나라 사람들은 '서하'라고 불렀으며 지금의 영하(寧夏)·섬서성(陝西省) 북부·청해성(靑海省) 동북부와 내몽골 서부가 그 관할 지역에 포함된다. 흥경부(興慶府), 즉 지금의 영하 은천(銀川)에 도읍을 정했다. 서하의 통치자는 당항(黨項)에 속하는 족속인 탁발씨(拓跋氏)의 후손이며 당과 송 시대에 변진(邊鎭)의 장령을 역임한 이들의 족인(族人)들 때문에 각종 전장제도(典章制度)는 송의 제도를 많이 모방했다. 서하 정권은 천수예법(天授禮法) 연조(延祚) 원년(1038)에 이원호(李元昊)가 황제를 칭하고 하(夏)를 건국하면서부터 칭기즈칸 22년(1227)에 몽골에 의해 멸망할 때까지 190년간 선후로 10대의 황제가 즉위했으며, 경종(景宗) 이원호의 조부 이계천(李繼遷), 부친 이덕명(李德明)이 태조, 태종의 시호를 받은 것까지 합치면 모두 12명의 황제가 있었다.

---

111 死者埋之而無棺槨, 貴者生焚所寵奴婢、所乘鞍馬以殉之(『대금국지(大金國志)』

〈그림 3-80〉 서하(西夏)의 왕릉 능대(陵臺)

〈그림 3-81〉 서하의 왕릉 전경

역사 문헌에 따르면 서하(西夏)의 제릉은 9기로, 1기 태조 이계천(李繼遷)의 유릉(裕陵), 2기 태종 이덕명(李德明)의 가릉(嘉陵), 3기 경종(景宗) 이원호(李元昊)의 태릉(泰陵), 4기 의종(毅宗) 이량조(李諒祚)의 안릉(安陵), 5기 혜종(惠宗) 이병상(李秉常)의 헌릉(獻陵), 6기 숭종(崇宗) 이건순(李乾順)의 현릉(顯陵), 기호 인종(仁宗) 이인효(李仁孝)의 수릉(壽陵), 8기 환종(桓宗) 이순우(李純祐)의 장릉(莊陵), 9기 양종(襄宗) 이안전(李安全)

〈그림 3-82〉 서하(西夏) 왕릉에서 출토된 가릉빈가(迦陵頻伽) 건축부재

의 강릉(康陵)으로 기록되어 있다. 두옥빙(杜玉冰)은 서하의 능이 당(唐)과 송(宋)의 음양 감여술의 영향을 받아 소목장법(昭穆葬法)을 실행했고 좌소우목(左昭右穆)의 형식을 취했다고 여기고 있다. 서하의 왕릉은 영하(寧夏) 은천(銀川)에서 서쪽으로 약 25킬로미터 떨어진 하란산(賀蘭山) 동쪽 기슭의 홍적선(洪積扇: 비가 적은 건조한 지역에 일시적 물 흐름으로 형성된 선상지) 위에 위치하며 동서의 폭 4킬로미터, 남북의 길이 11킬로미터이고 지세는 서쪽이 높고 동쪽이 낮으며 해발고도가 1,140~1,190미터이다. 능역에는 9기의 왕릉 외에도 193기의 배장묘(陪葬墓)가 있으며 남에서 북으로 4개 조로 나뉜다.

능역의 북단에는 서하의 조묘(祖廟) 건축 유적이 있는데 면적은 약 6만 제곱미터이고 평면은 직사각형이며 주변에 담장이 축조되어 묘원(廟院)을 이루고 있다. 담장의 남쪽과 서쪽에 각각 문이 하나씩 설치되어 있고 서문 밖에 옹성(甕城)을 쌓았다. 묘원 내부의 건축물은 세 부분으로 나뉘어 있는데 남부는 동서로 대칭되는 2개의 사합원(四合院)이고 중부는 3개의 사합원으로 평면이 '品'자형이며 북부는 전당으로 묘원의 본체 건물이다.

서하의 9기 제릉의 배치 구조는 대체로 비슷한데, 그 방향은 모두 좌북조남, 즉 남향이다. 제릉의 능대(陵臺)는 평면이 팔각형으로, 외형이 피라미드 모양이며 높이가 약 20미터이고, 상하로 5층, 7층 혹은 9층으로 나뉜다. 각 층마다 출첨(出檐: 추녀가 앞으로 나옴)하고 위에 기와를 얹어 지금도 능대 부근에는 녹색 유리기와 조각이 많이 남아 있다. 능대는 자홍색으로 칠해, 전체 능대의 원래 모습은 마치 홍색과 녹색이 어우러진 보탑(寶塔) 같았을 것으로 보인다. 능대 남쪽은 제사를 지낼 수 있는 헌전(獻殿)이며, 능대와 헌전을 제외하고 주위에 성을 쌓아 내성(內城)을 조성했다. 내성은 평면이 정사각형 혹은 직사각형이고 네 귀퉁이에 각각 각루(角樓) 1개씩 있으며 사면 벽의 중앙에 각각 문 하나씩 두었다. 능대는 내성의 서북쪽에 있으며 헌전(獻殿)은 내성의 남문 안 서쪽에 위치하고 있다. 내성 남쪽은 월성(月城)인데, 그 안에 석상생(石像生)이 배치되어 있다. 내성과 월성 밖에는 또 성벽을 한 겹 더 쌓아 외성(外城)을 조성했다. 외성의 구조는 두 가지로 나뉘는데 하나는 폐쇄형이고 다른 하나는 개구형(開口形)으로 남쪽에 벽이 없다. 내성의 동·서·북 삼면은 외성의 동·서·북 벽에 인접해 있다. 외성의 남쪽에는 높은 쌍궐(雙闕)이 있는데 궐지(闕址)는 동서로 70미터 떨어져 있고, 평면은 정사각형으로 변의 길이가 9미터이며 현재 보존되어 있는 부분의 높이가 7미터이다. 궐문을 들어서면 북쪽에 좌우 대칭으로 비정(碑亭)이 배치되어 있으며 그 안에 한문(漢文)과 서하문(西夏文)을 새긴 석비(石碑)가 세워져 있다. 북쪽으로 더 가면 월성(月城)이고 그 북쪽이 바로 내성의 남문이다. 능원 가장 바깥쪽 네 귀퉁이에는 각각 판축 각대(角臺)가 하나씩 축조되어 있어 제릉의 조역(兆域) 범위를 표시했다.

배장묘(陪葬墓)는 봉토만 있는 경우가 많은데, 그 형태는 원구형(圓丘形)·원추형(圓錐形)·원주형(圓柱形)과 원돈형(圓墩形: 둥근 돈대형)이며 봉토는 다져져 있다. 어떤 배장묘는 묘원 시설까지 갖추었으며 또 어떤 묘원 안에는 아직도 배장묘들이 있다. 배장묘는 보통 왕릉 남쪽이나 양쪽에 분포되어 있으며 대부분 규모가 작고 형태와 구성이 복잡하지 않다.

4) 송릉(宋陵)

북송(北宋)은 하남성(河南省) 개봉(開封)에 도읍을 두었고 황가(皇家) 능원의 입지를 도읍 서쪽의 숭산(嵩山) 이북, 낙하(洛河) 이남으로 선정함으로써 '중악(中岳)'을 마주한 천자(天子) 능침을 조성했다. 황가 능원은 지금의 공의시(鞏義市) 지전진(芝田鎭)을 중심으로 동서의 폭 10킬로미터, 남북의 길이 15킬로미터이다. 송릉(宋陵)의 입지가 이곳으로 선정된 이유는 우선 송태조(宋太祖) 조광윤(趙匡胤)이 일찍이 낙양으로 천도하려고 계획했고 이곳이 서쪽으로 낙양과 인접해 있으며, 다음으로 지형과 환경도 적합하기 때문이었다. 당시 풍수지리설에 따르면 송릉의 터는 강부(崗阜) 평야가 만나는 지점에 위치해야 했으며 이곳은 북송의 제릉이 작대(鵲臺)에

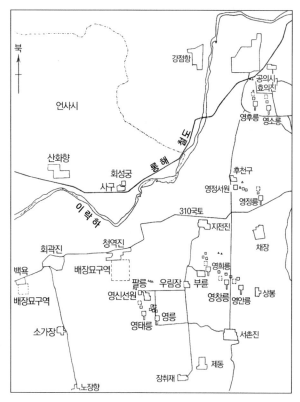

〈그림 3-83〉 북송(北宋) 제릉(帝陵)의 평면 분포도

서 능대(陵臺)까지 비스듬히 내려와야 한다는 요구를 충족시키고 있다.

북송 왕조에는 선후로 9명의 황제가 있었는데 휘종(徽宗) 조길(趙佶)과 흠종(欽宗) 조환(趙桓)이 금(金)나라의 군대에 잡혀 막북(漠北)에서 죽은 것을 제외하고 나머지 7명의 황제, 즉 태조(太祖) 조광윤(趙匡胤)·태종(太宗) 조광의(趙光義)·진종(眞宗) 조항(趙恒)·인종(仁宗) 조정(趙禎)·영종(英宗) 조서(趙曙)·신종(神宗) 조욱(趙頊)과 철종(哲宗) 조후(趙煦)는 모두 공의시 송릉 구역에 묻혔다. 그리고 태조 조광윤의 부친인 조홍은(趙弘殷)은 선조(宣祖)로 추존(追尊)되어 이 능역에 묻혔다. 이 밖에도 여기에는 또 21명(혹은 22명)의 황후와 100여 명의 황친 국척, 달관현귀(達官顯貴)의 무덤이 있다.

이들 제릉 및 부장, 배장묘는 분포 방위에 따라 남·중·북·서의 4개 구(區)로 나뉜다. 남구는 서촌향(西村鄕) 북쪽의 상봉촌(常封村)과 호타촌(滹沱村) 사이에 위치하며 금병산(錦屛山)·백운산(白雲山)·흑연산(黑硯山) 아래에서 동쪽으로 청룡산(靑龍山)·봉황산(鳳凰山)·석인산(石人山)과 인접해 있다. 남구에는 3기의 제릉(帝陵)이 있는데, 동남쪽에서 서북쪽으로 선조 조홍은의 영안릉(永安陵), 태조 조광윤의 영창릉(永昌陵)과 태종 조광의의 영희릉(永熙陵)이 차례로 배열되어 있으며 부장(附葬)된 황후릉 10기, 종실 자손묘 140기가 있다. 중구는 남구의 북쪽, 채장(蔡莊) 북쪽의 높은 언덕에 위치해 있으며 여기에는 진종 조항의 영정릉(永定陵)이 있고 후비 3명이 부장(附葬)되어 있다. 북구는 공의시 서남쪽에 위치하고 있으며 2기의 제릉이 동서로 배열되어 있는데, 이들은 인종 조정의 영소릉(永昭陵)과 영종 조서의 영후

〈그림 3-84〉 송(宋)의 영창릉(永昌陵)

〈그림 3-85〉 송 영소릉(永昭陵)의 작문(鵲門)

〈그림 3-86〉 영소릉의 신도(神道) 석상각(石像刻)

〈그림 3-87〉 영유릉(永裕陵)의 석조화(石彫畵)　　　〈그림 3-88〉 송릉(宋陵)의 석마(石馬)와 공마관(控馬官)

릉(永厚陵)이다. 서구는 동쪽으로 남구와 인접해 있고 팔릉촌(八陵村) 남쪽에 위치하고 있으며 신종 조욱의 영유릉(永裕陵)과 철종 조후의 영태릉(永泰陵)이 동서로 나란히 배열되어 있다. 공의시 전체 송릉 구역의 분포를 살펴보면 남·중·북·서구가 시대별로 차례로 배치되어 있으며, 각 능역 내 제릉은 모두 연배가 높은 사람이 동쪽에 있고 낮은 사람이 서쪽에 있다.

공의시 송릉 구역의 모든 황제, 황후의 능묘는 모두 남쪽으로 숭산의 소실산(少室山) 봉우리와 마주하고 있다. '오악(伍岳)'의 '중악(中岳)'으로 불리는 숭산은 세 개의 봉우리가 있는데 동쪽은 태실산(太室山), 가운데는 준극봉(峻極峰), 서쪽은 소실산이며 소실산의 주봉은 옥채산(玉寨山)으로 숭산의 최고봉이기도 하다. 봉건 사회의 통치자들은 '오악'을 군신(群神)이 있는 곳으로 여겼다. 북송의 제(帝), 후(后)의 능(陵)은 중악과 마주하고 있는데 이는 이들이 자신의 지궁(地宮)이 소실산에 사는 신(神)과 상통(桕通)하기를 바랐기 때문이라고 볼 수 있다.

송릉의 제, 후 능묘는 중국 고대의 전통적인 거고임하(居高臨下)에 반하여 소실산을 향해 있으며 따라서 남쪽이 높고 북쪽이 낮은 지세를 형성하고 있다.

북송의 제릉은 기본적으로 한당(漢唐)의 제도를 답습했다. 북송의 제릉 능원·지궁·봉토·제후(帝后)의 동묘부동혈(同墓不同穴: 같은 무덤 다른 혈) 등은 모두 한(漢) 제릉의 영향을 받았으며 송릉의 하궁(下宮), 사마도(司馬道)의 석상생(石像生) 등은 당릉의 영향을 받았다. 그리고 북송 제릉의 입지 선정은 감여술의 영향을 많이 받았다. 북송의 제릉은 모두 적토(積土)로 이루어진 무덤이지 의산위릉(依山爲陵: 산의 절벽에 굴을 파고 망자를 안장하는 崖墓)은 없다. 제릉의 봉토는 복두형(覆斗形: 천장이 네 벽에서 중심부 쪽으로 기울어짐)이며 보통 저변의 길이가 55~58미터, 높이 17미터 정도이다. 영안릉은 봉토 규모가 작고 저변(底邊)의 길이 22.5미터, 높이 6.4미터이다. 황후릉의 봉토도 복두형이지만 규모가 제릉에 비해 훨씬 작아 봉토 저변의 길이가 19~30미터, 높이 8.5~11.2미터이며 신종 황후릉의 봉토는 저변의 길이가 12~16.5미터로 가장 작다. 그리고 송릉의 봉토 위에는 백수(柏樹: 측백나무)를 심었다.

북송의 제릉은 영안릉을 제외하고 모두 서한 제릉의 '제후(帝后) 동묘부동혈(同墓不同穴)' 제도를 취하고 있으며 제릉과 후릉(后陵)에 각각 1개의 능원이 조성되어 있다. 황제와 황후 능원의 평면은 모두 정사각형이며 사면의 중앙에 각각 문 하나씩 내고 남문을 정문으로 삼았으며 능원의 네 귀퉁이에는 각루(角樓) 하나씩 세웠다. 황제와 황후의 묘역에는 봉토와 남문 사이에 헌전(獻殿)이 축조되어 있다. 제릉의 능원은 변의 길이가 227~231미터이며 능원의 남문과 유대(乳臺: 두 번째 문), 유대와 작대(鵲臺: 세 번째 문)는 각각 150미터 정도 떨어져 있다.

황후 능원은 제릉 능원의 서북쪽에 위치하며 변의 길이가 97~115미터이고 유대와 60~70미터 떨어져 있으며 소수의 황후 능원에는 작대를 설치하지 않았다. 황후 능원의 유대와 작대 간의 거리는 짧게는 20미터, 길게는 80미터이다.

하궁(下宮)은 제릉 능원의 서북쪽에 위치하며 궁인(宮人), 위병(衛兵)과 능원을 관리하는 관리들이 살고 있었고 일상적인 공양과 제사는 모두 하궁에서 진행되었다. 일부 송릉은 근처에 절을 짓고 죽은 황제를 위해 기도하기도 했다. 제릉 부근에 사원을 축조한 선례는 수문제(隋文帝)의 태릉(太陵)으로, 송릉은 선대의 제도를 계승한 것으로 보인다.

송릉의 석각은 주로 능원의 남문과 유대 사이에 있는 신도(神道)의 동서 양쪽에 분포되어 있다. 제릉의 신도 석각은 남에서 북으로 화표(華表) 1쌍·코끼리 및 코끼리 조련사 각 1쌍·서금(瑞禽) 1쌍·각단(角端: 전설상의 동물 이름) 1쌍·석마(石馬) 2쌍·공마관(控馬官) 4쌍·호랑이 2쌍·양 2쌍·객사(客使: 다른 나라에서 온 사신) 3쌍·무신(武臣) 2쌍·문신(文臣) 2쌍·문사(門獅) 1쌍·진릉장군(鎭陵將軍) 1쌍이 차례로 배열되어 있다. 또 능원의 동·서·북 신문(神門) 밖에 각각 돌사자 1쌍씩 있으며 남문 안과 능대(陵臺) 남쪽에 각각 궁인(宮人) 1쌍씩 있다. 황후 능원의 네 문 밖에는 돌사자 1쌍씩 있으며 능원의 남문 안에는 궁인 1쌍이 있고 남문 밖의 신도 석각은 화표 1쌍·석마와 공마관 각각 1쌍·석호(石虎)와 석양(石羊) 각각 2쌍·문신과 무사 각각 1쌍이 남에서 북으로 차례로 배열되어 있다. 그리고 하궁(下宮)의 남문 밖에는 돌사자 1쌍이 배치되어 있다.

5) 당(唐)과 오대(五代)의 제릉(帝陵)

당(唐)의 통치자들은 선대의 능침(陵寢) 제도를 계승하는 한편 장안성의 구도를 참고하여 대대적으로 제릉을 건설했다. 당나라 제릉은 형태와 구조, 그리고 규모 및 지면 석각의 종류와 수량 및 출토된 유물이 모두 다르며 이런 차이점은 당나라 역사 변화의 축소판이기도 하다. 당의 제릉은 당나라 황제가 생전에 장안성에서 활동했던 모습을 보여주는 역사의 거울이기도 하며 이로부터 당나라 장안의 역사를 엿볼 수 있다.

당릉(唐陵) 구역의 분포

위북(渭北)의 당릉 구역은 장안성 북쪽 교외의 북산(北山) 산맥 남쪽 기슭에 있으며 고종(高宗) 이치(李治)와 여황제 무측천의 건릉(乾陵)·희종(僖宗) 이현(李) 의 정릉(靖陵)·숙종(肅宗) 이형(李亨)의 건릉(建陵)·태종(太宗) 이세민(李世民)의 소릉(昭陵)·

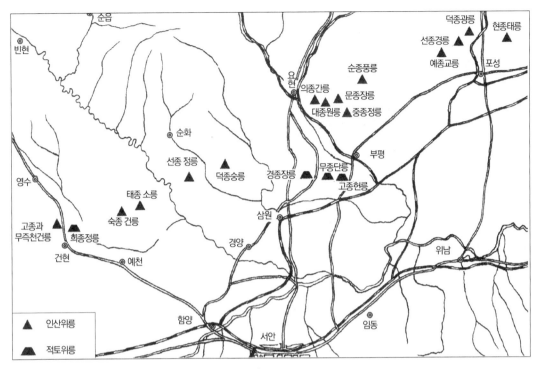

〈그림 3-89〉 당(唐) 18릉 분포도

선종(宣宗) 이침(李忱)의 정릉(貞陵)·덕종(德宗) 이적(李適)의 숭릉(崇陵)·경종(敬宗) 이담(李湛)의 장릉(庄陵)·무종(武宗) 이염(李炎)의 단릉(端陵)·고조(高祖) 이연(李淵)의 헌릉(獻陵)·의종(懿宗) 이최(李漼)의 간릉(簡陵)·대종(代宗) 이예(李豫)의 원릉(元陵)·문종(文宗) 이앙(李昂)의 장릉(章陵)·중종(中宗) 이현(李顯)의 정릉(定陵)·순종(順宗) 이송(李訟)의 풍릉(豊陵)·예종(睿宗) 이단(李旦)의 교릉(橋陵)·헌종(獻宗) 이순(李純)의 경릉(景陵)·목종(穆宗) 이항(李恒)의 광릉(光陵)·현종(玄宗) 이융기(李隆基)의 태릉(泰陵)이 서에서 동으로 차례로 분포되어 있으며 '관중(關中)의 당(唐) 18릉'으로 불린다.

당 18릉은 건현(乾縣)·예천(禮泉)·경양(涇陽)·삼원(三原)·부평(富平)과 포성(蒲城) 등 6개 현(縣)에 걸쳐 있으며 동서로 150킬로미터 이어져 있다. 장안(長安)을 기점으로 서북쪽 건릉과 동북쪽 태릉을 잇는 능원 구역은 102도의 부채 모양을 이루고 있으며 지세가 남에서 북으로 점차 높아져 다음의 네 단계로 나눌 수 있다.

1단계는 경성인 장안으로, 고도가 340~400미터이고, 2단계는 함양원(咸陽原)

으로 고도가 450미터 정도이며, 3단계는 헌릉(獻陵)·장릉(庄陵)·단릉(端陵)과 정릉(靖陵)이 있는 위북(渭北) 고원(高原)으로, 이 단계는 서쪽의 정릉(靖陵) 소재지 고도가 800미터인 것을 제외한 나머지는 모두 500미터이다. 4단계에는 소릉(昭陵), 건릉(乾陵) 등 14기의 당릉이 북산 산맥의 남쪽 기슭이나 산 위에 분포되어 있으며 고도는 750~1,200미터에 이른다. 당릉 구역의 이런 지세는 당나라 황제의 최고 통치자로서의 지고무상의 지위를 보여준다.

위북의 제릉 구역은 북산(北山)의 양지에 위치하고 있으며, 이른바 '산봉우리를 등지고 평야를 마주하고 있다'. 능원 구역이 경사(京師) 이북에 자리 잡고 있다는 것은 전통적인 장의(葬儀)를 답습한 것이다. 『구당서(舊唐書)』「여재전(呂才傳)」에는 "옛날 장자(葬子: 매장된 자)는 모두 국도(國都) 북쪽에 있었다"라고 기록되어 있다. 부자(父子)의 능묘가 인접해 있는 것도 연배가 낮은 자가 높은 자에 대한 효경(孝敬)을 표현하기 위해서이다. 당현종(唐玄宗)은 고조의 헌릉·태종의 소릉·고종의 건릉·중종의 정릉과 예종의 교릉을 조배(朝拜)하다가 교릉 부근의 금속산(金粟山)이 풍수가 좋은 것을 발견하고 장래 이곳에 묻히기로 결정했는데 여기에는 사후에도 부친에게 '효경'할 수 있다는 이유도 있었다.

위북의 당릉 구역은 선후로 300년 가까이 사용되었고 그 범위가 사방 300리에 이르기에 당의 최고 통치자가 처음부터 능역 전체에 대한 전면적인 계획을 세울 수 없었다. 그러나 각 제릉(또는 각조의 제릉)의 구체적인 위치는 여러 차례 검토를 거쳐 선정한 것으로 보인다. 예를 들면 고조 이연의 헌릉은 삼원현(三原縣)에서 동쪽으로 20킬로미터 떨어진 서목원(徐木原)에 위치하고 있고, 헌릉 동쪽 7.5킬로미터 되는 곳에는 한(漢) 태상황릉이 있다. 만년에 태상왕이 된 이연은 자신의 장지(葬地)를 역양(櫟陽)에 두고 싶어 헌릉을 한의 태상황릉 서쪽에 지었던 것이다. 그리고 헌릉 소재지의 높이는 한의 태상황릉보다 50미터 더 높다. 이는 당나라 제릉 구역이 서한에 비해 일반적으로 지세가 높은 것처럼 당나라 최고 통치자가 자신을 선대의 제왕에 비해 높게 보고 있었음을 반영한다. 심지어 어떤 황제는 능지(陵址)를 본인이 직접 선정하기도 했는데 예를 들면 소릉과 태릉이 바로 태종과 현종 본인이 선정한 것이다. 태종은 소릉이 있는 구종산(九嵕山)이 산세가 웅장하고 '홀로 우뚝 솟아오른 천하 절경'이라고 생각했고 현종은 태릉이 있는 금속산이 와룡서봉(臥龍栖鳳: 용이 엎드려 있고 봉황이 깃든다는 뜻)의 산세를 가지고 있다고 보았다.

제릉 구역을 전체적으로 보면 고조의 헌릉이 동서 가운데 위치를 차지하고 있다. 제릉은 대부분 부자의 능묘가 인접해 있는데, 예를 들면 태종의 소릉과 고종의 건릉(그 사이에 있는 정릉(靖陵)과 건릉(建陵)은 고종 이후 축조된 것임)·예종의 교릉과 현종의 태릉(그 사이에 있는 경릉(景陵), 광릉(光陵)은 현종 이후에 축조된 것임)·헌종의 경릉과 목종의 광릉이 이에 해당하며 형제의 능묘가 인접해 있는 경종의 장릉과 무종의 단릉도 이에 해당한다.

당릉(唐陵)의 구조

당나라 제릉은 조성과 구조에 따라 적토위총(積土爲冢: 흙을 쌓아 만든 무덤)과 인산위릉(因山爲陵: 산을 파서 능을 만든 것) 두 가지로 나눌 수 있다. 적토위총의 당 제릉으로는 헌릉(獻陵)·장릉(庄陵)·단릉(端陵)과 정릉(靖陵)이 있으며 모두 서안(西安) 북쪽의 3

〈그림 3-90〉 당(唐) 장릉(庄陵)의 봉토

〈그림 3-91〉 당 소릉(昭陵)의 소재지 구종산(九嵕山)

구종산(九嵕山)은 섬서성(陝西省) 예천현(禮泉縣) 경내에 있으며 우뚝 솟은 봉우리 하나가 하늘을 찌르고 해발이 1,188미터에 이른다. 주위에는 아홉 개 산등성마루가 고르게 분포되어 있어 산봉우리를 높이 치켜 올리고 있다. 고대에는 작은 산등성을 종(嵕)이라 하였기에 구종산이라는 이름이 붙여졌다.

단계 위에 분포되어 있다. 적토위총 제릉의 봉토는 복두형(覆斗形)이고 외관이 서한의 제릉과 흡사하며 다만 한릉(漢陵)에 비해 규모가 훨씬 작고 서한의 제후왕 능묘의 봉토와 크기가 비슷하다. 예를 들면 적토위총인 장릉(庄陵)과 단릉(端陵)의 봉토는 높이가 16미터 정도로 규모가 비슷하며 저부(底部)의 평면은 정사각형에 가깝고 변의 길이가 58미터에 불과하다. 정릉(靖陵)은 봉토의 높이가 8.6미터이고 저부의 평면은 정사각형이며 변의 길이가 40미터로 규모가 더 작다.

적토위총(積土爲冢)의 제릉 묘실(墓室)의 구조는 아직도 정확히 알려져 있지 않고 이미 발굴된 남당(南唐)의 두 능원에 따르면 당나라 제릉의 묘실은 전(前)·중(中)·후(後)의 3실(室)이 남북으로 연결되어 있었을 것으로 보인다. 석곽(石槨)은 후묘실(后墓室)에 놓여 있는데 석곽의 벽에 궁중의 명부상(命婦像)을 선각(線刻)해 놓았으며 제릉 안에는 애책(哀冊)을 두고 석묘지(石墓誌)를 사용하지 않았다. 애책은 글

〈그림 3-92〉 당(唐) 교릉(橋陵)의 부감도

자를 새긴 여러 매의 옥 조각으로 구성되어 있고 글자에 금을 채워 넣었다.

당나라 황제의 능묘는 대부분 인산위릉(因山爲陵)이며 이는 태종(太宗)의 소릉(昭陵)에서 시작되었다. 이세민(李世民)은 일찍이 '인산위릉(因山爲陵)'은 '검약(儉約)'을 위한 것이라며 부장품도 금은주옥을 묻지 못하도록 규정했다. 사실 이는 사람들을 기만하는 술책일 뿐이며 인산위릉의 진정한 목적은 견고한 산세를 빌어 능묘의 안전을 확보하려는 데 있었고 제릉 내에 금은주옥을 묻지 못하게 한 것은 '도굴꾼의 침입을 막기 위해서'였다. 인산위릉은 '검약'은커녕 돌을 쪼아 무덤을 만드는 공사의 난이도가 높아 백성을 혹사시키고 물자를 낭비한 정도가 적토위총에 비해 훨씬 심각했다.

당의 인산위릉의 제릉은 장안성의 북쪽 북산(北山) 산맥의 여러 봉우리 위에 축조되어 있고, 능묘의 지궁은 산봉우리 남쪽 중턱에 뚫려 있으며 묘도(墓道)는 길이 60~70미터, 폭 3.5~4미터이다. 묘도는 질서정연하게 배열된 청석조(靑石條)로 메워져 있고 석조(石條) 사이는 쇠사슬로 매고 납을 녹여 틈을 메워 이음매가 견고하며, 이런 현상은 건릉(乾陵)·교릉(橋陵)·정릉(定陵)·태릉(泰陵)·건릉(建陵)·숭릉(崇

〈그림 3-93〉 당 태릉(泰陵)의 사마도(司馬道)

陵)과 간릉(簡陵) 등 당릉의 묘도에서 모두 찾아 볼 수 있다. 묘실(墓室)의 문은 돌로 만들었고 여러 겹이었을 것으로 추정되며 묘실은 전(前)·중(中)·후(后)의 3실로 구성되었다. 묘실 안 벽에는 정교한 부조(浮彫)가 있으며 화려하고 아름다운 벽화도 있었을 것으로 보인다. 그러나 아직 당릉의 묘실에 대해서는 고고학적 발굴이 이루어지지 못했고 관련 기록도 남아 있지 않으며 내부 배치 구조는 추후 고고학적 발굴 작업을 통해 밝혀질 예정이다.

당릉의 능묘 주변에는 항축(夯筑) 담장이 있어 제릉의 능묘를 중심으로 둘러싸고 있으며 능원을 이루었다. 당릉 능원은 다음의 두 개 유형으로 나눌 수 있다.

적토위총(積土爲冢)의 당릉 능원은 평면이 정사각형에 가까운데, 예를 들어 경종의 장릉과 희종의 정릉 능원은 변의 길이가 비슷하여 각각 480~490미터이며 무종의 단릉은 540~593미터이다. 이런 능원들은 사방 중앙에 각각 문 하나씩 냈고 문도는 정확하게 제릉의 봉토와 마주하고 있다.

인산위릉(因山爲陵)의 당릉은 산세에 따라 능원이 조성되어 평면이 그다지 정연하지 않으나 여전히 면마다 문 하나씩 설치했고 남·동·서 문도는 보통 능묘의 지궁(地宮)과 정방향으로 마주하고 있고 북문도는 지궁의 방향과 그다지 정확하게 대응하지 못했는데 그 원인은 주로 산세와 지형에 있는 것으로 추정된다. 동·서·남·북문은 각각 청룡문(靑龍門)·백호문(白虎門)·주작문(朱雀門)·현무문(玄武門)으로 불렸고, 이 중에서 주작문이 능원의 정문이고 현무문은 중요한 문이다.

〈그림 3-94〉 당(唐) 교릉(橋陵)의 화표(華表)

능원의 네 귀퉁이에는 모두 각루(角樓)가 축조되어 있으며 능묘는 보통 능원의 중앙에서 북쪽으로 치우쳐 있다. 능원의 남문 안에는 헌전(獻殿)이 있고 전당의 평면은 직사각형이다. 능원의 전체적인 방향은 좌북조남, 즉 남향이고 능묘의 입지 역시 북쪽이 높고 남쪽이 낮으며, 산을 등지고 평원을 마주한 곳을 선정했다. 능원에는 네 문 밖에 보통 한 쌍의 토궐(土闕)이 있고 쌍궐(双闕)과 문 사이에는 석각 문수(門獸)를 배치했다. 남문 남쪽에는 유대(乳臺)가 있고 남쪽으로 더 가면 작대(鵲臺)가 있다. 유대와 능원의 남문 사이에는 사마도(司馬道: 神道라고도 함)가 있고, 그 동서 양쪽에 번상(蕃像)·석비(石碑)·석인(石人)·장마(仗馬)·석타조(石駝鳥)·익마(翼馬)와 화표(華表) 등 대형의 석조(石彫)가 대칭으로 배열되었으며 작대(鵲臺)와 유대(乳臺) 사이에는 하궁(下宮)이 있다.

당릉의 작대(鵲臺), 유대(乳臺)와 능원의 남문은 사실 능원 구역의 삼중문(三重門)으로, 장안성 곽성의 명덕문(明德門)·황성(皇城)의 주작문(朱雀門)·궁성(宮城)의 승천문(承天門)과 흡사하다. 대부분 당릉의 경우, 능원의 남문과 두 번째 문궐(門闕: 乳臺)은 600미터 이상 떨어져 있고 두 번째와 세 번째 문궐은 보통 2,000미터, 짧게는 1,500미터 정도 떨어져 있다. 당릉 남부의 삼중문은 능원을 세 부분으로 나누었는데, 작대와 유대 사이는 능역 남부이며 배장묘가 그 사이에 분포되어 있어 장안의 곽성과 흡사하다. 수많은 배장묘는 마치 곽성 이방(里坊) 달관현귀(達官顯貴)의 저택처럼 널려 있다. 유대와 남문 사이는 경사(京師)의 황성과 매우 흡사해 사마도

(司馬道) 좌우의 석각은 백관의 아서(衙署: 관공서) 및 황제의 장위(仗衛: 의식에 참가해서 의장(儀仗)으로 호위하던 일)를 상징한 것으로 보인다. 남문 안의 능원은 천자(天子) 생전의 황궁과 흡사하다. 인산위릉(因山爲陵)의 당릉에서 능역 세 부분의 상대적 고도는 50~100미터 사이이다.

당릉(唐陵)의 석각(石刻)

당릉(唐陵)의 석각은 주로 신도(神道) 양쪽과 능원의 네 문 밖에 배치되어 있으며 신도의 석각이 양과 종류가 가장 많다. 각각의 석각은 모두 좌우 대칭으로 배열되었으며 신도 석각의 동, 서 열(列) 간의 간격은 보통 60미터이고 개별적으로 25미터인 경우도 있으며, 길게는 160미터이다. 능원 북문 밖의 동, 서 열(列) 석마(石馬) 사이의 간격은 보통 30미터이며 개별적으로 25미터인 경우도 있고 길게는 70미터이다.

당릉 석각은 엄청난 크기를 자랑하며 조각 또한 정교하고 잘 다듬어져 있어 한위(漢魏) 능묘 석조 예술의 전통을 계승 발전시켰을 뿐만 아니라 서역, 중아시아와 남아시아 지역의 예술적 요소까지 모두 흡수했다. 이들 석각 중에서 천마(天馬), 타조(駝鳥)와 석사(石獅) 등은 당나라 중외 문화 교류의 한 단면을 집중적으로 보여주었고 '번추(蕃酋)' 혹은 '번민(蕃民)' 등 석상(石像)은 당나라와 다른 나라와의 우호관계를 반영했다.

당릉 석각의 조합과 조각 예술을 보면 제릉 석각의 발전을 다음의 세 시기로 나눌 수 있다.

초당기(初唐期): 고조(高祖)의 헌릉(獻陵)과 태종(太宗)의 소릉(昭陵) 석각이 포함된다. 이 시기 제릉 석각은 특별히 크게 만들어졌는데 예를 들면 헌릉(獻陵)의 서우(犀牛: 코뿔소)는 뿔이 하나이고 눈을 부릅뜨고 있으며 입은 다물고 온몸에 비늘 무늬를 입힌 이른바 '피유진갑(皮有臻甲)'에 높이 340센티미터, 신장 207센티미터로 몸집이 크며 걷는 자세를 취했다. 이 시기 제릉 석각의 조합은 아직 제도화되지는 못했지만 후세에 미치는 영향은 크다. 건릉(乾陵) 이후, 당릉의 능원들이 네 문 밖에 돌사자를 한 쌍씩 배치한 것은 헌릉 능원 네 문 밖에 석호(石虎) 한 쌍씩 배치한 형식에서 비롯된 것이 분명하다. 당릉 능원의 북문 밖에 석마(石馬) 3쌍을 배치한 것 역시 소릉의 북사마문(北司馬門)에 '육준(六駿: 여섯 필의 준마)' 석각을 세운 것과 일정한 관련이 있다. 소릉에 설치된 '14개국 제번군장(諸蕃君長) 석상(石像)'은 당릉 석각 중에 '번추' 혹은 '번민' 석상을 배치한 효시이다.

성당기(盛唐期): 고종(高宗)의 건릉(乾陵), 중종(中宗)의 정릉(定陵)과 예종(睿宗)의 교릉(橋陵) 석각이 포함된다. 이 시기에는 큰 모양의 전기 석각의 특징을 계승했을 뿐만 아니라 종류와 수가 크게 증가했다. 석각군의 조합이 이미 거의 제도화되었고 석각 예술이 뛰어난 경지에 이르렀다.

중, 만당기(中, 晩唐期): 현종(玄宗)의 태릉(泰陵)에서 희종(僖宗)의 정릉(靖陵)에 이르는 당릉 석각 13기가 포함된다. 안사의 난(安史之亂)으로 인해 성당(盛唐)의 국면은 종말을 고했고 당 왕조는 쇠퇴일로를 걷기 시작했으며, 따라서 이 시기의 제릉 석각도 작아지게 되었다. 성당 시기 제릉의 석사(石獅)는 보통 높이가 2.7~3미터였으나 이 시기 석사의 높이는 1.5~1.7미터에 불과했다. 이 시기 석각의 조합은 형식상 좌우대칭을 추구했는데, 예를 들면 천마(天馬), 석사 등은 모두 자웅(雌雄)과 모빈(牡牝)에 따라 좌우로 나뉘고 석인(石人)은 문(文)과 무(武)를 좌우로 나누어 놓았다. 조각 예술은 선이 굵고 간략하며 형체가 있을 뿐 영혼이 깃들지 못했다.

당릉 석각은 중국 봉건사회 전성기 때의 석조 예술의 산물로서 중국 고대 대형 석조 예술의 진귀한 보물이라고 할 수 있으며 다른 시각에서 당나라 정치, 경제 및 문화 예술의 발전 수준을 반영했다.

당릉(唐陵)의 배장묘(陪葬墓)

당릉(唐陵)의 배장묘(陪葬墓)는 초당(初唐)의 헌릉(獻陵)과 소릉(昭陵)에 가장 많고 성당(盛唐)의 건릉(乾陵), 정릉(定陵)과 교릉(橋陵)이 그 뒤를 이었으며 중, 만당(中, 晩唐)

〈그림 3-95〉 건릉(乾陵)의 배장묘(陪葬墓) 장회태자묘(章懷太子墓)의 지궁(地宮)

장회태자묘(章懷太子墓)는 건릉(乾陵) 동남쪽 약 3,000미터 되는 지점에 위치해 있다. 장회태자(章懷太子) 이현(李賢)은 당고종(唐高宗) 이치(李治)와 무측천의 차남이다. 무덤의 봉토는 복두형(覆斗形)으로, 저부(低部)의 길이와 폭이 각각 43미터이며 꼭대기 부분의 길이와 폭이 각각 11미터이고 높이는 약 18미터이다. 봉토 더미에서 남쪽으로 약 50미터 떨어진 곳에 남아 있는 한 쌍의 토궐(土闕)은 높이가 4.5미터이고 저부의 길이와 폭이 각각 5미터이며 그 남쪽에 한 쌍의 석양(石羊)이 나란히 배열되어 있다. 무덤 안에는 50여 점의 벽화가 남아 있는데 대체로 보존 상태가 양호하다. 이 중에서 〈타마구도(打馬球圖)〉·〈수렵출행도(狩獵出行圖)〉·〈영빈도(迎賓圖)〉·〈관조포선도(觀鳥捕蟬圖)〉 등은 모두 생동하고 정채롭다.

태릉(泰陵) 이후의 여러 능은 드물거나 아예 없었다. 헌릉(獻陵)의 배장묘는 제릉의 북부와 동남부에 많이 분포되어 있는데 이는 서한의 제릉 배장묘 제도의 영향을 받은 것으로 보인다. 소릉부터 배장묘는 일반적으로 제릉의 남부와 동남부에 위치하는데 이런 변화가 나타난 이유는 두 가지로, 그 하나는 당릉의 좌북조남, 즉 남향 구조로 인한 제약을 받았고 다른 하나는 도성 장안(長安)의 배치 구조의 영향을 받았다.

당릉 배장묘 봉토의 형태는 복두형(覆斗形), 원추형(圓錐形)과 산형(山形)이다. 일반적으로 복두형 무덤 주인의 지위는 원추형보다 높으며, 산형 무덤의 주인은 대부분 전공(戰功)이 혁혁한 사람들이다. 봉토의 모양은 고인의 신분을 반영할 뿐만 아니라 무덤의 높낮이도 고인의 등급 및 지위를 보여주는데 당나라에서 일품관 (一品官)을 제릉에 배장할 때 무덤의 높이는 1장 8척이었고, 이품관(二品官) 이하는 1 품씩 낮아질 때마다 무덤의 높이를 2척씩 낮춘다고 규정되어 있다. 물론 일반 문 무대신에 국한된 것이어서 혁혁한 공훈을 남긴 공신들과 특수한 신분의 황친 국 척들에게는 해당되지 않았는데, 예를 들면 이적(李勣)의 묘는 높이가 7장이고 장 악공주(長樂公主)와 양성공주(陽城公主) 묘의 높이는 5장이나 된다.

헌릉(獻陵), 소릉(昭陵)과 건릉(乾陵)

당나라 제릉 중에서 가장 대표성을 띠고 역사적으로 중요한 능묘는 적토위총 (積土爲冢)의 고조(高祖)의 헌릉(獻陵), 의산위릉(依山爲陵)의 태종(太宗)의 소릉(昭陵), 고 종과 무측천의 합장묘인 건릉(乾陵)이다.

헌릉(獻陵)

고조(高祖)의 헌릉(獻陵)은 이연(李淵)의 능으로, 당(唐) 18릉 중 최초의 제릉이며 삼원현(三原縣)에서 동쪽으로 20킬로미터 떨어진 서목향(徐木鄕) 영합촌(永合村)과 부 평현(富平縣) 남장(南庄) 남여촌(南呂村) 일대에 위치한다. 헌릉(獻陵) 동쪽 7.5킬로미터 되는 지점이 바로 한(漢) 태상황릉이다. 헌릉은 태상황릉의 서쪽에 축조되어 있는 데 이는 이연 만년의 태상황의 지위와 관련이 있으며 '귀지역양(歸志櫟陽: 역양으로 돌 아가려는 염원)'이다.

당태종 이세민은 부친의 능묘를 축조하기 위해 일찍이 한고조(漢高祖)의 장릉 (長陵)과 같은 규모로 헌릉을 축조하도록 영을 내렸으나 문무 대신들의 거듭되는 권고로 동한 광무제(光武帝) 원릉(原陵)의 규모, 즉 봉토의 높이 6장(지금의 18.18미터)에 맞추는 데 동의했다. 헌릉(獻陵) 봉토의 모양은 복두형(覆斗形)이며 능묘 주위에 능 원을 조성했다. 제릉(帝陵)은 능원의 중앙에서 약간 북쪽으로 치우쳐 있으며 능원 사면의 성벽에 능묘를 마주한 문을 하나씩 설치해 놓았다. 능원 안, 능묘의 남쪽

〈그림 3-96〉 헌릉(獻陵)

헌릉(獻陵) 봉토 현재의 높이는 21미터이며 저부(底部)는 동서의 길이 150미터, 남북의 폭 120미터이다. 능원은 동서 길이가 467미터이고 남북의 폭이 470미터이다.

에는 침궁(寢宮)과 헌전(獻殿) 건물이 있다. 후침궁(後寢宮)은 능원에서 이출(移出)하여 능 서남쪽 5리 되는 곳에 옮겨 놓았고 이름을 '하궁(下宮)'으로 바꾸었다.

헌릉 능원의 네 문 밖 4.5미터 되는 지점에는 각각 석호(石虎) 한 쌍씩 좌우로 나누어 배치되어 있다. 석호는 크기와 형상이 같은데, 몸은 둥글고 표정은 엄숙하며 머리가 크고 목이 굵고 짧으며 등은 넓고 네 다리는 저립(佇立) 자세이고 꼬리 부분이 처져 있으며 배 아래가 투조(透彫)되어 있다. 이는 중국 고대 제왕 능묘 중에서 유일하게 사방에 석호 한 쌍씩 배치해 놓은 능원이다.

능원 남문 밖 신도(神道)의 동서 양쪽에는 또 석서우(石犀牛), 석화표(石華表) 한 쌍씩 배열되어 있는데 헌릉의 석서우는 중국과 외국의 문화 교류의 증거이다.

헌릉의 배장묘는 능의 동북쪽에 집중적으로 분포되어 있는데, 이는 한고조 장릉의 배장묘 분포 위치와 비슷하다. 문헌에 따르면 헌릉의 배장묘에는 제왕 (諸王) 16명, 공주 1명, 공신 6명의 무덤이 포함되어 있다. 현재 남아 있는 배장묘는 52기이고 그중에서 26기가 지면에 봉토가 남아 있는데 이미 발굴되었거나 무덤 앞에서 석비가 발견된 것은 이봉(李鳳)·이시통(李神通)·이효동(李孝同)·장부각(臧懷恪)·번흥(樊興) 등의 묘이다. 배장묘 구역의 동서 폭은 400미터, 남북의 길이는 1,500미터이다.

소릉(昭陵)

당태종의 소릉(昭陵)은 이세민(李世民)과 문덕황후(文德皇后)의 합장묘이며 예천현(禮泉縣)에서 동북쪽으로 22.5킬로미터 떨어진 구종산(九嵕山)에 위치하고 있다. 소릉은 당나라 황제의 인산위릉(因山爲陵)의 효시이다.

제릉이 있는 능원 유적은 동서의 길이 15.45킬로미터, 남북의 폭 12.65킬로미터이며 면적은 113.15제곱킬로미터이다.

구종산 북쪽은 지세가 완만하며 소릉 능원의 북사마문(北司馬門)에 들어서면 소릉의 제단(祭壇) 유적으로, 평면이 직사각형이고 남북의 길이 86미터, 동서의 폭 53미터이며 남쪽이 높고 북쪽이 낮다. 유명한 소릉 '14개국 제번군장(諸蕃君長) 석상(石像)'과 '소릉육준(昭陵六駿)' 석각이 바로 제단 부근에 세워져 있으며, 이곳에는 지금도 일부 번추(蕃酋) 석상 석좌(石座) 및 석상 조각이 보존되어 있다. 제단 남쪽 50미터 되는 곳은 북산문(北山門) 유적으로, 동서면의 폭 12미터, 남북의 깊이 3미터이다. 산문(山門)은 3개의 문도가 있는데 가운데 문도의 폭이 2미터이고 양쪽 문도의 폭은 각각 1.5미터이다. 산문 안은 정원이고 그 남쪽은 정전이다. 정원의 정중앙에는 방정(方亭)이 있고 동·서·북 삼면에는 복도가 있으며 동서 복도의 길이와 폭이 각각 20미터, 7미터이다.

소릉 능원의 남문은 구종산 남쪽 800미터 지점에 있는 황성촌(皇城村)에 있으며 문 밖에는 좌우대칭으로 궐 하나씩 배치되어 있는데 두 궐의 동서 간격은 90미터이고, 궐기(闕基)는 항축(夯築)으로 궐 터 저부의 직경이 20미터이며 높이 약 8미터가 남아 있다. 문 안에 들어서면 헌전(獻殿)이 있는데, 평면이 정사각형이고 변의 길이가 40미터이며 네 벽의 벽화가 눈부시게 화려하고 건축물이 웅장하다.

구종산 서남쪽 1,150미터 지점의 황평촌(皇坪村)에는 소릉 하궁(下宮)의 건물군

<그림 3-97> 당(唐) 소릉(昭陵)의 전경도(全景圖)

유적이 분포되어 있는데 동서의 폭 237미터, 남북의 길이 334미터이다.

소릉의 석각은 후세에 남겨진 귀중한 역사 유물로, 앞에서 언급한 '14개국 제번군장의 석상'과 '소릉육준'이 가장 대표적이다. 이러한 석각의 문화적 연원(淵源)은 한(漢)의 곽거병(霍去病) 무덤에 있는 석각으로 거슬러 올라갈 수 있다.

문헌에 따르면 당고종(唐高宗)은 부친 이세민(李世民)의 업적을 기리고 선양(宣揚)하기 위해 조각 예술가들에게 명하여 당이 정복한 각 지역 번군(蕃君)의 형상에 따라 석상을 조각하게 했고 이들의 관명(官名)까지 석상에 새겼다. 석상은 키가 크고 우람지며 눈은 깊고 코가 높고 어깨에는 활을 메고 허리에는 칼을 찼으며 머리에 무관(武冠)을 쓰고 전투복을 입었고 원기왕성하며 위풍당당하며 오랜 세월 향전(享殿) 앞에 세워져 있었다. 근년에 소릉 북사마문(北司馬門) 안의 북쪽 복도 유적지에서 선후로 '14개국 제번군장 석상' 중의 7개 석상좌(石像座)가 발견되었는데, 여기에는 돌궐(突厥)의 도포가한(都布可汗) 우위대장군(右衛大將軍) 아사나사이(阿史那社爾)·언기왕(焉耆王) 용돌기지(龍突騎支)·토번찬보(土蕃贊普)·고창왕(高昌王) 좌무위장군(左武衛將軍) 국지성(麴智盛)·설연타(薛延陀) 진주비가 가한(眞珠毗伽 可汗)·우전왕(于闐王) 복도신(伏闍信)·제나복제국왕(帝那伏帝國王) 아라나순(阿羅那順)의 이름이 새겨져 있다.

소릉 능원에 '14개국 제번군장 석상'을 설치하고 북사마문에 '소릉육준'을 배치한 것은 당릉 능원의 석상생으로 번상(蕃像: '蕃酋' 혹은 '蕃臣')을 배치하고 북신문(北神門) 밖에 석마(石馬: 세 쌍)를 설치한 선례를 만들었다.

소릉의 배장묘 수는 당나라 제릉 중 가장 많았는데, 현재 200여 기가 발견되었다. 문헌에 의하면 소릉의 배장묘 중에는 황비(皇妃) 7명·왕 11명·공주 21명·3품(三品) 이하 문관 35명·공신 및 대장군(大將軍) 67명의 묘가 있으며 이 외에도 일부 배장묘가 있다. 배장묘의 분포 위치를 살펴보면 소릉 지궁(地宮)에서 가까운 산에 위치한 배장묘 주인의 지위가 높은데, 예를 들면 위징(魏徵)·신성공주(新城公主)·장악공주(長樂公主)·성양공주(城陽公主) 등의 배장묘이다.

이 무덤들은 의산위총(依山爲冢) 혹은 복두형(覆斗形)이며 묘원(墓園)에는 궐이 있다. 예를 들면 위징(魏徵)은 구종산의 봉황산(鳳凰山)에 묻혀 의산위묘(依山爲墓)이며, 무덤 앞에 궐을 두었고 당태종이 직접 묘비 비문을 썼다. 구종산 아래 배장묘는 일반적으로 사자(死者)의 매장 연대에 따라 분포되었는데 시기적으로 앞선 사람은 구종산의 주봉(主峰)에서 가깝고 뒤로 갈수록 주봉에서 멀리 떨어져 있다. 산 아래에는 현재 102기의 배장묘가 있으며 무덤의 모양은 산형(山形)과 원추형(圓錐形)의 두 가지로 나뉘는데 이정(李靖), 이적(李勣)의 무덤과 문헌에 기록되어 있는 아사나사이(阿史那社爾)와 이사마(李思摩)의 묘가 산형인 것을 제외하고는 모두 원추형이다.

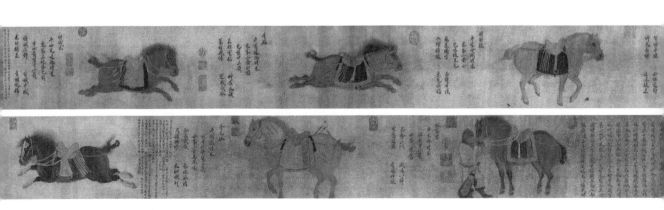

〈그림 3-98〉〈소릉육준도(昭陵六駿圖)〉, 금(金) (趙霖)

〈그림 3-99〉 '소릉육준(昭陵六駿)'의 백제오(白蹄烏)

〈그림 3-100〉 '소릉육준'의 특륵표(特勒驃)

〈그림 3-101〉 '소릉육준'의 삽노자(颯露紫)

〈그림 3-102〉 '소릉육준'의 청추(靑騅)

〈그림 3-103〉 '소릉육준'의 십벌적(什伐赤)

〈그림 3-104〉 '소릉육준'의 권모왜(拳毛騧)

산형 무덤은 모두 특별한 의미가 있는데, 예를 들면 초당(初唐)의 유명한 군사가인 이정의 무덤은 산발이 기복을 이룬 형태로, 음산(陰山)과 적석산(磧石山)을 상징하며 문헌에 따르면 이는 토곡혼(吐谷渾)을 평정한 그의 업적을 기리기 위해서이다.

또한 명성이 혁혁한 이적의 무덤은 평면이 거꾸로 된 '品'자형으로, 높이가 20미터에 가까운 추형(錐形) 봉토 세 개로 이루어진 무덤이며 각각 음산(陰山)·철산(鐵山)·오덕건산(烏德鞬山)을 상징한다고 기록되어 있다. 이적의 무덤 앞에는 큰 석비(石碑)가 있는데 석비에 당고종(唐高宗)이 지어준 비문이 있으며 높이가 5.65미터이다. 비수(碑首)에는 여섯 마리의 이(螭: 중국 신화에 등장하는 뿔 없는 용)가 똬리를 틀고 있는데 머리가 아래로 드리워 있으며 비좌(碑座)는 1.2미터 높이의 거대한 돌거북이다.

아사나사이의 무덤은 총산(葱山)을 상징하며 당나라가 구자전쟁(龜玆戰爭)을 평

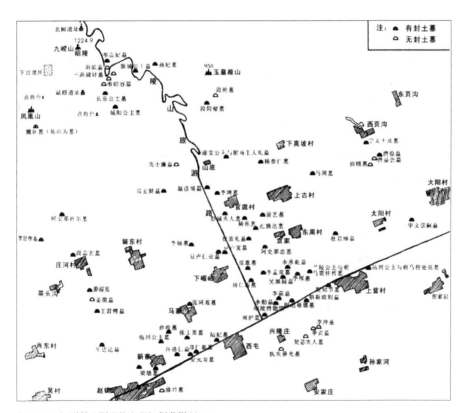

〈그림 3-105〉 당(唐) 소릉(昭陵)의 배장묘(陪葬墓) 분포도

정한 그의 공적을 기념하기 위해 축조한 것으로 보인다. 특히 소릉의 배장묘 주인 중에는 아사나사이, 이사마 외에도 아사나충(阿史那忠)·계필하력(契苾何力)·집실사력(執失思力) 등 여러 소수민족 장군들이 포진해 있는데 이들은 다수가 다민족 당 제국의 통일과 공고화에 큰 공을 세운 사람들이다.

묘주(墓主)가 이미 알려진 묘와 총을 보면 전기에는 고저 및 크기가 고인의 신분의 높낮이를 보여주는 중요한 방면이었다면 후기에 이르러서는 이런 규제에서 벗어난 현상이 많이 나타났다.

배장묘에는 부장자(附葬者)가 있으며 일반적으로 한 가족이 함께 묻혀 있는 경우가 많은데 예를 들면 당검화(唐儉和)와 당가회(唐嘉會)의 무덤 2곳, 두로관(豆盧寬)과 두로인(豆盧仁)의 무덤 2곳 등이다. 황실 적친 혹은 황제의 비빈은 산위의 제릉(帝陵), 현궁(玄宮) 부근의 남쪽 혹은 동남쪽에 묻혔다.

〈그림 3-106〉 소릉(昭陵) 배장묘(陪葬墓)의 아사나사이묘(阿史那社爾墓)

〈그림 3-107〉 소릉 배장묘의 이사마묘(李思摩墓)

〈그림 3-108〉 소릉 배장묘의 이정묘(李靖墓)

〈그림 3-109〉 소릉 박물관에 소장되어 있는 배장묘비(陪葬墓碑)

배장묘의 석각은 소릉 석각의 중요한 내용 중 하나이자 배장묘 주인 생전의 지위를 반영하는 측면이기도 하다. 소릉 배장묘의 봉토 모양은 석각과 밀접한 조합관계를 가지고 있는데, 예를 들면 복두형(覆斗形) 무덤 앞에는 석인(石人) 한 쌍(동서로 나누어 배열)이 있고 그 남면에는 동쪽에 석양(石羊) 세 마리, 서쪽에 석호(石虎) 세 마리가 배열되어 있고 남쪽으로 더 가면 석주(石柱) 한 쌍(동서로 나누어 배열)이 있으며 거기에서 남쪽으로 더 가면 역시 동쪽에 석양 세 마리, 서쪽에 석호 세 마리가 배열되어 있고 남단에 석비가 하나 세워져 있다. 원추형(圓錐形) 무덤 앞의 석각 조합은 일반적으로 석양, 석호와 석주로 되어 있다.

태종(太宗)과 고종(高宗)은 모두 글씨를 잘 쓰기로 유명했고 이들은 일찍이 유명한 '위징비(魏徵碑)'와 '이적비(李勣碑)'를 썼다. 당나라 상류사회에서는 죽은 자를 위해 비지(碑誌)를 써 주는 풍조가 유행했고 명가(名家)가 비지를 써 주는 것을 자랑스럽게 여겼으며 따라서 소릉 배장묘의 수많은 비(碑), 지(誌)에는 초당(初唐)부터 성당(盛唐)까지의 눈부시게 화려하고 다채로운 진품 서법 필적이 보존되어 있다.

건릉(乾陵)

무측천과 고종을 합장한 묘가 건릉(乾陵)이다. 건릉(乾陵)은 당 18릉 중 가장 서쪽에 위치한 제릉으로, 지금의 건현(乾縣) 현성(縣城)에서 북쪽으로 4,650미터 떨어진 양산(梁山)에 위치하고 있다. 양산은 해발고 1,047미터이며 서쪽은 남북향의 골짜기로, 막하(漠河) 하도(河道)가 골짜기를 통과하며, 동쪽과 북쪽 산기슭은 비교적 완만하고 남쪽은 산세가 좀 가파르다. 건릉의 지궁은 바로 양산 남쪽 기슭의 산허리에 있다.

고고학 조사에 의하면 건릉의 지궁은 양산 남쪽에 위치하고 있으며 산체(山體) 위에 긴 갱도를 뚫어 묘도로 삼았다. 묘도에는 석조(石條)를 깔았는데, 묘도 입구부터 묘문(墓門)까지 모두 39층의 석조가 있다. 석조에는 문자가 많이 새겨져 있고 천자문으로 번호를 매겼다. 평행으로 놓인 석조 사이는 좌우로 쇠사슬로 연결되었고, 상하층은 쇠막대기를 꽂아 넣었으며 쇳물을 부어 틈새를 고정함으로써 묘도 내 39층 석조가 하나로 보이게 했다.

묘도 양쪽의 석벽(石壁)에는 벽화가 그려져 있다. 기록에 따르면 오대(伍代) 때 관중(關中: 중국 섬서성(陝西省) 중부의 위수(渭水) 유역에 있는 평야를 일컬음)의 많은 당릉이 온도(溫韜)에 의해 도굴된 경우가 많았는데, 유독 건릉의 지궁(地宮)은 도굴 당시 거센 비바람과 천둥, 번개 때문에 열지 못하고 황급히 철수했다고 한다. 고고학적 탐사에서 건릉의 지궁 주변에서는 도굴 흔적이 발견되지 않았고 묘도 구조 역시 당나라 때 그대로인 것으로 보아 건릉은 관중에서 유일하게 도굴되지 않은 당릉으로 추정된다.

건릉(乾陵) 능원의 평면은 정사각형에 가까우며 양산(梁山) 주봉은 기본적으로 능원의 중앙에 위치하고 있다. 능원 주변에는 성벽을 쌓았고 정확하게 양산의 주봉과 마주한 성벽 4면의 벽에 문 하나씩 두고 있으며, 문터의 폭은 27미터이고 동서남북 네 문을 각각 청룡문(東華門)·백호문(西華門)·주작문(朱雀門)과 현무문(玄武門)

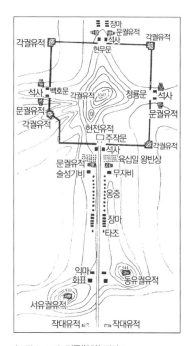

〈그림 3-110〉 건릉(乾陵) 평면도
건릉(乾陵) 능원은 동서 폭 1,438미터, 남북의
길이 1,450~1,582미터이다.

〈그림 3-111〉 건릉 전경(全景)

〈그림 3-112〉 **건릉의 묘도(墓道) 및 봉석(封石)**
묘도(墓道)는 남북의 길이 63.1미터, 폭 3.9미터이며
묘문(墓門)이 있는 곳의 깊이는 17미터이다. 석조(石
條)는 길이 1.25미터, 폭 0.4~0.6미터이다.

〈그림 3-113〉 **건릉의 주작문(朱雀門) 궐루(闕樓) 유적**

이라 부르는데 이 중에서 주작문이 능원의 정문이다. 능원 네 문 밖 25~31미터
되는 지점에는 각각 쌍궐(雙闕)이 있는데, 38~43.5미터의 간격을 두고 문도(門道)
양쪽에 배치해 놓았다. 주작문 밖 쌍궐(雙闕)은 북쪽으로 문터와 25미터 떨어져 있
고 두 궐 사이의 간격은 41.5미터이다. 궐지(闕址)의 평면은 직사각형으로 동서의
길이 26미터, 남북의 폭 17.5미터이다. 능원의 네 귀퉁이에는 각루(角樓)가 축조되
고 있고 그 기단이 아직까지 남아 있다. 주작문 안은 헌전(獻殿)으로, 전지(殿址)의
평면은 직사각형이며 헌전과 주작문 사이의 동서 양쪽에 동서각(東西閣) 유적이 있다.

건릉은 중국 고대 제릉 중 입지 선정에서 가장 특색이 있는 능원이다. 건릉이
있는 양산은 세 개의 산봉우리로 이루어졌는데, 주봉이 바로 건릉 지궁(地宮)이 있
는 봉우리이다. 주봉의 남쪽 1,290~1,550미터 되는 곳에 또 두 개의 봉우리가 있
어 동서로 대치해 있으며 속칭 '내두산(奶頭山)'으로 불린다. 두 봉우리의 동서 간
격은 380미터이고 봉우리 위에 각각 궐 하나씩 축조되어 있으며 궐지는 아직까
지 남아 있는데 그중 동궐지(東闕址)는 높이가 19.3미터, 저부의 동서 길이 18미터,
남북의 폭이 8.5미터이다. 이 두 궐(闕), 즉 문헌상의 '유대(乳臺)'가 바로 건릉의 두
번째 문이며 유대는 북으로 능원의 주작문과 650미터 떨어져 있다. 유대 옆에는

원래 화상(畵像) 사당이 세워져 있었는데 여기에 적인걸(狄仁杰) 등 당시 60명 명신(名臣)의 초상화가 있었다.

유대에서 남쪽으로 2,350미터 떨어진 곳은 건릉 가장 남쪽 문, 즉 문헌에 기록되어 있는 작대(鵲臺)이다. 작대에는 동서 두 궐이 있고 궐 사이의 간격은 100미터이다. 궐지는 아직까지 남아 있는데, 저부의 평면은 직사각형이고 그중 동궐지는 동서 길이 34미터, 남북의 폭 25미터이며 현재까지 남아 있는 궐지의 높이는 10미터이다.

유대와 작대 사이의 서쪽, 즉 지금의 엄가저촌(嚴家咀村) 동쪽과 능전촌(陵前村) 남쪽 및 요가궁촌(邀架宮村) 북쪽에 대면적의 건축 유적이 있는데 이는 건릉 하궁(下宮) 유적으로 보인다.

건릉 석각의 정교함, 조합의 완벽함, 보존의 양호함, 후대에 미치는 영향의 심원함은 여러 당릉 중에서 가장 두드러진다. 건릉 석각은 주로 능원의 주작문에서 유대에 이르는 신도 양쪽 및 능원의 네 문 밖에 분포되어 있으며, 능원의 네 문 밖에는 각각 석사(石獅)를 한 쌍씩 좌우로 나누어 배치했다. 북문 밖에는 또 석마(石馬)와 공마자(控馬者) 석각 세 쌍이 대칭으로 분포되었을 것으로 추정된다.

주작문 밖 신도(神道) 석각은 남에서 북으로 화표(華表)·천마(天馬)·타조(駝鳥) 각한 쌍, 돌사자와 공마자 다섯 쌍, 석인(石人) 열 쌍, 석비(石碑) 2개, '번신(藩臣)' 석상 64개가 차례로 배열되어 있다. 석각은 동서로 나뉘어 대칭으로 분포되어 있으며 동쪽과 서쪽 화표·천마·타조·석마와 석인 사이의 간격은 모두 25미터이다.

건릉 구역의 둘레는 40킬로미터이다. 건릉 동남쪽의 능역에는 또 장회태자(章懷太子) 현(賢)·의덕태자(懿德太子) 중윤(重潤)·택왕(澤王) 상금(上金)·허왕(許王) 소절(素節)·인왕(隣王) 수례(守禮), 의양(義陽)·신도(新都)·영태(永泰)·안흥(安興) 4공주, 특진왕(特進王) 급선(及善)·유심례(劉審禮)·중서령(中書令) 설원초(薛元超)·두로흠망(豆盧欽望)·양재사(楊再思)·유인궤(劉仁軌)·우위장군(右衛將軍) 이근행(李謹行)·좌무장군(左武將軍) 고간(高侃)의 배장묘(陪葬墓) 17기가 분포되어 있는데 이 중에서 영태공주·의덕태자·장회태자·설원초·이근행 등의 배장묘 5기가 이미 발굴되었다. 배장묘 5기는

〈그림 3-114〉 장회태자묘(章懷太子墓)의 벽화 〈의위 도(儀衛圖)〉　　〈그림 3-115〉 영태공주묘(永泰公主墓)의 벽화 〈사녀도(仕女圖)〉

〈그림 3-116〉 의덕태자묘(懿德太子墓)의 벽화 〈궐루도(闕樓圖)〉

비록 모두 도굴되었으나 여기에서 당나라 각종 유물 4,300점이 출토되었고 묘벽^(墓壁)에서 대면적의 진귀한 벽화가 발견되었는데 영태공주, 의덕태자와 장회태자 3기 배장묘의 묘도 양옆과 묘실 주변, 그리고 천장의 약 200여 폭의 벽화가 여기에 포함된다.

오대(五代)의 제릉(帝陵)

전촉(前蜀)의 영릉(永陵)

왕건^(王建), 자는 광도^(光圖)이고 허주^(許州) 무양^{(舞陽: 지금 하남성(河南省)에 귀속되어 있음)} 사람이며 당^(唐)나라의 장령^(將領)이었다. 당나라 말기에 번진^(藩鎭)이 할거^(割據)하고 중원^(中原) 지역에서 전란이 일어나자 그는 당희종^(唐僖宗)을 따라 사천^(四川)으로 도망쳐 이주^(利州: 지금의 사천성 광원시) 자사^(刺使)를 지냈다. 소종^(昭宗) 때 촉왕^(蜀王)에 봉해졌고 서기 907년, 당나라가 멸망하자 성도^(成都)에서 황제를 칭하고 국호를 '대촉^(大蜀)'이라고 했는데 역사에서 '전촉^(前蜀)'이라고도 불린다. 왕건이 천부지국^(天府之國)을 할거하면서 사회가 안정되고 정책이 완화되었으며 경제가 번영

〈그림 3-117〉 영릉(永陵) 관상(棺床)의 '24 악기(樂伎)' 부조(浮彫)

했다. 국력이 강성하면서 전촉의 개국 황제인 왕건의 능묘 축조에 물적 여건을 제공했다. 영릉(永陵)은 규모가 상당하며 문헌에 따르면 당시 능역의 전당은 방대한 건물군으로 이루어졌고 능묘 앞에는 거대한 석상생이 있었다고 한다.

영릉은 1940년대 고고학자들에 의해 발굴되었는데 무덤의 봉토는 원추형이고 저부의 직경이 약 80미터, 높이는 15미터이다. 봉토의 기부(基部) 주변은 석조(石條)로 축조되었는데 이는 한당(漢唐) 능묘의 봉토 중 유일하다. 영릉의 묘실은 지하에 깊이 묻혀 있는 것이 아니라 지표면의 얕은 곳에 있으며 묘실은 주로 봉토 내에 묻혀 있고 봉토의 저부 주변에 돌을 쌓은 것은 묘실의 안전을 위해서이다.

묘실은 남향으로, 묘도가 없고 붉은 색 사석(砂石)으로 건축되었으며 전체 길이는 23.4미터이다. 14개의 이중 석권(石券)으로 전·중·후실이 이루어 졌으며 삼실(三室) 사이는 나무문으로 분리되었다. 전실은 묘도에 해당하며 일부 석권(石券) 아치 위의 채색 그림이 보존되어 있다. 중실은 묘실의 본체로 황제의 관곽(棺槨)이 보관된 곳이다. 관상(棺床)은 대리석을 쌓아 만든 수미좌(須彌座)이며 양쪽에 12기의 역사(力士) 반신 원조상(圓彫像)이 나란히 놓여 있다. 역사는 표정이 침착하며 관상을 들어 올리는 자세를 취했다. 관상의 남면에는 또 무도인상(舞蹈人像) 2명, 동쪽과 서쪽 면에는 악기 연주자 22명이 있어 동·서·남면에 총 24명의 악기(樂伎)가 부조(浮彫)되어 있다. 무도자(舞蹈者)는 몸매가 풍만하고 자태가 각이하다. 관악기, 현악기, 타악기 등 모든 악기가 갖추어져 있고 20여 종의 악기 23여 점이나 있어 방대한 궁중 악단이며 악기의 조합으로 볼 때 연악(燕樂)을 연주한 것으로 보인다. 악기의 주위 및 관상 북쪽 면에는 용(龍)·바람·운문(雲紋)과 화훼(花卉) 등 도안이 조식(彫飾)되어 있으며 후실에는 어상(御床)을 설치하고 그 위에 왕건의 석조상(石彫像)을 배치했다. 높이 96센티미터의 석상은 앉은 자세를 취했으며 머리에는 접이식 두건을 쓰고 장포(長袍)를 입었으며 허리에는 옥대를 착용했다. 석상은 눈썹이 짙고 눈이 깊으며 코와 광대뼈가 높고 입술이 얇고 귀가 커서 문헌에 나오는 왕건의 얼굴과 비슷하다. 영릉은 비록 일찍이 여러 번 도굴되었지만, 무덤 안에서 옥대대(玉大帶)·옥애책(玉哀册)·옥익책(玉謚册)·은발(銀鉢)·은합(銀盒)·은저(銀箸) 등 많은 중요 유물이 출토되었다.

남당(南唐)의 이릉(二陵)

오대(伍代)의 남당국(南唐國)에는 지금의 강소(江蘇)·안휘(安徽)·강서(江西)와 복건성(福建省)의 일부가 포함되며 도읍은 금릉(金陵: 지금의 南京)이다. 남당국(南唐國)의 황제 이변(李昪)의 흠릉(欽陵)과 이경(李璟)의 순릉(順陵)은 모두 지금의 강서성(江蘇省) 남경시(南京市) 강녕구(江寧區) 조당산(祖堂山) 남쪽 기슭에 위치하고 있다. 흠릉과 순릉은 동서로 나란히 배열되어 있으며 50미터 떨어져 있다. 이 두 능은 큰 산을 등지고 운대산(雲臺山) 주봉(主峰)을 마주하고 있으며 모두 발굴이 이루어졌고 지방정권임에도 불구하고 능묘는 엄격히 제왕 능묘의 규격에 맞추어 조성했다.

흠릉은 황제 이변과 황후 송씨(宋氏)의 합장묘이며 봉토는 원추형으로 저부의 직경 30미터, 높이 약 5미터이다. 능묘는 남향이고 묘도의 길이는 19미터이다. 묘실은 길이 21.48미터, 폭 10.45미터, 높이 5.3미터로, 전·중·후실로 나뉘며 삼실(三室) 양쪽에 부장품을 진열한 측실(側室)이 각각 5개씩 있어 총 13개 실(室)로 되어 있다. 전·중·후실과 측실 사이는 아치형 통로로 이어져 하나의 일체화된 건축물을 이루었는데, 마치 배치가 엄밀하고 웅장한 지하 궁전과 흡사하다. 묘실은 벽돌 및 목조 건물이다.

전실은 평면이 직사각형이고 천장이 궁륭식(穹隆式)이며 길이 4.5미터, 폭 3.85미터, 높이 4.3미터이며 네 벽의 정중앙에 아치형 문을 하나씩 설치했다. 중실은 평면이 정사각형에 가까워 길이 4.56미터, 폭 4.45미터이며 높이가 5.3미터이고 네 벽의 정중앙에 각각 아치형 동굴 문 하나씩 설치했다. 후실은 길이 6.03미터, 폭 5.9미터이며 남쪽 벽의 정중앙에 문을 냈는데 문짝은 청석판으로 만들었고 동, 서 양쪽 벽에 각각 문 세 개씩 냈다. 후실은 궁륭식(穹隆式) 천장으로, 꼭대기에 채색의 천상도(天象圖)가 그려져 있는데 동쪽에서 떠오르는 욱일(旭日), 서쪽으로 지는 명월(明月), 그리고 남두(南斗), 북두(北斗)와 성숙(星宿)이 그려져 있다. 지면에는 석판(石板)을 깔았고 산악(山岳)의 기복, 강하(江河)의 행지(行地: 움직임의 흔적)를 상징

〈그림 3-118〉 남당(南唐) 이릉(二陵)의 관상(棺床)

하는 지리도(地理圖)가 새겨져 있다.

후실의 중앙에는 관상(棺床)을 두었고 양쪽에 8마리의 무룡(舞龍: 춤추는 용)을 부조(浮彫)해 놓았으며 그 사이에 선각(線刻)한 권초(卷草: 중국 전통문양의 하나)와 전지(纏枝) 해석류(海石榴) 무늬를 채워 넣었다. 흠릉의 황제 관상 양쪽에 부조되어 있는 8마리의 무룡은 현재 알려진 제왕 장구(葬具)에서 나타난 최초의 '용(龍)' 중 하나이다. 중화 5,000년 문명의 물적 표상으로서의 용의 모습을 황제의 관상 옆에 새긴 것은 용이 이미 '국가 문화'의 중요한 내용이 되었음을 의미한다. 더 중요한 것은 설계자가 실제로 관(棺) 속에 있는 황제를 한 마리의 용으로 보았기에 거기에 관상 양옆의 8마리 용까지 합치면 '구룡(九龍)'이 되는 것이다. 중국 문화에서 '9'는 숫자의 극치이며 '구룡' 중 황제의 시신이 중앙에 있어 사실상 황제가 가장 중요한 용임을 의미한다. 중고시대 이후, 황제가 용의 화신으로 인식되면서 용 역시 중국 정신의 상징이 되었다.

순릉(順陵)은 황제 이경(李璟)과 종황후(鐘皇后)의 합장묘이며 능묘의 배치 구조는 흠릉(欽陵)과 동일하다. 순릉은 길이 21.9미터, 폭 10.12미터, 높이 5.42미터이다. 전·중·후실 양쪽에 각각 4개의 측실이 있으며 묘실 건축은 주로 벽돌로 된 구조이다.

남릉(南唐)의 두 능과 전촉(前蜀) 영릉(永陵)의 묘실은 모두 전·중·후 삼실(三室)로 구성되어 있는데, 이는 도성의 '삼대전(三大殿)'을 재현한 것이다.

사람들은 당대(唐代)를 언급하며 흔히 중국 고대사의 '황금 시기' 또는 '대당성세(大唐盛世)'라고 한다. 앞에서 서술한 당의 제릉은 그 이후 송(宋)·요(遼)·금(金)·원(元)·명(明)·청(淸)의 제왕 능침(陵寢) 제도에 중요한 영향을 미쳤다. 당의 제왕 능침 제도의 연원은 위(魏)·진(晉)·남북조(南北朝), 그리고 더 오래전인 진(秦)과 한(漢) 제왕 능침의 역사까지 거슬러 올라가 찾아볼 수 있다.

6) 위(魏)·진(晉)·남북조(南北朝)의 제릉(帝陵)

위(魏)·진(晉)·남북조(南北朝)는 중국 고대 역사상 제2의 민족 대통합 시기이며 중화 5,000년 문명의 중요한 발전 시기이기도 하다. 이 시기 다른 민족이 세운 다른 왕조와 지방정권에 의해 보존된 사회의 주도적 문화에서 우리는 위진남북조시대의 대분열에서 대통합이 완성되고 중화문명이 큰 발전을 이룩하며 또 전승되는 과정을 엿볼 수 있다. 위진남북조의 제왕 능침(陵寢) 문화는 이 시기 중화 5,000년 문명의 특색을 잘 보여주며 그 이후 중고(中古)시대 당송(唐宋)의 제왕 능묘 문화는 남북조의 제왕 능묘 문화를 계승한 토대 위에서 발전한 것이다.

위진 시기는 '삼국정립(三國鼎立)' 시대에서 발전한 것이다. 삼국시대 장기간의 전란으로 인해 제왕 능묘 문화는 정치, 경제 및 사회 관리 등 여러 면에서 영향을 받아 큰 변화가 발생하게 되는데, 이는 주로 '박장(薄葬)'의 유행에서 나타나며 묘장(墓葬) 문화는 사회적 효과를 더욱더 중요시하게 되어 점차 지하에서 지상으로 올라오게 되었고, 묘지에는 대형 석상생(石像生)과 기념적인 의미를 가진 비석이 등장하는 추세를 보였다. 그리고 사회의 대동란과 더불어 문화 교류가 활발하게 이루어지는 시대에 즈음하여 더욱 다원화된 문화가 제왕 능묘 문화에 침투되었다.

위(魏)·진(晉)의 제릉(帝陵)

조위(曹魏)의 제릉(帝陵)

조조(曹操)의 고릉(高陵)은 동한 시대의 마지막 왕릉이자 조위(曹魏) 시대 최초의 제왕 능묘라고 할 수 있다. 조조는 초현(譙縣: 지금의 安徽省 亳州市) 사람이며 중국 역사상 유명한 정치가, 군사가 및 문학가이다. 조조는 유명한 역사 인물로서 중국 역사상 논쟁이 가장 많은 제왕으로, '영웅' 또는 '간웅(奸雄)'으로 불렸으며 문학가, 희극가들의 글을 통해 대중에게 알려졌고 누구나 아는 역사 인물이 되었다.

'조조도 제 말하면 온다'라는 성어는 2009년 말에 현실로 되었는데, 1,800년이 지나 '조조'가 깊은 무덤에서 벗어나면서 '진짜와 가짜 조조'가 당시 사회 여론의 화두로 떠올랐다. 따라서 조조묘(曹操墓)의 발견은 2010년 12월 17일자 〈인민일

〈그림 3-119〉 '위무왕(魏武王)이 사용하던 격호대극(挌虎大戟)' 석비(石碑)

〈그림 3-120〉 고릉(高陵)의 묘실(墓室)

보(人民日報)〉가 선정한 '2010년 문교(文敎) 이슈'에서 1위에 올랐다. 〈인민일보〉에 게재된 「조조묘 : 이 어찌 이정표가 아닐 수 있으랴?」에는 "당신은 승복하지 않을 수 없을 것이다. 중국인들은 지금 각종 진실에 병적인 갈증을 느끼고 있고, 각종 불신에 대한 의구심이 극에 달하고 있다. 조조묘가 어찌 이정표가 아닐 수 있겠는가? 만약 이를 사회에 대한 공중(公衆)의 기본적인 신뢰를 회복하는 기회로 바꿀 수 있다면, 그리고 고고학자들이 이번의 발굴을 통해 엄청난 논란을 이겨내고 만천하의 질의에 대해 밝혀낼 수 있다면, 학문에는 엄격한 학술적 규범이 있다는 것을 증명할 수 있다면, 그야말로 불행 중 다행이다!"라는 정채로운 평론이 있다.

동한 말기에 이르러 조조는 승상 및 위왕(魏王)으로 봉직되었고 그 아들 조비(曹丕)가 황제를 칭하자 무제(武帝)로 추존(追尊)되었다. 조조는 박장(薄葬)을 주장했고 후장(厚葬) 금지령을 내렸으며 자신의 수릉(壽陵) 터를 척박한 땅으로 정했고 능묘에 봉토를 만들지 않았다. 조조는 낙양에서 죽고 업성(鄴城)에 묻혔는데 문헌에 따르면 조조의 능묘는 업성(鄴城) 서문의 표사(豹祠) 서쪽 고지(高地)에 위치하고 있으며 고릉(高陵)으로 불린다. 조조의 능침은 여전히 동한 제릉의 예제에 따라 능묘 부근에 제사를 위한 전당이 축조되어 있다. 위문제(魏文帝) 조비는 재위 당시 박장 정책을 진일보 추진하여 제사를 지내려고 부친의 능묘 부근에 지은 건물을 허물어 버렸다.

조조의 고릉에 대해서는 2009년에 이미 응급성을 띤 발굴을 진행했다. 조조의 고릉은 하남성(河南省) 안양시(安陽市) 서북부 안풍향(安豐鄕) 서고혈촌(西高穴村)에 위치하고 있다. 무덤의 평면은 '甲'자형의 다실(多室) 전실묘(磚室墓)이며 묘도(墓道)·벽돌 방어벽(護墻)·묘문(墓門)·봉문장(封門墻: 출입문을 봉해 놓은 벽)·용도(甬道)·묘실(墓室)과 측실(側室)로 이루어져 있고 전체 길이는 약 60미터이다. 고릉에는 봉토가 없고 무덤 위에서 건축 유적이 발견되었다. 무덤에서 출토된 유물은 금기(金器)·은기(銀器)·동기(銅器)·철기(鐵器)·옥석기(玉石器)·도기(陶器)·자기(瓷器) 등 400여 점으로, 이 중에서 각명(刻銘) 석비(石碑)·도기(陶器)·전폐(錢幣)·석규(石圭)·석벽(石璧) 등이 비교적 중요하다. 고릉은 좌서조동, 즉 서쪽에서 동쪽을 향하고 있으며 주위에는 능원이 조성되어 있다.

위문제 조비는 조조의 아들이다. 황초(黃初) 원년(220)에 한(漢)을 대신해 황제를 칭하고 낙양에 도읍을 정했으며 국호를 '위(魏)'라 했다. 위문제는 전국(戰國) 및 진한(秦漢)이래 제왕 능묘들이 서로 다투어 높고 큰 봉토를 쌓았는데 이는 상고(上古) 시대의 제도가 아니라고 지적했다. 그리고 또 제릉은 의산위릉(依山爲陵)이어야 하며 무덤 위에 봉토를 만들지 말고 제사를 지내기 위한 침전 및 능원과 능읍을 건설하지 말아야 한다고 했다. 그는 제왕이 죽은 후 매장하는 목적은 바로 사람들이 볼 수 없게 하기 위해서이며, 따라서 능묘는 불모지(不毛地)에 세워져 사람들의 관심을 끌지 말아야 하며 왕조가 바뀐 뒤에도 사람들이 제릉의 위치를 몰라야 한다고 주장했다. 이를 실행하기 위해 박장(薄葬)을 하고 금은주옥 등 귀중품을 부장하지 못하도록 하여 재물을 탐내 능묘를 도굴하는 경우와 죽은 자의 시신이 훼손되는 상황이 발생하지 않도록 했다. 위문제는 서기 222년에 수릉(壽陵)을 축조했는데 입지를 낙양의 수양산(首陽山: 지금의 하남성 언사시 수양산 기차역 부근)으로 선정했으며 '수양릉(首陽陵)'이라고 불렀다. 황초(黃初) 7년(226)에 위문제가 죽고 수양릉에 묻혔다.

위명제(魏明帝) 조예(曹叡)는 조비의 아들이며 경초(景初) 3년(239)에 낙양에서 죽었고 고평릉(高平陵)에 묻혔다. 문헌에는 고평릉이 낙양의 대석산(大石山)에 있다고 기록되어 있는데 대석산(大石山)은 일명 '만안산(萬安山)'으로 불리며 지금의 하남성(河南省) 언사시(偃師市) 경내에 있는데 구체적인 위치는 앞으로 연구해야 할 과제로 남아 있다.

2015년 낙양시(洛陽市) 이빈구(伊濱區) 서주촌(西朱村)에서 위명제 조예의 황후 곽씨(郭氏)의 능묘(일부 학자들은 무덤 주인이 위명제의 딸 평원의공주(平原懿公主) 조숙(曹淑)이라고 주장함)가 발굴되었다. 무덤의 평면은 '甲'자형으로 7층 계단이 있다. 무덤의 토광(土壙)은 동서의 길이가 52미터이고 묘의 깊이는 12미터이다. 묘실의 토광은 동서 길이 18미터, 남북의 폭 13.5미터이다. 무덤에서는 '유책(遺冊)', 작은 석비(石碑) 130여 점이 출토되었는데 크기, 모양과 새겨져 있는 글자의 내용이 모두 조조 무덤에서 출토된 작은 석비들과 비슷하여, 당시 이런 석비들이 제왕급 고위층 무덤에 사용되었으며 이런 석비가 출토된 무덤은 제왕급 무덤임을 말해준다.

이 무덤 동쪽 400미터 지점에서 규모가 더 큰 동서향 무덤이 발견되었는데 묘도의 길이가 약 40미터, 폭이 약 10미터이며 위명제의 무덤으로 추정된다.

서진(西晉)의 제릉(帝陵)

사마염(司馬炎)은 위원제(魏元帝) 조환(曹奐)을 핍박하여 황위를 선양(禪讓)하게 했고 스스로 황제를 칭하고 진(晉)나라를 세웠는데 '서진(西晉)'이라고 불린다. 여전히 낙양을 도읍으로 삼았으며 따라서 서진의 제릉은 모두 낙양 동부에 위치해 있다. 낙양에 있는 서진의 제릉 5기는 각각 북망산(北邙山) 여맥(餘脈) 건포산(乾脯山) 양쪽에 위치하고 있다. 동쪽에서 서쪽으로, 산 남쪽에는 문제(文帝)의 숭양릉(崇陽陵), 무제(武帝)의 준양릉(峻陽陵)과 혜제(惠帝)의 태양릉(太陽陵)이 있으며 산 북쪽은 선제(宣帝)의 고원릉(高原陵)과 경제(景帝)의 준평릉(峻平陵)이다.

고고학적 조사와 탐사, 발굴을 통해 서진 제릉의 분포 범위와 형태 및 구조는

〈그림 3-121〉 북망산(北邙山)의 능묘군(陵墓群)

거의 밝혀졌다.

문제 사마소(司馬昭)는 사마의(司馬懿)의 아들이며 사마사(司馬師)의 동생이다. 사마소는 일찍이 조위(曹魏)의 대장군으로 국정을 전단(專斷)하고 위(魏)나라를 대체하려는 음모를 꾸몄다. 고귀향공(高貴鄕公) 조모(曹髦)는 일찍이 '사마소의 마음은 행인 모두가 안다'라고 말한 적이 있다. 서기 263년, 사마소는 군사를 일으켜 촉한(蜀漢)을 멸망시켰으며 진공(晉公), 진왕(晉王)을 자칭했다. 사마염은 위나라를 대신하여 황제를 칭하고 진나라를 세운 후, 사마의를 선제(宣帝)로, 사마사를 경제(景帝)로, 사마소는 문제로 추존(追尊)했다. 문제의 숭양릉은 언사시(偃師市) 성관진(城關鎭) 후두루촌(後杜樓村)에서 북쪽으로 1.5킬로미터 떨어진 이름 없는 산언덕 남쪽 기슭에 있다. 묘실 평면은 '凸'자형이고 단실(單室), 단묘도(單墓道)이다. 묘도는 길이 46미터, 폭 11미터이며 묘실은 길이 4.5미터, 폭 3.7미터, 높이 2.5미터이다. 제릉의 서부와 서북부에는 또 배장묘 4기가 분포되어 있는데 제릉과 약 50미터 떨어져 있으며 모든 능묘는 좌북조남, 즉 남향이다. 숭양릉 능역 주위에는 능원의 담장 흔적 및 기타 건축 유적이 남아 있다.

숭양릉 서쪽은 사마염의 준양릉으로, 이 두 능은 형태와 규모가 비슷하다. 진무제(晉武帝) 사마염은 사마소의 아들로, 진시(秦始) 원년(265)에 위나라를 대체하여 황제를 칭하고 진을 건국했으며 서기 280년에 오(吳)나라를 멸망시키고 전국을 통일했다. 무제 만년에 정치가 쇠패(衰敗)했고 황음 무치한 생활을 했다. 무제의 준양릉은 언사현(偃師縣) 남채장촌(南蔡庄村)에서 북쪽으로 2.5킬로미터 되는 북산(北山) 언덕 위에 위치하고 있으며, 묘도는 길이 36미터, 폭 10.5미터이고 묘실은 길이 5.5미터, 폭 3미터, 높이 2미터이다. 이미 발견된 배장묘는 22기로 준양릉에서 서쪽으로 40미터 떨어진 곳에 분포되어 있다. 남에서 북으로 4열로 나뉘어져 있는데 앞줄은 무덤 사이의 간격이 좀 넓고, 뒷줄 무덤 사이의 간격은 좀 좁다. 배장묘의 위치는 일반적으로 무덤 주인 생전의 지위에 의해 정해지는데, 앞줄에 있는 사람은 지위가 높고 뒷줄에 있는 사람은 지위가 좀 낮다. 제릉과 배장묘는 모두 좌북조남, 즉 남향이다. 능역 내의 무덤들은 주차(主次)가 명확하고 질서 정연하게 배열되어 있으며 제릉은 능역의 최동부에서 약간 남쪽으로 치우쳐 있고 존위(尊位)에 있다. 능역에서 능원(陵垣: 능원 담장)의 흔적은 아직 발견하지 못했다.

『진서(晉書)』「선제기(宣帝紀)」에 따르면 서진의 제릉은 "수양산(首陽山)은 토장(土藏)이며 봉분을 만들지 않고 나무를 심지 않았다. ……염(斂)하는 것은 살았을 당시의 옷을 사용했고 명기(明器)를 두지 않았으며 능을 만든 후 죽은 자는 합장하지 않았다"[112]라고 기록되어 있으며, 이는 동한 말기 이래 제왕 능묘의 박장(薄葬)의 풍습을 계승한 것으로 보인다.

육조(六朝)의 제릉(帝陵)

양진(兩晉), 남북조(南北朝) 시기에 동진(東晉)과 남조(南朝)는 시종일관 자신이 중화(中華) 문화의 정통성을 가지고 있다고 여겼는데, 제왕 능묘는 이들이 확실히 중화의 문화를 계승했음을 보여준다.

동진(東晉)의 제릉(帝陵)

동진(東晉)은 건강성(建康城: 지금의 남경시)에 도읍을 정했고 동진 11명 황제의 능침 모두 남경(南京) 부근에 있다. 남경의 종산(鍾山) 여맥인 부귀산(富貴山)의 남쪽 기슭은 동진의 제릉 구역 중 하나로, 동진의 강제(康帝)·간문제(簡文帝)·효무제(孝武帝)·안제(安帝)와 공제(恭帝)의 제릉 5기가 여기에 있다. 남경의 고루강(鼓樓崗) 남쪽 기슭, 즉 구화산(九華山) 양지 쪽은 또 다른 동진의 제릉 구역이며 여기에는 원제(元帝)·명제(明帝)·성제(成帝)와 애제(哀帝)의 제릉(帝陵) 4기가 있다. 이 두 능역은 '동릉'과 '서릉'이라고도 불리며 모두 의산이장(依山而葬)이고 산의 우측 위쪽에 있다. '동릉'과 '서릉'은 궁성 좌우에 대칭으로 분포되어 있고 모두 도성 안에 있다. 진폐제

---

112 于首陽山爲土藏, 不墳不樹。……斂以時服, 不設明器, 後終者不得合葬

(晉愍帝)의 오릉(吳陵)은 강소성(江蘇省) 오현(吳縣)에, 목제(穆帝)의 영평릉(永平陵)은 지금의 남경시 화평문(和平門) 밖 막부산(幕府山) 서남쪽 기슭에 있다. 이미 발굴된 동진의 제릉은 진목제(晉穆帝)의 영평릉과 진공제(晉恭帝)의 충평릉(冲平陵)이다.

진목제 사마담(司馬聃)은 진강제(晉康帝)의 아들로서 2세 때 황제로 즉위했고 황태후가 황제를 안고 조정에 임했으며, 19세에 세상을 떠나 영평릉에 묻혔다. 묘실은 평면이 '凸'자형으로 아치형 천장 전실묘(磚室墓)이다. 이 무덤은 총 길이 9.05미터, 폭 8미터이며 용도(甬道: 담을 양쪽에 쌓아 만든 통로), 묘실과 봉문장(封門墻: 문을 봉한 벽) 세 부문으로 나뉜다. 용도 평면은 직사각형으로 권정(券頂)은 길이 2.9미터, 폭 1.56미터, 높이 2.7미터이다. 그리고 용도 내에는 나무문이 이중으로 설치되어 있다. 묘실의 평면은 정사각형으로 권정의 길이 4.98미터, 폭 4.24미터, 높이 4.03미터이다. 무덤 내에 부장(副葬)된 기물(器物)로는 자질(瓷質) 일용 기명(器皿: 그릇), 마노(瑪瑙)로 된 발(鉢)과 유리 기물 등 고급 기명(器皿)과 화장 도구, 장식 용품과 도질(陶質) 명기(明器) 등이 있다.

진공제 사마덕문(司馬德文)은 진안제(晉安帝) 사마덕종(司馬德宗)의 동생으로, 원래 낭아왕(琅琊王)이었다. 서기 418년 진안제(晉安帝)가 유유(劉裕)에 의해 죽임을 당하자 사마덕문이 즉위했는데 그때 진나라 황실의 쇠퇴는 이미 극에 달했다. 원희(元熙) 2년(420) 공제(恭帝)가 피살되고 진나라가 멸망했으며 공제는 망국의 황제로 충평릉(冲平陵)에 묻혔다. 충평릉은 의산위묘로, 앞은 평야이며 산기슭 남쪽 중턱의 산석(山石) 위에 길이 35미터, 폭 6.85~7.5미터, 깊이 4.3~7미터의 묘갱(墓坑)을 팠고 그 위에 묘실과 용도를 만들었다. 묘실은 평면이 직사각형으로 길이 7.06미터, 폭 5.18미터, 높이 5.15미터이다. 네 벽은 벽돌로 쌓았고, 무덤 꼭대기는 아치형이며 용도 내에는 이중으로 된 나무문을 설치했고 묘문(墓門)은 벽돌로 막았다. 그리고 묘문을 더 튼튼하게 하려고 무덤 앞에 이중으로 문 벽을 쌓았다. 묘실 앞 정중앙에 삼정(滲井: 입식(立式)의 지하 배수시설)이 뚫려 있고 그 아래는 묘실 및 용도 바닥에 파 놓은 남북 종단 배수구와 연결되어 있는데 배수구의 길이는 100미터에 달한다. 무덤에서 400미터 떨어진 곳에 석갈(石碣)이 있으며 여기에 '진공황제지현궁(晉恭皇帝之玄宮)'이라는 명문(銘門)이 있다.

동진 제릉의 형식과 구조는 기본적으로 동일하나, 묘실은 산을 뚫어 만들었고 단실(單室)이며 천장은 아치형이다. 문헌에 따르면 동진의 제릉은 '불기분(不起墳: 봉분이 없음)'이며(『건강실록(建康實錄)』) 능묘는 일반적으로 묘도·문벽·용도·묘실 및 배수구로 이루어져 있다. 동진과 서진의 제릉을 비교해 보면 전자는 후자인 서진 제릉의 '불봉불수(不封不樹: 봉분도 나무도 없음)'나 '배릉(拜陵)' 제도와는 좀 다르며 특히 후자는 동진 정치가들이 정통을 이어받아 천하에 보여준 것이다. 동한 말기, 위진 시기에 박장(薄葬) 풍습이 성행했던 것과는 달리 동남쪽에 치우쳐 있던 동진 정권은 제왕 능묘 등 전통을 굳게 지키고 전승함으로써 정권의 합법성을 세상에 알리려 했던 것이다. 실제로 위진 이후 제왕 능묘 문화의 발전은 동진 황실의 이런 방법이 선진적임을 말해준다.

남조(南朝)의 제릉(帝陵)

남조(南朝)는 송(宋)·제(齊)·양(梁)·진(陳) 네 조대를 포함하며 모두 건강(建康)에 도읍을 두었다. 이미 발견된 남조의 제릉은 송무제(宋武帝) 유유(劉裕)의 초녕릉(初寧陵)·제고제(齊高帝) 소도성(蕭道成)의 태안릉(泰安陵)·제선제(齊宣帝) 소승지(蕭承之)의 영안릉(永安陵: 혹은 제고제의 태안릉)·제무제(齊武帝) 소색(蕭賾)의 경안릉(景安陵)·제경제(齊景帝) 소도생(蕭道生)의 수안릉(修安陵)·제명제(齊明帝) 소란(蕭鸞)의 흥안릉(興安陵)·제화제(齊和帝) 소보융(蕭寶融)의 공안릉(恭安陵)·양문제(梁文帝) 소순지(蕭順之)의 건릉(建陵)·양무제(梁武帝) 소연(蕭衍)의 수릉(修陵)·양간문제(梁簡文帝) 소강(蕭綱)의 장릉(庄陵)·진무제(陳武帝) 진패선(陳霸先)의 만안릉(萬安陵)·진문제(陳文帝) 진천(陳蒨)의 영녕릉(永寧陵)·진선제(陳宣帝) 진욱(陳頊)의 현녕릉(顯寧陵)이다. 이 가운데서 이미 발굴된 5기의 제릉은 제경제의 수안릉·제선제의 영안릉(永安陵: 혹은 제고제의 태안릉)·제화제의 공안릉·진문제의 영녕릉과 진선제의 현녕릉이다. 제경제 소도생의 수안릉과 진선제 진욱의 현녕릉을 자세히 소개하면 다음과 같다.

남조의 제(齊)와 양(梁) 황실은 모두 성이 소(蕭)씨로, 서한의 유명한 정치가 소

하(蕭何)의 후손이며 이들은 북에서 남으로 이주하여 지금의 강소성(江蘇省) 단양시(丹陽市) 경내에 거주했다. 제와 양 두 왕조의 제릉 능역 입구의 눈에 띄는 표지는 두 개의 대형 석조(石彫)로, 동쪽은 천록(天祿), 서쪽은 기린이다. 능역은 둘레가 약 60킬로미터이며 그 안에 제와 양 두 왕조 11기의 제릉이 있다. 단양(丹陽) 호교(胡橋) 학선요(鶴仙坳), 오가촌(吳家村)과 건산(建山) 김가촌(金家村)에서 발굴된 남제(南齊)의 제릉 3기는 형식과 구조 및 규모가 비슷하다.

　제경제(齊景帝) 소도생(蕭道生)은 소고제(齊高帝) 소도성(蕭道成)의 형으로, 제왕 능묘의 규격에 맞추어 능을 축조했으며 능명은 '수안(修安)'이라 했다. 수안릉(修安陵)은 단양시(丹陽市)에서 동북쪽으로 17킬로미터 거리에 있는 학선요(鶴仙坳)의 산 남쪽 기슭에 위치하며 능 남쪽 510미터 되는 곳에 석각 두 개가 신도 좌우에 배치되어 있다. 능묘는 산을 등지고 있으며 먼저 산등성이 가운데에 길이 18미터, 폭 8미터, 깊이 4미터의 묘갱(墓坑)을 파고 여기에 벽돌로 묘실을 만들었으며 모양이 다른 330종의 벽돌 10만 장으로 능묘를 축조했다. 묘실은 평면이 직사각형으로 길이 9.4미터, 폭 4.9미터, 높이 4.35미터이며 천장은 궁륭형(穹隆形)이고 묘실 앞벽에는 문을 내어 용도(甬道)와 연결시켰다. 용도는 길이 2.9미터, 폭 1.72미터, 높이 2.92미터이며 지붕은 아치형으로 이중 석문(石門)을 설치했다. 묘문(墓門) 밖에는 폭 7.6미터, 높이 2.6미터, 두께 0.6미터의 문 벽 두 개를 쌓았는데 두 벽 사이에는 0.2미터 두께의 석회층(石灰層)이 있어 습기를 막았다. 묘실 앞에는 삼수정(滲水井: 물이 스며 없어지는 우물)을 파서 아래의 배수구와 연결했으며 배수구는 복도 바닥을 통해 무덤 밖과 직통했는데 전체 길이가 190미터에 달한다. 그리고 황제가 생전에 궁궐에서 입었던 직금(織錦: 채색 무늬 공단) 벽의(壁衣: 벽의 옷이라는 뜻으로, 벽의 겉면이나 벽지를 이르는 말)를 본떠 묘실 내 벽면에 큰 박제 전화(磚畵: 벽돌에 그린 그림)를 그려놓았다. 묘실 네 벽에는 방위에 따라 각각 청룡(靑龍)·백호(白虎)·주작(朱雀)·현무(玄武) 등 사신(四神)의 도상(圖像)을 배치했고 좌우 두 벽에는 죽림칠현도(竹林七賢圖)와 의위도(儀衛圖) 등이 그려져 있으며 용도(甬道) 양쪽 벽에는 모두 사자 그림이 있다. 수안릉은 일찍이 도굴로 인해 심각하게 훼손되었으며 남아 있는 유물로는 도(陶)와 자(瓷)로 된 일용 기명(器皿), 도옥(陶屋) 등 명기(明器), 철도(鐵刀)와 검(劍) 등 무기, 많은 금 장식품과 금 재질의 소형 동물, 소형 옥기(玉器), 마노(瑪瑙)·유리(琉璃)·수정(水晶) 재질의 각종 장식물, 완구(玩具), 대형 도용(陶俑)과 석용(石俑) 등이 있다.

진문제(陳文帝)의 영녕릉(永寧陵)과 진선제(陳宣帝)의 현녕릉(顯寧陵)은 모두 남경(南京)에 있으며 이 중 남조 말기의 현녕릉은 남경 서선교(西善橋) 유방촌(油坊村)에 있다. 능묘는 좌남조북, 즉 북향으로 봉토의 높이 10미터, 둘레 141미터이다. 능묘 공사는 규모가 방대한데, 관자산(罐子山) 북쪽 기슭에 판 묘갱(墓坑)은 길이 45미터, 폭 9~11미터이다. 묘갱에 축조한 묘실은 길이 10미터, 폭과 높이가 각각 6.7미터이다. 용도(甬道)의 지붕은 아치형으로 길이 3.5미터, 폭 1.75미터, 높이 3미터이며 용도 내에는 이중 석문(石門)이 설치되어 있다. 무덤 안의 벽면을 권초(卷草)와 연화(蓮花) 등 무늬가 있는 벽돌로 장식한 것, 그리고 두 벽면에 벽돌에 새긴 사자도(獅子圖) 벽화가 있는 것 등은 모두 불교 문화의 영향을 반영한다.

동진(東晉)과 남조(南朝)의 제릉은 시기적으로 근접해 있고 자연환경도 같기에 무덤의 특징 역시 비슷하며 육조(六朝) 제왕의 무덤들은 한 곳에 집중되어 있다. 감여술(堪輿術)의 '산봉우리를 등지고 평야를 마주한다'는 설에 따라 제릉은 대부분 토산(土山) 구릉의 산허리에 조성되어 있으며 능묘 석각은 모두 평지에 있다. 무덤의 방향은 장지(葬地)의 지세에 따라 정해졌지만 다수가 남향과 동향이다. 묘갱(墓坑)은 직사각형으로 팠으며 벽돌로 대형 단실묘(單室墓)를 축조했다. 묘실은 아치형 혹은 궁륭형(穹隆形) 천장이며 내벽은 무늬가 정연하게 배열된 꽃무늬 도안의 벽돌 혹은 벽화 전체를 그린 벽돌을 쌓아 만들었다. 묘문(墓門)은 이중으로, 돌을 쌓아 만들었으며 문액(門額)은 반원형이고 이 밖에 또 문 벽과 당토장(擋土墻: 동서 양쪽에서 조금씩 쌓아 올라가 꺾이면서 남쪽으로 향함)이 조성되어 있다. 묘실 안에 물이 고이는 것을 방지하려고 무덤 앞에 모두 배수구를 설치했으며 능묘 앞에는 수릉(守陵) 혹은 제사를 위한 침묘(寢廟) 등 건물이 마련되어 있다. 남조의 제릉 신도 양옆에는 석수(石獸: 천록(天祿)과 기린 각각 하나)와 석주(石柱) 한 쌍씩 배치되어 있다. 능묘 앞 석각의 배치를 살펴보면 보통 석수가 가장 앞줄에 있고 그 다음은 석주, 석비(石碑)가 차례로 있다.

북조(北朝)의 제릉(帝陵)

북조(北朝)의 제릉은 약 22기이며 이 중에서 북위(北魏) 효문제(孝文帝) 수궁(壽宮)의 만년당(萬年堂), 북위 선무제(宣武帝)의 경릉(景陵)과 북제(北齊)의 제릉(帝陵) 1기가 이미 발굴되었다. 북위의 제릉은 위(魏), 진(晉)의 박장(薄葬)의 풍조를 일신하여 대형 봉토 무덤을 만들었으며 신도에 거대한 석상생(石像生)을 배치했다.

북위(北魏)의 제릉(帝陵)

북위의 제릉은 두 곳으로 나뉘어 있는데, 한 곳은 산서성(山西省) 대동(大同)에 있고 다른 한 곳은 하남성(河南省) 낙양(洛陽)에 있다.

산서성 대동의 북위 제릉에는 효문제(孝文帝)의 만년당(萬年堂)과 문명태황태후(文明太皇太后) 풍(馮)씨의 영고릉(永固陵)이 있다. 엄밀히 말하면 풍씨의 영고릉은 제릉이 아니지만 풍씨가 두 차례 집권한 경력이 있고 태후 생전에 축조했으며 게다

〈그림 3-124〉 현녕릉(顯寧陵)의 영계기(榮啓期) 전화(磚畫) 영고릉(永固陵) 전경(항공사진)

가 북위 척발씨(拓跋氏) 정권의 모계가족이 가진 특권의 영향으로 형식과 구조가 제릉과 다름이 없다. 규모도 제릉에 비해 더 크면 컸지 작지는 않았는데 이에 대해서는 만년당(萬年堂) 및 경릉(景陵)과 함께 소개하고자 한다.

풍태후(馮太后)는 장악신도(長樂信都: 지금의 하북성 형수시 기주구) 사람이며 북위 문성제(文成帝)의 황후이다. 헌문제(獻文帝)와 효문제 때 25년간 집정했으며 사후 영고릉에 묻혔다. 영고릉은 지금의 대동시에서 북쪽으로 25킬로미터 떨어진 진천향(鎭川鄕) 서사아촌(西寺兒村) 양산(梁山: 옛날에는 방산(方山)이라고 불렸음) 남쪽 기슭에 위치하고 있으며 속칭 '기황분(祁皇墳)'이라고 한다. 능묘는 남향이고 현재 남아 있는 봉토의 높이가 22.87미터이며 저부는 정방향이고 동서의 길이 124미터, 남북의 폭 117미터이다. 묘실은 봉토 중앙의 아래에 위치해 있는데 벽돌로 쌓아 만든 다실묘(多室墓)에 속하며 묘도, 전실(前室) 및 용도(甬道)와 후실(後室) 네 부분으로 이루어져 있다. 주실(主室)은 평면이 정사각형에 가까우며 폭 6.4미터, 길이 6.83미터, 높이 7.3미터이고 사각(四角)의 찬첨식(攢尖式) 지붕이며 주실과 전실은 아치형 천장의 복도로 연결되어 있고 복도 양 끝에 각각 석문(石門)이 1개씩 설치되어 있다. 전실은 권정(券頂)이며 평면은 정사각형에 가까워 길이 4.2미터, 폭 3.85미터, 높이 3.9미터이다. 묘도는 전실과 맞닿아 있고 길이 5.9미터, 폭 5.1미터, 높이 5미터이며 묘소

〈그림 3-125〉 현녕릉(顯寧陵)의 영계기(榮啓期) 전화(磚畵) 만년당(萬年堂) 유적 전경(항공사진)

의 총 길이는 23.5미터이다. 영고릉에서 남쪽으로 600미터 떨어진 곳에 영고당(永固堂)이 있는데 사묘(祠廟)류 건축물에 속한다. 문헌에 따르면 영고당은 석조 건물이며 앞에 석수(石獸)와 석비(石碑)가 배열되어 있었다고 한다. 영고당 남쪽 약 200미터 되는 지점에 사원사(思遠寺)가 있는데 현재 회랑(回廊) 주위를 둘러싼 방형(方形)의 탑기(塔基) 건물 유적이 남아 있다. 영천궁(靈泉宮)과 못은 사원사의 남쪽 산 아래에 있다.

북위 효문제 원굉(元宏)의 능묘인 만년당은 영고릉에서 북쪽으로 1킬로미터 정도 떨어져 있다. 능묘는 남향이며 봉토의 높이가 13미터이고 저부의 평면은 정사각형이며 변의 길이가 60미터이다. 무덤은 벽돌을 쌓아 만들었고 묘도, 전실과 용도 및 후실로 이루어져 있다. 후실은 평면이 정사각형에 가깝고 사각(四角)의 찬첨식(攢尖式) 지붕이다. 폭 2.46미터, 높이 2.51미터의 용도가 전실과 후실을 연결시켰으며 현재 남아 있는 용도의 길이는 10미터이고 전실과 후실은 파괴되었다. 그리고 만년당은 사실 효문제의 '허궁(虛宮)'이었다.

서기 398년부터 495년까지 근 백년간 북위의 도읍은 평성(平城: 지금의 大同)이었고 이곳은 줄곧 북위의 정치와 문화 중심지였으며 영고릉과 만년당은 북위 초기 제후(帝后) 능침(陵寢) 구조의 특징을 집중적으로 반영하고 있다.

효문제 태화(太和) 18년에는 낙양으로 도읍을 옮기고 도하(渡河) 서쪽에 장릉(長陵)을 축조했으며 선무제(宣武帝)의 경릉(景陵), 효명제(孝明帝)의 정릉(定陵), 효장제(孝庄帝)의 정릉(靜陵)은 모두 낙양 서북쪽 도하 부근의 북망산에 좌우로 인접해 북위 황실 묘역을 이루었는데 이 능역의 개창자는 효문제이다. 능역 안에는 장릉이 가운데 위치에 있고 경릉과 정릉은 각각 장릉 앞쪽의 좌우에 위치하고 있다. 낙양 망산(邙山)의 황하(湟河) 양안 북위 능역의 능묘 분포 특징은 부자는 좌우로, 형제는 나란히 배치되어 있는 것이다.

장릉은 하북성(河北省) 맹진현(孟津縣) 장촌관(庄村官) 동쪽에 위치하고 있으며 높이 35미터, 저부의 직경 45미터이다. 장릉에서 서북쪽으로 103미터 떨어진 곳은 문소황태후(文昭皇太后)의 능인데 높이가 23미터이고 저부의 직경이 35미터이다. 장릉은 전체 능원의 중심에 위치하고 있으며 능묘의 서북쪽, 북쪽과 동쪽, 그리고 동남쪽의 조역(兆域) 내에 배장묘들이 분포되어 있다.

선무제 원각(元恪)은 효문제의 차남으로, 태화 23년(499)에 문제(文帝)가 죽자 즉위했으며 연창(延昌) 4년(515)에 낙양에서 사망하여 경릉에 묻혔다. 경릉은 낙양의 북위 제릉 중 유일하게 고고학 발굴이 이루어진 능묘이다. 경릉의 봉토는 높이가 24미터이고 저부의 평면은 원형으로 직경이 105~110미터이다. 경릉은 남향의 전실묘(磚室墓)로, 전체 길이가 54.8미터이며 묘도 · 전용도(前甬道) · 후용도(後甬道)와 묘실 등 네 부분으로 이루어져 있고 평면은 '甲'자형이다. 묘실은 청조전(青條磚: 푸른색의 긴 벽돌)으로 쌓았고 평면이 정사각형에 가까워 동서의 길이 6.92미터, 남북의 폭 6.73미터이며 지붕은 사각(四角) 찬첨식(攢尖式)이고 높이가 9.3미터이다. 신도 서쪽에는 석옹중(石翁仲: 옹중석이라고도 함) 1개가 있는데 머리 부분이 훼손되었고 남아 있는 부분의 높이가 2.89미터이며 넓은 소매의 포복(袍服)을 입고 두 손에 검을 잡고 있다. 이는 지금까지 중국 고대 제왕 능묘 앞에서 발견된 가장 이른 시기의 석옹중이다.

북제(北齊)의 제릉(帝陵)

하북성(河北省) 만장(灣漳)에서 발굴된 북조(北朝)의 대묘(大墓)는 북제(北齊) 도읍(都邑) 시기의 제릉 중 하나로 추정된다. 이 무덤에는 원래 거대한 봉분이 있었고 남북의 길이가 52미터이며 남향이고 묘도, 용도와 묘실(墓室) 등으로 이루어져 있다. 묘도는 길이 37미터, 폭 3.36~3.88미터이며 묘도의 저부는 남단의 높이 0.36미터, 북단의 높이 8.86미터로 경사져 있다. 묘실의 평면은 정사각형에 가까우며 변의 길이가 7.4~7.56미터이고 높이는 12.6미터이며 사각(四角) 찬첨식(攢尖式) 지붕이다. 묘실 남쪽 벽 한 가운데에 묘문(墓門)이 있고 석문(石門)이 설치되어 있다. 동쪽과 서쪽 벽화 화면의 구도는 거의 대칭이며 두 벽에 모두 실물 크기의 인물 100여 명이 그려져 있는데 주요 내용은 53명으로 구성된 의장 대열이다. 용도 묘문 위의 벽 정중앙에는 주작(朱雀)이 그려져 있는데 높이가 약 5미터이고 묘실 천장에는 천상도(天象圖)가 그려져 있다. 묘도의 경사면에는 화려한 색감의 화초 도안 등이 그려져 있는데 마치 융단을 깔아놓은 것 같으며 채색 그림의 면적은 백여 제곱미터에 이른다. 일찍이 무덤 남쪽에서 석옹중(石翁仲)이 발견되었는데 높이가 약 3미터이다.

〈그림 3-126〉 고양묘(高洋墓)의 벽화 복제품

북주(北周)의 제릉(帝陵)

북주(北周)는 장안에 도읍을 두었고 제릉은 함양(咸陽)에 있는데 고고학적 조사와 발굴을 통해 확인된 것은 현재 주무제(周武帝) 우문옹(宇文邕)의 효릉(孝陵) 뿐이다. 효릉은 함양시(咸陽市) 위성구(渭城區) 저장진(底張鎭) 저장촌(陳馬村)에 위치하고 있으며 남향이고 경사진 묘도·천정(天井) 5개·과동(過洞: 아치형 터널) 5개·벽감(壁龕: 벽면을 움푹 파서 만든 공간) 4곳 및 용도, 묘실로 이루어져 있다. 남북의 길이는 68.4미터이고 묘실 안에 동서로 관곽(棺槨) 2구가 나란히 놓여 있다. 무덤에서 출토된 묘지명(墓誌銘)은 이 무덤이 주무제와 황후를 합장한 효릉임을 증명해준다.

북주(北周)의 무제 효릉의 형식과 구조를 보면 당나라의 고등급 묘장(墓葬)과 매우 밀접한 전승관계를 가지고 있음을 발견할 수 있다. 예를 들면 당나라 '호묘위릉(號墓爲陵)'[113] 의덕태자(懿德太子)의 무덤을 예로 들면 구조가 무제의 효릉과 거의 같으며 의덕태자 무덤의 규모가 좀 더 클 뿐이다.

7) 동한(東漢)의 제릉(帝陵)

동한(東漢)의 제릉은 모두 12기로, 헌제(獻帝)의 선릉(禪陵)은 하남성(河南省) 초작시(焦作市) 수무현(修武縣) 경내에 있고 나머지 11기는 모두 하남성 낙양시(洛陽市) 경내에 있다. 동한의 능역은 북망산(北邙山)과 낙남(洛南)으로 나뉘는데 전자를 '북릉구(北陵區)', 후자를 '남릉구(南陵區)'라 할 수 있다. 북릉구는 지금의 낙양시 맹진현(孟津縣) 경내에 위치하고 있으며 서쪽의 서산두(西山頭)에서 동쪽의 황천령(皇天嶺)까지, 남쪽의 평악향(平樂鄕)에서 북쪽의 옥란구(屋鸞溝)까지 동서의 길이 8킬로미터, 남북의 폭 7킬로미터의 범위에 광무제(光武帝)의 원릉(原陵)·안제(安帝)의 공릉(恭陵)·순제(順帝)의 헌릉(憲陵)·충제(冲帝)의 회릉(懷陵)과 영제(靈帝)의 문릉(文陵)이 있

---

113 당(唐) 황실의 특수한 상장(喪葬) 제도로 중종(中宗) 때부터 시작되었다. '호묘위릉(號墓爲陵)'은 두 가지 뜻을 가지고 있는데 그 하나는 무덤이라 하지 않고 능이라고 부른다는 것이며 다른 하나는 무덤과 부장품을 황제와 같은 등급으로 한다는 것이다.

다. 남릉구는 지금의 낙양시 이빈구(伊濱區), 언사시(偃師市) 경내에 있으며 북쪽의 이하(伊河) 남안에서 남쪽의 영촌(寧村)까지, 동쪽의 도화점촌(陶化店村)에서 서쪽의 구점향(寇店鄉)까지 동서의 폭 9킬로미터, 남북의 길이 15킬로미터의 범위에 남북으로 명제(明帝)의 현절릉(顯節陵)·장제(章帝)의 경릉(敬陵)·화제(和帝)의 신릉(慎陵)·상제(殤帝)의 강릉(康陵)·질제(質帝)의 정릉(靜陵) 및 환제(桓帝)의 선릉(宣陵)이 '一'자형으로 배열되어 있다.

동한의 제릉은 제후(帝后)의 동분동혈(同墳同穴) 합장으로 되어 있다. 능묘의 봉토는 원구형(圜丘形)으로, 평면의 직경이 130미터 이상인 경우가 많으며 능묘는 묘도(墓道)·용도(甬道)·묘문(墓門)·묘실(墓室) 등으로 이루어져 있다. 무덤은 경사진 긴 묘도로 이루어진 '甲'자형 명권묘(明券墓)이며 묘도는 남향이고 길이 50미터, 폭 9미터 이상이다. 묘도를 남묘도(南墓道) 한 갈래만 둔 것은 상(商)나라 말기부터 제왕 능묘에 동서남북 네 갈래의 묘도를 설치하던 전통을 바꾼 중대한 변화이며 동서남북 사면에는 여전히 각각 문 하나씩 설치되어 있었다. 위에서 서술한 위·진·남북조, 당·송·원·명·청 제릉 능원의 문궐 설치 및 분포에 따르면 능원에 문을 4개 설치하는 제도는 중국 고대사회에서 시종일관 지켜왔다. 동한 제릉의 묘실은 정사각형의 '甲'자형 회랑(回廊) 묘실로, 벽돌 혹은 돌로 지었거나 벽돌과 돌을 섞어 지었으며 전후실(前後室)이 있고 묘도 혹은 용도(甬道) 옆에 이실(耳室)을 둔 경우도 있다. 전실은 중요한 제사 장소이며 후실에는 관곽(棺槨)을 두어 전당후침(前堂后寢)의 구도를 이루었다.

동한 초기 제릉의 능원에는 여전히 항축(夯築) 담장을 쌓았는데, 예를 들면 광무제 원릉의 능원에 담장이 설치되어 있다. 그러나 현절릉에 이르러서는 담장이 없어지고 목책(木柵)으로 대체했으며 환제의 선릉, 영제의 문릉에 이르러서는 목책마저 사라졌다. 능원의 신도는 남북향이다.

동한의 능원은 내외(內外) 능원 제도를 채택했는데, 그중 내릉원(內陵園)은 제후(帝后)의 합장묘를 중심으로 주변에 담장이나 도로가 둘러져 있다. 외릉원(外陵園)은 대면적의 판축 기단을 중심으로 내릉원의 동북쪽에 집중적으로 분포되어 있다.

〈그림 3-127〉 한명제(漢明帝)의 현절릉(顯節陵)

〈그림 3-128〉 한장제(漢章帝)의 경릉(敬陵)

〈그림 3-129〉 한환제(漢桓帝)의 선릉(宣陵)

〈그림 3-130〉 한질제(漢質帝)의 정릉(靜陵)

〈그림 3-131〉 동한(東漢)의 석벽사(石辟邪)

외릉원은 보통 3조의 건축 단원으로 구성되어 있다. 석전(石殿) 바로 옆에 인접해 있는 동쪽의 대형 판축 기단은 침전(寢殿)이고 침전 동쪽 혹은 북쪽의 원락 건물은 원성(園省: 놀이 등 오락을 위한 장소)이며 침전과 원성 북쪽의 원락 유적은 원사(園寺)의 이사(吏舍: 관사)였을 것으로 추정된다. 내외 능원의 건축 유적은 주요 건물 외에도 낭방(廊房)과 천장, 그리고 급수 및 배수시설 등 부속 건물 유적이 많이 남아 있다. 그리고 배장묘는 대부분 능역 동북부에 위치하고 있다.

'능묘약도읍(陵墓若都邑: 능묘는 도읍의 상징)'은 동한의 제릉에 충분히 구현되어 있다. 서한의 도성 장안성(漢元帝 이전의 도성)은 좌서조동, 즉 동향이며 도성의 궁성은 미앙궁과 장악궁의 동서 궁성제도를 시행했는데 서한 제릉의 규제에서는 능원과 능묘의 주요 묘도 방향이 동향이고 황제와 황후의 능묘는 동영(同塋: 같은 무덤) 부동혈(不同穴: 다른 혈)로 되어 있었음을 보여준다. 그리고 동한 제릉의 능원 및 능묘의 주요 묘도는 남향이며 황제와 황후가 동혈(同穴) 합장되었고 능묘의 방향은 동한 낙양성 도성의 남향과 일치한다. 도성에는 비록 남궁과 북궁이 있었으나 사실 동한 초기의 황궁이 남궁이고 그 이후의 황궁은 북궁이었기 때문에 황후와 황제가 '동혈' 합장된 것이다.

8) 서한(西漢)의 제릉(帝陵)

서한에는 고조(高祖) 유방(劉邦)부터 평제(平帝) 유간(劉衎)까지 11명의 황제가 있었으며 이들의 능묘는 장안성 북쪽의 함양원(咸陽原)과 동남쪽의 백록원(白鹿原) 및 두동원(杜東原)에 있다. 이 두 능역은 모두 '지세가 높고 토질이 두텁다'하여 제왕 능묘를 조성하기에 적합한 '길지(吉地)'로 여겼다.

위하(渭河) 북안의 함양원(咸陽原)에는 서한 황실의 주요 능역이 있는데 서쪽에서 동쪽으로 무제(武帝)의 무릉(茂陵)·소제(昭帝)의 평릉(平陵)·성제(成帝)의 연릉(延陵)·평제(平帝)의 강릉(康陵)·원제(元帝)의 위릉(渭陵)·애제(哀帝)의 의릉(義陵)·혜제(惠帝)의 안릉(安陵)·고제(高帝)의 장릉(長陵)과 경제(景帝)의 양릉(陽陵)이 차례로 분포되어 있다. 장안성(長安城) 동남쪽의 백록원과 두동원은 또 다른 서한의 황실 능역이며 여기에는 문제(文帝)의 패릉(霸陵)과 선제(宣帝)의 두릉(杜陵)이 있다.

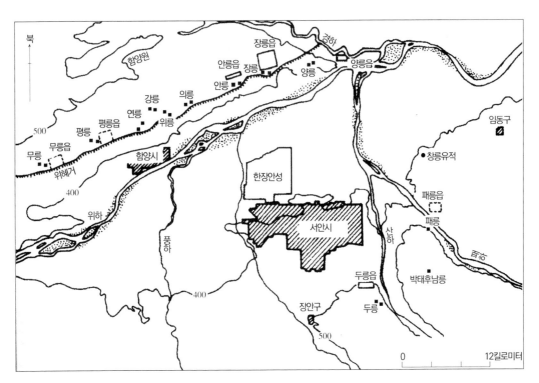

〈그림 3-132〉 서한(西漢) 제릉(帝陵)의 능역 분포도

〈그림 3-134〉 한무제(漢武帝)의 무릉(茂陵)

〈그림 3-133〉 구익부인(鉤弋婦人)의 운릉(雲陵)

　　이 밖에 서한의 무덤 중 비록 무덤 주인이 황제나 황후가 아니라 해도 아들이 황제일 때는 황제, 황후 및 후비(后妃)의 예의에 맞추어 안장된 경우가 있었는데, 도성 부근의 능묘로는 태상황릉(太上皇陵)·박태후(薄太后)의 남릉(南陵)·구익부인(鉤弋婦人)의 운릉(雲陵)과 사황손(史皇孫)의 봉명원(奉明園)등이 있다. 이 능묘들 중에서 박태후의 남릉은 제릉의 동남(東南) 능역에 속하며 사황손의 봉명원은 장안성의 동남쪽에 있기에 동남 능역에 속했을 수도 있었을 것으로 보인다. 그러나 태상 황릉과 운릉은 서한의 제릉 능원 구역에 포함되지 못했다.

서한 11기의 제릉 중 문제(文帝)의 의산위릉(依山爲陵) 패릉(霸陵)을 제외한 10기의 제릉은 무덤이 모두 평지에 축조되어 있는데 마치 산처럼 보인다.

진한(秦漢)시기에 제왕의 능묘에 높은 무덤이 생겨난 것은 전국(戰國)시대 이래 고대(高臺) 궁전 건축이 유행된 결과이며 제릉의 봉분은 이들이 생전에 살았던 고대 궁전 건축을 상징한다. 서한 제릉의 봉분은 보통 높이가 30미터 정도이며 저부는 정사각형이고 변의 길이가 약 170미터이다. 한릉(漢陵) 중에서 규모가 가장 큰 무릉(茂陵)은 봉분의 높이가 48미터이며 저변의 길이가 230미터에 이른다.

한(漢)나라 제릉의 지궁(地宮)은 '방중(方中)'이라고 불렸다. 이와 관련하여 『황람(皇覽)』에는 "한가(漢家)의 무덤은 방원이 백보이고 방성을 축조했다. 여기에 문 네 개를 내서 사방으로 통한다"[114]라고 기록되어 있다.

능묘는 능원의 중앙에 있고 제릉의 네 갈래 이도(羡道)가 능원의 사마문(司馬門)을 마주하고 있다. 제릉의 네 이도(羡道)는 능원의 사마문을 지나 신도와 연결되어 있는데 신도의 폭은 100미터나 된다. 한릉의 네 갈래 신도 중 동신도(東神道)가 주요한 도로로 추정된다.

한릉에 네 갈래 묘도를 설치한 것도 선대의 제도를 계승한 것으로, 은허(殷墟) 상왕릉(商王陵)의 묘실 사방에 각각 한 갈래의 묘도가 있다는 것은 이미 알려진 사실이다. 고대에 묘도의 수는 엄격한 규정이 있어서, 누구의 무덤이든지 임의로 묘도를 설치할 수 없었다.

한릉의 명중(明中)은 지궁(地宮)의 묘실이며 그중 장구(葬具)는 주로 재궁(梓宮), 편방(便房)과 황장제주(黃腸題湊)에 있다.

천자의 관(棺)을 재궁이라고 하며 황제 생전의 거처와 향연(饗宴) 장소를 본뜬 편방은 재궁 앞에 세워져 있다. 황장제주는 전국시대에 이미 사용되었으며 산동

---

114 漢家之葬, 方中百步, 穿築爲方城。其中開四門, 四通。

〈그림 3-135〉 한무제(漢武帝)의 무릉(茂陵) 서한(西漢)의 황장제주(黃腸題湊) 모형

〈그림 3-136〉 한무제의 무릉 대보대(大葆臺) 한묘(漢墓)의 황
장제주

〈그림 3-137〉 한무제의 무릉 정도(定陶) 한묘의 묘실

성(山東省) 하택시(菏澤市) 정도구(定陶區)에서 발굴된 서한 시대 '정도왕(定陶王) 왕후'
능묘의 황장제주는 현재 가장 온전한 '황제급' 장구(葬具)이다. 황장제주는 목조
건물로 전·중·후 세 묘실과 측실(側室)·문도(門道)·회랑(回廊)·외장실(外藏室)·제주
장(題湊墻)으로 이루어져 있으며 각 측실은 모두 남북과 동서로 대칭되게 분포되어
있고 모두 열려 있는 목조 묘문(墓門)이 있다. 중실은 주실(主室)로 평면이 정사각형
이고 내부에 재목(梓木)으로 만든 칠관(漆棺)이 하나 놓여 있고 가장 바깥쪽은 황장

〈그림 3-138〉 '동토(同塋) 부동혈(不同穴)'의 한고조릉(漢高祖陵: 서릉)과 여후릉(呂后陵: 동릉)

목(黃腸木)으로 만든 제주장(題湊墻)에 둘러싸여 있다. 황장목은 백목(柏木)이고 곽목 (槨木)은 남목(楠木)이며 관목(棺木)은 재목이다.

서한의 황제와 황후 능묘는 동토(同塋) 부동혈(不同穴)이고 지면에서 보면 두 무 덤이 나란히 서 있는 경우가 많으며, 무덤의 형태는 비슷하지만 황후릉이 황제릉 에 비해 규모가 작다. 그리고 서한 말기로 갈수록 이러한 현상이 두드러졌고 동한 시기에 이르러서는 황제와 황후 능원의 동토 부동혈 규제가 전면 철폐되고 황제 와 황후가 동혈(同穴)에 묻히게 되었다.

서한의 황제와 황후의 능묘 둘레에는 판축 담장을 둘러 쌓아 능원을 조성하 였다. 능원은 기본적으로 도성인 한(漢)의 장안성과 황궁을 모방하여 축조되었다. 한(漢)의 장안성 및 황궁의 축조 및 사용에는 역사적 변화 과정이 있었으므로 서 한 여러 능원의 구조도 이에 따라 변화되었다.

서한 초기에 고제(高帝)는 장악궁(長樂宮)을 황궁으로 삼았고 미앙궁(未央宮)은 건설 중에 있었다. 혜제(惠帝)가 즉위한 후 미앙궁으로 옮겨 갔는데, 여후(呂后)는 여전히 장악궁에 머물러 있었으며 장악궁은 여전히 중요성을 잃지 않았다. 장악 궁은 동쪽에 있어서 동궁이라 불렸고 미앙궁은 서쪽에 있어서 서궁이라고 불렀 다. 궁성의 이러한 배치와 명칭은 황제와 황후 능원의 상대적인 위치에도 직접적인 영향을 미쳤으며, 제릉 능원의 구조에도 반영되어 장릉(長陵)과 안릉(安陵)에는 황제와 황후의 능묘가 같은 능원에 배치되어 있다. 패릉(霸陵)부터 시작하여 서한이 종말할 때까지 황제와 황후의 능묘는 각각의 능원을 조성했다. 제릉과 황후릉의 능원은 인접해 있는데, 두 능원의 간격은 450~700미터이다. 제릉 능원의 변의 길이는 보통 410~430미터이며 벽의 폭이 8~10미터이고, 황후릉 능원은 보통 변의 길이가 330미터이며 개별적으로 큰 것은 400미터이고 벽의 폭은 3~5미터이다. 황후 능원은 보통 황제 능원의 동쪽에 있기 때문에 '동원(東園)'이라고 불렸다. 또 황제와 황후 능원을 둘러싸고 대릉원(大陵園)을 조성하고 제릉과 황후 능원을 여기에 포함시켰는데 어떤 제릉의 대릉원에는 그들의 '부인(夫人)'이나 다른 비빈의 묘소도 있다.

황제와 황후 능원의 배치가 미앙궁과 장악궁의 영향을 받았다면 능원 자체의 구조는 황궁의 영향을 더 많이 받았다. 미앙궁과 장악궁의 주요 건물은 전전(前殿)이며 보존 상태가 비교적 좋은 미앙궁의 경우, 전전은 궁성(宮城) 중앙에 있는 거대한 기단이다. 미앙궁의 평면은 정사각형에 가깝고 궁의 네 면이 전전의 사면에 낸 궁문, 즉 사마문(司馬門)을 마주하고 있다. 서한의 제릉과 황후릉은 보통 능원의 한가운데에 자리 잡고 있으며 평면은 정사각형이고 능원 사면의 중앙에 각각 문하나씩 두고 있다. 이처럼 제릉(帝陵)의 능역과 능원 모두 도성과 황궁을 모방하여

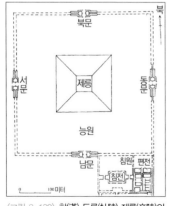

〈그림 3-139〉 한(漢) 두릉(杜陵) 제릉(帝陵)의 능원과 침원(寢園) 평면도

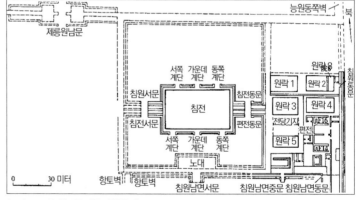

〈그림 3-140〉 한 두릉 제릉의 침원 평면도

축조한 것임을 알 수 있다.

서한의 제릉 능원 부근에는 침원(寢園)과 묘원(廟園)이 있다.

'침원'이라는 이름은 서한 때부터 있었는데 이는 침전(寢殿)을 중심으로 하고 편전(便殿)을 포함한 하나의 건물군으로, 주위에 벽을 쌓았다. 서한의 제릉과 황제 릉에는 각각 침원을 설치했고, 심지어 황제의 부모나 조부모, 형제의 무덤 근처에 도 침원을 조성했다.

서한 초기 제릉의 침전은 능원 안에 있었다. 대략 한문제(漢文帝)의 패릉(覇陵) 에서부터 시작하여 능원에서 침전을 옮겨가 침원을 축조했으며 보통 제릉 능원 의 동남쪽에 위치했다.

침전은 침원의 주요 건물이자 황제 혹은 황후 능묘의 정전(正殿)이기도 하며 건물의 평면배치는 황궁의 대조정전을 모방했다. 황후릉의 침전은 규모가 좀 작 고 건축자재에서 차이가 있을 뿐 제릉과 구조가 비슷하다. 침전의 주요 기능은 중 요한 제사를 지내는 것이다.

선제(宣帝)의 두릉(杜陵) 침원을 예로 들면, 그 범위는 동서의 길이 178미터, 남 북의 폭 125미터이며 담장에 둘러싸여 있다. 침원 내부는 서쪽이 침전이고 동쪽 이 편전인데 침전은 대형 궁전 건물로, 중부에 판축 대기가 축조되어 있다. 대기 둘레에는 2미터 폭의 회랑(回廊)이 있고 바닥에 무늬가 없는 네모난 벽돌이 깔려

〈그림 3-141〉 한(漢) 두릉(杜陵) 제릉(帝陵)의 편전(便殿) 유적

〈그림 3-142〉 한 양릉(陽陵)의 덕양묘(德陽廟) 유적

있다. 회랑 밖에는 난석(卵石)이 깔려 있는 산수(散水: 집터서리, 빗물에 의한 지반(地盤) 파괴를 막으려고 건축물 주위에 경사지게 만들어 놓은 것)가 한 겹 둘러 있다. 침전에는 문이 남북에 각각 3개, 동서에 각각 1개씩 있다. 편전은 침전 옆에 있으며 주요 기능은 황제와 황후가 생전에 입었던 의복과 장의(葬儀)에 사용되는 기물들을 보관하는 것이며 여기에서 일반적인 제사를 지낸다. 중요한 제사가 있을 때는 제사 전후에 참가자들의 휴식 공간으로 제공되었다. 편전은 침원 중 주요 관원들의 집무 공간이며 여기에는 전당, 정무를 보는 공간 및 작은 방들로 이루어진 주거공간과 약간의 독립된 정원 등 건물들이 있는데, 이 중에서 전당은 제사를 지낼 때 사용되었다. 작은 방들의 공간 배치가 서로 다른 것은 사용 기능에 차이가 있었음을 반영한다. 어떤 방에는 교혈(窖穴: 땅굴)까지 마련되어 있었는데 여기에서 출토된 유물로는 육식을 제공한 동물들의 뼈와 곡식, 화폐와 기타 귀중한 칠기의 유금동(鎏金銅) 장식품 등이 있으며 이런 것들이 능원에서 제사 지낼 때 쓰였다는 것은 어렵지 않게 알 수 있다. 작은 방들, 그리고 작은 원락과 낭도(廊道)에 둘러싸인 큰 원락은 모두 휴식 공간이었을 것으로 추정된다.

서한의 제릉 부근에는 보통 능원에서 진행되는 행사를 위해 축조한 묘(廟)가 있으며 능묘(陵廟)라고도 불리는데, 예를 들면 고조(高祖) 장릉(長陵)의 원묘(原廟)·경제(景帝) 양릉(陽陵)의 덕양묘(德陽廟)·무제(武帝) 무릉(茂陵)의 용연묘(龍淵廟)·소제(昭帝) 평릉(平陵)의 배회묘(徘徊廟)·선제(宣帝) 두릉(杜陵)의 악유묘(樂遊廟)·원제(元帝) 위릉(渭陵)의 장수묘(長壽廟)·성제(成帝) 연릉(延陵)의 양지묘(陽池廟) 등에 모두 능묘가 있으며 이 밖에도 한혜제(漢惠帝)·태상황(太上皇)·위사후(衛思后)·사황손(史皇孫) 등의 능묘(陵墓) 부근에도 능묘가 있었다. 서한 시기에는 예작수릉제도(五作壽陵制度: 생전에 미리 능묘를 축조하는 제도)를 시행기했에 능묘(陵墓)의 주요 구성 부분인 능묘(陵廟)는 황제 생전에 미리 지었을 것으로 보인다. 황제 생전에 지었다는 이유로 묘(廟)라고 부르는 것을 꺼려 '궁(宮)'이라고 불렀는데, 예를 들면 경제(景帝)의 묘호(廟號) '덕양궁(德陽宮)', 무제(武帝)의 묘호 '룡연궁(龍淵宮)' 등이 그 보기이다. 황후의 능묘(陵墓)에도 능묘(陵廟)가 있는데, 효원왕(孝元王) 황후의 능묘(陵廟)를 '장수궁(長壽宮)'이라고

〈그림 3-143〉 한(漢) 연릉(延陵)의 배장묘(陪葬墓)　　　〈그림 3-144〉 위청묘(衛靑墓)·곽거병묘(霍去病墓)·김일묘(金日墓)

한 것이 그 예이다.

　능묘(陵廟)의 주위에는 담장이 있고 담장 안에는 묘원(廟園)이 있는데 한릉(漢陵)의 대부분 묘원은 제릉 동쪽에 위치하고 있다. 묘원 안의 능묘는 일반적으로 정사각형 판축 기단 위에 축조한 대형 건축물이다. 이미 발견된 한경제(漢景帝) 양릉(陽陵)의 덕양묘(德陽廟) 유적은 경제(景帝)의 양릉에서 동남쪽으로 약 300미터 떨어진 곳에 있으며 평면이 정사각형이고 변의 길이가 약 260미터이다. 외곽에는 참호가 있고 네 면의 가운데 위치에 각각 문 하나씩 있으며 참호 안 네 귀퉁이에는 곡척형(曲尺形)의 낭방(廊房) 건물이 하나씩 있다. 유적의 가운데 위치에 주요 건물이 있는데 평면이 정사각형인 판축 대기이며 변의 길이가 53.7미터이고 각 면에 문 3개씩, 4면에 총 12개의 문이 설치되어 있다. 문도(門道) 바닥에는 사신(四神) 무늬의 공심전(空心磚)을 깔았는데 이는 건물의 바닥 벽돌이다. 벽은 동서남북의 방위에 따라 각각 청·백·홍·흑 네 가지 색으로 칠해져 있으며 이 유적지에서는 세트로 된 옥규(玉圭), 옥벽(玉璧) 등 유물이 출토되었다. 이곳은 지금까지 발굴된 유적 중 유일한 서한의 제릉 능묘(陵廟)이다.

　서한의 황제는 생전에 누리던 물질적 향락뿐만 아니라 정치적 '천하유아독존(天下唯我獨尊)'의 위상까지 무덤 속으로 가져가려 했는데, 한릉의 배장묘가 이를 증명해준다.

　현존하는 서한의 능묘 중 장릉(長陵)과 두릉(杜陵)이 배장묘가 각각 60~70기로 가장 많으며 안릉(安陵)·양릉(陽陵)·무릉(茂陵)·위릉(渭陵)·연릉(延陵)과 의릉(義陵) 부근에도 적지 않은 배장묘가 있다. 대부분의 배장묘는 제릉의 동쪽에 있는데, 이는 장안성 미앙궁의 동궐(東闕) 밖에서 권력자들이 알현할 때의 의례를 모방한 것으로 보이며 제릉 북쪽에 배장묘가 있는 경우도 있다. 앞에서 언급한 바와 같이 미앙궁의 북문은 황궁의 중요한 통로였고 '상서(上書), 주사(奏事) 혹은 알현하는 무리'들이 모두 이곳을 거쳐 출입했다.

제릉 능원의 동문 혹은 북문 밖의 배장묘는 고인 생전의 활동 모습을 보여준다. 이들은 살아 있을 때 미앙궁의 동궁문과 북궁문을 드나들면서 황제의 소환과 지시를 받곤 했던 신하들이었고 이런 주종 관계를 사후의 세계인 저승에까지 가져갔던 것이다. 다른 시각에서 보면 제릉 능역에 묻히는 것은 이들 생전의 숙원이며 또 유족들이 그 가세(家世)를 과시할 수 있는 자본이었다. 이런 의미에서 배장묘의 배치는 황제가 정치적으로 이들 세력을 회유하는 수단으로 되기도 했다. 이와 같은 장릉의 배장묘에는 소하(蕭何)·조삼(曹三)·왕릉(王陵)·주발(周勃) 등의 묘소가 있고, 무릉의 배장묘에는 위청(衛靑)·곽거병(霍去病)·곽광(霍光)·김일(金日) 등의 묘소가 있는데, 이들 묘주 생전의 정치적 지위, 황실과의 관계는 제릉 능역에서 배장묘의 위치를 보면 알 수 있다.

서한은 대부분 제릉에 배장묘가 있으며 묘주 생전의 신분은 시기에 따라 달라진다. 서한 초기에 장릉에 배장된 사람들은 대부분 개국원훈, 문무중신들이었고, 중기의 안릉에 배장된 사람들은 주로 황친국척과 달관현귀의 이중 신분을 가진 노원공주(魯元公主), 장오(張敖) 등이었으며, 말기에 이르러서는 황친국척과 환관이 주류를 이루었다.

물론 제릉과 배장묘는 분명히 다르며 수많은 배장묘에는 엄격한 위계질서가 있다. 예를 들면 무덤의 높낮이는 고인의 정치적 신분에 따라 엄격히 등급을 정했는데 열후(列侯) 무덤의 높이는 3장(丈)이고 관내후(關內侯: 작위명) 이하에서 서인(庶人)에 이르기까지 모두 차등을 두었다. 2,000여 년의 긴 세월 동안 비바람을 맞아 왔지만 현존하는 한릉 배장묘는 그 크기가 다름을 볼 수 있다.

한릉의 배장묘는 봉분의 모양도 원추형, 복두형(覆斗形), 산형(山形) 등 다양한 형태를 갖추고 있다. 이 중 원추형이 가장 많고 복두형이 그다음이며 산형이 가장 적은데, 산형의 봉분은 장릉의 '삼련총(三聯冢)', 무릉의 위청묘(衛靑墓)와 곽거병묘(霍去病墓)에서만 볼 수 있는 특이한 무덤이다.

산형 봉분은 일반적으로 전사자의 전공을 기리고자 축조된 것으로, 위청과 곽거병 묘소는 각각 이들이 출정하여 큰 공을 세운 노산(盧山)과 기련산(祁連山)을 상징한다. 그리고 이 방법은 후대에 의해 답습되었는데 당태종(唐太宗) 소릉(昭陵) 배장묘 중의 '상삼총(上三冢)'인 이정묘(李靖墓)와 '하삼총(下三冢)'인 이적(李勣)의 무덤이 바로 산형이다.

대형 배장묘 주변에는 허다한 건축물들이 분포되어 있었는데, 예를 들면 평원군묘(平原君墓)·경부인묘(敬夫人墓)·허광한묘(許廣漢墓)·장우묘(張禹墓)·곽광묘(霍光墓) 등은 모두 부근에 원읍(園邑)이나 사실(祠室) 등 건물이 있고 그중 일부는 규모

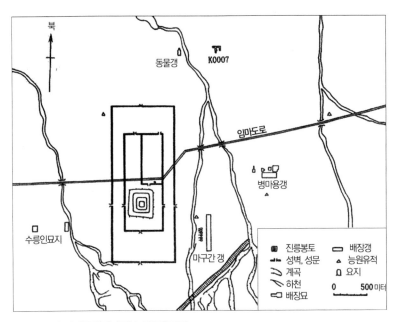

〈그림 3-145〉 진시황릉(秦始皇陵) 능역(陵域) 평면도
내성(內城)은 남북향의 직사각형으로 동서의 폭 580미터, 남북의 길이 1,355미터, 둘레 3,870미터이다. 내성의 북구는 동서 두 부분으로 이루어져 있는데, 북구의 동부는 사면이 담장에 둘러져 있고 동서의 폭 330미터, 남북의 길이 670미터이며 서부는 동서의 폭 250미터, 남북의 길이 670미터이다. 외성(外城)도 남북향의 직사각형으로 동서의 폭 976미터, 남북의 길이 2,185미터이다.

〈그림 3-146〉 진시황릉(秦始皇陵) 항공촬영도

가 상당하다.

　현존하는 서한 제릉의 배장묘만 놓고 보면 그 분포가 남북으로 열을 짓고 있거나, 동서로 가로 배열되어 있거나, 취집(聚集)되어 있거나, 짝을 지어 있는 등 일정한 규칙성을 가지고 있다는 사실을 발견할 수 있다. 서한의 경우, 족장(族葬)과 부장(附葬)의 풍습이 있었는데 부부는 동토부동혈(同塋不同穴)해야 했던 풍습이 이를 말해준다.

　제왕 능묘 부근에 능읍(陵邑)을 설치한 것은 진시황릉에서 비롯되었는데, 주로 진시황릉을 축조하려고 설치한 것이었다. 서한의 황제가 제릉 부근에 능읍을 설치한 목적은 우선 능원을 공봉하기 위해서이며 그 다음은 관동(關東: 산해관 동쪽 지방)의 대족(大族)·공신·부호·호족들을 이곳으로 이주시켜 중앙의 세력을 강화하고 지방의 세력을 약화시키며 통치를 공고히 하고 경기(京畿) 지역의 경제와 문화를 번영시키기 위해서였다.

한(漢)나라 때에는 함양원(咸陽原)에 있던 장릉(長陵)·안릉(安陵)·양릉(陽陵)·무릉(茂陵)·평릉(平陵)에 능읍을 설치했기 때문에 역사적으로 함양원을 '오릉원(伍陵原)'이라고도 불렀다. 이 밖에 문제(文帝)와 선제(宣帝)는 장안성 동남쪽의 패릉(覇陵)과 두릉(杜陵)에 각각 능읍을 설치했다.

능읍은 대부분 제릉의 북쪽과 동쪽에 분포되어 있었는데 장릉읍(長陵邑)·안릉읍(安陵邑)·평릉읍(平陵邑)·두릉읍(杜陵邑)은 제릉 북쪽에 있고, 패릉읍(覇陵邑)은 제릉의 동북쪽에 있었을 것으로 추정되며 양릉읍(陽陵邑)은 동쪽, 무릉읍(茂陵邑)은 동북쪽에 있다. 위의 제릉 능읍의 분포 위치는 도성 장안의 영향을 받았을 것으로 보이는데, 장안성 안에서 궁전이 전체 면적의 3분의 2를 차지했고 주로 성의 남부와 중부에 분포되어 있었다. 성내의 주민들은 주로 북부와 동북부에 거주했고 달관현귀들은 북제(北第)와 동제(東第)에 거주하는 것을 자랑스럽게 여겼다. 북제는 말앙궁 북관(北闕) 부근에 있으며 곽광(霍光), 동현(董賢) 등은 모두 여기에 집을 지었던 적이 있다. 여기가 바로 반고(班固)가 말하는 '북관갑제(北闕甲第)'이며 장안성 동쪽의 동제(東第)도 갑제(甲第)에 속하는데, 『사기(史記)』「사마상여열전(司馬相如列傳)」에는 "위(位)는 통후(通侯)이고 거열(居列)은 동제(東第)이다"[115]라고 기록되어 있다. 제릉의 능읍은 마치 도성의 갑제와 같으며 보통 제릉의 북쪽이나 동쪽에 배치되어 있어 갑제가 황궁의 북쪽이나 경성의 동쪽에 축조되어 있는 것과 유사하다.

서한 제릉의 능읍 제도는 비록 진시황이 만든 제도를 답습했으나 서한시대에는 이를 체계화, 제도화했고 제릉에만 해당되던 데로부터 국가 정치 건설의 중요한 구성 부분으로 발전했다. 서한의 능읍 제도는 또 후세에 장기적으로 영향을 미쳤는데, 예를 들면 요(遼)나라 제릉의 능읍 제도는 진한(秦漢)의 능읍으로 거슬러 올라갈 수 있다.

---

115 位爲通侯, 居列東第

9) 진시황릉(秦始皇陵)

진시황릉(秦始皇陵)은 중국의 최초의 황제 능원으로, 섬서성(陝西省) 서안시(西安市)에서 동쪽으로 35킬로미터 떨어진 서안시 임동구(臨潼區) 연채향(宴寨鄉)에 자리 잡고 있다. 능묘는 남쪽에 여산(驪山)을 끼고 북쪽으로는 위수(渭水)에 접해 있어 역사적으로 '여산(麗山)'이라고 불린다. 진시황릉 능역은 동서의 길이와 남북의 폭이 각각 약 7.5킬로미터이고 부지면적이 56제곱킬로미터로 그 규모가 중국 고대 제릉의 으뜸이며 1961년 국무원(國務院)에 의해 제1차 전국문물보호단위(全國文物保護單位: 국가급 문화재) 중 하나로 지정되었고 1987년에는 유네스코 세계문화유산에 등재되었다. 진시황릉 능역에는 능원·능묘·능침 건물·능읍·배장갱·순장묘와 능원을 축조한 자들의 무덤 및 홍수 피해를 방지하려고 만든 제방 등 진시황릉과 관련이 있는 유적들이 포함된다.

진시황릉은 주위에 항축(夯築) 담장을 둘러 능원을 조성했는데 능원은 내외 이중으로 쌓은 성으로 이루어져 있다. 내성(內城)은 네 면에 문을 냈고 진시황릉은 내성 남부의 동서 가운데 위치에 자리 잡고 있다.

진시황릉의 봉토는 복두형(覆斗形)이고 현존하는 봉토 저부(底部)의 평면은 정사각형이며 변의 길이가 약 350미터이고 봉토의 높이는 35.5~77미터이다. 20세기 초의 진시황릉 봉토 관련 발굴 자료에 따르면 봉토 저부 남북의 길이는 515미터, 동서의 폭은 485미터이다. 진시황릉 지궁(地宮)은 사면의 가운데 위치에 문을 내어 능묘 사면의 묘도와 맞대고 있다.

내성 밖에는 또 항축 토성을 한 바퀴 둘러 능원의 외성을 이루었는데, 내성은 외성의 중앙에 자리 잡고 있다. 외성 역시 문 4개를 설치했고 내성과 외성의 동·서·남 세 면의 성문은 서로 마주하고 있다.

서한 제릉 능원의 평면 구조는 기본적으로 진시황릉 능원 내성 남구(南區)의 특징을 계승하였다. 진시황릉은 춘추 시기 이래의 전통적인 진릉 축조 방식과는 다른데 그 차이점은 주로 아래의 몇 가지에서 나타난다.

첫째, 능원이 담장에 둘러싸여 있고 더 이상 주위에 도랑을 파지 않았다. 둘째, 능원 내외성의 동·서·남문은 각각 제릉 지궁의 동·서·남 묘도와 마주하고 있는데, 이런 배치는 선진(先秦)시대 왕릉에서는 찾아볼 수 없다. 셋째, 진시황릉의 봉토는 능원 내외성의 동서 방향 가운데에 위치하며 진시황릉 내성의 경우, 제릉의 봉토가 내성의 남반부를 차지하고 남반부의 중앙에 위치하여 이후 제릉이 능원 중앙에 위치하는 효시가 되었다.

내, 외성의 동문 사이에는 동서로 도로가 연결되어 있는데, 대체로 내성과 외성 동문의 동서 가운데에 위치하며 궐 2개가 동서향 도로 양쪽에 남북으로 대칭 분포되었다. 두 궐의 구조와 크기는 기본적으로 같으며 평면은 모두 '凸'자형이다. 북궐은 남북의 길이 45.9미터, 동서의 폭 4.6~14.6미터이고 남궐은 남북의 길이 46.9미터, 동서의 폭 3.2~15.3미터이며 두 궐 모두 바깥쪽(동쪽)이 '삼출궐(三出闕)'이고 안쪽(서쪽)은 '이출궐(二出闕)'이다. 내, 외성의 서문은 동문과 구조가 거의 동일하다. 진시황릉 내, 외성 동서문 사이에서 발견된 궐은 지금까지 발견된 최초의 제왕 능원 문궐이다. 진시황릉의 문궐은 비록 내, 외성의 동문과 서문 사이에 설치되기는 했지만 실제로는 내성의 동, 서 문궐이었을 것으로 보인다. 문궐은 내성의 동, 서문 밖에만 있고 기타 문 밖에서는 문궐 시설이 보이지 않는데 이는 초기 제왕 능묘 문궐의 특징일 것으로 추정되며 서한 제릉의 문궐 제도와는 좀 다른 양상을 보인다. 진시황릉 내성의 동, 서문 밖에 문궐을 설치한 것은 당연히 능원의 배치 구조와 관련이 있으며 제릉 능원의 배치 구조는 도성과 궁성 제릉 능원의 영향도 받았다. 고고학자들은 서한의 도성인 장안성의 동성문(東城門)인 선평문(宣平門), 패성문(覇城門) 밖에 궐터가 있는 것을 확인했고 문헌에도 장악궁(長樂宮)의 동, 서 궁문 밖에 궐(闕: 즉 장악궁의 동궐과 서궐)이 있다고 기록되어 있다.

진시황릉 내성 남구의 북부, 북구의 서부 등에서 고등급 건축물이 많이 발견되었는데, 발굴자들은 진시황릉의 침원(寢園)·침전(寢殿)·편전(便殿)·사려사(寺麗舍)·식관(食官) 등 능침 관련 관서 건물 유적으로 추정하고 있다. 또 신풍현(新豊縣) 고성(故城)의 진시황릉에서 북쪽으로 4킬로미터 떨어진 지금의 임동구(臨潼區) 대

〈그림 3-147〉 진시황(秦始皇)의 병마용(兵馬俑) 1호갱

〈그림 3-148〉 석개갑(石鎧甲)　　　　　〈그림 3-149〉 백희용(百戱俑)

〈그림 3-150〉 진시황릉(秦始皇陵)의 동차마(銅車馬)

왕향(代王鄕) 유가채(劉家寨) 사하촌(沙河村) 일대에서 진시황릉의 능읍(陵邑) 유적(즉 여읍)이 발견되었는데 여읍(麗邑)은 중국 고대 제왕 능묘의 첫 능읍이며 『후한서(後漢書)』「동평헌왕창전(東平憲王蒼傳)」에 "원읍(園邑)의 흥기는 강진(強秦)에서 시작된다"라고 기록되어 있다. 진시황 35년에는 3만 호의 이민을 여읍에 이주시키기로 결정했는데 그 목적은 한편으로는 '원릉(園陵)을 받들게 하는' 것이고 다른 한편으로는 지방에 대한 중앙의 통제를 강화하려는 데 있었는데, 이른바 '강간약지(强干弱支), 즉 중앙을 강화하고 지방을 약화시킨다'는 것이다. 진시황이 개창한 제릉에 능읍을 두고, 여기에 백성을 이주시킨 것은 서한에 의해 계승되어 중요한 제도로 만들어졌으며, 능읍은 국가의 사회 정치, 경제생활에서 중요한 역할을 수행하게 되었다.

진시황릉의 능역에서는 180기의 배장갱(陪葬坑)이 발견되었는데 능원 내에 76기, 능원 밖에 104기가 있다. 이들 배장갱은 형상과 내함(內涵)이 다르고 분포도 제각각인데, 유명한 병마용갱(兵馬俑坑), 동차마갱(銅車馬坑)이 있는가 하면 마구갱(馬廐坑)·진금이수갱(珍禽異獸坑)·목차마갱(木車馬坑)·문관용갱(文官俑坑)·석개갑(石鎧甲)이 출토된 배장갱(陪葬坑)·백희용갱(百戱俑坑)·기좌용갱(跽坐俑坑)·잡기용갱(雜技俑坑, 곡예용갱) 등도 있다.

진시황릉의 내성과 외성 사이에 있는 배장갱은 주로 내, 외성의 동, 서문 남쪽에 있는 배장갱들이다. 서문 남쪽의 배장갱으로는 진금이수갱, 마구갱과 기좌용갱이 있는데, 이 중 진금이수갱이 능원 밖 동북쪽의 동물갱과 다른 점은 후자가 도성 원유(苑囿)의 일부로 보인다면 전자는 궁성 중 원유(苑囿) 내의 진금이수(珍禽異獸)를 상징하는 것으로 보인다는 것이다. 서문 남쪽의 마구갱에는 실제로 살아 있는 말들이 배장되었고 능원 밖 동남쪽 상초촌(上焦村)의 마구갱도 같은 상황인데, 전자는 궁성의 마구(馬廐)를 상징하고 후자는 도성의 마구인 것으로 보인다. 내, 외성 동문 남쪽의 배장갱에는 석개갑이 출토된 갱(坑)과 곡예용갱이 있는데, 이 중 전자가 규모가 크며 대량의 석개갑은 진나라 황궁의 위수부대를 상징하는 것으로 보인다. 만약 이 추정이 사실이라면 진시황릉 밖에 있는 병마용갱의 병마용은 진시황의 장례를 치르기 위한 부대일 가능성이 크다.

내성 지궁(地宮)의 북부와 서부에서는 모두 출행(出行)과 관련된 차마갱이 많이 발견되었다. 발굴자들은 지궁(地宮)의 남쪽에서 발견된 문관용갱을 정위(廷尉)[116] 기관의 상징으로 보고 필자는 이들이 궁성 내 황실 관리(官吏)일 가능성이 더 높다고 보고 있다.

진시황릉 밖 배장갱은 중국 고대 제왕 능묘의 발전사에서 규모와 수량 및 종류 모두 전무후무할 정도로 절정에 달했으며 '능묘약도읍(陵墓若都邑)'의 이념이 여기에서 가장 잘 드러난다. 이는 서한 중기 이전의 제릉 밖 장곽(藏槨: 관을 담는 궤를 감춰둠) 제도의 제정에 직접적인 영향을 미쳤으며 한경제(漢景帝)의 양릉(陽陵) · 한무제(漢武帝)의 무릉(茂陵) · 한소제(漢昭帝)의 평릉(平陵) · 한선제(漢宣帝)의 두릉(杜陵) · 박태후(薄太后)의 남릉(南陵) 등 배장갱의 고고학적 발굴 결과가 그 증거이다.

10) 동주(東周: 춘추전국시대)의 왕릉

낙양(洛陽) 왕성(王城) 동주(東周)의 왕릉

기원전 770년, 평왕(平王)이 동천(東遷)하여 낙양을 도읍으로 삼으면서 동주가 시작되었다. 그리고 동주의 25명 임금은 모두 사후 낙양에 묻혔다.

낙양의 동주 왕릉은 주산(周山), 왕성(王城)과 금촌(金村) 3개 능역으로 나뉜다.

주산은 동주 왕성에서 서남쪽으로 약 5,000미터 정도 떨어져 있으며 동주의 왕릉이 이 산에 위치한다 하여 붙여진 이름이다. 이곳에는 경왕(敬王) · 도왕(悼王) · 정왕(定王)과 영왕(靈王)의 능묘가 있는 것으로 전해진다. 주산 지역에는 현재 토총

---

116 (역자주) 벼슬 이름. 법조를 맡은 관부(官府)나 그곳에 근무하는 사람을 일컫는다. 진(秦)나라 때 처음 설치했고, 9경(九卿)의 하나로 형옥(刑獄)을 관장했으며, 한대(漢代)에 들어와 한때 이름이 '대리(大理)'로 바뀐 적이 있지만, 무제(武帝) 건원(建元) 4년(기원전 137)에 원래대로 복귀되었다.

〈그림 3-151〉 '육마가차(六馬駕車)' 동주(東周)의 차마갱(車馬坑)

〈그림 3-152〉 금촌(金村)에서 출토된 금련옥조패(金鏈玉組佩)

〈그림 3-153〉 금촌에서 출토된 청백옥 쌍룡패(雙龍佩)

〈그림 3-154〉 금촌에서 출토된 옥호(玉虎)

(土冢) 4기가 있는데, 이 중 3기 능묘의 봉토가 저부의 직경이 51~75미터, 높이가 26~34미터인데 반해 나머지 1기는 저부의 직경 115미터, 높이 50미터의 비교적 큰 규모이다.

왕릉 능역은 동주 왕성의 동북쪽에 위치하며 지금의 소둔촌(小屯村)부터 낙양 손목시계공장 일대에 이른다. 이곳에서는 일찍이 '甲'자형 무덤 4기가 발굴되었는데, 이 중 어느 한 무덤에서 '천자(天子)'라는 글자가 새겨진 석규(石圭)가 출토되기도 했다. 2001년 낙양시(洛陽市) 제27중학교에서 '亞'자형의 큰 무덤이 발견되었는데 묘도의 길이 30미터, 묘실의 길이 6.6미터, 폭 5미터이며 여기에서 '왕작보존이(王作寶尊彝)’라는 명문(銘文)이 새겨진 동정(銅鼎)이 출토되었다. 2002년에는 낙양 중주로(中州路) 부근에서 ‘육마가차(六馬駕車)’의 차마갱(車馬坑)이 발견되었으며 또 그 서남쪽에서 큰 무덤 하나가 발견되었는데 이 두 무덤은 동주의 왕릉일 가능성이 높다.

금촌(金村) 능역은 한위(漢魏) 고성(故城) 유적의 북단에 위치해 있으며 여기에서 길이 19미터, 폭 14미터, 깊이 12미터의 큰 무덤 한 곳이 발견되었는데, 묘도의 길이가 60미터로 주경왕(周景王)의 능으로 추정된다. 한위(漢魏) 고성 유적의 동북쪽에는 위열왕(威烈王)의 왕릉이 있으며 또 금촌 능역에서 두 줄로 나뉘어 배열된 ‘甲’자형 대묘(大墓) 18기가 발견되었다. 이 무덤들은 규모가 매우 크며 입구가 정사각형인 V호 무덤은 변의 길이 12.19미터, 깊이 12미터, 묘도의 길이 76.2미터이다. ‘국군(國君)’이라는 명문이 새겨진 동반(銅盤)은 여기에서 이 출토된 유물이다.

옹성(雍城)의 진공릉(秦公陵)

진(秦)은 기원전 677년부터 기원전 383년까지 294년에 걸쳐 도읍을 옹성(雍城: 지금의 陝西省 寶雞市 鳳翔縣)에 두었고 진의 20명 국군이 지금의 봉상현(鳳翔縣) 윤가무향(尹家務鄉)에서 보계시(寶雞市) 진창구(陳倉區) 양평진(陽平鎮) 삼시원(三時原)에 이르는 구간에 묻혔다. 국군의 능역과 도읍인 옹성은 옹수(雍水)를 사이 두고 남북으로 마주하고 있다. 능역의 서·남·북쪽에서 모두 폭 2~7미터, 깊이 2~6미터의 참호가 발견되었으며 능역 내에서는 총 13기의 능원이 발견되었고 부지 면적이 2,000만 제곱미터에 달하며 능원은 또 각각 참호에 둘러싸여 있다. 능원의 참호는 폭 3~4미터, 깊이 약 3미터이며 모든 능원이 동향(東向)으로 조성되어 있다. 삼시원의 진릉은 현재 고고학적으로 발견된 가장 큰 규모의 선진(先秦) 시기 제후국 능역이다.

이 13기의 능원은 다음의 세 개 유형으로 나눌 수 있다.

첫 번째는 이중 참호가 있는 능원이다. 안쪽 참호가 주묘(主墓)를 에워싸고, 바깥쪽 참호 안에는 주묘(主墓)뿐만 아니라 부장묘(附葬墓) 및 배장갱까지 포함시켰다.

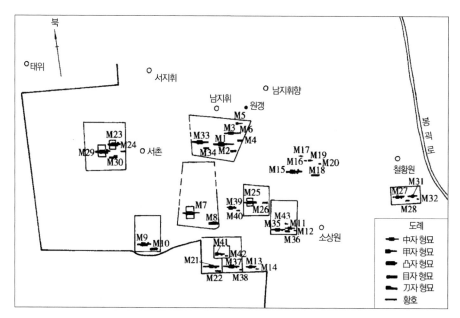

〈그림 3-155〉 옹성(雍城) 진공(秦公) 능원 평면도

    두 번째는 주묘와 부장묘 그리고 부장차마갱(附葬車馬坑)을 한 겹의 참호만으로 둘러싼 능원이다.

    세 번째는 각각 참호 한 겹씩 있는 여러 능원 밖에 참호를 두른 이른바 조합형 능원이다.

    진공(秦公) 능역의 13기 능원(陵園)에서는 총 44기의 큰 무덤이 발견되었는데 모두 봉토가 없다. 이들 대묘(大墓)의 평면은 '中·甲·凸·刀·月'자형과 원형 등 6가지 종류로 나뉜다. 이 중 '中'자형 무덤이 18기이며 묘실은 보통 직사각형으로 동서 양쪽에 각각 묘도를 한 갈래씩 두었고 동쪽 묘도를 주묘도(主墓道)로 했으며 이들 무덤에는 향당(享堂)류 건축 유적이 있다. 이 중에서 '中'자형 대묘(大墓)는 진(秦)나라 국군의 능묘일 가능성이 높다.

    1970년대 중반부터 10여 년에 걸쳐 고고학자들은 진공 능역 1호 능원의 주묘(主墓: 진공 1호 대묘)에 대한 발굴 작업을 진행했는데 이는 현재 발굴된 선진(先秦)의 무덤 중 가장 큰 국군 능묘이다. 1호 능원에는 '中'자형 대묘(大墓) 3기와 '甲'자형 부장묘(附葬墓) 1기 및 부장차마갱 4기가 있다. 능원의 참호는 동서의 길이

〈그림 3-156〉 진공(秦公) 1호 대묘(大墓)

묘실(墓室)은 직사각형으로 되어 있으며 동서의 길이 59.4미터, 남북의 폭 38미터, 깊이 24미터이다. 대묘(大墓)의 전체 길이는 300미터이고 총면적은 5,334제곱미터이다.

585~825미터, 남북의 폭 450~517미터이며 능원의 면적은 3만 4,098제곱미터에 달한다.

진공 1호 대묘는 평면이 '中'자형으로 동향(東向)으로 축조되어 있으며 묘실 상부에는 원래 향당(享堂) 건물 유적과 유물이 있었다. 곽실(槨室)은 주곽실(主槨室) 과 부곽실(副槨室) 두 부분으로 구성되어 있는데, 주곽실(主槨室)은 중앙에 위치하며 국군의 지궁(地宮)으로 평면이 직사각형이다. 주곽실의 서남쪽은 부곽실로 국군을 위해 부장품을 비치해 놓았던 곳이다. 주, 부곽실에는 각각 백목(柏木)으로 만들어 진 곽구(槨具) 한 세트씩 있는데 이것은 중국 최초의 '황장제주(黃腸題湊)'로 추정된다.

대묘의 묘실과 묘갱의 매립지에서 생인(牲人: 고대 제사 시 주례(酒禮)를 관장하는 관리) 과 순인(殉人) 186명이 발견되었는데, 당시 엄격한 위계질서에 따라 일정한 배열 순서에 맞추어 국군의 능묘에 순장되었을 것으로 보인다.

진공 1호 대묘에서 출토된 유물 중에서 글자가 새겨진 석경(石磬: 경석으로 만든 편경, 아악기의 한 가지)이 가장 가치가 있으며 이는 지금까지 발견된 석경 중 극히 보기 드문 것이다. 석경에 새겨진 글자는 '대전(大篆)'으로, 글자체가 예스럽고 소박하면서도 매끄러우며 강함과 부드러움이 서로 조화를 이루어 진나라 『석고문(石鼓文)』의 각자(刻字)와 비슷한 풍격이다. 30여 점의 석경과 석경 조각에 새겨진 180개 각자를 연구한 결과, 진공 1호 대묘는 진경공(秦景公)의 능묘라는 것이 확인되었다. 진경공 능묘에 대한 발굴은 선진(先秦)의 장제(葬制)와 진나라 초기의 역사 연구에 있어서 중요한 의미가 있다.

진(秦)의 함양성(咸陽城)과 지양성(芷陽城)의 진(秦) 왕릉

진(秦) 함양성(咸陽城)의 왕릉

함양(咸陽)의 진(秦) 왕릉과 왕후릉은 '동토부동혈(同塋不同穴)'로, 4갈래의 묘도가 있고 능원 주위를 에워싼 참호를 경계로 한다.

서한 성제(成帝)의 연릉(延陵) 동북쪽에 있는 혜문왕공릉(惠文王公陵: Ⅰ호릉) 능원 내에는 '亞'자형 무덤 2기가 남북으로 배열되어 있는데 무덤 사면의 가운데 위치에 각각 묘도 한 갈래씩 설치되어 있다. 묘실의 평면이 정사각형이고 봉토 상부와 저부의 평면은 모두 정사각형이다.

Ⅱ호릉은 Ⅰ호릉에서 동북쪽으로 3,800미터 떨어진 주릉중학교(周陵中學) 부근에 있다. 능원 참호 내 가운데 위치에는 대형 봉토 2기가 남북향으로 배열되어 있는데, 모두 각각 묘도가 네 갈래씩 있다.

동릉(東陵: 지양 능역)

전국시대 중기 진효공(秦孝公)이 함양(咸陽)으로 천도하자 진(秦) 왕실은 지양성(芷陽城) 동쪽에 왕실 능역을 조성했는데 능역이 함양 동쪽(옹성(雍城) 선진(先秦)의 진(秦) 능역을 기준으로 동쪽)에 위치하고 있어 '동릉'이라는 이름이 붙여졌다. 동릉 구역은 지금의 섬서성(陝西省) 서안시(西安市) 임동구(臨潼區) 사구가도(斜口街道) 동남쪽에 위치하며, 서쪽으로 지양성과 인접해 있고 위수(渭水)를 사이에 두고 도성인 함양

〈그림 3-157〉 함양(咸陽)의 진(秦) 왕릉

과 마주하고 있다. 고고학적 고찰 결과 이미 이곳에서 진왕(秦王) 능원 4개가 발견되었는데 모두 평면이 직사각형이고 둘레에 참호를 두고 동향(東向)으로 조성되어 있으며 능묘 위에 항축(夯築) 봉토가 있고 그 위에는 건물이 없다. 능침 건물은 능묘 옆, 능원 안에 두었으며 배장갱과 배장묘는 능원 안쪽에 있다. 1호 능원은 동서의 길이 4킬로미터, 남북의 폭 1.8킬로미터이고 부지면적은 7.2제곱킬로미터이다. 능원 안에는 '亞'자형 대묘(大墓) 2기가 남북으로 배열되어 있는데, 형태와 크기가 거의 같다. 묘실은 정사각형에 가까워 변의 길이가 57~58미터이고 무덤의 깊이는 약 26미터 정도이며 모두 묘도가 4갈래인데, 동묘도(東墓道)가 가장 길어서 주묘도(主墓道)로 추정된다. 진 동릉의 능역에는 소양왕(昭襄王)과 당태후(唐太后), 효문왕(孝文王)과 화양태후(華陽太后), 그리고 장양왕(庄襄王)과 제태후(帝太后)의 합장 능묘 및 도태자(悼太子)와 선태후(宣太后)의 능묘가 모셔져 있었을 것으로 보인다.

위(魏)의 왕릉

기원전 362년, 위혜왕(魏惠王)은 대량(大梁: 지금의 하남성 개봉시)으로 도읍을 옮겼고 기원전 225년 진나라에 의해 멸망될 때까지 6명의 국왕을 걸쳐 이어왔다. 1950~1951년, 고고학자들은 하남성(河南省) 휘현(輝縣) 현성에서 동쪽으로 3킬로미터 떨어진 곳에서 좌북조남, 즉 남향으로 중부(中部)의 천연(天然) 언덕을 다듬어 만든 직사각형 평대(平台)를 발견했는데 길이 150미터, 폭 135미터이다. 평대 위에는 대묘(大墓) 3기가 나란히 있는데, 가운데 무덤이 가장 커서 왕릉으로 보이며 양옆은 이에 비해 좀 작아 왕비의 능으로 보인다. 3기의 무덤 위에는 원래 향당(享堂) 건물이 있었는데, 묘광(墓壙)보다 기단이 좀 더 넓다. 왕릉의 향당 기지 평면은 정사각형으로 변의 길이가 27.5미터이다. 남아 있는 주초(柱礎)로 미루어 볼 때 향당은 면 폭이 7칸이고 사각찬첨(四角攢尖: 사모지붕)식 정사각형 기와지붕 건물로 추정되며 후비 능묘 위에 있는 향당은 이에 비해 약간 작아 기지 변의 길이는 18~19미터이고 면 폭 5칸, 사각찬첨의 정사각형 기와지붕 건물이다.

3기 대묘의 묘광과 남북단의 묘도는 각각 길이 150터 이상, 무덤의 깊이 15미터 이상이며 능묘의 평면은 '中'자형이다. 곽실(槨室)의 평면은 정사각형에 가까워 길이 9미터, 폭 8.4미터이고 높이가 2미터이며 곽실 내부에는 투관(套棺: 棺槨)을 안치하고 숯을 쌓아두었다. 곽실 양측과 묘도에 근접해 있는 곳은 큰 돌로 벽을 쌓고 그 안에 가는 모래를 채웠으며 또 그 위에 흙을 채워 다져놓았다.

조(趙)의 왕릉

기원전 386년, 조경후(趙敬侯)는 진양(晉陽: 지금의 산서성 태원시)에서 한단(邯鄲: 지금의 하북성 한단시)으로 도읍을 옮겼고 기원전 228년 진(秦)에 의해 멸망될 때까지 8명의 국왕이 있었다. 이들의 능묘는 주로 조(趙)나라의 도읍인 한단성(邯鄲城) 서북부, 즉 지금의 한단시(邯鄲市) 서북쪽 구릉지대에 분포되어 있었을 것으로 보이며, 현

〈그림 3-158〉한단(邯鄲)의 조왕릉(趙王陵) 봉토퇴(封土堆)

재는 삼릉향(三陵鄕), 공정향(工程鄕)과 양강향(兩崗鄕)에 소속되어 있다.

조나라 왕릉 능역에는 현재 5조의 왕릉이 각각 5개의 산에 분포되어 있다. 각 왕릉에는 모두 능대(陵臺)가 있는데 산꼭대기에 축조되어 있으며 대면(臺面)이 평평하고 대(臺)의 둘레는 항축(夯築)으로 견고하게 다져진 상태이다. 능대 주변은 비탈져 있으며 어떤 비탈면에는 돌을 깔아 놓기도 했는데 평면은 직사각형으로, 남북이 길고 동서가 좁다. 봉토는 능대 위에 축조되어 있으며 능대 동쪽에는 동서향의 가파른 대로를 닦아 놓았다. 1호 능대는 남북의 길이 288미터, 동서의 폭 194미터이며 봉토는 능대 중부의 남쪽에 치우쳐 있고 저부의 직경은 47~57미터, 높이는 약 15미터이다. 능대 동쪽의 옛 길은 기본적으로 봉토와 동서로 마주보고 있으며 도로의 폭은 62미터, 현재 남아 있는 부분의 길이는 246미터이다.

5곳의 능대 위에는 모두 7개의 대형 봉토 더미가 있다. 5곳의 능대가 바로 조나라 5명 국왕의 능묘이며 다른 능대 한 곳에는 국왕과 왕후의 합장이 2묘로 되어 있다는 견해가 있는가 하면, 5곳 능대 위의 7개 대형 봉토 더미는 조나라가 한단으로 천도한 후의 7대 국군인 경후(敬侯)·성후(成侯)·혜문왕(惠文王)·효성왕(孝成王)·도양왕(悼襄王)·조숙후(趙肅侯)·무령왕(武靈王)의 능묘일 가능성이 있다는 견해도 있다.

중산국(中山國)의 왕릉

전국(戰國)시대 중산국(中山國)의 도성 유적은 지금의 하북성(河北省) 평산현(平山縣) 삼급향(三汲鄕)에 위치하고 있는데 중산국은 적인(狄人)이 세운 국가이다. 기원전 388년 중산(中山) 환공(桓公)이 여기에 도읍을 정했고 80여 년간 5명의 국왕이 있었다. 그중 3명은 도성 안과 밖에 묻혀 있는데 이 중 무덤 2기가 서성(西城) 북쪽에 있고 다른 1기는 성(城) 서쪽의 서릉산(西陵山) 아래에 있다. 두 대묘(大墓)는 동서로 나란히 있는데 서쪽이 중산 왕조(王厝)의 무덤이고 동쪽 무덤의 주인은 왕후일 것으로 보인다. 중산 왕조 무덤의 봉토 평면은 정사각형에 가까워 동서의 폭 92미터, 남북의 길이 110미터이며 높이가 15미터이고 봉토 위에는 향당 기지가 있으며 능묘의 평면은 '中'자형이고 묘실은 평면이 정사각형이며 변의 길이가 29미터이다. 곽실(槨室)은 묘실 뒤쪽에 있고 목곽(木槨)은 가운데 위치에 있다. 곽실 내에서 출토된 '조역도(兆域圖)'의 동판(銅版)은 전국시대 왕릉의 배치 및 구조에 대한 연구를 뒷받침할만한 귀중한 실물자료이다.

〈그림 3-159〉 중산왕(中山王)방호(方壺: 몸체가 둥글고 주둥이가 네모난 항아리)

〈그림 3-160〉 중산왕 무덤에서 출토된 쌍익신수(雙翼神獸)

〈그림 3-161〉 중산국(中山國) 유적 부감도(俯瞰圖)

11) 서주(西周)의 왕릉

『사기(史記)』「주본기(周本紀)」에 따르면 서주(西周)의 문왕(文王)·무왕(武王)·성왕 (成王)·강왕(康王) 등의 무덤은 풍경(豐京)과 호경(鎬京) 부근의 '필(畢)'지에 있다. 중 고시대의 사람들은 서주의 문왕·무왕·성왕·강왕의 왕릉이 함양원(咸陽原)에 있다 고 했는데, 사실 이곳의 무덤은 대부분 진나라의 왕릉 혹은 한(漢)의 무덤이다. 상 (商)이 서주에 의해 멸망된 후 주무왕(周武王)은 낙양에 도성을 건설해야 한다고 했 고 1963년 섬서성(陝西省) 보계시(寶雞市)에서 출토된 서주의 청동기 '하존(何尊)'의 명문(銘文)에 이 부분의 역사가 명기되어 있으며 적어도 서주시대에 이미 '동서 양 경(兩京)'이 있었다고 볼 수 있다. 이 경우 서주의 왕릉이 낙양에 있었을 가능성이 있어 현지에서 고고학 탐색이 필요한 시점에 있다.

12) 은허(殷墟)의 왕릉

상(商)나라는 후기에 이르러 지금의 하남성(河南省) 안양시(安陽市) 서북쪽 교외의 원하(洹河) 양안에 도읍을 건설했는데 도성의 왕궁, 종묘는 원수(洹水) 남안의 소둔촌(小屯村) 부근에 있었고 왕릉 구역은 원수 북안의 후가장(侯家庄)과 무관촌(武官村) 일대, 즉 은허(殷墟) 서북강(西北崗) 왕릉 구역에 있었다. 은허의 궁전 구역은 왕릉에서 남북으로 약 2.5킬로미터 떨어져 있으며 왕릉 구역의 범위는 동서의 길이 약 450미터, 남북의 폭이 약 250미터이다. 이곳에서는 대묘(大墓) 및 큰 대묘 13기, 제사갱 2,500여 곳이 발견되었는데 이 중에서 대묘 12기, 제사갱 1,400여 기가 이미 발굴되었다.

왕릉은 동서 구역으로 구분된다. 서구에는 주로 대묘 8기가 있고 동구는 제사갱이 주를 이루는데 주로 동구의 남부와 북부의 중간부에 분포되어 있으며 이 밖에도 대묘 1기와 비교적 큰 대묘 4기가 있다. 13기의 대묘와 비교적 큰 대묘는 모두 지상에 봉토가 없고 능묘의 방향은 모두 남향이며 묘실 입구는 대부분 작은

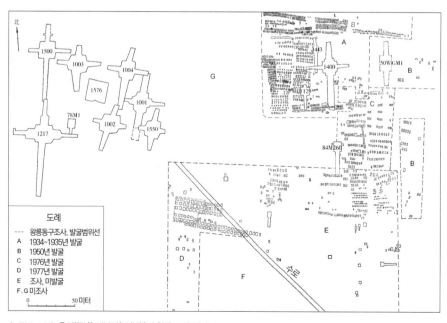

〈그림 3-162〉 은허(殷墟) 서북강(西北崗)의 왕릉 구역 평면도

〈그림 3-163〉 은허(殷墟) 왕릉 유적의 제사갱(祭祀坑)

방두(方斗) 모양이고 무덤의 평면은 '亞', '中' 또는 '甲'자형이다.

이런 대묘 및 비교적 큰 대묘는 질서 있게 배열되고 밀집되어 있으며, 비록 개별 능묘의 묘도 사이에 질서가 깨져 있지만 묘실에 겹침이 전혀 없다는 것은 왕릉 구역의 능묘 13기가 질서에 맞게 배치되어 있음을 보여준다. 13기의 무덤 중에서 '亞'자형이 8기이고 무덤마다 4개의 묘도가 있어 가장 규격이 높은 능묘로 보이며 그 이후의 상당 기간 제왕 능묘는 모두 이런 형태를 취했다. '中'자형 무덤 3기는 묘도가 남북에 각각 있고, '甲'자형 무덤은 1기이며 남묘도(南墓道)뿐이다.

은허 왕릉의 두드러진 특징은 여기에서 인생인순(人牲人殉: 사람을 제물로 쓰거나 순장함)제도가 성행했다는 것이다. 은허 왕릉 구역의 제사갱은 주로 동구에 분포되어 있는데 집중 배치되어 있지 않고 규칙적이며 갱 입구의 크기·방향·깊이·매장 내용·골격의 자세와 수 및 갱과 갱 사이의 거리 등에 따라 여러 조로 나뉜다. 제사갱은 한 조에 한 줄 혹은 몇 줄로 되어 수량이 다른데 많게는 수십 개의 갱이 있으며 같은 조의 갱은 같은 제사 행사에 이용되었을 것으로 보인다. 그리고 제사갱은 매장 내용에 따라 인갱(人坑)·동물갱(動物坑)·기물갱(器物坑)으로 나뉜다.

인갱은 직사각형의 수혈갱(竪穴坑)과 정사각형의 갱(坑)이 있는데 보통 1~39

〈그림 3-164〉 후모신정(後母辛鼎)

〈그림 3-165〉 부호효존(婦好鴞尊)

〈그림 3-166〉 후모무대방정(後母戊大方鼎)

명이 한 갱(坑)에 묻혀 있다. 이들은 몸 전체가 그대로 묻히거나 머리와 몸이 분리되어 묻히는데 머리 없이 몸만 매장된 갱이 가장 많다. 동물갱에는 주로 코끼리·말·개·돼지·양·원숭이·새 등 동물들이 묻혀 있는데, 이 중에서 마갱(馬坑)이 가장 많으며 기물갱에는 청동(靑銅) 예기(禮器)가 많다.

상(商)의 왕릉은 봉토가 없어, 묘(墓)만 있고 분(墳)은 없다. 그러나 묘 위에 향당(鄕黨)류의 건물이 있었을 것으로 보이며 일찍이 은허 부호묘(婦好墓) 등 고등급 무덤 위에서 향당 유형의 유적이 발견된 적이 있다.

왕릉 무덤의 구조는 '亞'자형으로, 묘실의 사면에는 묘도 한 갈래씩 뚫려 있고 묘실의 네 문이 각각의 묘도와 연결되어 있다. 상(商) 왕릉의 동서남북 사묘도(四墓道) 제도는 서한의 제릉까지 줄곧 이어졌고, 그 이후 동한에서 명청에 이르기까지 '亞'자형 제릉의 묘실 사면에 각각 묘도 한 갈래씩 설치하는 제도를 마련하지 않았지만, 능원의 사면에는 각각 문 하나씩 설치했다. 능묘의 사묘도(四墓道)와 능원의 네 문은 궁성에 문 4개를 설치하는 제도를 방불케 하며 제왕 능묘의 지궁(地宮)은 '중(中)'을, 능원의 '사문(四門)'은 '화(和)'를 구현했다.

학계에서는 부호묘를 무정(武丁) 왕후의 무덤으로 보는데, 이 무덤은 묘도가 한 갈래뿐인 '甲'자형으로, 왕후 무덤의 구조는 '亞'자형에 해당하지 않는다고 볼 수 있다. 묘도는 상(商)나라 고등급 무덤의 중요한 표시인데, '亞'자형은 왕릉이고 그 다음이 '中'자형이며 마지막이 '甲'자형 무덤이다. 그리고 수혈식(竪穴式) 토갱묘(土坑墓)는 또 한 단계 낮은 무덤으로 보인다.

3

'능묘약도읍(陵墓若都邑)'의 해석

고대 왕조는 건국 후 두 가지 국가 대사가 있었는데, 그 하나는 도성을 건설하는 것이고, 다른 하나는 제릉을 축조하는 것이었다. 고대인들은 도성과 제릉이 각 왕조 최고 통치자의 이승과 저승의 이원(二元) 세계를 이룬다고 믿었고 제왕의 능묘는 제왕의 저승의 도성이라고 인식되었으며, 따라서 일찍이 2,000여 년 전부터 '능묘약도읍(陵墓若都邑: 능묘는 도읍의 상징)'이라는 설이 제기되어 왔다. 중국 고대 역사상 '사사여생(事死如生: 죽은 사람 섬기기를 산 사람 섬기듯이 함)'은 고대인의 변함없는 이념이었으며, 따라서 제릉을 도성의 유기적인 구성 요소로 삼은 것은 바로 이러한 전통문화의 이념에서 비롯된 것이다.

중화민족의 선민들은 생로병사를 인생사의 전 과정으로 보았고 그중에서 생사를 가장 중요한 연결점으로 간주했으며 생(生)보다 사(死)가 사회적으로 더 중요시되었는데, 이는 사가 인생의 종착역이고 생은 단지 인생의 시작에 불과하기 때문이다. 인간의 생과 사는 전혀 다른 두 인생의 시공간이지만 화하(華夏)와 중화민족의 역사 문화에서는 비슷한 의미와 상반된 형식의 두 세계의 개념, 즉 이승과 저승의 이원 세계이다. 이승의 세계는 바로 인간이 생활하는 현실세계이며 저승의 세계는 인간이 죽은 후에 가는 가상의 세계, 즉 영혼의 생존 공간이다. 사람들은 생전, 즉 이승의 모든 것을 사후의 저승으로 이어 갔고 따라서 '사사여생'은 중국 고대 장례 문화의 매우 두드러진 특징이 되었다.

황제, 국왕은 생전에 도성·궁성·대조정전에서 나라를 다스렸고, 사후에는 생

〈그림 3-167〉 당고종(唐高宗) 건릉(乾陵)의 번신상(蕃臣象)

전의 궁실(宮室) 등을 모방하여 능묘를 축조하고 제사를 지내게 했다. 안양(安陽) 은
허 서북강(西北崗)의 상(商) 왕릉의 '亞'자형 무덤(무덤 사면에 묘도가 한 갈래씩 있음)에서
진시황릉 묘실 안의 '수은으로 수많은 하천과 강, 바다를 만들어 기계로 서로 흐
르게 하고, 위로는 천문도를 갖추고 아래로는 지형을 갖춘다'[117]라는 매장 내용 및
진시황 생전의 정치·문화·군사 등 여러 측면을 반영한 진시황 능원과 능역의 병
마용갱(兵馬俑坑) 등 180여 기의 배장갱을 비롯해 한무제의 무릉(茂陵), 당태종의 소
릉(昭陵)과 당고종(唐高宗)의 건릉(乾陵) 등에 이르기까지 모두 그 시대의 역사가 고
스란히 담겨 있다. 그리고 한무제 무릉의 정사각형 능원, 복두형(覆斗形) 능묘 봉토
의 '방상(方上)'과 '방중(方中)' 묘실에는 '방(方)'과 '중(中)'을 숭상하는 이념이 구현
되었다. 곽거병묘(霍去病墓)·위청묘(衛靑墓)·김일묘(金日墓) 등 무릉의 배장묘는 한무
제 및 주변 정치가, 군사가 등의 공적을 반영하며 당태종 소릉의 배장묘 100여 기
는 대당(大唐) 정관의 치(貞觀之治) 성세의 정치 기상을 반영한다. 당고종(唐高宗) 건릉
의 삼중궐(三重闕)은 당나라 도성의 궁성·황성·곽성 삼중(三重)의 정문을 상징하며

---

117 以水銀爲百川江河大海, 機相灌輸, 上具天文, 下具地理

건릉의 석상생(石像生) 중 64개(현재 61개) 번상(蕃像)은 당시 중국과 외국의 우호왕래, 즉 실크로드의 성황을 반영한다.

이처럼 고대의 능묘에 응집된 역사 문화적 함의를 고려하면, 저승세계는 이승세계의 역사의 거울이고 장례 역사는 어느 정도 사회 역사의 축소판으로 볼 수 있다. 고대 무덤에는 화하(華夏) 및 중화민족에 관한 중요한 역사문화 정보가 응축되어 있다. 이는 예의지국의 예제의 물적 매개체가 되었고 5,000년간 맥을 이어온 중화민족의 예제 문명사를 구성하였으며, 여기에는 중화민족 역사문화의 핵심 유전자가 포함되어 있다.

된 초기 국가의 도성 유적 중에서 종묘 및 궁전과 관련이 있는 것으로는 주로 하나라 중기, 말기의 하남성(河南省) 언사(偃師) 이리두(二里頭) 유적과 상나라 초기의 언사(偃師) 상성(商城) 유적 등이 있다.

하남성 언사 이리두 유적에서 탐사, 발굴된 궁성 내 궁전 건축 유적으로는 이리두 문화 3기의 1, 2호 건축 유적이 가장 중요하며, 각각 궁성의 서부와 동부에 위치하고 있다. 학계에서는 보편적으로 이리두 유적의 1, 2호 건물을 궁전과 종묘 건축 유적으로 보고 있다.

현재 언사 상성의 궁성은 언사 상성(초기의 언사 상성)의 중앙의 위치하며 궁성의 동서 두 조의 건축군은 평면 배치 구조가 서로 다른 것으로 밝혀졌는데, 이 중 서쪽이 궁전 건축이고 동쪽은 종묘 건축이다. 궁성 북부의 대규모 제사 유적은 궁성의 종묘 제사의 유적으로 추정된다.

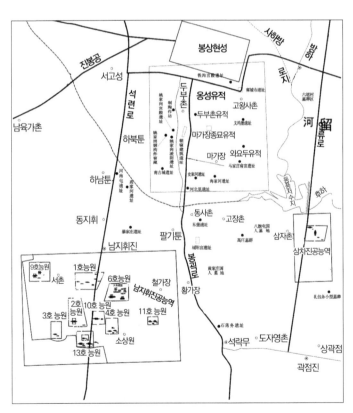

〈그림 4-2〉 마가장(馬家庄) 1호 건축 유적도

또 고고학자들은 섬서성(陝西省) 봉상현(鳳翔縣)에 있는 춘추시대 진(秦)나라의 도성인 옹성(雍城) 유적 중남부 궁전 구역의 '궁성' 내부에서 마가장(馬家莊) 1호와 3호 건축 유적을 발굴했다. 발굴자들은 동부의 마가장 1호 건축 유적을 옹성 종묘 건축 유적으로, 서부의 3호 건축 유적을 궁전 건축 유적으로 보고 있다.

이들 선진(先秦)시대 도성의 궁전과 종묘는 모두 궁성 내부에 있어 '좌묘(左廟)'와 '우궁(右宮)'이 나란히 배치된 구조를 이루었다. 각양각색의 다양한 '신(神)'들은 궁성에서 설 자리가 없었는데, 이것이 바로 중국과 서양 고대 문명의 가장 큰 차이점이다. 궁묘(宮廟)가 결합된 이런 구도는 단절 없는 중화 5,000년 문명의 '가국(家國)' 체계를 위해 깊은 사상적 기초를 다져놓았다.

전국시대와 통일 이후 진(秦)나라의 도성은 함양성이었고 왕실과 황실의 궁전들은 함양성의 궁성 안에 있었으며 이미 여러 곳의 건축 유적이 발굴되었다. 역사 문헌에는 왕실, 황실의 종묘가 함양의 궁성 밖에 따로 배치되었다고 기록되어 있는데 실제 함양성 부근에 있는 종묘는 위하(渭河) 건너 위남(渭南) 지역에 있었으며 『사기(史記)』「진시황본기(秦始皇本紀)」에 "제묘(諸廟) 및 장대(章臺), 상림(上林)은 모두 위남(渭南)에 있다"라고 기록되어 있다.

서한시대 도성의 종묘와 궁전의 분포 구도는 진나라 함양성의 토대 위에 크게 변화하여 종묘와 궁전이 궁성 안에서 '평등한 위치'에 있던 시대는 왕국 시대의 종말과 제국 시대의 전면적인 형성과 더불어 끝났고, 국가를 대표하는 궁전이 국가 정치의 우선적인 위치로 부상하며 '가(家)'를 대표하는 종묘는 2위로 밀려나게 되었다. 이로써 중화민족은 '가국(家國)'에서 '국가(國家)' 시대로 진입하게 되었는데, '가'와 '국'이라는 두 글자의 공간적 위치가 뒤바뀐 것은 중화문명의 역사적 격변이다. 이는 그 이후 2,000여 년간 중화문명의 지속적인 발전을 보장하고 국가의 정체성, 국가의 응집력을 강화하여 국가 대일통 사상을 중화민족의 핵심 정치관 및 가치관으로 만들었다. 그 이후 비록 중국의 역사는 여러 왕조를 거치면서 여러 민족이 국가를 다스렸지만 이러한 정치관, 가치관의 핵심이념은 바뀌지 않았을 뿐만 아니라 점점 더 강해졌다.

서한 말기에 종묘, 사직과 밀접한 관련이 있는 두 조의 예제 건축물이 나타났는데 이들은 대조정전 부근의 동남쪽과 서남쪽에 동서 대칭으로 분포되어 있다. 동한 도성의 사직과 관련하여 『후한서(後漢書)』「제사지(祭祀志)」에는 "건무(建武) 2년, 낙양에 태사직(太社稷)을 세웠으며 종묘 오른쪽에 위치하고 있다"라고 기록되어 있으며, 이로부터 동한 시기에 이미 도성의 '좌조우사(左祖右社)'라는 규제가 만들어져 있었음을 알 수 있다.

문헌에 따르면 서진(西晉) 초기의 종묘는 동타가(銅駝街) 중부 동쪽의 조위(曹魏) 종묘 옛터에 세워졌으며 궁성 밖, 곽성 안에 있었다. 진무제(晉武帝) 태강(太康) 10년(289), 선양문(宣陽門) 안에 또 새로 종묘를 세웠으며 동진(東晉)과 남조(南朝) 때 건강성(建康城)의 종묘는 궁성 밖, 도성 선양문(宣陽門)과 주작문(朱雀門) 안에 있었다. 북위는 평성(平城)에 도읍을 정한 후, 초기에 평성 서부에 황궁인 서궁(西宮)을 축조했고 그 남쪽에 종묘와 사직을 세웠다. 북위 평성의 태묘(太墓: 종묘), 태사직(太社稷)은 궁성 밖과 곽성 안에 두었지만 동시에 도무제(道武帝)가 또 궁성 안에 신원(神元)·사제(思帝)·평문(平文)·소성(昭城)·헌명(獻明) 등 오제(伍帝)의 묘(廟)를 세웠는데 여기에는 선비족 척발부(拓跋部) 통치자의 복고사상이 반영된 것으로 보인다. 북위 낙양성의 종묘는 궁성의 창합문(閶闔門) 밖, 내성(內城)의 청양문(靑陽門)과 서명문(西明門) 대가(大街) 북쪽, 동타가(銅駝街)의 동서 양쪽에 있으며 종묘의 이런 배치는 그 이후의 역대 왕조에 의해 줄곧 이어졌다. 수나라의 대흥성(大興城), 당나라 장안성의 종묘는 도성의 궁성 밖, 황성의 함광문(含光門) 안에 있었고, 수(隋)와 당(唐) 낙양성의 종묘는 궁성 밖, 황성 안 동남쪽 모퉁이에 있었으며, 북송 도성의 종묘는 내성(內城) 안, 선덕문(宣德門)과 주교(州橋) 사이의 어가(御街) 동쪽에 있었다. 원세조(元世祖)는 원(元)나라 대도의 황성 동부, 제화문(齊化門) 안에 종묘를 세웠고 명청(明淸) 도성의 종묘는 황성 안, 궁성 앞 동쪽에 위치해 있다.

도성 안 공간에서 종묘의 위치 변화와 '좌묘(左廟)'와 '우궁(右宮)' 구도의 변화로 인해 대조정전이 '가운데', '앞', '높은 곳'에 자리 잡으면서 궁성 밖, 도성 안에 '좌조우사(左祖右社)'가 생겨났다.

'사(社)'는 중국 고대의 토지신이다. 고대에 중국은 농업국가로 옛 사람들이 농업이 토지와 밀접한 관계가 있다고 여겼기에 '사'에 대한 숭배가 보편화되고 위로는 도읍, 아래로는 향리(鄕里)까지 그 어디에나 '사'가 없는 곳이 없었다. 고대 사회는 위계 관념이 엄격하여 '사'도 369등급으로 나누었는데, 예를 들면 왕(王)에게는 '왕사(王社)', 후(侯)에는 '후사(侯社)', 현(縣)에는 '현사(縣社: 혹은 公社)'가 있었고 향촌에는 '이사(里社)'가 있었으며 '사'의 등급에 따라 그 규모도 달랐다.

『한서(漢書)』「고조본기(高祖本紀)」에는 한왕(漢王) 2년(기원전 205)에 유방(劉邦)이 관중에 들어가 "진의 사직을 폐기하고 한의 사직을 다시 세우라고 명했다"라고 기록되어 있다. 이로부터 장안성의 사직은 서한 초, 진나라 사직의 토대 위에 개축한 것으로 보이며 서한 중기에 다시 증축했는데 이것이 바로 문헌에 기록된 '관사(官社)'이다. 서한 말 왕망(王莽)이 정권을 잡았을 때 폐기된 것으로 보이며, 그 남쪽에 새로 사직을 축조했는데 이는 원시(元始) 5년(서기 5) 왕망이 주관하여 한(漢)의 황실을 위해 지은 관직(官稷) 유적으로 보인다.

『후한서(後漢書)』「광무제본기(光武帝本紀)」는 『속한지(續漢志)』를 인용하여 "낙양에 사직을 세우고, 위치는 종묘의 오른쪽으로 했으며 모두 방단(方壇)을 쌓았고 ……옥(屋)은 없고 장문(墻門)이 서 있을 뿐이다"[120]라고 기록했다. 이는 이미 발견된 한평제(漢平帝) 원시 5년 장안성에 축조한 사직의 구조와 동일하며 사직 내에는 '곡수(谷樹: 즉 楛樹)'를 심어 사직신에 제사를 지냈다.

중국의 고대 사직 유적은 주로 다음의 두 가지 이유로 인해 보존된 것이 매우 적다. 첫째, 사직의 제사 대상은 '나무'로, 나무는 오래 남아 있지 못하는 경우가 많다. 둘째, 고대 중국은 농업국가로서 농업을 근본으로 삼았고 사직은 농업의 대표이자 국가의 상징이었으므로 나라를 세우려면 먼저 사직을 세워야 했으며, 따라서 사직은 종묘와 함께 '국지소중(國之所重)'이었다. 국가가 망하면 사직이 폐지되었으며 사직은 조대가 바뀔 때 주요 파괴 대상이었기 때문에 보존할 수 있는

---

120 立社稷于洛陽, 在宗廟之右, 皆方壇, ……無屋, 有墻門而已

도성의 사직 유적은 극히 드물었다. 따라서 한(漢) 장안성의 사직은 중국에서 발견된 고대 도성 유적 중 유일한 사직 유적이다.

사직의 행사에 관해서는 많은 문헌 기록이 있으나 사직의 구조에 관해서는 잘 알려지지 않았다. 한대(漢代) 장안성 사직 유적의 고고학적 발견은 중국 초기의 사직에 대해 이해할 수 있는 귀중한 자료이다. 이미 발견된 고고학적 자료를 보면 동한 낙양의 황실 사직은 서한 장안과 거의 같다. 한대(漢代)의 사직은 주로 선진(先秦)의 것을 계승했으며 이 역시 그 이후 역대 도성의 사직을 건설하는 데 영향을 미쳤다.

2) 명당(明堂)·벽옹(辟雍)·영대(靈臺)·태학(국자학, 국자감)

한(漢) 장안성의 명당(明堂: 辟雍)은 중국에서 지금까지 발견된 명당 가운데서 최초의 유적이다. 그 이후, 한위(漢魏) 낙양성의 명당, 벽옹(辟雍) 유적과 당나라 낙양성의 명당 유적이 발굴되었고 북위 평성(平城)의 명당(明堂: 辟雍, 靈臺)유적은 현재 발굴 중에 있다. 상술한 4곳의 명당 유적을 살펴보면 한 장안성의 명당 건물이 후세에 중요하고 심원한 영향을 미쳤음을 알 수 있다.

한위 낙양성의 명당과 벽옹은 각각 성남(城南)에 있었고 평성문(平城門: 동한의 낙양성), 선양문(宣陽門: 북위의 낙양성)의 동남쪽에 있었다.

북위(北魏) 평성(平城)의 명당, 벽옹과 영대는 삼자 일체로 평성의 남쪽 근교에 위치한다. 건물군 바깥쪽에는 담을 둘러 쌓았고 평면은 원형이며 내부에 환수구(圜水口)가 있는데 직경이 289~294미터이고 도랑의 폭은 18~23미터이다. 환수구 안에는 또 판축 건축 기지가 5곳 있는데 그중 중심 건물의 규모가 가장 크며 판축 기지의 평면은 정사각형이고 변의 길이가 42미터이다.『수경주(水經注)』「습수(濕水)」의 기록에 따르면 "명당의 동쪽은 위가 둥글고 아래가 네모지며 사방에 12호(戶) 9당(堂)이 있고 중복된 모퉁이가 없다……영대(靈臺)가 그 위에 있으며 아래는

〈그림 4-3〉 북위(北緯) 평성(平城)의 명당(明堂: 辟雍, 靈臺) 유적

물을 끌어내려 벽옹(辟雍)이 되었다."[121]

무측천은 당나라의 동도(東都)인 낙양성 궁성 안 중축선의 건원전(乾元殿)을 허물고 그 자리에 명당을 지었다. 명당 유적은 동서의 길이가 약 87.5미터이고 남아 있는 남북의 폭은 약 72미터이다. 발굴 결과 명당 주요 건물의 판축 기단은 평면이 팔변형(八邊形)이고 남아 있는 동서의 길이가 54.7미터, 남북의 폭이 45.7미터인 것으로 파악되었다. 기지의 중심에는 거형(巨形)의 주갱(柱坑)이 있고 그 밑바닥에는 네 개의 청석으로 된 거대한 석초(石礎)가 있는데 직경이 4.17미터이다. 기지 중심에는 또 구경 9.8미터, 저부의 직경 6.16미터, 깊이 4.06미터의 거대한 주갱이 있고 중심 주갱 안에는 불에 탄 숯과 재가 남아 있었다. 기단의 판축은 중심의 원형 갱(坑)에서 전기(殿基) 가장자리까지 다섯 바퀴로 나뉘는데, 바퀴마다 판축의 폭, 깊이와 질량이 모두 다르다.

고고학 자료를 살펴보면 서한 이후의 역대 명당은 보통 '상원하방(上圓下方)'의

---

121 明堂東上圓下方, 四周十二戶九堂, 而不爲重隅也. ……加靈臺于其上, 下則引水爲辟雍

〈그림 4-4〉당(唐) 낙양(洛陽)의 명당 복원 건축물

모양을 이루었는데 이는 '위는 하늘과 같이 둥글고 아래는 땅과 같이 네모지다'[122]
라는 데 따른 것이다. 무측천이 애써 복고(復古)하고 구상해낸 것을 제외하고도 한
위(漢魏)의 낙양성과 북위 평성(平城)의 명당, 벽옹은 모두 옛 제도를 따랐으며 도성
의 남쪽, 즉 '재국지양(在國之陽: 나라의 양지쪽)'에 세워졌다. 북위의 평성과 당나라 낙
양성의 명당은 한 장안성과 마찬가지로 벽옹을 그 안에 넣었다.

영대(靈臺)에 관해서는 서주(西周)의 도성인 풍호(豐鎬) 부근에 영대가 있었다고
문헌에 기록되어 있다. 한 장안성의 영대는 남쪽 교외의 예제 건물군 서쪽에 있
었는데 낙양의 동한 영대는 고대 도성 중 유일하게 고고학적 발견과 전면 발굴이
이루어진 곳으로, 유명한 천문학자 장형(張衡)이 근무했던 곳이다.

---

122 上圓象天, 下方法地

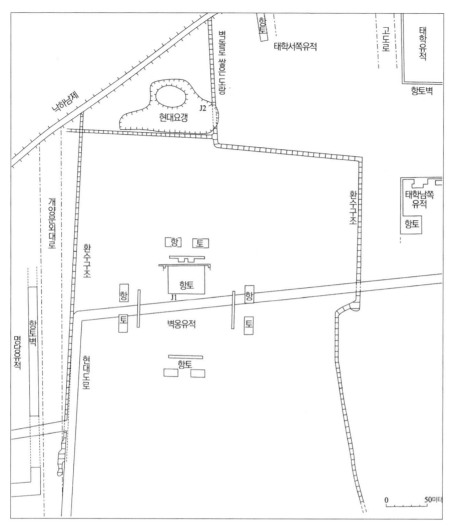

<그림 4-5> 한위(漢魏) 낙양성의 벽옹(辟雍) 유적 탐사 평면도

벽옹(辟雍) 유적은 동서의 길이와 남북의 폭이 각각 165미터이고 면적이 2만 7,225제곱미터이다. 북부에는 동서로 연결된 도랑이 있지만, 동서 도랑 남부의 상황은 분명하지 않다. 도랑 안 중부에는 벽옹의 주요 건축물이 있는데 기단의 평면이 직사각형으로 동서의 길이 42미터, 남북의 폭 28미터이다.

쌍궐(雙闕)과 문은 12미터, 쌍궐의 궐과 궐은 14미터 떨어져 있다. 남문의 쌍궐은 각각 동서의 길이 20미터, 남북의 폭 11미터이다. 남문은 폭이 43미터이고 중부의 문도(門道)는 폭이 14미터이며 문도 양쪽에 각각 문방(門房) 하나씩 있는데 이것이 바로 문헌에 기록되어 있는 '숙(塾)'이다.

문헌의 따르면 주대(周代)의 도성에는 이미 태학(太學)이 설치되어 있었다. 도성에서 명확한 위치가 기록되어 있는 태학은 한의 장안성에서 비롯되었고 고고학적 발굴을 거친 유적 중에서 동한, 위진(魏晉)의 태학이 시기적으로 가장 이르다.

한 장안성의 태학은 명당-벽옹과 인접해 있다. 『장안지(長安志)』 3권에서 『관

중기(關中記)』를 인용하여 기록한 데 따르면 "한(韓)의 태학과 명당은 모두 장안성 남쪽, 안문(安門) 동쪽, 두문(杜門) 서쪽에 있었다"[123]라고 하며 『양경신기(兩京新記)』에는 태학이 벽옹 서쪽에 있었다고 더 구체적으로 기록되어 있다. 어떤 학자는 선진(先秦)시대의 벽옹을 교육의 장으로 보고 있다. 한대(漢代)에 이르러 예제 건축이 더욱 세분화되면서 태학은 국가의 최고 학부이자 전문 교육기관으로 존재했으나 여전히 예제 건축으로 간주되어 장안성의 남쪽 교외에 두었다. 『한서(漢書)』에 따르면, 무제(武帝)의 '흥태학(興太學: 태학을 흥기시킴)'으로 인해 태학의 규모가 점점 확대되고 학생 수가 꾸준히 증가하여 무제 때의 수십 명에서 성제(成帝) 때에는 3,000명으로 증가했으며, 서한 말기에 이르러 1만 800명에 달했고 학생 기숙사는 '만구(萬區)'나 되었다고 한다.

3) 천단(天壇), 지단(地壇)

'천지(天地)'는 중국의 역사문화에서 특수한 의미를 가진다. 중국의 고대 선민(先民)들은 천지를 부모와 동일시했으며 이것은 아마도 옛 사람들의 가장 소박한 유물주의 사상이었을 것이다. 천지에 대한 제사는 위로는 국왕 및 황제, 아래로는 서민들의 중요한 정신적 신앙이 되었다. 특히 역대 왕조의 통치자들은 국가의 이름으로 도성에 천지에 제사 지내는 평대(平臺), 즉 고대 중국 '천지관(天地觀)'의 물적 표상인 천단(天壇: 圜丘, 南郊壇이라고도 함)과 지단(地壇: 方丘, 北郊壇이라고도 함)을 구축했다.

---

123 漢太學、明堂皆在長安城南, 安門之東, 杜門之西。

〈그림 4-6〉 천단(天壇) 전경 부감도

천단(天壇)

천단(天壇)은 황제가 하늘에 제사 지내는 예제 건축물이다. 세계문화유산에 등재된 북경의 천단은 현재 보존 상태가 가장 좋은 중국 고대의 천단으로, 명나라 영락(永樂) 18년에 축조되었다. 그때에는 천단과 지단(地壇)을 같이 지었으나 가정(嘉靖) 9년(1530)에 이르러 천단과 지단을 따로 지었다. 만주족은 청(淸)나라를 세운 후, 명(明)나라 천단의 제천 행사를 이어받아 천단의 야외 원대(圓臺) 위에서 행사를 개최했다. 제천은 중화문명에 있어서 매우 중요한 대사인데 그 이유는 중화 5,000년 문명에서 '천지'는 중국 선민의 정치, 문화 및 경제생활에서 매우 중요한 것이었기 때문이다.

명청 북경성의 천단은 오랜 역사를 가지고 있다. 원(元)나라 초기 쿠빌라이는 대도 곽성의 남쪽 여정문(麗正門: 곽성의 정문)의 동남쪽 7리 되는 곳에 단대(壇臺)를 설치하고 천지에 제사를 지냈다. 성종(成宗) 대덕(大德) 9년에는 또 대도 남쪽 교외(지금의 永定門 밖)에 환구(圜丘)를 지었는데 도성의 남쪽에 있어 '남교단(南郊壇)'이라고도 불렸고 따라서 환구와 남교단은 천단의 옛 이름이다. 금(金)의 중도(中都)에는 곽성의 남쪽 성문인 풍의문(豊宜門: 곽성의 정문) 밖에 남교단(南郊壇)이 축조되어 있는데 이는 송나라의 도성인 동경성(東京城)의 축조법을 그대로 계승한 것이다. 동경성의 남쪽 성문인 남훈문(南熏門: 곽성의 정문) 밖에는 남교단이 있고 이와 마주하는 동경성 북쪽에는 또 북교단(北郊壇)이 있는데 동경성의 외성(外城) 북쪽에 위치하고 있다.

명나라 초기에는 남경성(南京城)과 북경성(北京城)에 '천지단(天地壇)'을 설치하여 하늘과 땅에 함께 제사를 지냈는데, 이러한 예제의 근원은 무측천이 당(唐)의 낙양성에서 개척한 남교(南郊)의 '합사천지(合祀天地)'로 거슬러 올라갈 수 있다. 남교의 제천(祭天)과 북교(北郊)의 제지(祭地)는 역사가 오래 되었는데 현재의 고고학적 발견으로 미루어 보면 적어도 서한시대로 거슬러 올라갈 수 있다.

지단(地壇)

지단(地壇)은 천단(天壇)을 상대로 존재한다. 명청 북경성의 지단은 지금까지 보존되어 있는 지단 중에서 가장 완전하고 시기적으로 현재와 가장 가깝다. 명나라 가정(嘉靖) 9년에 축조하기 시작했고 명과 청의 15명 황제가 381년 동안 이곳에서 땅에 제사를 지냈다. 지단의 주요 건물은 방택단(方澤壇)으로, 평면이 정사각형이고 그 주변은 수로에 둘러싸여 '택중방구(澤中方丘)'를 이루는데 이는 '천원지방(天圜地方)'의 이념을 보여준다. 지단 외곽에는 정사각형 담장이 이중으로 둘러져 있고 안쪽 담장 사면의 가운데에 각각 문 하나씩 두었는데 그중 북문이 방택단(方

〈그림 4-7〉 천단(天壇)의 환구(圜丘)

〈그림 4-8〉 지단(地壇)의 방택단(方澤壇)

澤壇)의 정문이고 '일문삼도'이다.

원(元) 대도의 제천과 제지 행사는 모두 북경의 영정문(永定門) 밖 도성의 남교 환구에서 진행되었고 금(金) 중도(中都)의 제지는 도성의 북쪽 성문인 통현문(通玄門) 밖 북교 방구(方丘)에서 행해졌다. 송대(宋代)에는 동경성 밖 남쪽과 북쪽에 각각 남교단과 북교단이 설치되어 있었는데 이 중 북교단은 북쪽 성문인 봉구문(封丘門) 밖에 있었고 당(唐) 장안성의 방구는 북쪽 성문 밖에 있었다. 남북조시대에는 보통 환구와 방구가 도성의 남북에 각각 배치되어 있었는데, 예를 들면 북조 북주(北周)의 장안성, 북제(北齊)의 업성(鄴城), 북위(北魏)의 낙양성, 동진(東晋)과 남조의 도성인 건강성(建康城)의 남북에 각각 남교단과 북교단을 설치하고 천지에 제사를 지냈다. 동한의 낙양성에는 남교단 제천, 북교단 제지 제도가 완비되어 있었는데 이는 사실 서한 말기 한성제(漢成帝)가 장안성 밖에 남교와 북교 제단을 남북으로 나누어 각각 설치한 것을 답습한 것이다.

4) 제왕묘(帝王廟)

중고시대 이후, 중국의 고대 도성에 나타난 제왕묘(帝王廟: 국가의 종묘)는 전통적인 도성 예제 건축의 종묘와는 다르며 천지일월(天地日月)을 제사 지내는 여러 종류의 건축물 및 기타 종교적인 건축물과도 다르다. 제왕묘는 전설 시대의 제왕과 전조(前朝)의 제왕 및 문치무공(文治武功)의 명신(名臣)을 제사 지내는 건물이다.

역사 문헌에 따르면 전설 시대의 '제왕'에 대한 제사는 선진(先秦)시대에 이미 있었다. 제사 대상인 제왕은 사실 전설 시대의 성군으로, 당시에는 도성에서 제사를 지내지 않았는데, 진영공(秦靈公)이 상치(上畤)와 하치(下畤)에서 황제와 염제의 제사를 지낸 것이 그 예이다. 그리고 전설 속의 중심 활동 지역 혹은 전설 속 인물의 능묘가 있던 곳에서 제사를 지낸 경우도 있었는데, 예를 들면 진시황이 구의산(九疑山)에서 우순(虞舜)의 제사를 지내고 대우(大禹)의 제사는 회계(會稽)에서 지냈는데 이는 사실 '묘제(墓祭)'에 속한다.

도성 근처에는 자연신에서 제사를 지내는 치(畤: 제사터)가 종종 있었는데 예를 들면 동주 때에는 진나라가 도성 밖에 치(畤)를 설치하고 백(白)·청(靑)·황(黃)·적(赤) 사제(四帝)의 제사를 지냈으며 서한 초 유방이 북치(北畤)를 증설하고 흑제(黑帝)의 제사를 지내면서 '오치(伍畤)'가 된 것이다(『사기(史記)』「봉선서(封禪書)」). 한문제(漢文帝)는 장안성의 동북쪽에 '위양오묘(渭陽伍廟)'를 짓고 동·서·남·북·중 '오방(伍方)'을 대표하는 '오제(伍帝)'의 제사를 지냈다.

북위의 황제는 황제(黃帝), 제요(帝堯)와 제순(帝舜) 등은 물론 주(周) 왕조 정치 인물들의 제사도 지냈는데 제사 행사는 여전히 전설 속 성군들의 활동과 관련이 있는 곳에서 진행되었다. 특히 강조할 것은 북위 통치자들은 선비인이지만 '삼황오제'와 주(周)의 성군, 명신(名臣)들의 제사를 지냈다는 점이며 이는 이들이 화하(華夏)의 역사와 문화에 공감대를 드러내고 있음을 보여준다.

수나라 때 제왕의 제사가 더욱 발전했는데 이는 하상주(夏商周)에서 한대(漢代)의 개국 제왕까지 모두 제사 범위에 포함시켜 그 범위를 확대한 데서 반영되었고 이 밖에도 더 많은 명신들이 제사 대상에 포함되었다. 이때의 제사는 제사 대상의 도성 고지(故地) 혹은 능묘 부근에서 지냈다.

당나라 초기에는 수나라 때 전설시대의 성군과 하상주(夏商周), 한대(漢代)의 개국 제왕에게 지내던 제사법을 계승했으며 제사 장소마저 변함이 없었다. 당현종(唐玄宗) 때 제왕의 제사는 크게 달라졌는데 그 하나는 전설 시대의 성군(상고시대의 군주와 '삼황오제')을 제사 지내는 묘(廟)를 도성 내에 지었다는 것이고, 다른 하나는 제사 대상이 많아졌다는 것인데, 이런 제사 행사는 대부분 제왕들의 도성이 있는 곳에서 진행되었다. 당현종이 '상고시대의 군주'와 '삼황오제'에 제사하려고 장안성에 축조한 제왕묘는 엄밀한 의미에서 제왕묘가 아니라 공동 조상에 제사 지내는 장소이다.

송대에 이르러 선대의 성군, 역대 제왕의 제사는 주로 각자의 능에서 행해졌다.

원대의 제사 대상은 주로 선대의 성군과 소수의 제왕 등이며 제사 장소로는 제사를 모시는 대상이 생전에 주로 활동하던 지역이 많았다.

명대^(明代)는 중국 고대 도성의 제왕묘가 실제로 나타난 시기로, 그 이전에 당 현종이 도성에 지은 제왕묘에서는 실제 전설 시대의 성군을 국가와 민족의 공동 조상으로 간주하고 제사를 지낸 것이다. 주원장^(朱元璋)은 명^(明)의 남경성^(南京城)과 중도^(中都)에 각각 역대의 제왕묘를 세웠다. 『명사^(明史)』「예지사·^(禮志四)」의 기록에 따르면 홍무^(洪武) 6년⁽¹³⁷³⁾:

제^(帝)는 오제^(伍帝)와 삼왕^(三王) 및 한^(漢)·당^(唐)·송^(宋)의 개국 군주로, 모두 경사^(京師)에 입묘^(入廟)하여 제사를 지내고, 마침내 역대 제왕의 묘^(廟)를 흠천산^(欽天山)의 양지에 세웠다. 태묘^(太廟)의 동당^(東堂) 이실^(異室) 제도를 본떠 정전^(正殿)이 5실^(室)이다. 중1실이 삼황^(三皇), 동1실이 오제^(伍帝), 서1실이 하우^(夏禹)·상탕^(上湯)·주문왕^(周文王)이며 또 동쪽으로 더 가면 동1실은 주무왕^(周武王)·한광무^(漢光武)·당태종^(唐太宗)이고 또 서쪽으로 더 가면 서1실은 한고조^(漢高祖)·당고조^(唐高祖)·송태조^(宋太祖)·원세조^(元世祖)이다. 매년 봄과 가을 중월^(仲月) 상순 갑일^(甲日)에 제사를 지낸다.[124]

명나라 남경성^(南京城)의 역대 제왕묘에서 제사 지낸 18명의 역사 인물 중에는 전설 시대의 성군뿐만 아니라 더 중요하게는 명나라 이전의 주요 왕조였던 하·상·주·한·당·송·원의 개국 군주들도 포함되어 있으며 원^(元)의 황제를 제왕묘의 제사 대상에 포함시킨 것은 명나라가 원나라를 중국 역사의 일부분으로 여겼음을 말해준다. 명나라는 이전의 제왕묘를 '역대 제왕묘^(歷代帝王廟)'로 발전시켰으며 여기에서 '역대'가 매우 중요한데, 이는 조대를 뛰어넘는 국가의 역사를 말한다. 특히 중요한 것은 홍무^(洪武) 21년⁽¹³⁸⁸⁾, 주원장^(朱元璋)이 역대 제왕묘에서 하·상·주·한·당·송·원의 명신^(名臣) 37명을 추가로 제사 지낸 사실로, 이들 중에는 한

---

124 帝以伍帝、三王及漢、唐、宋創業之君, 俱宜于京師入廟致祭, 遂建歷代帝王廟于欽天山之陽。仿太廟東堂異室之制, 爲正殿伍室; 中一室三皇, 東一室伍帝, 西一室夏禹、上湯、周文王, 又東一室周武王、漢光武、唐太宗, 又西一室漢高祖、唐高祖、宋太祖、元世祖。每歲春秋仲月上旬甲日致祭。

〈그림 4-9〉 명청(明淸)의 역대 제왕묘(帝王廟) 경덕숭성전(景德崇聖殿)

〈그림 4-10〉 명청의 역대 제왕묘 제기고(祭器庫)

〈그림 4-11〉 명청의 역대 제왕묘 비정(碑亭)

족도 있고 소수민족도 있었다는 것이다. 이때의 제왕묘는 진정한 정치적 의미를 가진 국가 종묘가 되었다고 할 수 있는데, 이는 주원장이 삼황오제와 하·상·주·한·당·송·원을 서로 다른 시기의 연속된 왕조의 국가 전체로 보았기 때문이다.

영락(永樂) 황제는 도읍을 북경에 옮긴 후, 명세조(明世祖) 가정(嘉靖) 9년:

역대 제왕의 묘를 도성 서쪽에 짓고 봄과 여름에 제사를 지내도록 영을 내렸다. 후에는 남경(南京)의 묘제(墓祭)를 폐지했다. ……11년 여름, 묘(廟)가 완성되었는데 이름을 경덕숭정지전(景德崇聖之殿)이라 지었다. 전(殿)은 5실(室)이고 동과 서에 복도가 있으며 전 뒤는 제기고(祭器庫)이고 앞은 경덕문(景德門)이다. 문 밖에는 신고(神庫)·신주(神廚)·재생정(宰牲亭)·종루(鐘樓)가 있다.[125]

제왕묘에서 제사를 지내던 선대의 성군, 제왕은 명나라 남경성의 역대 제왕묘와 거의 같다.

청대(清代)에는 명 북경성의 역대 제왕묘를 그대로 답습했는데 위치는 지금의 서성구(西城區) 부성문(阜成門) 내의 대가(大街) 171호이며 묘원(廟院)은 평면이 직사각형이고 남향이다. 남문이 정문이고 동서 양쪽에 각각 옆문 하나씩 두었다. 남문 안쪽은 북으로 경덕문(景德門)을 마주하고 여기에서 또 북쪽으로 제왕묘의 주전(主殿)인 경덕숭성전(景德崇聖殿)을 마주하고 있으며 그 앞에 월대(月臺)를 설치했다. 청나라의 역대 제왕묘는 이전에 비해 향사(享祀) 제왕의 수가 크게 증가했으며 특히 왕조를 세운 더 많은 소수민족 제왕들이 제사 대상에 포함되었다.

순치(順治) 2년, 역대 제왕묘에는 요·금·원 3대의 제왕과 명신, 그리고 명나라의 국군과 공신들이 추가되었다. 건륭(乾隆) 49년(1784), 국가 관념과 정통이념(正統理念)에 근거하여 중국 역사상 역대 왕조의 역대 제왕에게 모두 '묘향(廟享)'의 지위를 부여할 것을 제기했고, 마지막으로 역대 제왕묘에서 향사(享祀)한 제왕은 188명에 달했다.

청나라 역대 제왕묘의 제사 대상에는 중국 고대 역사상의 거의 모든 왕조와 절대다수의 제왕이 포함되었고, 제사 내용이 포괄적이고 체계적이며 완전한 국가 제사로 발전하여 진정한 국가의 묘(廟)가 되었다. 이로써 역대 제왕묘는 다민족 통일국가의 완전한 역사의 축소판이 되었다.

청대(清代) 북경성의 역대 제왕묘의 또 다른 중요한 역사적 의의는 어떤 왕조,

---

125 令建歷代帝王廟于都城西, 歲以仲春秋致祭。后幷罷南京廟祭。……十一年夏, 廟成, 名曰景德崇聖之殿。殿伍室, 東西兩廡, 殿后祭器庫, 前爲景德門。門外神庫、神廚、宰牲亭、鐘樓。

어떤 민족이 국가 통치자였는지를 불문하고 역대 제왕묘는 이들을 다민족 통일국가의 유기적인 구성 부분, 중화민족 역사의 필수적인 부분으로 간주했다는 것이다.

물론 중국의 다민족 통일국가 발전 역사에서 이미 오래전부터 공통의 조상^(성군)에 대해 인정했다. 남북조시대의 북위 선비인과 같은 고대 주변의 적지 않은 부족들은 '삼황오제'를 조상으로 간주해 제사를 지냈고, 중고시대 이후 거란·여진·몽골 등 부족이 세운 북방과 동북쪽의 다민족 통일국가인 요·금·원·청의 통치자들도 국가를 대표해 중화민족의 성군과 역대 왕조의 제왕에게 제사를 지냈다. 특히 국가의 정치, 문화의 중심인 도성에 역대 제왕묘를 세우고 전설 시대의 '삼황오제'와 역대 왕조의 제왕에게 제사 지낸 것은 사실상 공동 선조, 공동 국가의 역사에 대한 제사이자 중화민족의 역사에 대한 제사이다. 이는 역대 제왕묘 제사가 단절 없는 중화 5,000년 문명을 충분히 구현했음을 보여주며 5,000년간 이어온 역사를 확증해주는 증거이기도 한데, 세계 각국의 역사상 유일무이하다. 이러한 중화 5,000년 문명은 중국 역사상 다민족의 공동 국가인 '중국'의 정체성, 한족^(漢族)을 주체로 형성된 중화민족의 정체성, 다원일체의 중화민족 역사문화의 정체성에 기초하여 발전된 것이다.

2

예기(禮器)

오랫동안 세계 고고학계는 인류가 몽매, 야만에서 '문명'으로 나아가는 역사 발전 과정에서 도시와 금속기(金屬器), 문자의 발명과 존재는 인류가 문명에 진입한 표시물이며 이것이 바로 학술적인 의미에서 말하는 문명 형성의 세 가지 요소이기도 하다고 주장해왔다. 중국의 학계는 근 한 세기 동안 끊임없는 탐구를 거쳐 중화문명 형성의 네 가지 요소는 도읍(도시), 금속기, 문자와 예기라는 결론을 얻었으며 이 중 예기는 중화 5,000년 문명의 연구에 있어서 매우 중요한 부분이다. 중국 역사상 수많은 예기 중에서 어떤 것들이 지속 가능한 중화문명에서 중요한 것이냐고 질문한다면 필자는 청동정(靑銅鼎)과 옥규(玉圭)가 두 가지 대표적인 예기임에 틀림없다고 답할 것이다.

1) 청동 예기(靑銅禮器)

청동기 개람(槪覽)

중국 고대의 청동기는 인류 물질문명에 대한 선조들의 큰 공헌이다. 비록 현재 고고학적 자료로 볼 때 중국 청동기의 출현은 세계의 일부 지역에 비해 시기적으로 좀 늦기는 하지만 청동기의 사용 규모, 주조 공예, 조형 예술 및 품종에 있어서는 세계 그 어느 지역에도 중국의 고대 청동기와 견줄 만한 것이 없다. 이는 중국의 고대 청동기가 세계 예술사에서 독특한 위치를 차지하고 주목을 받는 이유 중 하나이다. 중국의 청동기는 마가요(馬家窯) 문화 시기에 나타나기 시작했고 상주(商周) 시기의 기물(器物)이 가장 정교하고 아름다워 중국 청동 문명의 중요한 시대로 꼽을 수 있다. 중국의 청동기는 종류가 많은데 크게 식기(食器)·주기(酒器)·수기(水器)·악기(樂器)와 병기(兵器) 등 다섯 가지 종류로 분류할 수 있다.

<표 1> 식기(食器)

명칭	기형(器型), 용도	시례(示例)
정(鼎)	삼족(三足)이 달린 원형 정과 사족(四足)이 달린 방형 정으로 나뉘며, 또 뚜껑이 있는 것과 없는 두 가지로도 나눌 수 있다. 정은 옛 사람들이 음식을 요리하거나 고기류를 저장해 두는 기구(器具)이며 가장 중요한 청동기 중 하나이다.	궁백방정(宮伯方鼎) (西周)
격(鬲)	최초의 동격(銅鬲)은 신석기시대의 도격(陶鬲)에 근거하여 만든 것이다. 모양은 보통 차구(侈口: 입구가 바깥쪽으로 경사져 있음)에 세 개의 솥발 속이 비어 있어 취사와 가열에 편리하게 만들었다.	궁제격(宮齊鬲) (西周)
언(甗)	상부와 하부 두 부분으로 나뉘는데 윗부분은 증(甑)으로 음식을 담고, 아랫부분은 격(鬲)으로 물을 채운다. 증과 격 사이에는 비(箄)라고 하는 분리물이 있으며 위에 증기를 통하게 하는 구멍이 있다.	선문언(蟬紋甗) (西周)
궤(簋)	고대에 음식을 담는 용기이며 중요한 예기(禮器)로 제사와 연향(宴饗)시 정(鼎)과 조합하여 사용했는데, 입구가 열려 있고 목이 잘록하며 배가 불룩하고 한 쌍의 귀가 달려 있다.	정궤(靜簋) (西周)
보(簠)	직사각형이고 입구가 넓으며 네 개의 짧은 발이 있다. 뚜껑이 있는데 그릇의 크기와 같으며 덮으면 그릇과 일체가 되고 열면 같은 두 그릇이 된다. 고기물학(古器物學)에서는 '각립(却立)' 또는 '각치(却置)'라고도 한다.	기룡문보(夔龍紋簠) (東周)
수(盨)	서(黍: 기장)·직(稷: 피, 기울)·도(稻: 벼)·량(粱: 고량) 등 곡식을 담는 용기로 사용되었다. 타원형이며 입구가 좁고 한 쌍의 귀가 달려 있으며 받침대 형태에 뚜껑이 있다.	직보수(作寶盨) (西周)

명칭	기형(器型), 용도	시례(示例)
돈(敦)	서·직·도·량 등 곡식을 담는 용기로 사용되었다. 세 개의 짧은 발이 있고 배가 둥그렇게 볼룩하다. 한 쌍의 귀가 달려 있고 뚜껑이 있으며 구형(球形)의 돈(敦)도 있다.	 반훼문돈(蟠虺紋敦) (春秋)
두(豆)	서와 직을 담는 용기로 사용되었다. 두(豆)의 조형은 고족반(高足盤)과 비슷하며 윗부분은 원반(圓盤) 모양이고 그 아래에 자루가 있다. 자루 아래에는 받침대가 있고 뚜껑이 있다.	 사호두(四虎豆) (春秋)
포(鋪)	두(豆)와 같은 유형에 속하며 윗부분은 평평한 직벽(直壁)의 얕은 반(盤)이다. 포(鋪)가 두와 다른 점은 포에는 가늘고 긴 자루가 없으며 반(盤) 아래에 비교적 넓고 높은 받침대를 만들어 놓은 것이다.	 루공룡문포(鏤空龍紋鋪) (西周)

〈표 2〉 주기(酒器)

명칭	기형(器型), 용도	시례(示例)
작(爵)	음주기(飲酒器)이며 후세의 술잔에 해당한다. 앞에는 술이 나오는 유(流: 주둥이)가 있고 뒤에는 미(尾)가 있으며 옆에는 반(鋬, 손잡이)이 있다. 구연부(口緣部)에 기둥 두 개가 있으며 아래에는 세 개의 뾰족하고 높은 발이 있다.	 부을작(父乙爵) (商)
각(角)	음주기이며 모양이 작과 비슷하고 앞뒤에 모두 미가 있으며 기둥은 없다. 일부 각(角)은 뚜껑이 있다.	 조계각(祖癸角) (西周)
가(斝)	음주기이며 모양이 작과 비슷하고 두 개의 기둥에 세 개의 발, 하나의 손잡이가 달려 있다.	 와문가(渦紋斝) (商)

명칭	기형(器型), 용도	시례(示例)
고(觚)	음주기이며 몸체가 길고 윗부분과 아랫부분이 나팔 모양으로 벌어졌다. 고(觚)는 나팔 모양의 용기로 하복부 부분에 돌출된 부분이 있고 밑면은 두 개의 비릉(扉棱)으로 장식되어 있다.	 사리고(司吏觚) (商)
치(觶)	음주기이며 배가 볼록하고 입구가 열려 있다. 모양은 작은 병과 흡사하며 대부분 뚜껑이 있다.	 부갑치(父甲觶) (西周)
광(觥)	술을 담는 용기 혹은 음주기이다. 배가 타원형 혹은 방형(方形)이며 권족(圈足) 혹은 발이 네 개이며 유와 반이 있고 뚜껑은 짐승 혹은 코끼리 머리 모양으로 만들었다.	 봉문광(鳳紋觥) (商)
존(尊)	술을 담는 용기이며 모양이 고(觚)와 비슷하고 중간부분이 비교적 굵으며 구경(口徑)이 비교적 작다. 대부분 배가 둥글고 네모난 것도 있다.	 차작부신존(次作父辛尊) (商)
유(卣)	술을 담는 용기이며 보통 타원형 주둥이에 깊은 복부와 권족이 있고 뚜껑과 손잡이가 달려 있다. 배는 둥글거나 타원형 혹은 네모나며 원통형, 치효형(鴟鴞形: 올빼미형) 혹은 호식인형(虎食人形: 호랑이가 사람을 잡아먹는 모양)으로 만든 것도 있다.	 백용부유(伯庸父卣) (西周)
화(盉)	술을 담는 용기 혹은 옛 사람들이 술 희석용으로 사용한 기구이다. 보통 깊고 둥근 구연부(口沿部)에 뚜껑이 있고, 앞에는 술이 나오는 유가 있으며 뒤에는 손잡이가 달려 있다. 아래에는 3~4개의 발이 있고 뚜껑과 손잡이 사이는 사슬로 연결되어 있다.	 부을화(父乙盉) (西周)
방이 (方彝)	술을 담는 용기이며 조형 특징은 직사각형 몸체에 달려 있는 뚜껑, 직구(直口), 곧은 배, 권족 등이다. 그릇 덮개는 윗부분이 작고 아랫부분이 커서 경사진 지붕 모양으로 만들어졌으며 권족에는 보통 변(邊)마다 모두 틈이 하나씩 있다.	 기방이(旗方彝) (商)

명칭	기형(器型), 용도	시례(示例)
뢰(罍)	술을 담는 용기이며 방형과 원형의 두 가지 모양이 있다. 방형은 어깨 부분이 넓고 양쪽에 귀가 있으며 뚜껑이 있다. 원형은 큰 배에 권족이며 귀 한 쌍이 달려 있다. 두 가지 모양의 뢰(罍)는 보통 한 쪽 아랫부분에 모두 착용용 코가 있다.	도철문뢰(饕餮紋罍) (商)
호(壺)	술을 담는 용기이다. 『시경(詩經)』에서 '청주백호(淸酒百壺: 맑은 술 백병)'라 했고 『맹자(孟子)』에서는 '단식호장(簞食壺漿: 대나무 그릇에 밥을 담고 병에 장국을 담음)'이라고 했다. 호(壺)는 원형, 방형과 편형(扁形) 및 호(瓠: 표주박)형 등 여러 가지 모양이 있다.	반호(般壺) (商)

<표 3> 수기(水器)

명칭	기형(器型), 용도	시례(示例)
반(盤)	물을 담거나 받는 데 사용된다. 원형이고 깊지 않으며 권족 혹은 발이 세 개이고 유(流: 주둥이)가 있는 것도 있다.	제후반(齊侯盤) (東周)
이(匜)	고대에 물을 담아 손을 씻는 데 사용한 세수용 기물이다. 타원형이고 3개 혹은 4개의 발이 있다. 앞에는 유가 있고 뒤에는 손잡이가 있으며 뚜껑이 있는 경우도 있다.	제후이(齊侯匜) (東周)
부(瓿)	물을 담는 용기이며 장을 담는데 사용되기도 했다. 모양은 존(尊)과 비슷하지만 존에 비해 작다. 원형 몸체에 입구가 좁고 배가 크며 권족이고 뚜껑이 있다. 귀가 있는 것과 없는 것 두 가지가 있으며 방형(方形) 부(瓿)도 있다.	용문부(龍紋瓿) (東周)
우(盂)	물 혹은 밥을 담는 기명(器皿)이다. 입구가 넓고 배가 깊으며 권족에 귀가 달려 있고 귀가 달린 궤(簋)와 매우 흡사하지만 궤에 비해 크다.	선문우(蟬紋盂) (西周)
감(鑒)	수기(水器)이며 모양이 지금의 대야와 같다. 물을 담고 얼음을 담으며 목욕하고 얼굴을 비춰보는 등 네 가지 용도가 있다. 감(鑒)의 제작은 춘추전국(春秋戰國)시대에 가장 성행하였는데, 당시에는 종(鐘)·정(鼎)·호(壺)와 감(鑒) 등 사기(四器)를 병칭(竝稱)했다.	지군자감(智君子鑒) (春秋)

명칭	기형(器型), 용도	시례(示例)
령(鈴)	고대의 동제(銅製) 향기(響器) 및 악기이다. 모양은 종(鍾)과 비슷하나 작으며 강(腔) 안에 동설(銅舌)이 있어 흔들면 소리가 난다. 『주례(周禮)』「춘관(春官)」에 "큰 제사에는 령(鈴)을 울려 닭과 사람을 응대한다"라고 기록되어 있다. 고대에는 령(鈴)을 악기로 사용했을 뿐만 아니라 차(車), 기(旗), 견마(犬馬)에도 령(鈴)을 달았다.	 기하문령(幾何紋鈴) (商)
뇨(鐃)	타악기이며 처음에는 군에서 명령을 알리는 신호로 사용되었다. 상(商) 말기에 유행했고 주(周) 초에도 계속 사용되었다.	 수면문뇨(獸面紋鐃) (商)
종(鍾)	타악기이다. 면이 좀 크고 얇으며 대부분 호형(弧形)이고 뿌리 부분은 오목하게 들어갔다. 가장자리는 약간 치켜 들렸으며 입구는 아래로 향하게 매달았다.	 자범화종(子犯和鍾) (春秋)
박(鎛)	타악기이다. 몸체는 둥글고 모양은 편종(編鍾)과 비슷하지만 입 부분은 평평하고 특현(特懸: 악기 배치법 중의 하나. 특현은 동쪽 1면에만 편종과 편경을 배치함)이다(벽에 따라 걸어놓을 수 있음).	 반훼문박(蟠虺紋鎛) (春秋)
정(鉦)	타악기이고 모양은 종(鍾)과 비슷하며 좁고 길다. 긴 손잡이가 달려 있어 잡을 수 있으며 입은 위로 향해 있다. 치면 소리가 나고 행군할 때 두드려 신호로 사용하기도 했다.	 청동정(靑銅鉦) (戰國)
구약(句鑃)	타악기이며 모양이 편종과 좀 비슷하고 정(鉦)과도 비슷하다. 손잡이가 있고 입이 위로 향하며 망치로 쳐서 소리를 낸다.	 구조(句鑃) (春秋)
고(鼓)	고(鼓)의 용도는 양주(兩周)의 전적(典籍)에서 많이 보인다. 『시경(詩經)』「소아(小雅)」「보전(甫田)」에 "거문고와 비파를 켜고 고(鼓)를 쳐 전조(田祖: 농업의 신)를 맞이한다"라는 내용이 있는데 이는 고를 치는 것을 낙(樂)으로 삼아 전조를 맞이하여 기년(祈年: 풍년(豊年)이 들기를 빎)한다는 뜻이다. 『주례(周禮)』「지관(地官)」「고인(鼓人)」에 "육고사금(六鼓四金)의 음성(音聲)을 관장하고, 성악(聲樂)을 절(節)하고 이로써 군여(軍旅)를 화평하게 하고 전역(田役)을 바르게 한다"라고 기록되어 있다.	 수면문고(獸面紋鼓) (商)

명칭	기형(器型), 용도	시례(示例)
과(戈)	상주(商周)시대에 흔히 쓰인 병기 중의 하나로, 청동 병기 중에서 가장 일찍 나타났다. 이리두(二里頭) 문화 시기에 이미 나타나 전국(戰國), 진(秦)에 이르기까지 계속 사용되었는데, 모양에는 변화가 있지만 몇 가지 기본적인 부분은 대체로 같다.	 청동감록송석과 (靑銅嵌綠松石戈) (商)
모(矛)	고대에 적을 찌르는 공격성이 강한 무기이며 전쟁에서 자주 사용되었던 병기이다. 긴 막대에 날카로운 양도(兩刀)를 매달았으며 적을 찌르는 데 사용되었다.	 청동모(靑銅矛) (東周)
피(鈹)	전국(戰國)시대 초기에 유행했고 남방과 북방에 모두 있었지만 특히 조(趙)나라와 진(秦)나라에서 가장 많이 발견되었다. 이는 당시 전쟁에서 무기로서의 피(鈹)의 살상력을 홀시할 수 없었음을 말해 준다.	 청동피(靑銅鈹) (秦)
수(殳)	선진(先秦)시대의 유명한 고대 차전(車戰) 병기 중 하나로, 역대 전적(典籍)에 많이 기록되어 있다. 중국 고대의 타격(打擊)형 병기의 일종으로, 호신과 자위에 사용되었을 뿐만 아니라 군대를 장비하는 중요한 실전(實戰) 병기이기도 하다. 일반적으로 원시시대의 수렵용 대나무 막대기에서 발전한 것으로 알려져 있다.	 사리수(司吏殳) (商)
극(戟)	과(戈)와 모(矛)의 합체, 즉 과의 머리 부분에 모첨(矛尖: 모의 끝부분)을 장착한 것이다. 조고 찌르는 두 가지 기능을 가진 격투를 위한 병기로 과와 모보다 살상력이 강하다.	 청동극(靑銅戟) (秦)
월(鉞)	손잡이가 길고 머리 부분(앞부분)이 호형(弧形)의 날이며 기능이 전부(戰斧)와 비슷하다. 이미 출토된 청동월(靑銅鉞) 실물을 보면 이런 종류의 병기는 주로 상(商)과 서주(西周) 시기에 유행했을 것으로 보인다.	 아추월(亞醜鉞) (商)
도(刀)	상(商)과 서주(西周) 초기의 도(刀)는 형체의 크기에 따라 대·중·소 세 종류로 나눌 수 있는데, 대형 도는 통 길이가 30센티미터 이상이고 중형은 20여 센티미터, 소형은 10여 센티미터이다.	 청동도(靑銅刀) (商)

명칭	기형(器型), 용도	시례(示例)
검(劍)	단병(短兵)의 대표로서 손에 들거나 패용(佩用)할 수 있다. 춘추(春秋)부터 진(秦), 한(漢)에 이르기까지 모두 군대를 장비하는 데 사용되었다.	조왕구천검(趙王勾踐劍) (春秋)
노(弩)	궁(弓)에서 발전한 병기로, 전국(戰國)시대 초(楚)나라의 노(弩)를 예로 들면, 동(銅) 재질의 노기(弩機), 목비(木臂), 궁(弓) 등 세 부분으로 구성되어 있다. 노기는 목비(木臂) 뒷부분에 장착되며 이를 비롯해 아(牙)·망산(望山)·현도(懸刀)·기사(機塞)·추축(樞軸) 등 다섯 가지 부재를 포함한다.	착금은동노기 (錯金銀銅弩機)(西漢)
족(鏃)	화살대 끝에 달린 날 부분으로 궁현(弓弦)으로 멀리 발사한다. 청동족(靑銅鏃)은 이리두(二里頭)문화 시기에 이미 나타났으며, 모양은 시대의 발전에 따라 변화했다.	청동전족(靑銅箭鏃)(周)
회(盔)	회갑(盔甲)은 인류가 무력충돌 시 신체를 보호하기 위한 가구이며 갑주(甲冑), 개갑(鎧甲)이라고도 불린다. 이 중에서 회(盔)와 주(冑)는 모두 머리 부분을 보호하기 위한 방구(防具)이며 개(鎧)와 갑(甲)은 신체를 보호하는 방구로, 주로 흉부와 복부 등 주요 장기를 보호하는 가구이다.	청동주(靑銅冑)(商)

향로(香爐)에서 정(鼎)으로 거슬러 올라가다 : 가장 생명력이 강한 예기

　'정(鼎)'은 중국인의 마음속에서 매우 신성한 예기(禮器)이며 중화민족의 정신문화의 상징이고 중국의 유구한 역사문화에 대한 국민적 공감대이다. 역사학자들이 지적한 바와 같이 중국은 국제교류와 국가의 중대한 정치 활동에서 정을 국가의 상징으로 삼고 있다. 1995년 10월 21일, 유엔 설립 50주년 축하 선물로 거대한 청동 '세기보정(世紀寶鼎)'을 증정했고, 2001년에는 티베트 평화해방 50주년 경축 선물로 중국 중앙정부가 티베트자치주에 '민족단결 보정(民族團結寶鼎)'을 증정하여 라싸 인민회당 광장에 세워놓게 함으로써 이로써 민족 단결, 티베트 각종 사업

〈그림 4-12〉 세기보정(世紀寶鼎)　　　　　　〈그림 4-13〉 민족단결 보정(民族團結寶鼎)

의 번영과 발전을 상징했는데 이런 선물들은 모두 깊고 심원한 뜻을 가지고 있다.[126]

　　정(鼎)은 8,000여 년의 역사를 가지고 있으며 중요한 예기로서도 역사가 오래되었다. 선진(先秦)시대에 정은 이미 중요한 예기로 그 시대의 정치적 지위의 상징이 되었으며 '구정(九鼎)·칠정(七鼎)·오정(伍鼎)·삼정(三鼎)'으로 구성된 주대(周代)의 '열정(列鼎)' 제도는 각각 천자·제후·대부(大夫)와 사(士)의 신분을 표시했다. 정은 정치적 색채를 일목요연하게 드러냈으며 『사기(史記)』 「봉선서(封禪書)」에는 이에 대해 다음과 같이 기록했다.

　　　　황제가 보정 셋을 만들어, 천·지·인을 상징했다.[127]

　　『좌전(左傳)』 「선공3년(宣公三年)」에 따르면 왕손(王孫) 만(滿)은 "성왕(成王)이 겹욕(郟鄏)에 정(鼎)을 가져다 놓았다"[128]라고 하는데 여기에서 겹욕은 바로 왕성(王城)

126　張新斌, 劉伍一 주편(主編): 『황제(黃帝)와 중화(中華) 성씨(黃帝與中華姓氏)』, 河南人民出版社, 2013년, 95~109쪽.

127　黃帝作寶鼎三, 象天、地、人。

128　成王定鼎于郟鄏。

을 뜻한다. 초장왕(楚庄王)은 주정왕(周定王)의 사자(使者)에게 "정(鼎)의 크기와 무게를 물었다"[129]라고 했는데 이런 것들은 모두 정을 주(周) 정권의 동의어로 간주했음을 말해준다. 『좌전』「선공3년」에는 또 "걸왕(桀王)이 혼덕(昏德, 어두운 덕)을 지니자 정(鼎)이 商(상)나라로 옮겨졌다. …… 상나라의 주왕(紂王)이 포학했기 때문에 정은 다시 주(周)나라로 옮겨졌다"[130]라고 기록되어 있다. 즉 하(夏)나라가 멸망하자 구정(九鼎)을 상나라에 옮기고 상나라가 멸망하니 구정을 다시 주나라에 옮긴 것이다.

일부 학자는 청동기시대가 끝나고 철기시대가 도래하면서 정이 과거의 영광을 잃었다고 주장하는데 사실 이는 일종의 오해일 뿐이다. 왜냐하면 청동기 중의 정(鼎)·궤(簋)·언(甗)·고(觚)·작(爵)·유(卣)·뢰(罍)·존(尊)·화(盉)·호(壺)·방이(方彝)·종(鍾) 등과 옥기 중의 종(琮)·벽(璧)·규(圭)·황(璜)·장(璋) 등은 모두 중요한 예기이며, 이 중의 어느 한 예기가 '일존독대(一尊獨大: 하나만이 중요함)'라고 말하기 어렵기 때문이다.

진한(秦漢) 왕조가 개창한 제국 시대로 접어들면서 선진(先秦)시대의 많은 예기가 예전의 휘황을 잃었지만 유독 정은 전통 청동 예기 중에서 돌출되어 국가의 중기(重器)가 되었으며, 국가 대길대리(大吉大利: 크게 길하고 크게 이로움)의 상징으로 되었다. 『사기(史記)』「진시황본기(秦始皇本紀)」에 따르면 진시황은 진시황 28년(기원전 219) 동쪽으로 여러 군현, 발해를 순행하고 도성으로 돌아오는 길에 "팽성(彭城)을 지나면서 재계기도를 올리고 사수(泗水)에 빠진 주정(周鼎)을 건지려고 천명을 물속에 들여보내 찾게 하였으나 찾지 못했다"[131]라고 한다. 그리고 『한서』「무제기(漢書·武帝紀)」에는 기원전 116년 "분수(汾水)에서 정(鼎)을 얻었다" 하여 '원정(元鼎)'으로 개원(改元)했고 같은 해 "여름인 5월에 대사면하고 5일간 성대한 잔치를 베

---

129 (역자주) 상대의 실력이나 속마음을 떠보아서 약점을 잡으려는 것인데, 원래는 황제의 지위를 엿보기 위한 물음이다.

130 桀有昏德, 鼎遷于商。……商紂暴虐, 鼎遷于周。

131 過彭城, 齋戒禱祠, 慾出周鼎泗水。使千人沒水求之, 弗得

〈그림 4-14〉 동정(銅鼎) 이리두문화(二里頭　〈그림 4-15〉 도방정(陶方鼎) 이리두문화　　　〈그림 4-16〉 수면유정문방정(獸面乳丁紋方鼎) (商)
文化)

〈그림 4-17〉 태보궤(太保簋) (西周)　　　〈그림 4-18〉 작책대방정(作冊大方鼎) (서주)　　〈그림 4-19〉 모공정(毛公鼎) (서주 말기)

〈그림 4-20〉 파곡문열정(波曲紋列鼎) (서주)

〈그림 4-21〉 **범금(杞禁)** (서주)

미국 뉴욕의 메트로폴리탄 미술관에 소장되어 있으며 섬서성(陝西省) 보계시(寶鷄市) 투계대(鬪鷄臺)에서 출토되었다. 금신(禁身)은 직사각형의 대좌(臺座)로 양쪽 상하 4개씩 총 8개의 직사각형 구멍이 있고 양끝에는 상하 2개씩 총 4개의 직사각형 구멍이 있으며 그 사이의 칸막이 들보와 테두리에는 가늘고 긴 첨각(尖角) 용무늬가 장식되어 있다. 대면(臺面)이 평평하고 유(卣) 둘과 존(尊) 하나를 놓아두었던 흔적이 남아 있다. 양쪽 유의 모양은 비슷하며 몸통 양쪽에는 넓은 비릉(扉棱)이 있고 뚜껑 양쪽은 솟아 오른 각(角) 모양이다. 문양은 주로 봉문(鳳紋)과 곧은 줄무늬로 장식되어 있으며 방좌(方座)를 포함한 전체 높이는 47센티미터이고 방좌의 높이를 빼면 46.4센티미터이다. 가운데 위치에 있는 존은 치구(侈口: 입이 큼), 직복(直腹: 곧은 배)에 권족(圈足)의 형상으로 사면에 비릉이 있고 주로 수면(獸面) 무늬로 장식되어 있으며 높이는 34.8센티미터이다. 비교적 큰 이 3점의 주기(酒器)에는 모두 명문(銘文) '정(鼎)'자가 새겨져 있다. 또 국자 한 점이 있는데 출토 시 유(卣) 안에 있었다고 한다. 이 외에도 화(盉)·고(觚)·작(爵)·각(角)이 각각 1점, 치(觶) 4점과 비(匕) 6점이 있다.

풀었다"[132]라고 기록되어 있어 정의 중요성을 말해주고 있다.

비록 정은 역사가 오래되었지만 중고시대 이후 화려한 변신을 거쳐 향로(香爐)의 이미지로 조상에게 제사를 지내는 중요한 '예기'가 되었으며 지금까지도 고귀한 신분을 유지하고 있다. 향로는 공구(供具: 부처나 보살에게 공양하는 향·번개·음식 따위, 또는 그런 것을 공양하는 데 쓰이는 그릇)로 쓰이는데 제사를 받는 주요 대상과 마주하도록 제사상의 가운데 위치에 놓는다. 북경 명(明) 십삼릉의 각 제릉의 보성(寶城) 앞부분에는 모두 명루(明樓)가 있고 명루 앞 중간 위치에 석오공(石伍供: 돌로 된 제사상)이 설치되어 있다. 여기에서 '오공(伍供)'은 향로 1점, 촉대(燭臺)와 꽃병 각각 2점으로, 향로는 촉대와 꽃병 사이에 배치되어 중앙에 위치하며 여기에서 그 공간 위치의 중요성을 한눈에 알아볼 수 있다. 그만큼 정에서 발전한 향로는 중국인의 마음속

---

132 夏伍月, 敕天下, 大酺伍日

에서 특수한 위상을 차지한다.

정(鼎)은 중국의 언어, 문자에 유독 지고(至高)하고 무상(無上)한 이미지를 남겼다. '문정중원(問鼎中原)', '정정중원(定鼎中原)'과 '일언구정(一言九鼎)' 등 고사 성어는 중국에 널리 알려져 있으며, 여기에서 정은 국가를 상징한다. 이는 또 정과 중화의 5,000년 문명이 중화민족의 기나긴 역사 발전 과정에서 줄곧 그림자처럼 떨어지지 않고 함께 전진해왔음을 말해준다.

2) 옥예기(玉禮器)

옥기(玉器) 개람(概覽)

중국의 옥은 중화민족의 선민(先民)들이 각종 돌에서 뽑아낸 '석지미자(石之美者)'로서 부드럽고 윤기가 나는 미감을 지닌다. 고고학자와 사학자들의 고증에 따르면 중국의 옥기는 원시사회의 신석기시대 초기에 탄생했고 성행한 지 약 3,000년이 된다. 중국은 세계적으로 가장 일찍 옥기를 사용했고 사용 역사가 가장 긴 국가로서, 예로부터 '옥석지국(玉石之國)'으로 불려왔다. 중화민족은 '애옥(愛玉)'과 '존옥(尊玉)'으로 세상에 알려져 있으며 옥 문화의 역사는 중국에서 8,000여 년 간 이어져 왔다. 옥기는 중국인의 마음속에서 숭고한 지위를 가지고 있고 사회정치, 예의, 종교 및 심미관 등과 광범위하게 연결되어 있으며 중화문명의 물적 표상이자 초석이다. 예기(禮器)는 고대 예제 활동에 사용된 기물(器物)인데, 그중 옥예기는 주로 제사에 사용되었다. 여기에서 옥예기는 예의(禮儀)에 사용된 모든 옥기를 지칭하는 것이 아니라 옥황(玉璜)·옥종(玉琮)·옥벽(玉璧)·옥규(玉圭)·옥장(玉璋)·옥호(玉琥) 등 6개 종류를 가리키며 『주례(周禮)』에서 "육기(六器)로 천지사방(天地四方)에 예를 갖춘다"[133]라고 일컬어지는 옥기이다.

---

133 六器禮天地四方

옥벽(玉璧)

옥벽(玉璧)은 예천(禮天: 하늘에 예를 올림)의 기물(器物)로 원판(原板) 모양이며 편상(片狀: 납작하고 평평한 모양)이고 중앙에 구멍이 뚫린 옥기의 일종이다. 『이아(爾雅)』「석기(釋器)」에서는 "육(肉: 주위의 邊) 배호(倍好: 중앙의 구멍)를 벽(璧)이라 하고 호배육(好倍肉)을 애(瑗)라고 하며 육(肉)은 마치 환(環)과 같다"라고 한다.[134] 이런 편상(片狀), 원형 옥기들은 중앙에 있는 구멍 직경의 크기에 따라 옥벽(玉璧), 옥애(玉瑗)와 옥환(玉環) 등 세 가지로 구분된다. 고고학적 발견에 따르면 옥벽은 지금부터 5,000~6,000년 전 신석기시대에 처음 생겨났고, 청대에 이르기까지 시기마다 각기 다른 모양과 무늬로 장식되었다. 옥벽의 사용 범위도 매우 광범위하여 착용품, 부장품으로 사용되었으며 권력 등급의 표시, 사회 교제 중의 증정품 및 신물(信物)로도 사용되었다.

〈그림 4-22〉 각부옥벽(刻符玉璧)(良渚文化)　〈그림 4-23〉 곡문옥벽(谷紋玉璧)(東周)　〈그림 4-24〉 청옥리용출곽벽(青玉螭龍出廓璧)(東漢)

---

134 肉(周圍的邊)倍好(中間的孔)謂之璧, 好倍肉謂之瑗, 肉好若一謂之環。

옥황(玉璜)

옥황(玉璜)은 소위 말하는 '반벽위황(半璧爲璜)'으로, 절반 옥벽의 형상이며 신석기시대 중, 후반기의 숭택(崧澤) 문화에서 비롯되었다. 『주례(周禮)』에서는 "옥으로 육기(六器)를 만들어 천지사방을 예하며 창벽(蒼璧)은 하늘을 예하고, 황종(黃琮)은 땅을 예하고, 청규(青圭)는 동방(東方)을 예하고, 적장(赤璋)은 남방(南方)을 예하고, 황종(黃琮)은 황제(黃帝)를 예하고, 백호(白琥)는 서방(西方)을 예하고, 현찬(玄瓚)은 북방(北方)을 예한다"[135]라고 했다.

옥종(玉琮)

옥종(玉琮)은 내원외방(內圓外方)형 옥기로, 옛 사람들이 신기(神祇: 하늘의 신을 신(神), 땅의 신을 기(祇)라 하고, 합쳐서 신기라 함)에 제사 지내는 데 사용했던 일종의 예기이다. 지금부터 약 5,000년 전에서 신석기시대 중, 후기까지 옥종은 강절(江浙: 浙江省과 江蘇省) 일대의 양저문화(良渚文化), 광동(廣東)의 석협문화(石峽文化), 산서(山西)의 도사문화(陶寺文化)에서 대량으로 나타났으며 특히 양저문화의 옥종이 가장 발달하여 출토되었거나 전해내려 온 것이 양적으로 가장 많다. 용도를 살펴보면 줄곧

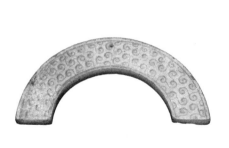

〈그림 4-25〉 곡문옥황(谷紋玉璜) (東周)　　　　　　〈그림 4-26〉 청옥종(青玉琮) (良渚文化)

135 以玉作六器, 以禮天地四方: 以蒼璧禮天, 以黃琮禮地, 以青圭禮東方, 以赤璋禮南方, 以白琥禮西方, 以玄璜禮北方

'황종예지(黃琮禮地: 황종으로 땅에 예를 올림)'의 예기로 알려져 왔다.

옥규(玉圭)

고대의 제왕과 제후들의 조빙(朝聘), 제사, 상장(喪葬) 때 서신(瑞信: 천자가 제후에게 수여하여 신표로 삼은 규옥)으로 사용했던 옥제 예기(玉製禮器)이다. 긴 막대 모양이고 윗부분이 뾰족하며 아랫부분이 길게 네모나고 '규(珪)'가 되기도 한다. 모양과 크기는 작위(爵位) 및 용도에 따라 다른데, 『주례(周禮)』「춘관전서(春官典瑞)」에서 대규(大圭)·진규(鎭圭)·환규(桓圭)·신규(信圭)·궁규(躬圭)·곡벽(谷璧)·포벽(蒲璧)·사규(四圭)·나규(祼圭)로 구분했고 주대(周代)의 무덤에서 자주 발견되었다. 그리고 『설문해자(說文解字)』에서 '섬상위주(剡上爲圭)'라 함은 윗부분이 날카롭고 아랫부분이 평평하고 곧은 편상(片狀: 납작하고 평평한 모양)의 옥기(玉器)를 말한다. 끝이 날카로운 표준적인 규(圭)는 상(商)나라 때 처음 나타나 춘추전국시대에 성행했다. 옥규는 상고시대에 '조현 예견(禮見: 아랫사람이 예의를 갖추어 윗사람을 찾아 뵘)'시 위계 신분을 표시하는 서옥(瑞玉), 제사에 사용되는 제기 등 중요한 예기로 널리 이용되었다.

〈그림 4-27〉 옥규(玉圭)
(商)

옥장(玉璋)

옥장(玉璋)은 옥규(玉圭)와 비슷한 편평(扁平)한 직사각형 모양으로, 한쪽 끝은 비스듬한 날(포크형 날도 있음)이고 다른 한쪽 끝은 구멍이 뚫려 있으며 동한의 허신(許愼)은 『설문해자(說文解字)』에서 옥장의 모양은 '반규위장(半圭爲璋)'이라고 했다. 다시 말하면 옥장은 옥규 상단의 뾰족한 끝부분에서 하단까지 수직으로 반을 자른 것으로, 이런 모양은 이미 출토된 유물 및 고서적과 옛 비석의 각문도(刻紋圖)에서 '장(璋)'이라 부르는 것과도 부합된다.

〈그림 4-28〉 옥장(玉璋)
(二里頭文化)

옥호(玉琥)

〈그림 4-29〉 옥호(玉琥) (戰國)

호(琥)는 문헌에 "백호의 신분으로 서방(西方)에 예를 표하고 호부(虎符)의 신분으로 출병했다"라고 기록되어 있다. 상대(商代)의 부호묘(婦好墓)에서 출토된 원조(圓彫)와 부조(浮彫) 옥호는 각각 4점으로, 모두 구멍이 뚫려 있어 호형옥패(虎形玉佩)라고 불리며 장신구류에 속하는데, 출병 혹은 도한(禱旱: 비를 내려달라고 하는 기도)의 용도로 쓰이지 않았으며 의례에 쓰이는 서옥(瑞玉)도 아니었다. 따라서 어떤 사람은 표면에 호랑이 무늬를 새긴 옥기는 옥으로 된 기(器)에 의해 명명된 것이고 그 앞에 '호문(虎紋)'이라는 두 글자를 붙였다고 주장한다. 호형(虎形) 옥기는 구멍이 뚫린 것이 호형옥패, 구멍이 없는 것은 옥호라고 불린다.

옥예기(玉禮器) 중의 옥규(玉圭)

고고학적 발견과 역사 문헌의 기록은 옥기가 중화문명에서 얼마나 중요한 위치를 차지하는지를 보여준다. 옥기는 국가의 정치, 문화 등과 밀접한 관련이 있었으며 특히 옥예기 중의 옥규는 중화 5,000년 문명의 물적 표상으로서 가장 생명력이 강하고 중요한 예기이다.

역사 문헌에 따르면 '오제(伍帝)시대'에 우순(虞舜)은 하우(夏禹)가 치수(治水)에 공이 있다 하여 옥규를 하사했으며, 바로 이 옥규가 하(夏) 왕조를 창건할 수 있는 정치적 기반이 되었다고 한다. 따라서 하 왕조의 정치적 신물(信物)인 옥장(玉璋)이 사실상 현규(玄圭)라고 보는 학자들도 있으며 이에 관해 『설문해자(說文解字)』에는 다음과 같이 기록되어 있다.

이후, 제왕 능묘 신도(神道)의 석상생(石像生) 중 문관석상(文官石像)이 두 손을 가슴 앞에 모아 든 '홀판(笏版)'도 옥규가 변신한 것으로 추정되며 사당과 종묘에서 선조의 제사를 위해 공봉(供奉)한 규(圭) 모양의 패위(牌位)또한 모양과 문화적 함의에 있어서 옥규와 밀접한 관련이 있을 것으로 보인다.

3

문자

1) 문자와 문명의 형성

인류 역사 발전 과정을 돌이켜보면 세계 각지의 문명의 형성은 일반적으로 문자의 출현과 동반되는 경우가 많다. 세계 4대 문명 고국인 고대 바빌론, 이집트, 인도, 중국은 세계에서 가장 오래된 4대 문자 시스템이 등장한 지역이기도 하다.

기원전 5200년경, 양강(兩江) 유역의 수메르인들이 발명한 설형(楔形)문자는 세계 최초의 문자이며 양강 유역은 인류 최초의 문명지였던 메소포타미아 평원이기도 하다. 세계에서 가장 오래된 문자 중 하나인 이집트 문자는 파라오 나메르의 갑옷 관절판(關節板)에 새겨진 가장 초기의 상형(象形) 각기(刻記)로, 고대 이집트 문명을 열었으며 4,000년 전 고대 인도의 범자(梵字: 즉 데바나가리문자)는 남아시아 아대륙 문명의 형성을 보여준다. 5,000~4,000년 전 중국 고대 문자의 출현은 동아시아 대륙의 중화 5,000년 문명의 탄생을 상징하며 이로부터 문명에 대한 문자의 중요성을 알 수 있다.

중국의 문자는 중화문명과 공통되는 특징이 있는데, 그것은 바로 단절 없이 발전해왔다는 것이다. 수메르인의 설형문자, 고대 이집트의 상형문자, 고대 인도의 범자(梵字) 등은 현재 모두 '역사박물관'에 들어가 있다. 아메리카 마야인들이 기원 전후에 창제한 상형(마야)문자는 5세기 중엽에 성행했고 아메리카에서 유일하게 남아 있던 고문자였지만 16세기 대항해시대 식민지 개척자들의 중앙아메리카 침공으로 인해 전멸되었다. 따라서 마야문자는 지금까지 그 전부를 해독하지 못한 소수의 고대 문자 중 하나가 되었다. 세계의 그 어느 나라, 어느 민족도 마야문자를 사용하지 않은지 오래되며 지금은 세계 극소수 고문자(古文字) 학자들의 연구대상이 되었다. 반면 한자는 지금까지 줄곧 단절 없이 이어져 왔고 현재까지도 중국인들이 사용하는 문자이다.

2) 5천년간 일맥상통한 '한자(漢字)'

최근 수십 년 동안 중국 각지에서 고대 문자와 관련된 자료가 대량으로 발견되었는데, 이들은 하남성(河南省) 무양(舞陽)의 가호(賈湖) 신석기기대 중기 유적에서 출토된 구갑(龜甲)문자, 강소성(江蘇省) 오현(吳縣)의 징호(澄호) 양저(良渚) 문화 유적에서 출토된 도관(陶觀)의 계각(契刻) 도문(陶文), 산동성(山東省) 추평(鄒平) 정공(丁公)의 용산(龍山) 문화 유적에서 발견된 도문, 하남성(河南省) 여주(汝州) 홍산묘(洪山廟)

〈그림 4-35〉 가호각부구갑(賈湖刻符龜甲) 　　〈그림 4-36〉 양저(良渚)문화의 각부도관(刻符陶罐)

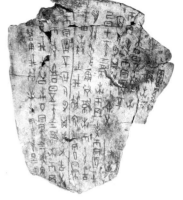

〈그림 4-37〉 추평 정공(鄒平丁公) 용산(龍山)문화유적의 도문(陶文)　　　　　〈그림 4-38〉 갑골문

〈그림 4-39〉 계영령덕회명문(季嬴霝　　〈그림 4-40〉 모공정명문(毛公鼎銘文) (西周晩期)
德盉銘文) (商)

유적에서 발견된 묵서(墨書) 및 계각 도문, 산서성(山西省) 양분도사(襄汾陶寺) 유적에서 발견된 주서(朱書) 문자이다. 이러한 고고학적 발견으로 인해 중국은 은허(殷墟)의 갑골문을 최초의 문자로 보던 전통적인 관점에서 벗어나 문자의 출현 연대를 적어도 2,000년 정도 앞당기게 되었다. 즉, 중화 5,000년 문명은 중국의 고문자와 '동행'해 온 것이다.

4,000~5,000년 전 고문자의 발견은 이것이 이미 성숙한 갑골문과 일맥상통하는 중국의 고문자임을 말해주며 갑골문에서 금문(金文) · 대전(大篆) · 소전(小篆) ·

〈그림 4-42〉 동량명문(銅量銘文) (秦)

〈그림 4-43〉 마왕퇴백서(馬王堆帛書)〈천문기상잡점(天文氣象雜占)〉(局部) (西漢)

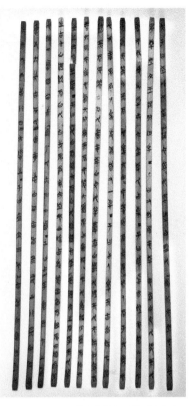

〈그림 4-41〉 곽점초간(郭店楚簡)〈치의(緇衣)〉 (戰國)

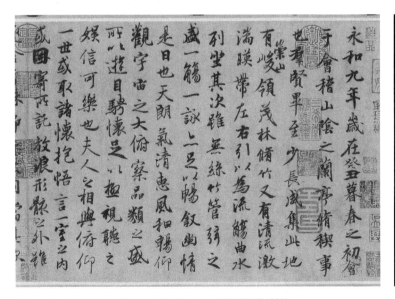

〈그림 4-44〉 풍승소모(馮承素摹) 「란정서(蘭亭序)」 신룡본화심(神龍本畵心) (唐)

〈그림 4-45〉 장맹룡비(張猛龍碑)〈탁본의 일부〉 (北魏)

예서(隸書)·해서(楷書)로 이어지는 한자(중국 고문자)의 글자 모양의 발전 변화를 보면, 서로 다른 단계의 한자들이 대를 이어오고 있음을 알 수 있다. 현재 중국을 제외하고는 중학생들이 2,000년 전 자국의 역사 문헌, 문학작품을 읽고 쓸 수 있는 나라가 없으며 이는 당연히 한자가 5,000년간 맥을 이어 온 결과이다. 한자가 5,000년간 단절되지 않고 이어온 것은 단절 없는 중화 5,000년 문명의 중요한 보증이다.

3) 일맥상통한 한자(漢子) 역사 문헌

문자는 인류의 서면 언어로서 인류의 역사를 기록하는 중요한 사회적 기능이 있으며 그것들은 우리가 흔히 말하는 역사 문헌이 된다. 중국의 역사 문헌은 절대다수가 한자로 쓰여 있으며 중국은 세계적으로 역사 문헌이 가장 풍부하고 체계적이며 온전하게 보존되어 있는 국가이며, 한자는 중화문명을 전승하는 데 매우 중요한 역할을 발휘했다. 먼 옛날 중국의 선조들은 국가 차원에서 사관(土官)을 두었는데 창힐(創頡)이 바로 황제(黃帝)의 사관(史官)이었고 더 중요한 것은 문헌에 창힐이 문자의 발명자라는 기록이 있다는 것인데, 사관과 문자 발명자라는 창힐의 이중적 신분은 문자와 역사 문헌의 불가분의 관계를 말해준다. 한자로 형성된 중국 고대의 역사 문헌은 대대로 전승되었으며 선진(先秦)의 『상서(尙書)』·『시경(詩經)』·『주역(周易)』·『좌전(左傳)』과 '제자백가(諸子百家)'에서 '이십사사(二十四史)' 등에 이르기까지 모두 단절 없는 중화 5,000년 문명의 발전사를 기록해 놓았다.

4) 다민족 통일국가와 중화 5천년 문명의 지속적인 발전을 이어온 한자(漢字)

진시황의 문자 통일은 진일보한 통일을 추진하려는 인위적인 조치였다. 진시

〈그림 4-46〉 '삼체석경(三體石經)' 탁본의 일부

〈그림 4-47〉 남송(南宋) 복건(福建) 각본(刻本) 『회암선생문집(晦庵先生文集)』

황의 '서동문자(書同文字)'[145]는 지역적인 이체자(異體字)를 대량으로 폐지하고 문자를 더 정연하게 하고 간이화했는데 이는 문화적으로 큰 업적이다.

이에 대해 저명한 학자 유광유(劉光裕)는 다음과 같은 견해를 제시했다.

한자(漢字)는 방언과 고금의 언어 차이를 뛰어 넘는 기능을 가지고 있다. 저명한 문자학자 안자개(安子介)는 "중국에서는 흑룡강(黑龍江)에서 운남(雲南)까지 한자가 통한다",

---

145 (역자주) 서로 다른 서체(書體)를 진나라가 사용하던 소전(小篆)체로 통일시켰다는 의미이다.

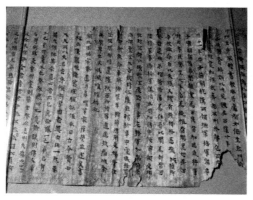
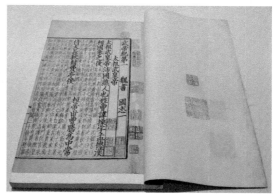

〈그림 4-48〉 돈황장경동(敦煌藏經洞) 『삼국지(三國志)』 잔권(殘卷) (東晋)　　〈그림 4-49〉 송(宋) 각본(刻本) 『삼국지(三國志)』 서영(書影)

"중화문화는 5,000년 동안 이어져 왔고 한자로 기록되어 있다", "서양 알파벳의 형식도 역사적으로 보면 상형(象形)에서 기원했고 후에는 병음으로 바뀌었으며 그 결과 유럽은 수십 개의 크고 작은 국가로 나뉘었고 나라마다 문자가 달라 상호 연결 고리가 끊어졌다. 만약 중국도 일찍이 같은 길을 걸었다면 강소국(江蘇國), 광동국(廣東國)이 생겨났을 것이다. 중국에는 방언이 많기에 한자의 독음(讀音)은 '음성학'으로 통일될 수 없었고 따라서 한자는 한족(漢族)의 응집에 상상할 수 없을 정도의 큰 역할을 했다"라고 했는데 이는 방언과 고금의 언어 차이를 뛰어넘어 교류의 도구로서 발휘한 한자의 역할 및 이런 역할이 한민족(漢民族)의 형성과 중국의 통일에 미친 거대한 응집력에 관해 명확하게 말해주고 있다. 앞으로도 한자는 여전히 중요한 역할을 발휘할 것이며 그 의미 역시 클 것으로 보인다.[146]

위의 내용에서 우리는 한자가 방언과 고금의 언어적 차이를 뛰어넘는 기능을 가지고 있으며 한민족(漢民族)의 형성과 중국의 통일에 중요한 역할을 했다는 것을 알 수 있다.

---

146 劉光裕: 「漢字需要再認識 -談安子介的漢字研究-」, 『文史哲』, 1995년 제1기.

제5장

'중화(中和)'
이념과
국가 정체성

---

1. '중화(中和)' 이념의 물적 표상물
   : 도성과 능묘
2. 가국일체(家國一體)와 국가 정체성

1

'중화(中和)' 이념의 물적 표상물: 도성과 능묘

중화문명이 5,000년간 단절되지 않고 이어질 수 있었던 주요 원인은 매우 강한 생명력의 역사문화 유전자가 작용했기 때문이다. 그렇다면 역사문화 유전자란 무엇일까? 여기에서 말하는 유전자는 유전학의 학술 용어인 '유전자'를 차용한 것으로 『브리태니커 백과사전』에서는 '대대로 전해 내려오는 유전학적 정보의 매개체'라고 정의했다. 유전자는 생명의 구조와 성능을 지배하고 생명의 잉태, 성장 및 쇠락 등 과정의 모든 정보를 저장하며 복사, 전록(轉錄: 녹화, 녹음 등의 복사), 표달을 통해 생명의 번식, 세포 분열 및 단백질의 합성 등 중요한 생리 과정을 완성한다. 역사문화 유전자는 생물계의 유전자와 비슷하며 인류·국가·족군·씨족·가족의 역사 발전 과정에서 형성된 자신의 문화를 이어가는 핵심요소는 각자의 역사문화 유전자가 되어 오랜 기간 생명력을 지니고 있다.

중화 역사문화 유전자는 중국 및 중화민족이 수천 년 동안의 발전 과정을 거쳐 형성한 것이며 그것은 중국 및 중화민족에게 속한다. 우리가 흔히 말하는 중국 및 중화민족의 '단절 없이 이어온 5,000년 문명'은 역사문화 유전자의 중요한 역할 때문에 가능했다. 이런 역사문화 유전자 중 형이상학적 표현으로는 '중화(中和)'의 철학과 '국가 정체성'의 정치학이며, 형이하의 물적 매개체는 국가 문화를 집대성한 도성과 능묘 등이다.

고고학적 시각에서 이루어진 중화 역사문화 유전자 연구는 주로 국가 형성의 요소에서 접점을 찾았다. 국가의 핵심요소는 국가를 관리하는 발판인 도성 및 이와 관련된 정치 문화적 유산이 반영하는 국가 정치문화의 '중화(中和)' 이념이다.

고대 도성은 국가의 정치 지배, 군사 지휘, 문화 및 의례 활동의 중심이자 경제 활동의 중심이었고 고대 중국의 축소판이며 물적 매개체는 주로 궁전·관서·무기고·종묘·사직 및 여기에서 출토된 유물 등이다. 이에 근거하여 필자는 고대 도성 및 그 유산이 보여주는 이념에 대한 고고학적 연구를 통해 중국 역사문화 유전자의 '중화' 사상과 국가 정체성의 전승에 대해 규명했다.

중국 고대 도성에 대한 고고학적 발견과 연구에 의해 밝혀진 '중(中)'의 이념은 중화 역사문화의 최초 문헌 기록에서도 나타나는데, 예를 들면 『순자(荀子)』 「대략(大略)」의 "사방의 여러 나라와 가까이 하려면 중앙보다 더 좋은 곳은 없다. 그러므로 왕은 반드시 천하의 중앙에 자리 잡는다"[147]이다. 『여씨춘추(呂氏春秋)』는 역사를 정리하면서 "고대의 왕은 천하의 중앙을 택해 국가를 세운다"[148]라고 했다.

'중(中)'은 '화(和)'와 밀접한 관련이 있으며 양자를 병용한 경우는 『중용(中庸)』에서 가장 먼저 나타났는데 구체적으로 다음과 같다.

중은 천하의 대본(大本)이고, 화는 천하의 달도(達道)이다. 중과 화를 이루면 하늘과 땅이 제자리로 돌아가고 만물도 잘 자라게 된다.[149]

사마광(司馬光)은 "중화(中和)란 크게는 천지이고 그 다음은 제왕이며 작게는 필부이고 더 작게는 곤충과 초목이며 이 모두는 떨어질 수 없는 관계"[150]라고 보았다.

중화 역사문화의 '중화(中和)' 이념은 중국 고대 도성의 입지 선정과 배치 구

---

147 欲近四旁, 莫如中央, 故王者必居天下之中。
148 古之王者, 擇天下之中而立國。
149 中也者, 天下之大本也。和也者, 天下之達道也。致中和, 天地位焉, 萬物育焉。
150 中和者, 大則天地, 中則帝王, 下則匹夫, 細則昆蟲草木, 皆不可須臾離者也。

조, 이 두 가지에 집중적으로 구현되었다.

고대 도성의 입지 선정과 건설은 국가의 대사였으며 반드시 중화 역사문화의 '중화' 이념을 따라야 했는데 이것이 바로 중국 고대 도성의 '택중건도(擇中建都: 중심 위치를 선택하여 도읍을 세움)'이다. 청화간(清華簡)의 『보훈편(保訓篇)』에는 우순(虞舜)이 택중건도의 원칙에 따라 역산(曆山)에 도읍을 두며 뒤 이어 상탕(商湯)의 6대 조상인 갑미(甲微)가 숭산(嵩山)을 중심으로 선택함으로써 중화 문화는 '천지지중(天地之中)'을 이루게 되었다고 기록되어 있다. 이곳은 평야이며 '천지지중'에 위치하고 있었기에 '중원(中原)'이라고 불렸고 하상(夏商)부터 당송(唐宋)까지 여러 왕조가 모두 여기에 도읍을 두었다. "중원을 얻는 자가 천하를 얻는다"라는 고사성어는 바로 여기에서 유래한 것이다.

'중국(中國)'이라는 국가 명칭은 '중화'의 '중'에서 유래했으며 1963년 섬서성(陝西省) 보계(寶溪)에서 발견된 서주 초기의 청동기 '하준(何尊)'의 명문(銘文: 비석이나 기물에 새겨진 글)에는 다음과 같이 기록되어 있다.

주성왕(周成王)은 처음에 도읍을 성주(成周)에 옮기고 무왕(武王)에게 풍복(豐福)의 제사를 올렸다. 4월 병술(丙戌)일에 주성왕은 경실(京室: 왕실을 다르게 부르는 말)에서 종소자(宗小子: 왕실의 자녀를 이르는 말)를 훈계하여 이르기를 "옛날 너의 선친인 공씨는 문왕(文王)을 따랐고 문왕은 하늘의 뜻을 받들어 천하를 통치했느니라". 무왕(武王)은 상(商)나라를 멸망시키고 하늘에 제사를 올리면서 "나는 이곳 천하의 중심에 머물며……".[151]

위의 명문(銘文)에서 '택자중혹(宅茲中或)'의 '중'은 천지의 '중'이며 '혹(或)'은 '국(國)'을 의미한다. 『주례(周禮)』 「고공기(考工記)」에 기록된 '국중구경구위(國中九經九緯: 도성 안에 동서와 남북으로 각각 간선 도로 9개가 펼쳐져 있음)'에서 '국'은 도성이다. 『시경

---

151 隹(惟)王初(遷)宅于成周, 複稟斌(武)王豐(禮), 福自天。……(文)王受玆大命, 隹(惟)(武)王既克大邑商, 則廷告於天曰: "餘其宅玆中或……"

『(詩經)』「대아(大雅)·민로(民勞)」에서는 "중국에 은혜를 베풂으로써 사방을 안정시킨다"[152]라고 했으며 『모전(毛傳)』에서는 "중국은 경사(도읍)이고, 사방은 제하(諸夏: 제후국)"[153]라고 해석했다. 그리고 『사기(史記)』「오제본기(伍帝本紀)」에 "그 후 도읍에 가서 천자의 자리에 올랐다"[154]라고 기록되어 있고 『집해(集解)』에서는 "유희왈(劉熙曰) '제왕이 자리하는 곳은 중앙이기 때문에 중국'이라 한다"[155]를 인용했다. 중국 고대에서 '국'은 바로 도성이었고 고대인들은 '중'을 택하여 도성을 건설했으며 따라서 도성은 '중국(中國)'이라고도 불렸다. 고대 문헌에 따르면 '중국(中國)'은 바로 '경사(京師)'였고 청나라 말기의 '경사대학당(京師大學堂)'은 도읍에 있는 대학교였다.

하(夏)나라 초기 '우도(禹都) 양성(陽城)'의 등봉(登封) 왕성강(王城崗) 유적 및 중기, 말기의 신밀(新密) 신채(新砦) 유적과 언사(偃師) 이리두(二裏頭) 유적, 상(商)나라의 정주(鄭州) 및 언사(偃師)의 상성(商城) 유적 등은 모두 중원에 있었고 주(周)의 도성인 성주(成周)와 왕성(王城)은 모두 낙양에 있었으며, 동한·위·진·북위와 수·당 역시 이곳에 도읍을 두었다. 중원에 도읍을 두었던 마지막 왕조인 송(宋) 이후, 금·원·명·청이 북경에 도읍을 옮긴 후부터 해릉왕(海陵王)은 '연경(燕京)'이 천지의 중심'이라고 주장했는데, 이는 '천지지중(天地之中)'의 구체적인 장소는 다를 수 있지만 그 이념은 바꿀 수 없었음을 말해준다. 역대 왕조가 '중'을 택하여 도성을 건설한 것은 이들이 '중화' 이념을 따라야 했기 때문이다.

도성을 '천하(즉 국가)의 중심'에 건설한다는 것은 동서남북의 '사방(四方)', 즉 '동이(東夷)·서융(西戎)·남만(南蠻)·북적(北狄)'을 두고 말하는 것이다. 택중건도(擇中建都)의 '중'은 동서남북에 대한 국가의 지고지존(至高至尊)을 구현하며 여기에서 '중'은 '사방'에 대한 국가의 공평과 공정을 반영함으로써 국가의 '화(和)'를 도모

---

152 惠此中國, 以綏四方
153 中國, 京師也; 四方諸夏也。
154 夫而後之中國踐天子位焉。
155 帝王所都爲中, 故曰中國。

했고 이로써 국가 통일의 기초를 다졌다.

도성의 배치 구조에서 '중화'의 이념은 도성 사면의 문, 도성의 중심에 위치한 궁성 및 궁성 사면의 문에서 나타났다.

도성의 '택중건도', 도성 내 궁성의 '택중건궁(擇中建宮)', 궁성 내 대조정전의 '택중건묘(擇中建廟: 宮廟)', 도성과 궁성의 성문 및 궁문의 '일문삼도', 혹은 '일문오도', 치도(馳道)와 도성 내 도로의 '일로삼고(一路三股)' 혹은 '일도삼도(一道三涂)'의 '3'과 '5'는 모두 '중'을 부각시켰다. 궁성 대조정전의 거중(居中)·거고(居高)·거전(居前)은 국가를 대표하는 중앙정부의 지고(至高), 지존(至尊)을 구현했다. 대조정전은 국가의 정령을 반포하는 국가의 중심이며 도성 중축선이 그 기점이다. 도성의 중축선은 대조정전과 궁성, 도성의 정문 등 세 개의 점을 하나의 선으로 연결시켜 이루어진 것으로, 도성의 '중'의 이념이 극에 달하게 했다.

한당(漢唐)의 장안성·한위수당(漢魏隋唐)의 낙양성·송(宋)의 개봉성(開封城)·금(金)의 중도(中都)·원(元)의 대도와 명청(明清)의 북경성은 모두 도성과 궁성의 사면에 문을 냈으며 이는 '중화(中和)'의 '화(和)' 이념의 증거이다. '중화' 이념은 5,000년간 단절되지 않은 중화문명과 국가 대일통 사상 이념의 근본적인 보장이다.

위의 고대 도성 및 궁성의 배치 구조에서 나타난 '중화'의 이념을 중화 역사 문화 유전자라고 하는 것은 5,000년의 역사 발전 과정에서 중국 내 각 민족이 이를 인정했기 때문이며 고고학적 발견과 고대 문헌의 기록이 이 역사를 뒷받침하고 있기 때문이다. 선비인은 대흥안령(大興安嶺)에서 남하하여 선후로 성락(盛樂: 현재의 내몽골 임격이현), 평성(平城: 현재의 산서성 대동)에서 북위 왕조를 세웠다. 그리고 여기에서 더 발전하여 '천지지중(天地之中)'의 낙양에 도읍을 옮기고 한(漢)의 장안성, 한위(漢魏) 낙양성의 배치 구조를 계승하고 북위의 낙양성을 건설하여 도성의 '중화' 이념을 더욱 심화시킴으로써 중국 고대 도성의 삼성제(三城制)를 개창했다. 도성의 중축선을 보완하여 선진(先秦), 한위(漢魏) 도성 궁문 문궐의 모양과 구조를 널리 알렸는데, 그중 특히 북위 낙양성의 궁성 정문인 창합문(閶闔門)의 배치와 형태는 후세에 큰 영향을 미쳤다. 중고 시대 이후, 북방의 여진, 몽골 등 민족은 내지

2

가국일체(家國一體)와 국가 정체성

에 들어와 금·원·청 왕조를 세웠고 수천 년 동안 형성된 '중화' 전통의 역사문화 유전자를 계승했으며 국가 정체성의 이념을 심화시켰다.

고대에는 '능묘약도읍(陵墓若都邑)'이라 하여 능묘가 능원의 중앙에 있었으며 능묘의 주요 묘도와 능원의 정문 및 신도(神道)는 능묘의 중축선을 이루면서 '중'의 이념을 '양간(陽間)'에서 '음간(陰間)'으로 가져갔다. 지금까지 가장 먼저 발견된 왕릉은 은허(殷墟)로, 비록 당시 '묘이불분(墓而不墳: 매장은 하지만 봉분은 만들지 않음)'이었지만 왕릉 묘실(墓室)의 사면에 각각 묘도를 한 갈래씩 뚫어 이른바 亞자형의 묘실을 형성했다. 그 이후, 제왕 능묘의 동서남북 네 묘도의 구조는 서한의 제릉까지 이어졌다. 능원이 없을 때에는 네 묘도로 동서남북 사면을 상징했고 능원이 나타난 후에는 사면에 각각 문을 하나씩 만들었는데, 이는 궁성에 네 문을 두었던 제도를 방불케 한다. 제왕 능묘의 지궁(地宮)이 '중'의 구현이라면 능묘의 네 묘도와 네 문은 '화'의 구현이다.

도성이 국가의 공간, 궁성이 도성의 공간, 대조정전이 궁성의 공간에 비견하는 것은 국가를 '중'으로 집약하여 표현한 것이다. 네 문이 상징하는 사방, 즉 '다원일체(多元一體)'의 '다원'은 '다원'의 사방, 즉 '화'를 '일체'로 만드는 것으로, '다원'의 소가(小家)와 '일체'의 대가(大家), 다원의 개체와 일체의 '국'의 관계를 구성하고 다원은 일체에 귀속되어 중화민족의 우수한 역사문화 전통이 되었고 중화 5,000년 문명의 핵심 문화를 구성했다.

1) 가국일체(家國一體)

중국인은 '가국(家國)' 이념의 유구한 역사문화 유전자를 가지고 있는데, 이른바 가국은 가(家)와 국(國)의 큰 이치와 통한다. 국은 '대가(大家)'이고 가는 '소국(小國)'이라 할 수 있는데 이는 가와 국의 이치가 같은 이유이기도 하다. 가에 대한 효(孝)와 국에 대한 충(忠)은 중국 역사상 매우 중요한 사회학, 정치학 명제이며 5,000년간 단절되지 않은 중화문명의 중요한 사상 이념이기도 하다.

중국인들은 전통적으로 가와 국을 같은 이치로 보는데, 이는 '중(中)'에서 충분히 반영되며 중국인의 일상생활 거의 모든 면에서 표현된다. 예를 들면 가족이나 친구들이 함께 식사할 때 주인이나 연장자가 식탁 가운데 위치에 앉고 그 양쪽에 손님의 좌석을 배치하는 경우, 가족사진을 찍을 때 촬영사가 가족의 최고 연장자(혹은 호주)를 앞자리 가운데 위치에 앉히고 다른 사람들은 서열 순으로 좌우, 앞뒤로 배치하는 경우이다.

그리고 일부 민가를 살펴보면 사합원의 방향은 일반적으로 남향이고 주요 건물인 본채가 원락의 동서 가운데에 위치하고 그 동서 양쪽에 곁채가 있으며 정원의 정문은 남문이다. 본채는 가장이나 가족 중 연장자가 사용하고 곁채에는 연배가 낮은 가족들이 거주한다. 가와 원락의 이런 배치는 한편으로 노인과 연장자를 존중하는 중국의 문화 전통을 반영하며 다른 한편으로는 사회의 구성 부분인 가정에서 호주가 권위와 핵심적 지위를 가지고 있음을 보여준다.

앞에서 서술한 민가의 건축 배치는 내륙의 민가에서 유행했을 뿐만 아니라 소수민족 지역에서도 자주 볼 수 있는데 일부 주변 지역의 민족들, 예를 들면 길림성(吉林省)의 만주족, 녕하(寧夏)의 회족(回族) 민가 역시 사합원의 거주 형태를 선택했다. 시기적으로 근현대 민가의 사합원이 그랬고 고대도 마찬가지였으며 그중에서 북경의 사합원이 사합원식 민가의 전형이다. 사합원은 남향으로 조성되었고 남북으로 중축선을 향해 가옥과 원락을 대칭으로 배치한 것이 그 특징이다. 그리고 원락의 정문은 남쪽 담장 중앙에 있어 본채와 마주하고 있고 마당 양쪽에 곁채가 있다.

사합원식 민가가 다수 있는 것 외에도 고위 관직 왕공귀족들의 주거 원락이 있었는데, 이들 건물의 배치 형식 역시 사합원이라고 할 수 있지만, 마당은 도성의 궁성 배치 형식에 더 가깝다. 예를 들면 북경 공왕부(恭王府)의 원락이 그 전형으로, 원락을 동서로 동·중·서 세 부분으로 나누었고 중(中)의 앞에 정문과 정전(正殿), 후전(後殿) 및 동서 양쪽 배전(配殿)이 있고 그 뒤에는 궁원(宮苑)이 있다.

송대(宋代)의 저택은 정문(남문)과 북쪽의 본채(廳堂이라고도 함)가 남북으로 축선을 이루며 본채 뒤에는 화원이 있다. 본채와 정문 사이에는 정원이 이루어져 있고 동서 양쪽에는 곁채가 있다. 여러 개의 마당으로 이루어진 저택도 있는데, 고위관직 왕공귀족들의 이런 저택이 '정원심심심기허(庭院深深幾許: 정원이 깊고 깊으니 그 깊음이 얼마인가)'라 해도 저택의 중축선은 그대로이며 보조 건물(동서 곁채)을 중축선 동서 양쪽에 배치하는 규제 역시 그대로이다.

당나라의 주택은 좀 다른데, 산서성(山西省) 장치현(長治縣)의 당왕(唐王) 휴소묘(休素墓)에서 출토된 명기(明器)를 통해 당시 주택의 규제에 대해 살펴보면 이 주택은 당시 중형 민가에 속했던 것으로 추정되며 삼진(三進)으로 된 마당이 있다. 첫 번째 마당에 들어서면 주택의 가장 남쪽에 저택의 정문(남문)이 있고 문 안에 북쪽으로 본채와 마주하고 있는 가림벽이 설치되어 있으며 본채와 정문의 동서 양쪽에는 곁채가 있다. 두 번째 마당의 주요 건물은 본채의 북쪽에 있고 마당의 동서 양쪽에 곁채가 있으며, 세 번째 마당에는 북쪽에만 건물이 있고 후원(後院)에 속해 있었다.

양한(兩漢), 남북조(南北朝)시대의 저택은 일반적으로 전당(前堂)과 후실(後室)로 나뉘었는데, 기본적으로 궁성의 '전조후침(前朝後寢)'의 의미와 유사하며 전당과 후실 양쪽에는 연배가 낮은 가족들이 거주하는 곁채가 있다. 하남성(河南省) 내황(內黃) 삼양장(三楊莊)의 서한(西漢) 취락(聚落) 유적 중 저택 유적은 당시 사람들이 실제 거주하던 저택이었으며 그중에서 세 번째 저택을 예로 들면, 두 개의 마당이 있는 건물로, 남향이며 첫 번째 마당에 남문이 있고 마당 남쪽에 곁채가 있으며 두 번째 마당의 북쪽에 본채가 있다.

주택은 고대 중국에서 건축물로서 뿐만 아니라 더 깊은 사회 및 정치적 의미가 있었다. 『당육전(唐六典)』에서는 "무릇 궁실의 제도는 천자에서 사서(士庶: 일반 백성)에 이르기까지 각기 차등이 있다"[156]라고 했지만 사서에서 왕실과 황실에 이르기까지 저택은 공통의 규제, 즉 '중(中)'과 '화(和)'의 이념을 지켰다. '중'은 주체 건축물이 모든 건축군의 중심 위치에 있는 것으로 표현되며 부속 건축물은 보통 주체 건축물의 양측 또는 후방에 위치하고 있다. 명청(明淸)부터 한당(漢唐)까지 역대 사서의 주택 배치 규제를 보면 정문과 당옥(堂屋: 본채)이 모두 저택의 '중'의 위치 또는 '중축선' 위, 즉 존위(尊位)에 있었음을 알 수 있다.

가연(家宴)과 가택의 공간 배치는 중화 5,000년 문명의 '중'과 '화'의 변증법적 통일사상을 반영하는데, 예를 들어 '중'은 저택의 주요 건축물인 당(堂: 正房)과 곁채의 공간 관계를 통해 구현된다. 저택은 남향이고 북쪽이 상(上)으로, 당거(堂居: 正房)가 상위이며 당과 저택의 정문이 남북으로 마주하고 저택의 중축선을 형성했다. 당의 동서 양쪽에는 각각 곁채가 있는데 여기에는 가족 중 서열이 낮은 자손들이 거주했다. 택(宅)은 가족의 생활 공간 및 활동 장소이며 여기에 고대 중국 가족 내의 장유유서를 구현했는데 이런 사회질서를 유지하는 출발점이 바로 효였다.

'국(國)'은 수천만 개의 '가(家)'로 이루어져 있고 택은 가의 활동 공간이며 '국'의 중심, 즉 축소판이 바로 도성이다. 고대 중국의 '택중건도(擇中建都)', '택중건궁(擇中建宮)' 및 '대조정전거중(大朝正殿居中)' 등의 설계 원칙은 가택의 설계 규제 및 이념과 기본적으로 일치하며 국가를 대표하는 도성·궁성·대조정전의 지고무상을 나타내고 동서남북 사방에 대한 '중'의 '화', 그리고 '중'에 대한 동서남북의 충(忠)의 이념을 반영하며, 이는 가정에서의 효와 국가에 대한 충의 '가국(家國)' 이념이기도 하다. 중국 문화에서 '국파가망(國破家亡)'은 국가를 어머니에 비유한 것이다.

현대 중국에서 가족에 대한 효는 당연히 부모에 대한 효도이며 국가에 대한

---

156 凡宮室之制, 自天子至士庶, 各有等差。

충성은 바로 애국으로, '가'와 '국'을 연결시켜 비교해보면 핵심 이념이 통한다는 것을 알 수 있다. 이런 가국(家國)의 이념은 중화 5,000년 문명의 중요한 내용이 되었고, 가국정회(家國情懷)는 중화민족의 우수한 역사문화 전통이 되었다.

2) 국가 정체성

국가 정체성은 국가의 공민, 사회 집단(다른 민족, 다른 종교를 포함)에 대한 기본적인 요구로, 세계 그 어느 나라의 역사와 현실에서든 동일하다. 중국은 5,000년 문명의 고국으로서 국가 정체성도 오랜 역사적 전통을 가지고 있다.

국가 정체성은 다른 그 어떤 정체성보다 우위에 있으며 이는 실질적으로 국가의 정치적 정체성이다. 관서, 민가와 종교 건축은 국가 정치의 장인 궁전 건축의 공간적 위치, 건축 형태의 이념을 모방 및 숭배했다. 그리고 중국 역사상의 각종 종교 건축물, 예를 들면 불교 및 도교 등의 주요 건축물은 형상과 구조에 있어서 궁전의 규제를 본떠 축조하는 것을 자랑으로 여겼으며, 오늘날까지 보존되어 있는 보타산(普陀山)·오대산(伍臺山)·아미산(峨眉山) 불교 성터의 사원 배치, 종교 행사를 위한 대전 등은 모두 건축사학자들이 말하는 관식(官式) 혹은 한식(漢式) 건축물이다.

중화 역사문화는 중국의 지역 문화가 아니며 특정 시대, 왕조 및 기타 정체(政體)의 문화, 예를 들면 초(楚)·오(吳)·상(商)·송(宋) 등의 문화와도 다르며 구체적인 어느 민족의 문화, 예를 들면 서융(西戎)·백월(百越)·선비(鮮卑) 등의 문화에는 더욱 속하지 않는다. 중화 역사문화는 다원적 일체의 문화이며, 그 본질은 국가 문화이다. 그리고 국가는 국가 문화의 정체성을 통해 국가의 통일과 국가 역사문화의 연속성을 보장했다. 국가 문화 정체성은 모든 문화 정체성 중에서 가장 핵심적이고 중요하고 근본적인 것이다.

오제시대(伍帝時代)부터 하상주(夏商周)·진한(秦漢)·위진남북조(魏晉南北朝), 당송원명청(唐宋元明淸)까지 여러 시대 왕조 및 정치 실체, 그리고 여러 민족 국가의 통치자, 관리자들은 모두 같은 국가 문화 이념을 지켰는데 이것이 바로 우리가 흔히 말하는 국가 정체성이며, 이런 국가 정체성에 바탕을 둔 국가 문화가 바로 중화 역사문화 유전자이다. 이런 유전자는 국가 내 인군(人群)과 족군(族群) 및 시기에 따라 달라지지 않았으며 따라서 중국의 역사문화는 유일무이한 '단절 없이 이어온 5,000년 문명'이 되었다.

후기

━━◆━━

2016년 당시 원장이던 고대륜(高大倫)이 사천성(四川省) 문물고고연구원(文物考古研究院)과 사천성 도서관이 공동으로 주최한 '파촉(巴蜀) 포럼·서남문박(西南文博) 명가(名家) 강좌'에 필자를 초청했지만, 당시 여러 가지 일이 겹쳐서 성사되지 못했다. 강좌는 연말까지 미루어져 '파촉 포럼'의 마지막 강좌로 남게 되었다. 11월 13일 오후, 필자는 사천성 도서관에서 '단절 없는 5천년 문명사의 고고학적 해석'이라는 제목으로 강좌를 진행했으며, 사천(四川) 인민출판사의 임원들도 일부 참석했다. 학술보고가 끝나자마자 당시 사천 인민출판사 부주필이었던 주영(周穎) 등이 저녁식사에 초대했고 식사 자리에서 그날 오후 필자의 학술보고에 관해 논의했는데, 학술연구와 사회 현실적으로 모두 의미가 있는 강좌라고 하면서 강의 내용을 책으로 출간하면 좋겠다고 제안했다. 사천 인민출판사의 요청에 깊은 감동을 받은 필자는 이 책의 집필에 응했다.

2016년 말, 사천성 성도(成都)의 '파촉 포럼·서남문박 명가 강좌'에서 '단절 없는 5천년 문명사의 고고학적 해석'이라는 강좌를 진행한 후, 팔자는 적지 않은 신문사·대학·박물관·도서관으로부터 원고 요청과 초청을 받았고 2017년 2월 23일자 『인민일보』에 「국가정체성은 중화민족의 유전자」라는 글을 게재했으며 같은 해 3월 18일, 3월 25일, 4월 8일에는 선후로 상해(上海)박물관·수도(首都)도서관·서북(西北)대학교 등의 요청에 응해 「단절 없는 중화 5천년 문명」이라는 주제와 관련하여 학술보고를 했다. 그 직후인 2017년 7월 19일, 장도(章濤)가 이메일을 통해 "단절 없는 문명사: 국가가 공인한 5천년 고고학 자료 해독"이라는 제목이

상반년 사천성 중점(重點) 출판물로 선정되었고, 지금은 또 중국공산당 중앙위원회 선전부(宣傳部), 국가신문출판광전총국(國家新聞出版廣電總局)에서 선정한 중국공산당 제19차 대표대회 정품(精品) 출판프로젝트 리스트에 올랐다"라고 전했다. 이를 전후로 본서의 기획 편집자인 장도(章濤), 책임 편집자인 진흔(陳欣)과 추근(鄒近) 등은 프로젝트 진행 초기부터 제강의 작성, 장절의 설계를 포함해 많은 작업을 진행했다. 2018년 11월, 필자가 전부의 원고 및 일부 선도(線圖), 사진을 보내준 뒤 출판사에서는 문자 교정부터 선도와 사진의 선별(특히 새로운 그림이 많이 추가되는 경우), 조판까지 많은 작업을 하며 심혈을 기울여 필자에게 감동을 주었다. 이들은 필자가 반세기가 넘는 긴 시간 동안 만난 가장 감동을 준 출판사 '편집자'들이다. 「중화 5천년 문명사: 국가가 공인한 5천년 고고학 자료 해독」의 출판에 즈음하여 필자는 장도(章濤), 진흔(陳欣)과 추근(鄒近)에게 진심으로 감사의 인사를 전한다.

마지막으로, 필자가 이 책을 집필하는 과정에서 자료 열람, 이미지 자료 수집과 교정을 도와주고 많은 번거롭고 세심한 작업을 해준 필자의 손녀 재기(梓琦)에게도 감사드린다.

유경주(劉慶柱)

2020년 1월

북경(北京) 서패하(西壩河) 중국사회과학원 태양궁(太陽宮) 자택에서

국가가 공인한 5천년 고고학 자료 해독

중화 5천년 문명사

2023년 7월 21일 초판 인쇄
2023년 7월 31일 초판 발행

지 은 이 유경주
옮 긴 이 우영란·황나영·조영광
발 행 인 한정희
발 행 처 경인문화사
편 집 부 이다빈 김지선 유지혜 한주연 김윤진
마 케 팅 전병관 하재일 유인순
출판번호 406-1973-000003호
주   소 경기도 파주시 회동길 445-1 경인빌딩 B동 4층
전   화 031-955-9300 팩 스 031-955-9310
홈페이지 www.kyunginp.co.kr
이 메 일 kyungin@kyunginp.co.kr
ISBN 978-89-499-6701-1   93910
값 40,000원

中华社会科学基金(Chinese Fund for the Humanities and Social Sciences)资助